"世界上没有什么比贫穷更糟糕的了——它是所有痛苦中最可怕的。……如果把世界上所有的痛苦都放在天平的一边,天平的另一边放的是贫穷,而贫穷在重量上将超过所有痛苦的总和。"

——犹太经典《圣哲箴言》

云南省社会科学院研究文库

云南特有七个人口较少民族扶贫绩效调查研究

YUNNAN TEYOU QIGE RENKOU
JIAOSHAO MINZU FUPIN JIXIAO DIAOCHA YANJIU

罗明军 著

中国社会科学出版社

图书在版编目(CIP)数据

云南特有七个人口较少民族扶贫绩效调查研究/罗明军著.—北京：中国社会科学出版社，2015.10
ISBN 978-7-5161-7112-7

Ⅰ.①云… Ⅱ.①罗… Ⅲ.①少数民族-扶贫-经济绩效-研究-云南省 Ⅳ.①F127.74

中国版本图书馆 CIP 数据核字(2015)第 283307 号

出 版 人	赵剑英
责任编辑	任　明
责任校对	石春梅
责任印制	何　艳

出　　版	中国社会科学出版社
社　　址	北京鼓楼西大街甲 158 号
邮　　编	100720
网　　址	http://www.csspw.cn
发 行 部	010-84083685
门 市 部	010-84029450
经　　销	新华书店及其他书店

印刷装订	北京市兴怀印刷厂
版　　次	2015 年 10 月第 1 版
印　　次	2015 年 10 月第 1 次印刷

开　　本	710×1000　1/16
印　　张	21.25
插　　页	2
字　　数	389 千字
定　　价	65.00 元

凡购买中国社会科学出版社图书，如有质量问题请与本社营销中心联系调换
电话：010-84083683
版权所有　侵权必究

《云南省社会科学院研究文库》
编纂委员会

主　　任　李　涛　任　佳

副 主 任　杨福泉　边明社　王文成　杨正权

委　　员　（按姓氏笔画排序）

　　　　　　王文成　王清华　孔建勋　边明社
　　　　　　任　佳　任仕暄　毕先弟　李　涛
　　　　　　李向春　李晓玲　杜　娟　纳文汇
　　　　　　张战边　杨　炼　杨正权　杨福泉
　　　　　　陈利君　林洪根　郑宝华　郑晓云
　　　　　　姚天祥　秦　伟　郭家骥　康云海
　　　　　　黄小军　萧霁虹　董　棣　樊　坚

执行编辑　郑晓云　李向春　马　勇　袁春生

内 容 摘 要

本调查研究以提高扶持云南特有七个人口较少民族扶贫绩效为目的，扶持人口较少民族发展的项目为基础，以人口较少民族对扶贫绩效的评价和期望为重点内容，全面调查研究人口较少民族发展面临的新情况和新问题。《云南特有七个人口较少民族扶贫绩效调查研究》分为两个部分，上篇是研究报告，下篇是案例报告。研究报告主要包括：第一章导论，主要从贫困和扶贫的视角介绍云南特有七个人口较少民族扶贫绩效调查研究的背景，研究目的和意义，主要内容和主要观点，交代研究的思路、路径和方法，对人口较少民族扶贫绩效进行了文献综述。第二章介绍人口较少民族的来源，云南特有七个人口较少民族的基本概况、贫困现状及其成因。第三章介绍国际扶贫的大背景和国家政策的出台，以及扶持云南特有七个人口较少民族发展的历程及整体绩效。第四章经济绩效，主要包括经济发展基础不断改善，资金安排逐年提高，经济发展水平稳步提升，特色产业发展初具规模，产业结构得到有效调整，群众增收项目不断拓宽，工资性收入逐步增加，民族文化旅游业初见成效等。第五章社会绩效，主要包括云南人口较少民族的教育水平有了大幅度的提高，医疗卫生服务质量得到了较大的提升，初步建立了社会保障体系，加大了劳动力转移，民族文化事业得到了综合的发展，社会资本培育得到了重视。第六章综合绩效，主要从保护生态环境、促进社会稳定、培育人力资本、提高主体意识、促进边疆的稳定、保障民族团结、提升社区的凝聚力等来探索综合产生的绩效。第七章扶持云南特有七个人口较少民族发展中存在的问题，主要从客观制约因素、扶贫中存在的问题以及扶贫后出现的新问题和新情况来论述。第八章针对存在的问题和不足提出相应的政策建议。

下篇案例报告主要是整村推进的阿昌族村庄、山体滑坡的阿昌族村庄、政策尚未扶持到的阿昌族村庄、整乡推进的阿昌族民族乡、上海帮扶的德昂族村庄、人口密集发展困难的德昂族村寨、以乡村旅游推进发展的普米族村庄、城市近郊的普米族村庄、以宗教和旅游促进发展的怒族村庄、受到交通制约的怒族村庄、发展面临诸多困难的独龙族村庄、进入快速发展的布朗族村庄、信息闭塞的布朗族村庄、异地搬迁的基诺族村庄、和谐发展的基诺族村庄。研究成果牢牢基于实际的田野调查，以鲜活的案例作为基础资料，在调查研究中采用了 PRA 快速评估、小组访谈、个人访谈和民族学的参与观察等方法，充分体现了方法的创新程度。

研究成果突出的特色体现在两个方面：一是研究的视角，从上到下与从下到上结合来确立研究的路径。从上到下，以扶持人口较少民族发展规划为线索，以 2006—2010 年云南省扶持人口较少民族发展动态监测系统数据资料，从经济绩效、社会绩效和综合绩效评价扶贫绩效。从下到上，从人口较少民族的视角，以社区实施的扶贫项目为基础，从社区的扶贫实际效益来评价扶持绩效。同时，研究成果还将两种评价通过研究报告和论文有机地结合起来，共同形成了整体扶贫绩效的全面评价，不仅完善了本项研究的逻辑框架，而且为下一步继续扶贫提出了有针对性的政策建议。研究成果主要建树体现在：本研究成果以大量的案例调查为基础，从云南特有七个人口较少民族的视角，重点考量扶贫的经济绩效、社会绩效和综合绩效，关注扶贫中存在的不足，为下一步的扶贫工作提出了政策建议。理论上为我国的民族政策的理论和实践补充新的理论研究，实际上为云南人口较少民族的扶贫提出了相应的政策建议，为下一步继续扶贫提供理论指导。

目 录

上篇 研究报告

第一章 导论 ……………………………………………… (3)
 一 研究背景 ………………………………………… (4)
  (一) 贫困问题是一个世界性的问题 ………………… (4)
  (二) 云南是扶持人口较少民族发展任务最重的省份 ……… (4)
  (三) 扶持人口较少民族是我国民族政策的具体落实 ……… (5)
  (四) 评价扶贫绩效有助于推进扶贫工作 ………………… (5)
  (五) 贫困与反贫困的反思 ………………………… (5)
 二 研究目的和意义、主要内容及主要观点 ……… (6)
  (一) 研究目的和意义 ……………………………… (6)
  (二) 主要内容 ……………………………………… (7)
  (三) 主要观点 ……………………………………… (9)
 三 研究思路、路径及方法 ………………………… (10)
  (一) 研究思路 ……………………………………… (10)
  (二) 研究路径 ……………………………………… (11)
  (三) 研究方法 ……………………………………… (11)
 四 人口较少民族扶贫绩效研究综述 ……………… (13)
  (一) 贫困与反贫困 ………………………………… (13)
  (二) 扶贫绩效与评价 ……………………………… (17)
  (三) 人口较少民族可持续发展探索 ……………… (18)

第二章 云南特有七个人口较少民族的贫困现状及其成因 ……… (22)
 一 人口较少民族的来源 …………………………… (22)
 二 七个人口较少民族的基本概况 ………………… (24)
  (一) 布朗族 ………………………………………… (25)
  (二) 阿昌族 ………………………………………… (26)
  (三) 普米族 ………………………………………… (27)
  (四) 怒族 …………………………………………… (28)
  (五) 基诺族 ………………………………………… (29)

（六）德昂族 …………………………………………………… (29)
　　（七）独龙族 …………………………………………………… (30)
　三　人口较少民族贫困现状及其成因 ……………………………… (31)
　　（一）贫困现状 ………………………………………………… (31)
　　（二）致贫原因 ………………………………………………… (33)

第三章　七个人口较少民族扶持的历程及整体绩效 ………………… (38)
　一　相关政策回顾 …………………………………………………… (38)
　　（一）国际背景 ………………………………………………… (38)
　　（二）国家政策 ………………………………………………… (40)
　　（三）云南政策 ………………………………………………… (43)
　二　七个人口较少民族扶贫实施情况 ……………………………… (44)
　　（一）主要历程 ………………………………………………… (44)
　　（二）主要做法 ………………………………………………… (46)
　　（三）整体绩效 ………………………………………………… (47)

第四章　经济绩效 ……………………………………………………… (49)
　一　基础设施不断改善 ……………………………………………… (50)
　　（一）水 ………………………………………………………… (52)
　　（二）电 ………………………………………………………… (54)
　　（三）路 ………………………………………………………… (55)
　　（四）广播电视 ………………………………………………… (59)
　二　贫困状况显著减轻 ……………………………………………… (60)
　　（一）贫困人口逐步减少，贫困发生率降低 ………………… (61)
　　（二）人均纯收入逐年提高，低收入人口有所减少 ………… (61)
　　（三）基本解决了温饱问题，收入水平明显提高 …………… (62)
　　（四）生活状况显著改善，生活水平有所提高 ……………… (64)
　三　扶持力度不断增加 ……………………………………………… (66)
　　（一）村级发展规划的制定及实施全面铺开 ………………… (66)
　　（二）经济发展的基础不断改善 ……………………………… (67)
　　（三）云南人口较少民族聚居村扶持情况 …………………… (68)
　　（四）资金安排逐年提高 ……………………………………… (69)
　四　经济发展水平稳步提升 ………………………………………… (70)
　　（一）特色产业发展初具规模 ………………………………… (70)
　　（二）产业结构调整 …………………………………………… (71)

（三）工资性收入逐步增加 …………………………………（71）
　　（四）民族文化旅游业初显成效 ……………………………（73）

第五章　社会绩效 ………………………………………………（76）
　一　大幅度提高了教育水平 ………………………………………（77）
　　（一）教育基础设施有了较大的改善 ………………………（78）
　　（二）义务教育普及率明显提高 ……………………………（78）
　　（三）人口较少民族聚居区劳动力的文化程度有所提高 …（80）
　　（四）高等教育受到新的惠顾 ………………………………（81）
　　（五）技术培训力度有所加大 ………………………………（82）
　　（六）人口较少民族的人才得到培养和重视 ………………（84）
　二　医疗卫生事业服务质量得到提高 ……………………………（85）
　　（一）医疗卫生基础设施条件有了较大改善 ………………（86）
　　（二）医疗卫生服务能力有所改善 …………………………（87）
　　（三）实施新型合作医疗，完善社会保障体系 ……………（88）
　三　社会保障体系初步建立 ………………………………………（89）
　　（一）人口较少民族低保的范围逐步扩大 …………………（89）
　　（二）农村医疗救助工作成效明显 …………………………（90）
　　（三）养老保险 ………………………………………………（90）
　四　民族文化事业得到综合发展 …………………………………（91）
　　（一）公共文化设施得到加强 ………………………………（92）
　　（二）民族文化活动的载体得到一定程度的丰富 …………（93）
　　（三）民族节庆文化活动蓬勃开展 …………………………（94）
　　（四）少数民族文化人才培养步伐加快 ……………………（94）
　　（五）少数民族传统文化的抢救保护力度加大 ……………（95）
　　（六）文化惠民工程向少数民族地区倾斜 …………………（95）
　五　社会资本存量提高 ……………………………………………（96）
　　（一）人才培养是人力资本的基础 …………………………（96）
　　（二）自我发展能力明显增强 ………………………………（97）
　　（三）妇女参政议政意识增强 ………………………………（98）
　　（四）农村基层组织的凝聚力得以强化 ……………………（99）
　　（五）扶持发展促进了信息的交流 …………………………（99）
　附录　云南人口较少民族地区"公房"的社会功能 …………（100）

第六章　综合绩效 …………………………………………………… (110)
一　生态绩效 ……………………………………………………… (110)
（一）生态保护意识增强 …………………………………… (111)
（二）生态保护措施得当 …………………………………… (112)
（三）生态保护与发展协调 ………………………………… (113)
（四）大力发展农村能源 …………………………………… (113)
（五）人口发展利益导向机制有效缓解环境承载压力 …… (114)
二　社会稳定和谐 ………………………………………………… (115)
（一）扶贫为社会稳定奠定了基础 ………………………… (115)
（二）集体建设家园重塑了村寨凝聚力 …………………… (117)
（三）社会价值的提升 ……………………………………… (117)
三　民族团结进步 ………………………………………………… (119)
（一）强化了民族认同 ……………………………………… (119)
（二）各民族共同繁荣进步 ………………………………… (120)
（三）宗教信仰为扶持发展提供动员途径 ………………… (120)
四　人口较少民族的主体意识得以提高 ………………………… (122)
（一）参与程度提高 ………………………………………… (122)
（二）自我发展意愿的强化 ………………………………… (123)
（三）自我发展机制初步建立 ……………………………… (124)
（四）创新发展模式 ………………………………………… (125)
（五）典型示范起到了辐射带动作用 ……………………… (126)
五　促进边疆的稳定与繁荣 ……………………………………… (127)
（一）边疆的稳定 …………………………………………… (127)
（二）边境线上的守望者 …………………………………… (128)
六　宣传了党的政策、强化了党的领导 ………………………… (129)

第七章　七个人口较少民族扶贫中存在的问题 …………………… (131)
一　云南人口较少民族地区的制约因素 ………………………… (131)
（一）居住在重要的生态环境区域，资源利用受限 ……… (131)
（二）社会资本存量不足，自我发展能力弱 ……………… (131)
（三）受教育程度低下，发展动力不足 …………………… (133)
（四）社会事业投入力度不足，公共产品服务供给有限 … (136)
（五）社区参与扶持发展不够 ……………………………… (137)
（六）投入与需求矛盾仍然很大 …………………………… (138)
二　扶持发展过程中存在的问题 ………………………………… (139)

（一）扶贫资源外部植入性强，缺乏社区发展的视角 ………… (139)
　　（二）扶贫绩效低下 ……………………………………………… (141)
　　（三）农户受益面小，扶贫收益情况不一 ……………………… (141)
　　（四）产业扶持面临诸多问题，需要进一步加大扶持力度 …… (142)
　　（五）扶持发展中存在"木桶理论" …………………………… (144)
　三　扶持发展以后出现的新问题新情况 ……………………………… (145)
　　（一）扶持政策尚未惠及全体人口较少民族，部分群体仍然没有
　　　　　得到扶持 ………………………………………………… (145)
　　（二）资源动员过程中存在种种不足或问题 …………………… (146)
　　（三）"重建设、轻管理"，扶持项目的后续管理存在诸多
　　　　　问题 ………………………………………………………… (147)

第八章　提高七个人口较少民族扶贫绩效的政策建议 …… (148)
　一　关于解决人口较少民族社区内部存在问题的建议 …………… (148)
　　（一）建立健全生态补偿机制，发挥特色优势 ………………… (148)
　　（二）加大社会资本存量，增强人口较少民族自我发展意识和
　　　　　能力 ………………………………………………………… (148)
　　（三）加大教育和培训的力度，奠定发展基础 ………………… (149)
　　（四）倡导社会发展优先，加大公共产品服务提供力度 ……… (149)
　　（五）强化社区的主体地位，增强人口较少民族参与发展
　　　　　能力 ………………………………………………………… (150)
　　（六）整合扶持发展资源，加大扶持发展投入力度 …………… (151)
　二　关于解决扶持发展过程中存在问题的建议 …………………… (151)
　　（一）以社区需求为导向，提高资源的优化配置 ……………… (151)
　　（二）树立"大扶贫"理念，提高扶贫绩效 …………………… (152)
　　（三）创新扶贫机制，扩大受益群体 …………………………… (152)
　　（四）加大产业扶持力度，发挥产业扶持的带动作用 ………… (152)
　　（五）强化薄弱环节，提高扶持发展效益 ……………………… (153)
　三　关于解决扶持发展后存在问题的建议 ………………………… (153)
　　（一）分类指导，区分扶贫重点，让全体人口较少民族得到扶持
　　　　　政策普照 …………………………………………………… (153)
　　（二）强化资源动员，拓宽资源投入渠道 ……………………… (154)
　　（三）建立健全扶贫项目管理体系，强化项目的后续管理 …… (155)

下篇　案例报告

整村推进的阿昌族村庄
　　——云南省德宏州梁河县九保乡丙盖村调查报告 …………（159）
　　一　村庄概况 ……………………………………………………（159）
　　二　整村推进的实施 ……………………………………………（160）
　　三　扶持发展的效果 ……………………………………………（161）
　　　（一）基础设施显著改善，村容村貌明显改观……………（161）
　　　（二）精神文明建设成效明显，群众业余文化生活不断丰富……（162）
　　　（三）改善了学校办学条件，加强了学校基础设施建设………（163）
　　　（四）全村各民族实现了共同繁荣、共同进步………………（163）
　　四　存在问题 ……………………………………………………（165）
　　　（一）针对特殊贫困群体的扶持到户不足，贫困问题依然
　　　　　　存在 …………………………………………………（165）
　　　（二）自然村的整村推进扶持资金不足，扶持效果不尽如
　　　　　　人意 …………………………………………………（166）
　　　（三）农业供水不足，人畜饮水困难…………………………（167）
　　　（四）产业扶贫尚未找到合适途径，群众参与实施效果监测的
　　　　　　程度低 ………………………………………………（168）
　　　（五）群众受教育程度低，实用技术推广难…………………（170）
　　五　政策建议 ……………………………………………………（171）
　　　（一）关注特殊贫困群体，建立人口较少民族最低生活保障
　　　　　　机制 …………………………………………………（171）
　　　（二）加大扶贫资金投入力度，整合扶持发展资源…………（171）
　　　（三）建立发展协同机制，强化村民参与项目的规划、实施和
　　　　　　监测 …………………………………………………（171）
　　　（四）根据社区资源状况，有序发展产业扶持………………（171）
　　　（五）提高教育水平，提高劳动者素质………………………（172）

山体滑坡的阿昌族村庄
　　——云南省德宏州梁河县曩宋乡弄别村调查报告 …………（173）
　　一　村庄概况 ……………………………………………………（173）
　　二　山体滑坡及治理 ……………………………………………（174）
　　三　扶持发展成效及评价 ………………………………………（176）

四　主要存在的问题 …………………………………………（178）
　　　（一）农业用水困难 ………………………………………（179）
　　　（二）道路质量不尽如人意 ………………………………（180）
　　　（三）产业扶持尚无明显效益 ……………………………（181）
　　　（四）民族整体受教育程度低 ……………………………（182）
　　　（五）民族文化建设亟待加强 ……………………………（182）
　　五　未来的发展期望 …………………………………………（183）

政策尚未扶持到的阿昌族村庄
　　——云南省德宏州梁河县曩宋乡瑞泉村委会墩欠村民小组调查
　　　报告 …………………………………………………………（184）
　　一　村庄概况 …………………………………………………（184）
　　二　过去的辉煌 ………………………………………………（185）
　　三　当前的差距 ………………………………………………（186）
　　四　发展愿望 …………………………………………………（188）

整乡推进的阿昌族民族乡
　　——云南省德宏州陇川县户撒乡调查报告 …………………（190）
　　一　基本概况 …………………………………………………（190）
　　二　整乡推进 …………………………………………………（191）
　　　（一）基础设施建设 ………………………………………（192）
　　　（二）社会事业发展 ………………………………………（193）
　　　（三）奠定扶持发展基础 …………………………………（193）
　　　（四）产业扶持 ……………………………………………（193）
　　三　扶持效益 …………………………………………………（194）
　　四　存在问题 …………………………………………………（196）
　　　（一）基础设施建设需进一步加大投入 …………………（196）
　　　（二）缺乏项目管理资金及人才 …………………………（196）
　　　（三）社区主导的发展模式尚未建立 ……………………（197）
　　　（四）产业扶持之路还很长 ………………………………（197）
　　　（五）生态压力制约了发展 ………………………………（197）
　　五　政策建议 …………………………………………………（198）
　　　（一）基础设施的管护 ……………………………………（198）
　　　（二）以宗教信仰为资源动力载体，促进社区公共设施
　　　　　　建设 ……………………………………………………（198）

（三）进一步加大扶持发展的科学性 …………………………（199）
　（四）提高产业扶持效益 …………………………………………（199）
　（五）提高县乡政府一级的工作效率 …………………………（200）

上海帮扶的德昂族村庄
　　——云南省德宏州瑞丽市户育乡雷贡村调查报告 …………（201）
　一　雷贡村基本情况 ………………………………………………（201）
　二　扶贫方式和实施过程 …………………………………………（203）
　三　成效及村民评价 ………………………………………………（205）
　四　经验与启示 ……………………………………………………（206）
　　（一）规划自下而上，以村民需求为准则 ……………………（207）
　　（二）村民不仅是受益人，更是项目的直接参与者和
　　　　　决策者 ……………………………………………………（207）
　　（三）帮扶不仅是给予，更注重项目受益人能力的提升 ……（207）
　　（四）社会价值的提升也是扶贫的目标之一 …………………（208）
　　（五）认真务实的工作作风是扶贫工作的重要保障 …………（208）
　五　存在问题和建议 ………………………………………………（209）

人口密集发展困难的德昂族村寨
　　——云南省德宏州潞西市三台山乡出冬瓜村调查报告 ……（211）
　一　村庄概况 ………………………………………………………（211）
　二　分寨过程 ………………………………………………………（212）
　三　扶持效果 ………………………………………………………（213）
　四　存在问题 ………………………………………………………（216）
　　（一）自然条件差 ………………………………………………（216）
　　（二）经济基础薄弱 ……………………………………………（217）
　　（三）人口受教育程度低 ………………………………………（219）
　　（四）社会发展缓慢 ……………………………………………（220）
　五　政策建议 ………………………………………………………（220）

以乡村旅游推进发展的普米族村庄
　　——云南省怒江州兰坪县通甸镇罗古箐村调查报告 ………（222）
　一　村落概况 ………………………………………………………（222）
　二　乡村旅游发展基础 ……………………………………………（223）
　三　扶持人口较少民族 ……………………………………………（225）
　四　发展面临的问题 ………………………………………………（226）

五　政策建议 …………………………………………………… (227)

城市近郊的普米族村庄
　　——云南省怒江州兰坪县金顶镇高坪村委会下高坪村调查报告 … (229)
　　一　村庄概况 …………………………………………………… (229)
　　二　城市近郊发展优势 ………………………………………… (230)
　　　（一）依托地理位置优势，出售农副产品 ………………… (230)
　　　（二）临近市场，便于发展养殖业 ………………………… (231)
　　　（三）土地资源丰富，有利于发展林业经济 ……………… (231)
　　　（四）依托交通优势，发展农家乐 ………………………… (231)
　　三　扶持发展 …………………………………………………… (232)
　　四　存在的问题 ………………………………………………… (233)
　　　（一）矿业开采及随之而来的生态环境恶化问题 ………… (233)
　　　（二）养殖业扶持还面临一些问题 ………………………… (233)
　　　（三）安居工程存在的问题 ………………………………… (234)
　　　（四）项目的后续管理问题 ………………………………… (235)
　　　（五）不重视教育 …………………………………………… (236)
　　五　建议 ………………………………………………………… (236)
　　　（一）保护生态环境 ………………………………………… (236)
　　　（二）大力扶持发展养殖、种植业 ………………………… (236)
　　　（三）加大扶贫力度，提高项目透明度 …………………… (237)
　　　（四）强化项目的后续管理 ………………………………… (237)
　　　（五）提高教育扶持力度 …………………………………… (237)

以宗教和旅游促进发展的怒族村庄
　　——云南省怒江州福贡县匹河乡老姆登村调查报告 …………… (238)
　　一　村庄概况 …………………………………………………… (238)
　　二　发展旅游的基础 …………………………………………… (240)
　　三　扶持项目开展情况 ………………………………………… (242)
　　四　存在问题 …………………………………………………… (244)
　　五　建议 ………………………………………………………… (246)

受到交通制约的怒族村庄
　　——云南省怒江州福贡县匹河乡架究村调查报告 ……………… (248)
　　一　村庄概况 …………………………………………………… (248)
　　二　交通制约 …………………………………………………… (249)

  三　发展扶持 …………………………………………………… (252)
  四　存在问题 …………………………………………………… (254)
   （一）自然环境恶劣，灾害频发 ………………………………… (254)
   （二）生态保护与发展存在一定的矛盾 ………………………… (254)
   （三）没有建立监督机制，项目后续管理薄弱 ………………… (254)
   （四）受教育程度低，文盲率高 ………………………………… (255)
  五　政策建议 …………………………………………………… (256)
   （一）改善怒族地区的交通条件，加大基础设施建设投入
     力度 ……………………………………………………… (256)
   （二）进一步完善监督管理机制 ………………………………… (256)
   （三）进一步加大教育投入 ……………………………………… (257)
   （四）提高培训帮扶力度 ………………………………………… (257)
   （五）因地制宜帮助民族贫困地区发展支柱产业 ……………… (257)

发展面临诸多困难的独龙族村庄
  ——云南省怒江州贡山县丙中洛乡小茶腊村调查报告 ………… (258)
  一　村庄概况 …………………………………………………… (258)
  二　扶持绩效 …………………………………………………… (259)
   （一）电网改造 …………………………………………………… (260)
   （二）发放低保 …………………………………………………… (260)
   （三）安居工程 …………………………………………………… (260)
   （四）生活用水 …………………………………………………… (260)
   （五）道路维修 …………………………………………………… (261)
   （六）发展社会事业 ……………………………………………… (261)
   （七）产业扶贫 …………………………………………………… (261)
  三　发展面临的困难 …………………………………………… (262)
   （一）自然地理环境恶劣 ………………………………………… (262)
   （二）交通不便，信息闭塞 ……………………………………… (263)
   （三）村民现金收入极少，发展面临受限 ……………………… (264)
   （四）文化程度低，继续教育成为问题 ………………………… (264)
  四　政策建议 …………………………………………………… (264)

进入快速发展的布朗族村庄
  ——云南省西双版纳州勐海县打洛镇曼山村委会曼芽村调查
   报告 ……………………………………………………………… (266)

一　村落概况 …………………………………………………………（266）
　二　发展历程与基础 ……………………………………………………（268）
　三　扶持人口较少民族的发展及评价 …………………………………（269）
　四　存在的问题 …………………………………………………………（272）
　　（一）政策宣传不足，村民对扶持发展缺乏认知 ……………………（272）
　　（二）后续服务支持少，造成前期工程的浪费 ………………………（272）
　　（三）针对单个家庭的建设项目少，弱势群体更加边缘化 …………（273）
　　（四）不重视教育，知识贫乏导致观念陈旧 …………………………（273）
　　（五）理财观念差，经济发展并没提高村民的经济意识 ……………（274）
　五　发展政策建议 ………………………………………………………（275）
　　（一）做好政策宣传工作，提高民众对扶贫的认知程度 ……………（275）
　　（二）做好后续支持服务，把项目成果巩固好 ………………………（275）
　　（三）因地制宜，根据实际情况实施重点帮扶 ………………………（275）
　　（四）加强人文教育，更新观念，提高民族素质 ……………………（275）
　附录：访谈布朗族民族文化传承人岩瓦洛 ……………………………（276）

信息闭塞的布朗族村庄
　——云南省西双版纳州勐海县布朗山乡吉良村调查报告 …………（278）
　一　村庄概况 ……………………………………………………………（278）
　二　扶持发展项目及评价 ………………………………………………（279）
　三　存在问题 ……………………………………………………………（285）
　　（一）投入资金不足，辐射作用低 ……………………………………（285）
　　（二）社会资本存量不足，制约社区发展 ……………………………（285）
　　（三）缺乏综合协调，人畜饮水问题尚未解决 ………………………（286）
　　（四）信息闭塞，村寨人员外出流动少 ………………………………（286）
　　（五）"读书无用论"盛行，学校教育面临诸多问题 …………………（287）
　　（六）曲解国家扶贫政策，低保款被均分 ……………………………（288）
　　（七）社会事业投入不足，真正贫困的群体未得到关注 ……………（288）
　四　政策建议 ……………………………………………………………（289）
　　（一）加大资金投入力度 ………………………………………………（289）
　　（二）加大社会资本存量，树立自我发展的机制 ……………………（290）
　　（三）综合协调，扩大受益群体 ………………………………………（290）
　　（四）拓宽信息渠道，加强对外交流 …………………………………（290）
　　（五）让宗教发挥正能量 ………………………………………………（290）
　　（六）发展产业扶持 ……………………………………………………（290）

异地搬迁的基诺族村庄
——云南省景洪市基诺山乡巴飘村异地搬迁扶贫调查 ……… (291)
  一 村庄概况 ……………………………………………………… (291)
  二 异地搬迁的过程 ……………………………………………… (292)
  三 搬迁效果及评价 ……………………………………………… (295)
  四 存在的问题 …………………………………………………… (297)
  五 政策建议 ……………………………………………………… (299)

和谐发展的基诺族村庄
——云南省西双版纳州景洪市基诺山乡巴朵村调查报告 ………… (300)
  一 村庄概况 ……………………………………………………… (300)
  二 和谐发展的村庄 ……………………………………………… (301)
  三 和谐发展的内在因素 ………………………………………… (304)
    （一）交通方便，信息灵通，政策贯彻和实施到位 ………… (304)
    （二）以当地的具体情况和要求作为项目实施的目标 ……… (304)
    （三）社区凝聚力较强，扶持发展效益明显 ………………… (304)
    （四）民族节庆和文化活动蓬勃开展 ………………………… (305)
  四 主要的困难和未来的期望 …………………………………… (306)

参考文献 ……………………………………………………………… (308)

后记 …………………………………………………………………… (316)

上篇　研究报告

第一章

导　论

贫困是财富的对立物，又与财富相伴而生。贫困问题是一种历史，也是一种现实；是一种现象，也是一种结果。消除贫困是人类社会有史以来的梦想，是人类历史长河中各个阶段共同的奋斗方向，也是人类社会发展的最终归宿。在2000年千年峰会上，189个联合国成员签署了《千年宣言》，前所未有地阐述了国际社会改善全球贫困人口生活质量的信念，并提出了"消除极端贫困和饥饿"的千年发展目标。[①] 作为一个负责任的政府，中国政府对国际上提出消除贫困作出了积极的回应。中国政府在《中国21世纪议程》中指出：对于贫困地区而言，消除贫困与可持续发展是统一的整体或一个问题的两个方面；不消除贫困就难以可持续发展，不有效地改善贫困地区的基础设施条件，提高人的素质，改善生态环境和可持续开发利用资源，也不可能从根本上消除贫困。[②]

中国政府在2004年全球扶贫开发大会上发表了《中国政府缓解和消除贫困的政策声明》，指出：加快全国22个人口较少民族（人口少于10万）贫困地区的脱贫步伐，力争先于其他同类地区实现减贫目标。《扶持人口较少民族发展规划（2005—2010年）》的实施和国务院"全国扶持人口较少民族发展工作"会议召开后，中央和地方政府不断加大对人口较少民族的扶持力度，人口较少民族社会经济发展迎来了发展黄金时期。

在此背景下，云南省委、省政府提出了"绝不让一个民族兄弟掉队"的号召，率先在全国编制并实施了《云南省扶持人口较少民族发展规划（2006—2010年）》，对独龙族、德昂族、基诺族、怒族、阿昌族、普米族、布朗族七个人口较少民族实施专项扶持，提出到2010年力争使人口较少民

[①] 联合国开发计划署（UNDP）：《2003年人类发展报告——千年发展目标：消除人类贫困的全球公约》，中国财政经济出版社2003年版，第1页。

[②] 《中国21世纪议程——中国21世纪人口、环境与发展白皮书》，中国环境科学出版社1994年版。

族聚居村基本实现"四通五有三达到"的目标,基本解决贫困人口的温饱问题,经济社会发展基本达到当地中等水平。2011年,云南继续实施《云南省扶持人口较少民族发展规划(2011—2015年)》(云族联发〔2011〕8号),将扶持范围扩大至民族总人口在30万人以下的民族,将景颇族列入人口较少民族专项扶持规划。至此,云南确定了八个人口较少民族,涉及395个建制村3520个自然村。本书立项时的题目为《云南特有七个人口较少民族扶贫绩效调查研究》,且主要开展调查的时间为2010年,因此本书写作中仍然将对象定位为云南特有七个人口较少民族。

一 研究背景

(一)贫困问题是一个世界性的问题

贫困是当今世界著名的"3P"[Pollution(污染),Population(人口),Poverty(贫困)]问题之一,是世界各国政府尤其是发展中国家都要面临的严峻挑战。消除贫困是人类共同愿望,也是当今世界必须面临并解决的重大问题。早在联合国成立时,就把"消除贫困"这一庄严目标写进了《联合国宪章》。中国政府一直致力于发展生产、消除贫困的工作,尤其是党的十一届三中全会以来,我国的扶贫事业取得了举世瞩目的成就,并逐步加大对少数民族地区、边疆地区和贫困山区扶贫开发的支持力度,重点解决农牧民的温饱问题。在历史和自然环境的作用下长期形成的贫困问题,不仅一直是困扰中国政府的主要任务,而且也成为我国建设小康社会、社会主义新农村与和谐社会的重点和难点。消除人口较少民族地区的贫困不仅仅是关系到发展的问题,而且是保障边疆稳定、促进民族团结的基础。

(二)云南是扶持人口较少民族发展任务最重的省份

据2000年第五次全国人口普查,在我国55个少数民族中,有22个少数民族的人口较少,其最高人数不超过10万人,总数仅有63万人。云南省特有独龙族、德昂族、基诺族、怒族、阿昌族、普米族、布朗族七个人口较少民族,总人口为22.9万人,约占全国的1/3,是全国扶持人口较少民族发展任务最重的省份。云南特有七个人口较少民族集民族、边疆和山区为一体的一个特殊群体,他们居住的地区,贫困面大、贫困人口多、贫困程度深。由于云南特有七个人口较少民族中有五个民族是"直接过渡"到社会主义社会的"直过"民族,有五个民族属跨境民族,其居住地区属偏远、多山地区,社会事业发展更加滞后,保障和改善民生任务更加繁重,致贫原因更加复杂、贫困程度更深,云南人口较少民族已成为云南甚至全国一个特殊的贫困群体。因此，云南特有七个人口较少民族的发展成为了云南扶贫工作的重点和难点。

（三）扶持人口较少民族是我国民族政策的具体落实

"共同团结奋斗、共同繁荣发展"是我国民族关系的理论基础和指导我国处理民族关系的重大方略。由于历史、地理、风俗、政策等方面的原因，我国少数民族，尤其是边疆少数民族群众一直处于较为贫困的状态，而且与中东部地区的差距越来越大，这严重影响了边疆各民族对中央的向心力，也威胁着我国边境的稳定和民族和谐。党中央和国务院历来重视边疆、少数民族的扶贫开发工作，尤其重视人口较少民族地区的发展，先后实施了全国22个10万以下人口较少民族特殊帮扶计划、《扶持人口较少民族发展规划（2005—2010年）》及《扶持人口较少民族发展规划（2011—2015年）》，着力加大对人口较少民族的扶持力度，促进人口较少民族地区经济社会的快速发展。按照中央要求，云南省委、省政府也制定了相关实施意见，并明确了"举全省之力扶持人口较少民族发展"的目标与措施。

（四）评价扶贫绩效有助于推进扶贫工作

从扶贫的施援方来看，政府作为政策的制定者和实施者，需要对实施的政策效果进行评估，根据扶贫绩效的相应指标，对有关贫困与反贫困信息进行采集、整理、反馈和交流，了解政策的解读和实施过程，了解政策措施的通达性，了解扶持发展的效果，以便进一步跟进或调整扶持政策，制定更加科学、规范、符合实际、提升绩效的扶持政策，进一步拓宽扶持发展的路径，找到更多扶贫的方式。从贫困主体来看，人口较少民族的广大群众也希望政府更加了解当地社会经济发展的基本情况，了解其发展面临的特殊性和复杂性，发展面临的优势、困难、机遇与挑战，以及进一步发展的政策诉求和扶持发展诉求，呼吁出台具有针对性和有效性的政策和措施。

（五）贫困与反贫困的反思

贫困是发展过程中的一种现象，是某个群体或地区由于种种原因，在经济、基础设施、社会事业等方面处于后进的状态。将"贫困"定义为发展权不足而不是收入低下是非常重大的进步，因为"贫困"和"收入低"之间存在着必然的联系，毕竟收入是实现贫困主体发展权的非常重要因素，但并非是发展权的全部。[①] 因此，扶贫的最终目标是消灭贫困，让这些地区或群体赶上发展的步伐。政府首要解决贫困群体的温饱问题；当实现基本温饱以后，政府就应该侧重于提升贫困群体的自救能力，政策的重点应转向能力

---

① 杨家宁：《发展权视角下的农民贫困》，载《理论与现代化》2006年第1期。

扶贫；有能力不等于有机会，贫困群体作为社会的弱势群体，其发展的机会较少，政府就应该构建公正的社会体制，从权利维护方面扶持穷人。①

我国从实施扶持人口较少民族发展的政策以来，各级政府加大了对云南特有七个人口较少民族地区的扶持力度，投入了大量的人力、物力、财力等，较大地缓解了人口较少民族的整体贫困状况。但是，在此过程中，有的地方扶贫工作进展缓慢，有的地方陷入了"扶贫—脱贫—返贫—再扶贫"恶性循环的怪圈，有的地方群众甚至对政府的扶持产生了抵触情绪。究其原因，主要是长期以来各级党委和政府按照自己的思路，过于关注少数民族地区的经济发展，而忽视了贫困人群对其发展的思考和要求。从以政府为主导转变贫困者为主体，改变政府扶贫中单纯以地区为对象的方式，加强对贫困户的扶持，真正把扶贫作为提高贫困户的综合素质和自我发展能力的一种载体和手段，提高贫困户的造血能力。因此，在对云南特有七个人口较少民族扶贫的时候，必须以贫困者的需要为出发点，倾听贫困者的声音，了解他们的需求，并且把激发人口较少民族作为发展的主体参与到扶贫项目的设计、扶贫资金的使用和管理，项目实施的管理和监督中，这样的反贫困才能真正促进贫困群体的可持续发展。

二 研究目的和意义、主要内容及主要观点

（一）研究目的和意义

本书调查研究有两个主要目的。一是通过云南特有七个人口较少民族扶贫绩效的调查研究，全面评判扶持人口较少民族发展的效果，总结扶持人口较少民族发展的经验，探讨扶持人口较少民族发展中存在的不足与问题。本书以人口较少民族这一发展主体为调查对象，通过田野调查，从社区的视角来评价扶贫绩效，从社区的视角来发现扶贫中存在的不足以及出现的新问题新情况，这样的绩效评价不仅具有真实性和鲜活性，而且能够真正地发现扶贫中存在的本质问题。二是通过对云南特有七个人口较少民族扶贫绩效调查研究，了解这些贫困群体的发展蓝图、扶持政策和措施的诉求，最终的目的是从人口较少民族的视角出发，反思发展路径，审视扶持发展资源动员效果，察看资源推进模式，考量人口较少民族社区参与扶贫的程度，在此基础上，提出进一步加大扶持人口较少民族发展的政策建议，探索多样化的发展路径，为持续推进扶持人口较少民族发展工作提供决策参考。从这两个目的

---

① ［美］洪朝辉：《论中国城市社会权利的贫困》，载《江苏社会科学》2003 年第 2 期。

来看，对云南特有七个人口较少民族扶贫绩效进行调查研究，了解扶贫过程的不足，总结扶贫经验，探索可持续发展路径，不仅具有重大的理论价值，而且具有极其重要的现实意义。

从理论上说，目前对云南人口较少民族的研究，首先，以文化研究为主，较少涉及民族文化与可持续发展结合起来的研究；其次，以个案研究为主，缺乏将人口较少民族作为一个特殊群体进行调查分析的整体研究；最后，缺乏一种宏观与微观结合的研究，也就是省一级层面与社区层面的综合研究，同时也没有从人口较少民族自我发展的视角进行研究。本书通过广泛倾听广大农民和基层干部的声音，反映云南特有七个人口较少民族眼中的发展，不仅为我国贫困研究提供新的视角，实践新的研究方法，而且可以丰富我国农村反贫困理论体系。扶贫绩效评价不仅是一个严格的经济意义上的评价，而且是把社会绩效、生态绩效和其他综合绩效有机结合起来的评价，有助于拓展扶贫更宽领域的理论。

从实践上说，开展云南特有七个人口较少民族扶贫绩效研究，有助于深入了解中央和地方扶持政策的地方适应性及落实情况，深入挖掘云南特有七个人口较少民族贫困地区发展面临的特殊性和复杂性，为进一步完善扶贫政策、提高扶贫效果提出具有针对性的对策建议。通过研究总结了云南特有七个人口较少民族贫困地区发展的经验，从实践上将这些经验向全国其他民族贫困地区推广。

本书梳理人口较少民族扶贫的历程及其效果，从经济、社会和综合三个层面来进行扶贫绩效的调查研究。本书认为，一个好故事的解释力甚至超过一些大量统计资料分析和精密的推理，因为故事背后包含了更为丰富的真理，因此，以真实的个案研究作为重要的手段，通过调查研究，以"一孔窥全豹"，同时，在调查中特别关注各民族区域性的经验和不足，从理论和实践两个层面对云南特有七个人口较少民族的调查研究作出应有的贡献。

(二) 主要内容

本书紧紧围绕以提高扶持云南特有七个人口较少民族发展绩效为目的，以扶持人口较少民族发展的项目为基础，以扶贫政策制定与实施主体、各级政府以及各族群众等相关利益群体为对象，尤其注重人口较少民族这一扶贫发展主体的调查，全面调查研究人口较少民族发展面临的新情况和新问题，具体研究内容主要包括：

第一，云南特有七个人口较少民族发展的现状、历程、发展面临的机遇和挑战，为扶持和发展奠定基础。了解云南特有七个人口较少民族的概况（形成、历史、分布）、贫困的现状、扶贫的历程、发展面临的机遇和挑战，以及各级政府和各个职能部门制定出台的相关规划和措施，了解从省级下达实施的扶持人口较少民族的发展规划。

第二，了解各级政府制定的相关政策、政策制定的背景、反贫困情况概述、扶贫的政策选择，各级政府实施扶贫政策的情况，评估人口较少民族地区的扶贫绩效，了解扶贫过程中的经验和不足，了解进一步扶贫的新思路。

第三，以扶持云南特有七个人口较少民族发展的项目为载体，紧紧围绕扶持发展的经济绩效为重点，主要从四个层面来进行评价：一是基础设施不断改善，水、电、路和通广播电视等得到前所未有的改善；二是贫困状况显著减轻，贫困人口逐步减少，贫困发生率逐年降低，人均纯收入明显提高；三是扶持力度不断增加，制订并实施村级规划，经济发展基础不断改善，资金安排逐年提高；四是经济发展水平稳步提升，特色产业发展初具规模，产业结构得到有效调整，群众增收项目不断拓宽，工资性收入逐步增加，民族文化旅游业初现成效。

第四，紧紧围绕扶持发展的社会绩效改善为重点，主要体现在加大建设人口较少民族地区生产生活所需的基本公共设施，加大公共产品和服务的供给力度，强化人口较少民族地区的社会资本存量。主要从云南人口较少民族的教育水平大幅度的提高，医疗卫生服务质量的提升，初步建立的社会保障体系，劳动力转移的力度，民族文化事业的综合发展，重视社会资本培育等来评价社会继续教育。

第五，紧紧围绕以扶持发展产生的一系列综合绩效为重点，主要从保护生态环境、促进社会稳定、培育人力资本、提高主体意识、促进边疆稳定、保障民族团结、提升社区的凝聚力等方面来探索综合产生的绩效。

第六，在科学发展观背景下，云南特有七个人口较少民族的生产生活中有无"贫困"这个词汇，什么是贫困，为什么贫困，什么人贫困？在传统社会中，如何处理或解决贫困问题？随着扶持人口较少民族发展的力度不断加强，云南特有七个人口较少民族心目中的发展蓝图是什么样子？他们真正的需求是什么，希望通过什么途径来实现自己心目中的蓝图？哪些发展需要国家扶持，哪些工作可以自己来做？哪些需要政府进一步加强，或者改进？以什么样的角度切入促进可持续发展？这些问题都是深入调查研究的内容。

第七，云南特有七个人口较少民族在经济发展和生产生活实践中，创造了许多优秀的民族文化，在自然资源的管理和利用、社会组织和发展、应对贫困的能力等方面有一系列的经验，在扶贫中如何发挥这些民族文化的作用，如何在民族文化中挖掘有用的东西，从而赋予可持续发展更多新意，也是本书关注的内容之一。

第八，帮助人口较少民族发展，当前无论是从中央到地方，还是从政策到资金，都采取了许多措施，但是并没有从整体上形成合力，各个部门各自为战，如何协调各级政府和各个职能部门，将扶贫和建设真正做在实处、落在实处，这些问题也值得深入研究。

本书属于具有综合性、应用性的基础研究，涉及多学科、多领域、多部门，特别是发展制约因素还涉及人口较少民族地区的经济、政治、文化、习俗和宗教等方面，是一项系统工程。云南特有七个人口较少民族发展类型多样，发展程度不一，使调查研究具有很大的挑战，也是本书的难点。为了克服这一难点，本研究紧紧围绕人口较少民族这一关键利益群体，加大调查研究的数量和范围，从个案中找到本书难点的突破口。

（三）主要观点

云南特有七个人口较少民族的发展是我国整体发展的一个缩影，是我国发展的重要组成部分。任何一个人口较少民族掉队，都是我们工作的不足。发展是云南人口较少民族永恒的主题，是解决其所有问题的关键。在发展的目标取向上，要关注幸福指数、提升生活质量、突出富民优先、体现以人为本。

云南特有七个人口较少民族的贫困，不仅是物质资源的贫困，更是社会资源的贫困。要想根治贫困，必须从贫困的主体——"人"入手，人口较少民族的发展是自己的发展，任何来自外部的扶持都只是外在的因素，只有通过扶贫真正地激发自我发展的动力，才能真正地得到自我发展。

云南特有七个人口较少民族的发展需要关注社会发展优先战略，应当实施社会发展优先战略，尽快补起社会发展这一块"木桶"的短板。在经济发展的基础上，政府和社会投入重点转向社会事业发展方面，社会发展既是经济发展的重要保障，也是经济可持续发展的重要动力。

针对以上观点，本书在以下几个方面有所创新：一是研究视角的创新。采用"自下而上"与"整体观"相结合的研究视角，贯穿"民有权、民担责、民泽福"的理念，确立以云南特有七个人口较少民族为扶贫和发展的主体，同时兼顾政府部门、社会等相关利益群体，从整体上推进云南特有七个人口较少民族的扶贫工作。二是研究目标的创新。长期以来政府和研究单位都特别关注少数民族社区的经济发展及文化变迁，针对民族文化的相关研究也非常多，但一直以来都忽视了作为当地人自身对其发展的思考和认识，造就了许多研究云南特有七个人口较少民族的著名学者，但其研究对象仍然处于贫困状态。这说明这些调查研究缺乏从当地社区发展视角出发的观点和思路，本书研究最终是以人口较少民族的可持续发展为目标。三是研究方法的创新。在研究方法上以参与式方法为主,通过参与式调查研究方法(PRA)的引入,一方面能够有效地反映广大村民的需求和期望,使所提出的对策建议更具有针对性;另一方面也有效地传递了党和政府的各项方针政策,促进了人口较少民族的扶持政策措施真正落到实处。

三 研究思路、路径及方法

(一) 研究思路

第一,了解云南特有七个人口较少民族的基本情况,在此基础上,了解这些地区贫困的真正原因,分析其特殊性。

第二,了解云南特有七个人口较少民族扶持的历程,梳理云南省各级政府、各个职能部门对人口较少民族的扶持政策与措施。

第三,根据居住区域、民族类型、社会经济发展程度,在云南七个特有人口较少民族地区选择了15个典型社区进行深入调查,了解他们的社区历史、现状、发展面临的机遇和挑战。调查过的社区包括:四个阿昌族村(梁河县九保乡丙盖村委会、曩宋阿昌族乡弄别村委会、曩宋乡瑞泉村委会墩欠村民小组和陇川县户撒阿昌族乡明社村委会)、两个德昂族村(瑞丽市户育乡户育村委会雷贡村民小组和潞西市三台山德昂族乡出冬瓜村委会出冬瓜自然村)、两个普米族村(怒江州兰坪县通甸镇德胜村委会罗古箐村民小组和兰坪县金顶镇高坪村委会)、两个怒族村(怒江州福贡县匹河怒族乡老姆登村委会和架究村委会)、一个独龙族村(怒江州贡山县丙中洛乡双拉村委会小茶腊村民小组)、两个布朗族村(西双版纳州勐海县打洛镇曼山村委会曼芽村民小组和布朗山乡吉良村委会吉良村民小组)、两个基诺族村(西双版纳州景洪市基诺山基诺族乡新司土村委会巴飘村民小组和巴朵村民小组)。

第四,以扶持人口较少民族的项目为基础,从经济绩效、社会绩效以及综合绩效三个层面,对扶持人口较少民族的发展进行绩效调查和评价,尤其注重人口较少民族对这些扶贫项目的成效评价。

第五,深入了解云南特有七个人口较少民族广大村民对农村发展的理解及期望,对其心目中可持续发展的构想进行调查、分析和研究,并将其与扶贫政策措施进行比较,以找到当前扶贫政策与村民眼中农村发展之间的契入点。

第六,根据调查结果,综合政府和社区群众的观点,提出进一步完善扶持人口较少民族发展的政策及加快人口较少民族脱贫减贫的对策建议。

（二）研究路径

根据云南特有七个人口较少民族扶贫"省做规划、责任到州、项目到村、帮扶到户"的思路，制定出本书的技术路线图，如图1-1所示。

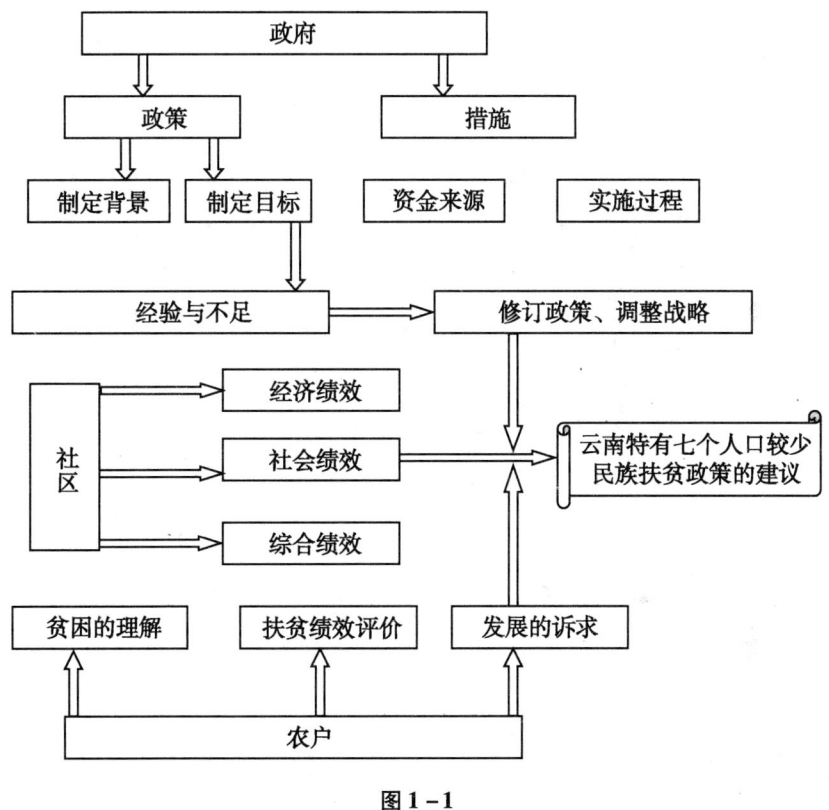

```
                    ┌──────────┐
                    │   政府   │
                    └────┬─────┘
              ┌──────────┴──────────┐
              ▼                     ▼
         ┌────────┐            ┌────────┐
         │  政策  │            │  措施  │
         └───┬────┘            └───┬────┘
       ┌────┴────┐           ┌────┴─────┐
       ▼         ▼           ▼          ▼
   ┌──────┐ ┌──────┐    ┌────────┐ ┌────────┐
   │制定背景│ │制定目标│    │资金来源│ │实施过程│
   └──────┘ └──┬───┘    └────────┘ └────────┘
              │
              ▼
         ┌──────────┐      ┌──────────────────┐
         │经验与不足│─────▶│修订政策、调整战略│
         └──────────┘      └──────────────────┘
                                   ▲
   ┌────┐    ┌────────┐            │     ┌──────────────────┐
   │    │───▶│经济绩效│            │     │云南特有七个人口较少│
   │社区│───▶│社会绩效│────────────┼────▶│民族扶贫政策的建议│
   │    │───▶│综合绩效│            │     └──────────────────┘
   └────┘    └────────┘            │
                                   │
   ┌──────────┐ ┌──────────┐ ┌──────────┐
   │贫困的理解│ │扶贫绩效评价│ │发展的诉求│
   └─────▲────┘ └─────▲────┘ └─────▲────┘
         │            │            │
         └────────────┼────────────┘
                 ┌────┴────┐
                 │  农户   │
                 └─────────┘
```

图1-1

（三）研究方法

1. 二手资料收集法。主要围绕人口较少民族的历史与现状、人口较少民族的发展资料、扶贫实施的项目考核验收资料、近年来的经济发展资料、政府报告及田野调查点上的基础资料进行资料收集。

2. 参与式方法。旨在快速收集所调查村庄的资源状况、发展现状、农户意愿等。具体主要包括：（1）社区图。邀请一些村民在大纸上画一个社区图，了解村庄的基本格局（包括道路、学校、村委会、医务室等的分布）、农户的基本居住情况、资源状况以及村落内部各农户的人口、劳动力以及特殊家庭如有无残疾等情况。一方面使我们对社区的基本社会经济状况有所了解；另一方面为我们确定下一步的小组访谈内容和对所要重点进行个体访谈的关键信息人有所了解。（2）贫富分级。在社区图的基础上了解社区内部各农户之间经济发展水平的差距。邀请村里比较了解情况的几个人分别列出村里生活条件较好和较差的一定比例的农户，具体数量根据村庄大小和农户数的多少而定。然后大体介绍贫困户和富裕户的基本情况，接着让他们讨论分级的标准，指出富裕农户富裕的原因及贫困农户贫困的原因。（3）打分评价表。为了了解各种扶持项目的历程、成效及存在的不足，邀请一些村民将这个村落实施的扶持项目一一罗列出来，然后对不同的项目从三个阶段打分并进行评价，2005年、现在和未来，也就是说2005年某一情况是多少分，现在达到多少分，是通过哪些项目或措施达到的，假设未来是100分的话，还需要进行哪些工作。这样不仅可以了解各种项目实施的效果及评价，也可以知道下一步老百姓的需求。（4）因果关系图或问题树。主要是分析造成贫困或者某一问题的原因及后果，做法是将贫困或某一问题作为一个基本结果，让参与讨论的人首先列举出相关的原因，随后让他们逐一进行分析，最后在时间等条件允许的情况下，让他们进行打分排序。最后，让他们分析摆脱贫困或者解决问题的主要办法，进而分析哪些工作可以自己做，哪些工作需要外部支持。同时了解这个结果或者问题可能会造成哪些后果，为了避免这些后果，应该如何应对。（5）收入和支出饼图。首先邀请参与者讨论出主要的收入来源和支出项目，然后让他们决定各个项目的比重。通过饼图进一步分析社区的收入和支出结构，发给农户一些苞谷籽，具体数额视收入和支出项目的多少而定。（6）部门关系图。首先列举与其生产生活息息相关的部门，然后了解这些部门曾经实施过哪些项目，然后让他们就各个机构过去的工作情况进行分析，找出哪些是做得好的，哪些是做得不太好的。随后和他们讨论他们对这些机构的期望，了解下一步项目实施的诉求。

3. 访谈法。对政府相关的部门及群众开展访谈，省级相关部门在省民委经济发展处、扶贫办、发改委等进行访谈，积极听取这些部门实施的扶持人口较少民族发展的政策和措施，了解这些政策的通达性和有效性。听取州一级相关部门关于人口较少民族的分布和发展情况、扶贫历程、成效、存在的问题及建议，并推荐相关的调研地点；在县、乡一级相关部门了解项目实施的现状、主要取得的经验、存在的困难等；对群众和相关利益群体进行访谈，了解群众对扶贫的看法、评价及参与情况，以及下一步的发展诉求。

4. 参与观察。亲自进入某一社区，生活于研究对象中间，通过日常生活中的密切交往，学习他们的语言，参与他们的仪式，走访他们的家庭，了解调查对象的贫困问题的现状并分析内部深层次的原因，通过直接观察、访谈、体验等参与方式获取第一手研究资料。

5. 典型案例调查。有效探索人口较少民族的贫困人群，调查采用的方法包括开座谈会、参与观察等质性研究方法。调查的内容既有经济方面的，包括收入或消费的情况，还有人口较少民族发展面临的实际困难等方面内容。这样能够更加全面科学地识别贫困人群及其贫困特征，有助于对贫困有一个更加准确的把握。调查深入细致，从而使获得的信息不仅更可靠，而且更加全面，能够起到"解剖麻雀"的作用。

此外，还应运用统计分析以及问卷调查等社会科学方法，尽可能地收集到能够反映云南特有七个人口较少民族摆脱贫困、促进发展各个方面的准确信息。

四　人口较少民族扶贫绩效研究综述

（一）贫困与反贫困

贫困作为人类社会普遍存在的社会现象，最早人们是从经济视角来认识的，因此其概念确定为收入低下、物质发展水平难以维持基本生产生活的状态。随着对贫困研究的不断深入，从主要关注收入低下的经济因素导致的经济生活贫乏开始，又加入了生产、心理等方面的因素，逐渐关注贫困者的能力、社会权利等因素，贫困的内涵和外延不断得以丰富和拓展，使贫困成为一个综合性概念，不仅包括教育、医疗卫生、基础设施等，而且包括社会、文化、政治意义上的基本权利，还包括人类发展最基本的机会和选择——长寿、健康、体面的生活，自由、社会地位、自尊和他人的尊重等。

贫困既是一个绝对概念，也是一个相对概念，并且是一个不断动态变化的历史发展过程。贫困分为绝对贫困和相对贫困，绝对贫困就是"仅足生存"型贫困，是指在特定的社会生产方式和生活方式下，个人或家庭依靠劳动所得或其他合法收入不能满足最基本的生理需要，生命的维持和延续受到威胁。相对贫困一方面是指由于社会经济发展，贫困者现有的生活水平明显低于社会认可的标准的贫困状况；另一方面是指同一时期由于不同地区之间、各个社会阶层之间和各阶层内部不同社会成员之间的明显收入或消费水平差别而呈现的贫困。[①]

费孝通先生最早探讨人口较少民族生存和发展的问题，认识到"在全球化的浪潮之中，一些根蒂不深、人口又较少的民族，如鄂伦春族，政府的确尽力在扶持这个民族。他们吃住都没有问题，孩子上学也不要钱，但本身

---

① 康晓光：《中国贫困与反贫困理论》，广西人民出版社1995年版，第3页。

还没有形成为一个有生机的社区，不是自力更生状态。所以在我的脑子里一直有一个问题，在我国万人以下的小小民族有十多个，他们今后如何生存下去，在社会的大变动中如何长期生存下去"[1]。由此也推动了国家民委组织有关专家学者开展了"中国人口较少民族经济和社会发展调查研究"，由这项调查研究引发了政府全面实施扶持人口较少民族发展的工作计划，同时也带动了一些学者关注人口较少民族的研究工作。随后，何群对近年国内流行的"小民族"概念从文化和社会环境的意义上进行界定，并对学界关于小民族生存发展问题的研究状况进行文献回顾和理论梳理。然后在鄂伦春族社会的田野工作基础上，思考了社会环境与小民族生存的互动问题。[2]

韩彦东分析了人口较少民族的致贫原因，认为人口较少民族贫困的原因有：历史发展进程滞后，生存环境恶劣，基础设施供给不足，政策性因素产生的影响，扶贫资金投入不足、利用效率低，并系统提出了加快人口较少民族扶贫开发的措施和建议。[3] 吴海鹰、马夫将我国22个人口较少民族的贫困状态划分为四个级别，并将贫困类型分为五种，即：区位屏蔽型贫困、经济活动模式转轨型贫困、社会发育滞后型贫困、多元要素共生型贫困和特殊因素诱发型贫困。在此基础上，提出了人口较少民族地区扶贫开发应坚持的原则和政策建议。[4] 麻三山、余玲围绕我国人口较少民族在自然环境方面、历史方面、经济生产方式方面、教育方面、人口上的落后性方面、生态方面、文化的特殊性方面，提出了我国人口较少民族地区扶贫开发应把握的五个原则，并探讨了在新的历史时期我国人口较少民族的扶贫开发对策。[5]

从个案上来看，廖元昌认为德昂族是我国最贫困的几个少数民族之一，其贫困的现实是面大且深，贫困的深层次原因是社会文化落后，集中表现为人口综合素质差，思想观念滞后，因此破解德昂族生存困境根本之策是加大人力资本投资。[6] 潘红祥在调查云南省贡山县扶持人口较少民族发展的基础

---

[1] 费孝通：《民族生存与发展——第六届社会学人类学高级研讨班上的讲演》，载《民族社会学研究通讯》2001年第26期。
[2] 何群：《现代化与小民族生存问题探讨》，载《云南社会科学》2006年第1期。
[3] 韩彦东：《人口较少民族贫困原因及扶贫开发对策研究》，载《贵州民族研究》2005年第6期。
[4] 吴海鹰、马夫：《我国人口较少民族的贫困与扶贫开发》，载《云南社会科学》2005年第1期。
[5] 麻三山、余玲：《浅析新时期我国人口较少民族的扶贫开发对策》，载《昆明理工大学学报》（社会科学版）2005年第4期。
[6] 廖元昌：《德昂族生存困境与构建和谐社会》，载《云南行政学院学报》2005年第5期。

上，认为扶持人口较少民族发展工作取得了明显成绩，但是后续任务依然十分艰巨。在下一阶段工作中，应以统筹发展为其核心理念，协调推进人口较少民族聚居地区经济建设、政治建设、社会建设、文化建设和生态建设，突出基础设施建设、产业发展和基础教育三个重点，强化干部工作作风、目标责任管理与项目协调机制。[1]

反贫困简单地说就是消除贫困，这是人类社会一个长期坚持不懈的战略目标，它同时具有经济与政策实践双重含义。综合国内外反贫困的研究，其概念主要有四个层面的表述：一是减少贫困发生因素，强调反贫困的过程性；二是减轻、缓和贫困的手段；三是扶持贫困，简称"扶贫"，主要是从政策实践的角度研究和落实政府或民间的反贫困计划与项目；四是根除、消灭贫困，强调反贫困的目的性。战胜和消除贫困，实现反贫困的目的，其内涵主要有三个方面：一是保障反贫困的基本底线，基本保障贫困人口的基本生活水平，使其能够生存下去，这需要从制度上建立和完善规范的贫困人口最低生活保障制度，使得贫困人口能够基本拥有应付疾病、经济冲击、自然灾害、冲突和歧视的能力；二是谋求经济社会稳定、和谐与可持续发展，从政策和制度上促进收入的公平分配，建立完善收入增长机制，减少贫困人口在社会转型期所遭受的剥夺，缩小贫富差距，不仅仅需要增加物质资本的投入，而且需要改善贫困人口的总体资产基础，包括个人、社会、文化、制度和环境资产等；三是消除一些对贫困人口不利的体制障碍，如性别、种族、年龄歧视等，保证其就业、迁徙、居住、医疗、教育等应有权利，维护贫困者人格尊严，提高贫困人口生存与发展能力，矫正对贫困人口的社会排斥或社会歧视，促进贫困阶层融入主流社会，避免贫困人口疏离化、边缘化。

从人口较少民族的反贫困来看，杨东萱认为外援是少数民族贫困人口反贫困的必要条件，能在一定程度上推动少数民族贫困地区的经济增长，特别是对人口较少民族，外援可以起到显著的作用。但是，因为外援极易导致少数民族贫困人口反贫困的依赖性，即使外援在短期内缓解贫穷，也不能够帮助少数民族贫困人口跳出贫穷陷阱，提出了只有外援与自立的融合才是少数民族贫困人口反贫困的必然路径。[2] 单纯依靠外援，只会造成民族机体的软骨病。最好的外部援助是帮助贫困地区找到脱贫之路，外援必须通过贫困群

---

[1] 潘红祥：《统筹发展：扶持人口较少民族工作的核心理念——云南省贡山独龙族怒族自治县扶持人口较少民族发展调查》，载《中南民族大学学报》（人文社会科学版）2010年第4期。

[2] 杨东萱：《论反贫困视角下少数民族贫困人口的自立与受援》，载《昆明学院学报》2010年第4期。

众这个内因的"过滤"或"调节"才能起到应有的作用。从自我发展的途径来看,最根本的还是要靠农民这个主体,并就人才培养提出政策建议。①以云南省德宏傣族景颇族自治州为例,从构建和谐社会的视角,分析边境民族地区贫困的主要表现形式,阐述与构建边境民族地区和谐社会相协调的扶贫体制机制。②

刘文光以云南边境地区人口较少民族为例,深入分析了云南边境地区人口较少民族反贫困面临的十个主要问题,并针对人口较少民族反贫困面临的种种问题,提出必须在因地制宜、因族举措、分类指导发展思路指导下,强化具体对策措施,在国家帮助和当地努力下,不断增强人口较少民族脱贫致富的能力。③

韩太忠对云南西双版纳布朗族在反贫困过程中逐渐形成的以政府为主导的"两山"脱贫模式和以村民跨境劳务输出为主的脱贫模式进行了研究,认为两种脱贫模式都对西双版纳布朗族的脱贫致富发挥了重要作用。并提出依托全面建设小康社会步伐的加快和中国—东盟自由贸易区建设的开展,把两种行之有效的脱贫模式与中国—东盟自由贸易区建设进行整合,将有助于尽快改变西双版纳布朗族的贫困状况。④

扶持人口较少民族的发展已经实施,并完成了第一轮五年发展规划,无论是各级政府,还是人口较少民族本身,对扶持发展都给予了很高的评价,有的民族地区已经实现了跨越式发展。但是,从外部资源嵌入扶持发展也带来了一系列的问题,尤其是以经济发展为主导的扶持。一系列经济发展带来的问题不断地凸显,经济发展以后的社会事业发展不足更加明显。显然,在扶持人口较少民族发展的研究中,一方面,是对发展及发展的成果,给予了极大的热情进行研究;另一方面,即使是对发展所面临困难的调查研究仍然局限于传统上的视角,例如自然条件恶劣,发展基础薄弱这样的观点。反贫困的最终目标是实现贫困者的可持续发展,因此,贫困者应该具有其发展权利,需要实现"还权于民",贫困者具有参与经济社会发展的权利,并获得

---

① 杨东萱:《边境少数民族地区外援式发展探微——以云南德宏州德昂族为例》,载《现代商业》2011年第5期。
② 杨东萱:《边境民族地区扶贫与和谐社会建设探微——以云南省德宏傣族景颇族自治州为例》,载《四川教育学院学报》2010年第6期。
③ 刘文光:《我国人口较少民族反贫困面临的问题及对策——以云南边境地区人口较少民族为例》,载《黑龙江民族丛刊》2012年第1期。
④ 韩忠太:《西双版纳布朗族两种脱贫模式研究》,载《云南民族大学学报》(哲学社会科学版)2006年第3期。

更多的发展机会。

扶贫的本质首先就是一种公共产品供给与配置，尤其是对人口较少民族扶持的"四通五有三达到"的具体项目更是涉及公共产品。公共产品供给理论作为一种系统的理论产生于19世纪80年代的奥地利和意大利，该理论的主要代表人物有潘塔莱奥尼、威克塞尔、林达尔、萨缪尔森、马斯格雷夫、科斯等。一般来讲，提供公共产品和服务，包括建设城乡公共设施，发展社会就业、社会保障服务和教育、科技、文化、卫生、体育等公共事业，发布公共信息等，为社会公众生活和参与社会经济、政治、文化活动提供保障和创造条件。①政府扶贫可以看作是政府向社会提供公共产品的行为。在此过程中，必须强调公共物品需求者的参与机制，确保公共物品是贫困者所需要的，以便提高政府提供公共产品的效率。王国华、李克强认为，农村社区的公共产品是相对于由农民或家庭自己消费的所谓"私人产品"而言的，是由当地农村社区居民参与共享的"产品"。农村公共产品是指只能满足其特定社会的公共消费欲望的产品或劳务。它具有一般公共产品的基本特点，即排他性、非竞争性和不可分割性。②

在人口较少民族扶贫进程中，由于涉及面广，贫困程度深，政府扶贫投入的资源相对于人口较少民族地区的发展需要还有很大的差距。由于资源供给的有限性和稀缺性，经济学研究的最终目的就是要解决如何有效地把经济中有限的资源配置于各种不同的用途，以便用这些既定的资源能够达到最大的社会物质产品和劳务的产出。此外，从现有扶持人口较少民族发展规划来看，以"四通五有三达到"为扶贫发展目标的资源配置存在局限性，往往存在资源配置和收入分配之间的不协调。

（二）扶贫绩效与评价

绩效（Performance），一般解释为成绩、成效，含有成绩和效益的意思；最早来源于人力资源管理、公共部门管理、工商管理和社会经济管理方面。在工商管理和社会经济管理中，绩效是指单位将投入通过一个过程转化为产出，再转化为结果的工作，是管理活动的结果和成效。③ 绩效是一个组织或个人在一定时期内的投入产出情况，投入指的是人力、物力、时间等物质资源，产出指的是工作任务在数量、质量及效率方面的完成情况。坎贝尔

---

① 温家宝：《提高认识 统一思想》，载《决策探索》2004年第4期。
② 王国华、李克强：《农村公共产品供给与农民收入问题研究》，载《财政研究》2003年第1期。
③ [美]孙克姆·霍姆斯：《公共支出管理手册》，王卫星译，经济管理出版社2002年版，第146页。

等人的绩效理论认为，绩效不是活动的结果，而是活动本身，是人们实际做的、与组织目标有关的并且可以观察到的行动或者行为，而且这些行为完全能由个体自身控制。[①] 伯纳丁等将绩效定义为在特定的时间内，由特定的工作职能、活动或行为产生的产出记录，这种定义将绩效同任务完成情况、产出、结果等同起来。[②] 扶贫绩效就是扶贫主体投入扶贫资源通过发展过程转化为扶贫效率的结果。

扶持人口较少民族扶贫的绩效评价，从政府视角来看，主要是从公共部门管理上来进行评价，在这个意义上绩效评价指"对政府体系的产出产品在多大程度上满足社会公众需要进行的评价"[③]，是指运用一定的评价方法、量化指标及评价标准，对中央部门为实现其职能所确定的绩效目标的实现程度，及为实现这一目标所安排预算的执行结果进行的综合性评价。总之，绩效评价是通过科学的评价体系，运用合理的评价方法，从数量和质量两个方面，对被评价对象在一定时期内的行为过程和结果进行定量和定性的分析评价。

扶贫绩效评价是公共部门绩效评价的一种，是指将实际的扶持绩效与期望绩效或目标任务进行对比，分析其差异，对政府扶持部门的产出结果与效率，以及部门行为作出合理的评价，促进政府部门不断健全和完善管理制度和管理措施。评价扶贫绩效，不仅从宏观上考察整个扶贫开发过程在目标区域经济发展中取得的成绩，而且要具体到微观层面，考察贫困村、贫困人口从贫困项目的实施过程中所得到的经济实惠；不仅要从量上考察扶贫项目所取得的经济效益，考察扶贫项目给贫困农户带来经济上的实惠，而且要考察扶贫开发过程在贫困地区的社会发展方面取得的成绩甚至扶贫开发给贫困人口带来的精神面貌的变化。

(三) 人口较少民族可持续发展探索

当前在人口较少民族地区的发展过程中，主要从两个层面来推进民族地区的发展，一是从村外部推进民族地区的发展，也就是资源来自外部，主要从政策上、资金上对民族地区进行扶持。二是民族地区的内源发展，也就是发展的动力来自内部，通过民族地区社区公共产品的供给、产业发展等，达到可持续的发展目标。从发展的本质来看，第二个层面的发展才能真正推动

---

① 方振郊：《绩效管理》，中国人民大学出版社2003年版，第33页。
② [美] 马克·霍哲：《公共部门业绩评估与改善》，张梦中译，载《中国行政管理》2000年第3期。
③ 胡宁生：《中国政府形象战略》，中共中央党校出版社1998年版，第1078页。

人口较少民族地区的最终发展。也就是说只有社区主导型发展（Community Driven Development）才能真正实现最终的可持续发展。社区主导型发展是世界银行等国际机构自20世纪90年代开始在发展中国家倡导的一种发展理念。社区主导型发展的一个关键点在于为农民提供更多的权利，并且创造条件和机会让农民增强实现其权利的能力。社区主导型发展能够在扶贫中瞄准问题，通过完善社区组织建设，加强社区自我发展能力，从而有效实现社区可持续发展。

社区主导型发展是一种适用于农村基层社区的上下合作式新型反贫困治理结构。新阶段农村扶贫开发中推行社区主导型发展可以提高扶贫资源响应农民需求的效率，增强农民和基层社区的发展意识和反贫困能力，有助于形成长效的反贫困机制。[①] 社区主导是相对政府主导而言的，社区主导就是以社区为主，也就是说社区群众是发展的主体，具有发展的责任，当然也享有发展成果的权利。社区主导型的发展从根本上来看，其发展的概念来自社区，明白为什么要发展，社区决定发展什么，如何发展。从扶持人口较少民族的发展来看，社区主导式扶贫的关键是人口较少民族地区的群众积极参与，这就要求把人口较少民族群众作为项目的主体，尊重人口较少民族的意愿，让其当家做主，实现公共资源的公平合理的配置，不断提高各民族的技术和管理能力，依靠自己推动社区的发展，提升各民族的综合能力，最终实现社区的可持续发展。从世界银行对发展的定义来看，"发展是发展人的发展"，扶持内含了从外部资源嵌入进而推进贫困地区发展的意思。但是对人口较少民族的研究缺乏社区视角，也就是说人口较少民族从主位的视角如何理解发展，他们心目中发展的蓝图是什么，他们希望的发展路径是什么，这些发展中重要的视角鲜有人触及。

人口较少民族作为弱势群体，其发展不仅仅是社会主义国家的本质要求，而且也是一个大国负责任的体现。在扶持发展的过程中，不仅仅需要考虑扶持绩效的问题，同时还要关注社会公平的问题。"不患寡而患不均，不患贫而患不安"，已经强调了"公平"与"稳定"的重要性。公平一直是人类永恒追求的目标，它推动社会不断进步和发展。社会公平是一个发展着的历史范畴，在不同的历史时期，其含义是不相同的。一般来说，社会公平是合理分配利益的规则，意味着不偏不倚，没有偏私。社会公平问题起源于私有制，因为私有制是人类不平等的起源和基础，在社会物质财富的占有和分

---

① 陆汉文：《社区主导型发展与合作型反贫困——世界银行在华CDD试点项目的调查与思考》，载《江汉论坛》2008年第9期。

配上，在各种权利的拥有上，在各种精神文化的享受和消费上，产生了各种各样的公平问题。

社会公平作为社会主义的本质要求，是衡量社会全面进步的重要尺度，也是构建和谐社会的基石。在现代市场经济条件下，只有立足于公平的基本理念，才有可能既增强社会经济发展的活力，又提升社会的整合程度，实现社会的全面协调发展，达到社会的和谐。原国务院总理温家宝曾表示："社会公平正义，是社会稳定的基础。我认为，公平正义比太阳还要有光辉。"让"公平正义的光辉"照耀着每一位公民，使"人民更幸福、更有尊严地活着"[①]。费孝通先生也曾针对人口较少民族发展问题指出："我心里想的是在我们中华民族大家庭中，不能让小兄弟面临困难，我们有力量帮助他们生存与发展，同时要允许他们在文化走向的问题上有自主权和自决权……我们要在中华民族大家庭中互相帮助，作出一个实实在在的榜样来……走出一条新路，其意义不仅是在国内，而且对今后的世界有重大意义。"[②]扶持人口较少民族，实现公共产品供给，主要包括农村基础设施、基础教育和医疗卫生。因此，公共产品供给的公平问题涉及经济公平、政治公平、道德公平和文化公平，其中经济公平是政治公平和文化公平的基础。此外社会公平还要关注到一个现象，人口较少民族的居住格局与中国少数民族的居住格局是一样的，一般都是"大分散、小聚居"。在扶持人口较少民族发展政策实施以后，散杂居人口较少民族，容易受到两个极端对待：一是有的散居人口较少民族的发展受到极端重视，各个方面得到了很多的扶持；二是有的散居人口较少民族的发展受到极端不重视，其生产生活陷入极度的困难。对人口较少民族发展的研究中鲜有人对散杂居的人口较少民族进行扶贫，这个层面的社会公平也应该引起关注。

李岚认为影响我国人口较少民族经济社会发展的原因主要有：一是这些民族所居住地区的自然地理环境差；二是经济环境差，基础设施落后；三是大多数社会形态发育落后，制度建设滞后；四是人口数量少而且居住分散，生活贫困，各方面力量都很薄弱，如自然地理环境、经济环境、社会形态发育程度和人口规模及其集中居住程度等。[③] 人口较少民族的特征之一就是社

---

① 西安晚报：《推进公平正义重在制度正义》，载中国新闻网，http://www.chinanews.com/gn/news，2010年3月15日。

② 费孝通：《民族生存与发展——在中国第六届社会学人类学高级研讨班开幕式上的即兴讲演》，载《西北民族研究》2002年第1期。

③ 李岚：《影响我国人口较少民族经济发展的原因分析》，载《黑龙江民族丛刊》2004年第1期。

会发育程度低,因此,国家在扶持人口较少民族过程中,促进社会发展一直是扶持和关注的重点。社会发展的主题,一直被不同学科背景的研究者从不同的视角加以关注。实现人口较少民族的可持续发展必须促进其社会资本的发育,积累深厚的经济资本、文化资本和社会资本,为可持续发展提供足够的动力。正如布迪厄指出:社会资本就是"实际的或潜在资源的集合体,那些资源是同对某些持久的网络的占有密不可分的。这一网络是大家共同熟悉的,得到公认的,而且是一种体制化的网络,这一网络是同某团体的会员制相联系的,它从集体性拥有资本的角度为每个会员提供支持,提供为他们赢得声望的凭证"[①]。

---

① P. Bourdieu. The forms of capital [A]. Handbook of Theory and Research for the Sociology of Education [C]. John. Richardson, ed. New York: Greenwood Press, 1986.

第二章

云南特有七个人口较少民族的贫困现状及其成因

我国是一个多民族国家，除汉族外有 55 个少数民族，各少数民族人口数量差别较大，人口最多的壮族人口有 16926381 人，[①] 部分民族的人口仅仅只有几千人。任何一个民族，无论其人口多少，都是中华民族的有机组成部分，都是我国多民族国家的重要的一员。云南是全国少数民族种类较多的边疆省份之一，境内有 25 个少数民族，少数民族人口 1400 万，占全省总人口 4100 万的近 1/3。其中白族、哈尼族、纳西族、傣族、傈僳族、佤族、拉祜族、景颇族、布朗族、普米族、阿昌族、怒族、基诺族、德昂族、独龙族 15 个少数民族为云南独有，还有壮族、傣族、布依族、苗族、瑶族、彝族、哈尼族、景颇族、傈僳族、拉祜族、怒族、独龙族、阿昌族、佤族、德昂族、布朗族 16 个少数民族跨境而居，另外还有尚待识别的拉基人、普标人等群体。

一 人口较少民族的来源

人口较少民族概念的提出，根本原因有三。一是其基本特征，即人口数量比较少，但是每一个人口较少民族都是中华民族中重要的一元，其生存与发展成为了各级政府关注的焦点。二是大部分人口较少民族处于整体贫困的现状，由于这些民族所处的地理位置、生态环境和历史发展等因素，整体贫困成为了人口较少民族的一个特征。三是人口较少民族传统文化的多样性，正是这些民族文化的多样性才构建了中华民族文化多元一体的发展现状。贫困问题不仅仅是人口较少民族面临问题，而且也是人口较少民族重要的特征之一。

人口较少民族是一个相对性的概念，在中国，55 个少数民族虽然有

[①] 2010 年第六次人口普查数据。下同。

1.05亿人，也占全国总人口的8.7%，但相对于拥有11亿多人口的汉族来说，他们是少数民族。而在少数民族中，一些民族人口数量更少，有的只有几千人或几万人，相对于那些有几十万人、几百万人乃至上千万人口的少数民族来说，他们是少数民族中的少数，因此称其为人口较少民族。[①] 人口较少民族概念的提出，是我国实行民族区域自治的创新与发展，与我国民族政策的制定与实施密不可分。扶持人口较少民族发展的政策也成了人口较少民族发展研究的基础。

根据全国第五次人口普查数据，我国有22个少数民族的人口在10万人以下，总人口63万人，统称人口较少民族。这22个人口较少民族分别是：毛南族、撒拉族、布朗族、塔吉克族、阿昌族、普米族、鄂温克族、怒族、京族、基诺族、德昂族、保安族、俄罗斯族、裕固族、乌孜别克族、门巴族、鄂伦春族、独龙族、塔塔尔族、赫哲族、高山族和珞巴族。从人口数量的比较来看，不仅55个少数民族与汉族相比是少数，而且55个少数民族中的22个人口较少民族又是"少数中的少数"。根据2000年第五次全国人口普查统计，22个人口较少民族总人口为632434人，占全国人口总数的0.05%，占少数民族人口总数的0.6%。这些民族主要分布在内蒙古、黑龙江、福建、广西、云南、贵州、青海、新疆等10个省（区）的86个县、238个乡镇、640个行政村。

新中国成立以来，人口较少民族在政治上翻了身，经济社会持续发展，人民生活得到明显改善。但是，由于历史、自然条件等方面的原因，这些民族的经济和社会发展总体水平还比较落后，贫困问题仍然突出，医疗卫生条件较差。根据党中央、国务院的要求，制定扶持人口较少民族发展规划，采取特殊政策措施，集中力量帮助这些民族加快发展步伐，走上共同富裕道路，对于贯彻落实科学发展观，进一步增强民族团结，维护边疆稳定，实现全面建设小康社会的奋斗目标，构建社会主义和谐社会，具有十分重要的意义。随着西部大开发、全面建设小康社会、构建社会主义和谐社会等各项战略措施的深入实施，人口较少民族的发展问题日益凸显出来，成为我国民族问题的一个重要方面。对此，党中央和国务院十分关心并高度重视人口较少民族的发展问题，明确21世纪新阶段大力扶持人口较少民族。

[①]《中国人口较少民族发展研究丛书》编委会：《中国人口较少民族经济和社会发展报告》，民族出版社2007年版，第1页。

二　七个人口较少民族的基本概况

云南是我国人口较少民族最多的边疆省份，是全国扶持人口较少民族任务最重的省份。有独龙族、德昂族、基诺族、怒族、阿昌族、普米族、布朗族七个人口较少民族，主要聚居在保山、思茅、西双版纳、大理、德宏、丽江、怒江、迪庆、临沧等9个州（市）31个县（市、区）的175个村，总人口达23万人，民族和人口数均占全国人口较少民族的1/3。七个人口较少民族聚居的175个村总人口31万人，其中人口较少民族有17.06万人，占全省人口较少民族总数的75%。云南特有七个人口较少民族从具体的分布上来看，布朗族主要分布在西双版纳傣族自治州、普洱市和临沧市，普米族主要分布在丽江市、怒江傈僳族自治州和迪庆藏族自治州，怒族主要分布在怒江傈僳族自治州，阿昌族主要分布在德宏傣族景颇族自治州和保山市，德昂族主要分布在德宏傣族景颇族自治州和临沧市，独龙族主要分布在怒江傈僳族自治州，基诺族主要分布在西双版纳傣族自治州（见表2-1）。

表2-1　　　　　云南特有七个人口较少民族地区分布

民族名称	主要分布地区
布朗族	西双版纳傣族自治州、普洱市、临沧市
普米族	丽江市、怒江傈僳族自治州、迪庆藏族自治州
怒　族	怒江傈僳族自治州
阿昌族	德宏傣族景颇族自治州、保山市
德昂族	德宏傣族景颇族自治州、临沧市
独龙族	怒江傈僳族自治州
基诺族	西双版纳傣族自治州

由于历史、自然、文化等因素的影响，云南人口较少民族发展基础薄弱、社会发育程度较低、发展速度缓慢、发展极不平衡，成为我国构建和谐社会和全面建设小康社会的重点与难点之一。云南人口较少民族发展具有一定的特殊性，主要包括以下几个方面：

1. 从国家视角来说，云南特有七个人口较少民族中，独龙族、德昂族、怒族、阿昌族、布朗族五个民族属于跨境民族，与境外同一民族毗邻而居，语言相通，宗教与文化相似，社会经济发展相近，是真正意义上的国防线上守望边境的守望者。因此，这些民族的发展和稳定，对于维护国家形象，保持边疆稳定具有重要作用。

2. 从社会主义国家的视角来说，云南特有七个人口较少民族中，独龙族、怒族、德昂族、布朗族、基诺族五个民族是从原始社会末期直接过渡到社会主义社会的"直过民族"，社会发展程度不高，社会发育慢，经济发展落后。

3. 从自然地理概念来看，云南七个人口较少民族大部分群体主要居住在金沙江、澜沧江、怒江两岸和边境一线的"三江一线"地区、石漠化地区以及生物多样性富集的生态保护区。这些地区不仅是我国生态文明的重要组成部分，而且对国际生物多样性的影响也是巨大的。

（一）布朗族

布朗族自称"布朗"、"波朗"、"帮"、"濮满"、"乌"、"阿娃"，部分自称"阿瓦"、"阿尔瓦"、"伊瓦"、"佤"和"翁拱"等。它称"濮曼"、"拿娃"、"阿别"、"卡坡"等。布朗族是中国西南历史悠久的一个古老土著民族，古称"徽"、"蒲人"、"朴子"，其先民在先秦时为百濮的一支，汉晋时称"濮"，唐时称"扑子蛮"，先后受南诏、大理国统治。元、明、清时期称"浦人"、"蒲满"、"包满"、"濮曼"。新中国成立后，根据本民族的意愿，统称为布朗族。布朗族总人口有116573人，[1] 占云南少数民族人口总数的0.661%。其中，男性有60117人，女性有56456人。莽人和克木人是我国两个特殊的少数民族群体，2009年被国家民委确认归属为布朗族。

布朗族主要分布在云南西部和西南部沿澜沧江中下游西侧的山岳地带，主要聚居地是西双版纳傣族自治州勐海县布朗、打洛、西定、巴达等山区一带，西双版纳傣族自治州的景洪市和勐腊县，临沧市的云县、镇康县、德县、双江县、耿马县、澜沧县，普洱市的墨江、景东，保山市的施甸、昌宁等县也有部分散居或杂居。莽人生活在红河哈尼族彝族自治州金平苗族瑶族傣族自治县，人口仅680余人；克木人生活在西双版纳傣族自治州，人口仅3200余人。由于长期深居原始森林等自然和历史原因，莽人和克木人极为贫困。

布朗族是跨境民族，主要跨中国、泰国、缅甸和老挝四个国家而居，聚居于勐海县的布朗族基本上是沿边境一线居住，仅布朗山乡就有国境线96.5公里。布朗族与境外同属一个民族，或为亲属关系，他们之间语言相

---

[1] 云南省人口普查办公室、云南省统计局编：《云南省2010年人口普查资料》（上册），中国统计出版社2012年版。以下同。

通，生活习俗相近，相互往来频繁，通婚、打工、宗教活动交流现象普遍。

布朗族有自己的语言，布朗语属南亚语系孟高棉语族布朗语支，有布朗、阿尔瓦两个方言，布朗与俄语、克木语、德昂语及高棉语有亲属关系。部分布朗族人会讲傣语、佤语或汉语。布朗族没有本民族的文字，通用汉文和傣文。

布朗族聚居地群山起伏，气候暖和，降水较多，土地肥沃，物产丰富。布朗族主要从事山地农业，以种植旱稻和水稻为主，其次是苞谷、红薯、黄豆、豌豆之类。布朗族喜吃酸笋、酸菜、酸肉之类的酸性食物，有的地区家家都会自制水酒。在以山地农业为主的布朗山上，经济作物有茶叶、棉花、紫胶等。勐海布朗山一带，茶叶产量迅猛增长，成为中国出口"普洱茶"的主要基地之一。

大部分布朗族信仰小乘佛教，崇拜祖先。节日期间有许多佛事活动，人们除了要举行迎接太阳的仪式，还要集体到佛寺举行"开门节"、"关门节"、"赕佛节"、"堆沙节"、"浴佛节"、"泼水节"等活动。

(二) 阿昌族

阿昌族自称"蒙撒"、"掸撒"、"汉撒"和"阿昌"。古代汉文史籍曾记载的"峨昌"、"娥昌"、"莪昌"或"阿昌"、"萼昌"等，都是对阿昌族不同时期的称谓。阿昌族起源于青藏高原北部，其先民属氐羌，唐宋称"峨昌"、"莪昌"、"阿昌"等。新中国成立后，根据本民族的意愿，统称为阿昌族。现有阿昌族总人口为38059人，其中男性有19017人，女性有19042人。阿昌族人口不多，却是一个多源的民族，在民间有"东来说"、"南来说"、"北来说"和"内地来说"。课题组在德宏州梁河县九保乡调查期间，丙盖村民小组组长赵兴宽就说："我们是洪武二年从腾越搬迁而来，当时一共有四个儿子，搬迁来的时候是在木瓜寨，后来'讨夷婆，变夷人'"，并有家谱为据。阿昌族内部又分为阿昌、先岛和载瓦三个支系。

阿昌族主要分布在云南德宏傣族自治州的陇川县户撒和梁河县九保、囊宋三个阿昌族乡，少数分布在德宏州的盈江、潞西、瑞丽，保山市的龙陵、腾冲，大理州的云龙等县。阿昌族也是跨境民族，缅甸有一部分阿昌族人口，据说主要是新中国成立之初，由于不了解民族政策而逃到境外，另有部分人是改革开放以后到缅甸卖艺滞留到国外的。

阿昌族有自己的语言，属汉藏语系藏缅语族缅语支，有梁河、陇川、潞西三个方言。由于长期与汉族、傣族杂居，大多数阿昌族人兼通汉语和傣语。阿昌族无本民族文字，习用汉文和傣文。民间根据阿昌族汉化程度不同，把汉化程度较深的称为小阿昌，汉化程度较浅的称为大阿昌。

阿昌族主要种植水稻。阿昌族居住的地区依山傍水，以农业为主，盛产水稻，梁河水稻品种有"水稻之王"的美称。著名特产户撒草烟，远销缅甸。阿昌族的手工业发达，门类很多，有铁器等制造业、木器等制造业、石器等制造业、银器等制造业及酿酒、刺绣、染色、纺织等行业。其中以打铁最为著名，尤其擅长刀具的锻打制造，阿昌刀又称"户撒刀"，有长刀、短刀和藏刀等，品种繁多，花色各异，精致美观，品质优良，行销于云南省内、青藏等地以及缅甸等国，受到国内外消费者的普遍欢迎。

阿昌族的信仰随地域各有特点，普遍信仰小乘佛教。梁河地区的阿昌族过去多信鬼神，户撒的阿昌族信仰小乘佛教，也信仰鬼灵，崇拜祖先。主要宗教节日有"进洼"、"出洼"、"白柴"、"水节"。每年农历正月初四的"窝乐节"是传统民族节日，其他还有"关门节"、"开门节"等民族节日。

（三）普米族

普米族自称"普英米"、"普米"或"培米"（白人之意）。普米族史称"西番"，又名"巴苴"。普米族现有总人口为42043人，其中男性21055人，女性20988人。普米是古代羌族的一支遗裔，最早在青藏高原、甘肃、青海、四川边沿一代过着游牧生活。汉唐之际，他们曾生活在四川邛崃山脉以西，金沙江、雅砻江和大渡河之间的广阔地带。后南迁到九龙、越西、冕宁、西昌一带，元世祖征大理时，随之南下进入云南，最后定居于滇西北地区。1960年统一定名为普米族。

普米族主要聚居在云南滇西北横断山脉中部山原地带，分布在云南省怒江傈僳族自治州、兰坪白族普米族自治县和丽江市的宁蒗县、永胜县、玉龙县以及迪庆藏族自治州的维西县。其中兰坪县和宁蒗县是普米族人口最集中的地方。普米族村寨大多分布在滇西北海拔2000—3500米的高寒山区和半山区，与白族、纳西族、彝族、傈僳族等民族交错杂居。另外，川西南的九龙、石棉、甘洛、越西、冕宁、木里、盐源诸县还有约30万人属于普米族前称的"西番"人。新中国成立后，根据他们的意愿，划归藏族。

普米族有自己的语言，普米语属汉藏语系藏缅语族羌语支（有的说属藏语支），有南部和北部两个方言区，其间差别很大。南部方言以云岭中段的拉巴山区保存最完整，北部方言区在宁蒗县永宁乡一带，与四川"西番"语属同一方言。因长期与藏族、彝族、白族、纳西族等民族杂居的关系，普米族男子普遍兼通多种民族语言。普米族有一种以刻画符号表意的文字，这种简单的符号文字是从结绳记事和刻木记事向图画文字过渡的文字雏形，但只有巫师（"韩规"）能用以记载宗教仪式等事项。普米族也曾使用过一种用藏文拼写的文字，但流行不广。现通用汉文。

普米族主要从事农业生产和畜牧业，以农产品为主要生活来源。除农业外，普米族还兼营畜牧业、手工业和副业。由于普米族原来就是游牧民族，擅长饲养和放牧，因此，普米族有较为发达的畜牧业。畜牧业以猪、牛、羊为主，家庭养鸡、养蜂也相当普遍。手工业和副业主要有纺织、皮革、铁器制造、酿酒、榨油、竹器编织、烧炭、狩猎、药材、木胎漆器等。

普米族信仰藏传佛教、道教等，大多数信仰多神的万物有灵的原始宗教和多神信仰。普米族还崇拜祖先。普米族的主要节日有大过年、大十五节、转山会、尝新节等。大过年即过春节。普米族的春节过三天至半月。此外，普米族人民也过清明节、端午节等。

（四）怒族

怒族有"怒苏"、"阿怒"、"阿龙"等称呼，其中包括四个支系：怒苏、阿龙、阿怒和揉柔。史称"怒人"、"弩人"、"怒子"等。怒族现有总人口为31821人，其中男性有16240人，女性15581人。怒族主要分布在云南省怒江傈僳族自治州的泸水、福贡、贡山、兰坪四县和迪庆藏族自治州维西县，西藏的察隅县也有几处怒族的聚居点。与傈僳族、独龙族、藏族、白族、汉族、纳西族等民族交错杂居。其居住地皆为海拔1500—2000米的山腰台地上。有史记载怒江因怒族而得名，在怒语里被称为"怒米挂"，意为黑水。

怒族是跨境民族，境外的怒族主要分布在缅甸北部山区，部分人是近几十年从我国境内迁徙出去的，估计境外人数超过我国怒族人数。

怒族有自己的语言，怒语属汉藏语系藏缅语族，语支未定。怒语主要有阿龙语、阿怒语、怒苏语和弱揉语四个语支。各地方言差别很大，以致不能互相通话。在语法方面，贡山怒语与福贡怒语具有特殊的动词变化，贡山怒语与上述怒语只有10%的词汇相同或相近，语言上亦无对应规律。他们与傈僳族长期共处，部分人会讲傈僳语。怒族没有文字，过去人们在日常生活及一些重大事情发生时以原始的刻木、结绳方式作记录，大都使用汉文。

怒族人很早就经营农业，以农业为主，狩猎、采集为辅。近几十年来，由于现代农业技术在农耕中的普遍使用，怒族农业才摆脱了刀耕火种的状况。现在怒族主要从事农业生产。随着商品交易市场的建立和完善，特别是为民族地区生活以及交换而生产的民族特需品的增多，逐步打破了怒族社会原有的封闭状况。

怒族信仰万物有灵的原始宗教，部分人信仰藏传佛教、天主教或基督教。尤其是以贡山县丙中洛乡的怒族村寨，同一村寨中既有信仰原始宗教的群众，有信仰藏传佛教的群众，也有信仰基督教的群众，还有信仰天主教的群众。甚至同一家庭成员各自信仰各自的宗教，被称为"多元宗教和谐共存的胜境"。贡山的怒族除过春节外，在每年的农历三月十五日杜鹃花开时过"仙女节"，又称"鲜花节"，其他主要节日还有"若卷"、"汝为"、"夸白"等。

（五）基诺族

基诺族自称"基诺"、"基诺册饶"、"基诺阿饶"、"基诺珠"、"基诺阿珠"、"基诺玛"、"基诺阿玛"，即"基诺人共同体"之意。"基诺"为基诺族语言记音，基为舅舅之意；诺为后边、后面、后人、后代之说，"基诺"应是"舅舅家的人"或"尊重舅舅的民族"的意思，汉文献的零星记载中，多半称为"攸乐"或"攸乐人"。基诺山的基诺族由乌热、阿哈和阿西三个胞族组成。1979年6月，基诺族经民族确认，成为中国的第56个民族。基诺族现有总人口为22759人，其中男性11611人，女性11148人。基诺族主要居住在云南西双版纳傣族自治州景洪市基诺山基诺族乡，基诺山位于云南省西双版纳傣族自治州中部，基诺语地名为"基诺洛克"或"基诺厄塔"，意思是"基诺人居住的地域"或"基诺山"。小聚居或散居于与基诺乡毗邻的勐旺补远、大渡岗镇、勐养镇、橄榄坝（勐罕镇）、勐仑镇、象明乡、允景洪镇等地。

基诺族有自己的语言，基诺语属汉藏语系藏缅语族彝语支，本民族内部分基诺山基诺语和补远山基诺语两种方言，其语音、词汇、语法等有明显的差异。他无本民族文字，过去多靠刻木记事。基诺族主要从事农业生产，农作物有旱稻、玉米，种植棉花也有较长的历史，盛产香蕉、木瓜等亚热带水果。基诺山是出产普洱茶的六大茶山之一。砂仁、橡胶等经济作物收入在总产值中的比重逐步增加。

基诺族过去盛行祖先崇拜，相信万物有灵。巫师有两种，一为"布蜡包"，二为"莫丕"。遇有灾祸降临，请巫师杀牛、猪、鸡、狗祭鬼神。巫师会行比较简单的占卜术，并兼行草医。基诺族的节日很多、主要有"祭大奄（龙）"、"火把节"、"新米节"、"租过年"。过年时间不固定，一般由"卓巴"、"卓生"决定，当"卓巴"擂响大鼓时，就意味着新的一年来临，全寨男女老幼就涌到"卓巴"、"卓生"家附近载歌载舞，欢庆新年的到来。基诺族在2月6—8日举行传统节日特懋克节，人们杀猪宰羊，开怀畅饮，举行丰富多彩的民间体育活动，打起太阳鼓，载歌载舞，通宵达旦。

（六）德昂族

德昂族旧称"崩龙族"，1985年改为德昂族。居住在德宏州的德昂族自称"德昂",居住在临沧市的镇康、耿马等县的则自称"尼昂"或"纳昂"。"昂"为民族自称,意为"山岩"、"岩洞"的意思。"德"、"尼"、"纳"为尊称的附加语。德昂族现有总人口为20186人,其中男性9889人,女性10297人。德昂族是西南边疆最古老的民族之一,源于古代的"濮人",公元前2世纪就居住在怒江两岸的广大地区,唐宋时期永昌濮人中的"茫蛮部落"强盛起来,在滇西建立了一个显赫一时的地方政权——"金齿国"。新中国成立后称崩龙族,1985年根据本民族的意愿,改名为德昂族。在长期历史发展过程中,德昂族内部又形成了"红德昂"、"花德昂"和"黑德昂"三种不同的支系。随着中原王朝统治力量的加强及当地傣族封建领主势力的扩张,迫使德昂人大量迁往缅甸,少数没能逃离的则成为傣族领主的属民。

德昂族70%的人口分布在德宏傣族景颇族自治州潞西市及梁河、盈江、瑞丽、陇川等县;保山市隆阳区,临沧地区镇康县,耿马傣族佤族自治县和永德县。普洱市澜沧拉祜族自治县也有少量分布。潞西市三台山和镇康县军赛两地是德昂族居住比较集中的地区,其他则与景颇族、汉族、傈僳族、佤族等民族分寨而居,其中有少数村寨间杂在坝区傣族村落之间。德昂族是一个跨境而居的民族,在友好邻邦缅甸境内德昂(崩龙)人口较多,据报道约有70万人,主要聚居在缅甸第七特别行政区(崩龙大山),在紧靠中缅边境的果敢等地德昂人口也较多。由于是跨境民族,与缅甸本民族的交流较为频繁。

德昂族有自己的语言,德昂语属南亚语系孟高棉语族佤德昂语支,与佤族、布朗族以及柬埔寨的高棉人为同一语系的民族。可分为纳盎、布雷、若买三种方言。大多数德昂族人通晓傣语、汉语或景颇语。德昂族没有本民族的文字,不少人能用汉文或傣文。缅甸德昂人于1972年在缅文、傣文的基础上曾创制了德昂文字。德昂族人以农业生产为主,擅长种茶,素有"古老茶农"的美称。他们还擅长编织竹器,主要从事农业,种植水稻、玉米、薯类等。德昂族大多居住在山区半山区或坝沿地区,人口少、分布散。

德昂族信仰小乘佛教和原始宗教,上座部佛教在德昂族中传播的历史很长,宗教教义和教规对德昂族社会文化及思想意识都产生了深远的影响。德昂族有自己的宗教节日,其中"进法"、"出洼"、"做摆"和"烧白柴"较为隆重。"进洼"和"出洼"期间,要到佛寺拜佛三天。

(七)独龙族

独龙族旧称"俅人",自称有"独龙"、"迪麻"等,"俅人"、"俅曲"、"曲人"是汉族对他们的称谓。新中国成立后,根据独龙人民自己的特点和意愿,正式定名为独龙族。独龙族现有总人口6353人,其中男性有3096

人，女性有 3257 人。独龙族源于贡山北部的怒江地区和西藏察瓦龙地区，其迁徙路线也大致从上述地区到独龙江。独龙族聚居于云南贡山独龙族怒族自治县西北部中缅边境一线的独龙江流域，主要聚居在该流域的河谷地带和贡山县境内怒江西岸的小茶腊村，相邻的维西县齐乐乡和西藏察隅县察瓦洛乡也有少量分布。生活在被称为"神秘河谷"的独龙江两岸的独龙族人民，受江水滋润，以江为名，于是称为独龙族。

缅甸独龙人有数万人，分别在江心坡、坎底及坎底西北广大地区，称为日旺人，他们与中国独龙族的经济往来和宗教联系较多。独龙族有自己的语言，独龙族语系属汉藏语系藏缅语族景颇语支，独龙语和景颇语、登语、珞巴语比较接近，贡山怒语与独龙语基本相通。由于独龙江长期与世隔绝，语言发展缓慢，受外界影响小，具有藏缅语活化石的特征。独龙族历史上没有本民族的文字，过去多靠刻木结绳记事传递信息。19 世纪末，在缅甸北部传教的传教士以独龙语为基础创制了一套以拉丁字母拼写的主要用于传教的文字。

独龙族以从事农业为主，但保留渔猎的传统。独龙族自古生活在崇山峻岭之中，条件恶劣，交通闭塞，所以社会发展较为迟缓，生产力水平低下，新中国成立前后仍保留着浓厚的原始公社制残余。独龙族的经济活动以刀耕火种的粗放农业为主，而且刀耕火种农业与采集、渔猎并存，手工业没有从农业中分离出来作为一个独立的生产部门，也没有专业的手工业者。独龙族的妇女精于织麻，从种麻、剥皮、漂晒、纺线，最后在简易的织机上织出有彩虹般色彩条纹的独龙麻布毯。独龙族男子擅长竹篾编制，大凡生产、渔猎、生活用具都很精巧美观，一些竹盒、兜箩等造型别致。

独龙族信仰万物有灵，崇拜自然物，认为世间一切事与物都有灵魂。所以，灵魂观念、鬼的观念、天的观念一直是独龙族原始信仰的核心。独龙族祭鬼由巫师进行，巫师有两种，一种称为"纳木萨"，主持祭祀、打卦，另一种称为"夺木萨"，专门从事驱鬼，"纳木萨"的地位较高。此外独龙江下游的部分独龙族还信仰基督教。独龙族唯一的节日是过年，独龙语称"卡雀瓦"，意为年节。节日的具体时间由各家或各个家族自己择定，一般都在农历的冬腊月，欢度两天或四五天不等。

三 人口较少民族贫困现状及其成因

（一）贫困现状

由于基础差、起点低、底子薄、生存环境恶劣、社会发育程度低等自然原因和社会原因，2005 年在扶持人口较少民族发展规划实施之前，云南人口较少民族聚居地区贫困问题非常突出。

1. 云南人口较少民族贫困面大。2005年,云南省人口较少民族聚居的175个规划村有贫困人口17.5万人,贫困发生率高达56.3%。

2. 云南人口较少民族贫困程度深。2005年,云南人口较少民族聚居的175个规划村贫困人口中约50%的人处于绝对贫困状态;住房困难的有2万户,缺乏基本生存条件的有2.1万人,绝对贫困人口脱贫的速度远低于整体脱贫速度,也反映出云南人口较少民族扶贫真正碰到了"难啃的硬骨头"。

3. 云南人口较少民族聚居区与其他地方差距持续扩大。2005年,云南七个人口较少民族聚居的175个规划村农民人均纯收入845.7元,比全省少1196.3元,仅为全省的41.42%;而到了2008年,规划村农村人均纯收入提高至1629元,比全省少1473元,差距拉大了276.7元(见表2-2)。

表2-2　　　云南人口较少民族地区深度贫困群体聚集区基本情况

(单位:个、户、人)

民族	县(市)	乡镇	建制村	自然村	深度贫困户	深度贫困人群
德昂族	4	7	9	9	109	322
阿昌族	6	11	21	34	703	3328
布朗族	14	35	56	127	4501	18821
独龙族	1	1	6	32	857	3147
基诺族	2	8	13	30	296	1098
景颇族	5	38	105	182	3889	16307
怒族	3	4	15	27	1549	5638
普米族	4	11	16	30	926	2958
合计	39	115	241	471	12830	51619

资料来源:云南省人口较少民族地区深度贫困人群聚集区。

4. 发展起点低,发展不平衡。由于发展基础不一,起点不同,资金投入有限,人口较少民族村寨在扶持发展过程中参差不齐,发展不平衡。例如,以扶持发展一段时间以后的2008年年底为例,175个村委会的农民人均纯收入,最高的村是4040元,最低的村仅712元,相差3328元。即使在同一行政村内、自然村之间也存在较大差距。有些特殊困难目前仍然缺乏有力的解决措施。如独龙族聚居的独龙江乡,只有一条简易山路通往县城,96公里行车6个多小时,下雨时经常塌方,还有半年被大雪阻断;仅有的移动通信只能覆盖乡政府附近。怒江傈僳族自治州90%以上的独龙族、70%以上的怒族群众仍处于整体贫困状态,这些特殊困难地区靠常规扶持和局部投入很难彻底脱贫。

5. 自我发展能力差，脱贫基础不牢。七个人口较少民族适龄儿童入学率低，平均受教育年限只有5.2年，文盲率最高的达33.07%，劳动力素质普遍偏低，农村实用技术人才缺乏。人口较少民族又大多居住在偏远山区或边境一线，生产生活方式落后，产业结构单一、基础薄弱，社会发育程度和生产力水平低，群众增收困难。人口较少民族素质型贫困问题突出，他们仍沿袭着传统的生产生活方式，产业结构单一，当家理财能力较弱，生产上以政府主导为主，多数群众没有信息，"不知道做什么"；没有技术，"不知道怎么做"；没有拓展市场渠道的能力，"做了以后不知道怎么办"，抗风险能力弱，脱贫基础不牢。通过验收的109个村中，有近1/4的村农民人均纯收入刚刚达到低收入线，存在较大返贫风险。另外，扶持资金投入与现实需求矛盾突出，目前投入的整村推进资金，平均每村22.5万元，人均994.6元，只能解决一两个群众最困难、最急需的项目，难以从根本上实现脱贫目标。

综合来看，云南特有七个人口较少民族具有一系列的贫困的特殊性：一是这些特殊群体居住的区域贫困程度深、贫困面广；二是这些特殊地区致贫因素多，条件型、素质型贫困叠加，且具有多重复杂性；三是这些特殊贫困地区的贫困具有不平衡性，同一民族居住在不同地区，贫富差距很大，即使是同一民族同一村落，其利用资源的能力及扶贫受益的差异性也很大。

从纵向来看，经过各级党委和政府半个多世纪的大力扶持，云南七个人口较少民族经济社会发生了天翻地覆的变化。但横向来看，由于特殊的历史、地理原因，云南人口较少民族社会发展起点低、劳动者素质不高、生存条件差、自我发展能力弱、贫困面大、贫困程度深，大部分人口较少民族聚居区仍然是云南最贫困的地区，发展滞后，扶贫任务艰巨。

(二) 致贫原因

1. 自然环境恶劣。怒族、独龙族、布朗族等居住地区大多属于喀斯特发育典型地区，生态环境恶劣、耕地稀少、土层瘠薄、旱涝灾害频繁，导致各种自然资源有效利用程度低，有的地方甚至不具备人类生存的基本条件。怒族聚居地——云南贡山县处于欧亚板块和印度洋板块碰撞挤压地带，受印度洋暖流和西伯利亚寒流交汇的影响，形成冬暖夏凉、气候年差小、多雨的海洋性气候，春寒、洪灾、泥石流、山体滑坡以及病虫害、鼠害等自然灾害频发，严重影响了怒族群众的正常生产和生活。独龙族聚居地——独龙江流域范围内有97.6%的土地面积坡度大于25度，而海拔在2000米以下，水热条件相对充分，坡度小于15度的土地仅占总耕地面积的0.75%，由于山高坡陡、土壤贫瘠、潮湿多雨、日照不足等原因导致土地的保水、保土和保肥能力较差，粮食产量很低。德宏州梁河县阿昌族聚居地的水土流失面积达433.86平方公里，占全部国土面积的37.43%；全县共有地质灾害点195处，其中有严重隐患的74处（滑坡55处，泥石流19处）。据调查，阿昌族、德昂族聚居半山区和山区有107个滑坡泥石流地质灾害点，滑坡泥石流直接威胁着24个村7126人的生命财产安全，其中有16个村的5401人已经丧失了最基本生存条件。

人口较少民族不仅远离国家的政治、经济中心，而且还处于所属省（区）的边远地区，与区域经济中心和交通枢纽距离较远，受到经济发达地区的辐射很小；同时，其不利区位特点形成聚集作用也很弱，造成吸引资金、人才、技术、项目的难度加大，自身资源优势无法发挥。云南人口较少民族的聚居区大多属于干旱缺水区、高原荒漠区、大石山、喀斯特地形区等自然条件相当恶劣的地区。由于受地理环境和气候条件的影响，干旱、洪涝、冰雹、风沙、低温、雪灾等自然灾害明显多于其他地区。此外，生态环境极其脆弱，自然承载能力有限。如梁河县阿昌族居住的地区是"连晴三天要抗旱，连下三天要防洪"；陇川县户撒阿昌族居住地区是早晚温差极大的怪异气候；潞西市三台山德昂族居住的地区是"人在上、水在下"的居住格局；福贡县匹河乡怒族居住的地区是"让猴子爬都要掉眼泪"的陡坡。这些都成为本地经济社会发展难以逾越的障碍。

2. 社会发育程度低。云南特有七个人口较少民族中有五个是"直过民族"，阶级分化不明显，土地占有不集中，生产力水平十分低下。尽管经过50多年的发展，经济社会有了很大的发展，但并未能从根本上提高其生产力水平。社会发育程度低、原始共产主义思想还普遍存在、生产力水平低是导致这部分少数民族整体性贫困的重要原因。以怒江州贡山县的独龙江独龙族民族乡为例，"一家宰猪、全村过年"、"一杯酒，一塘火"就是当地许多群众最大的满足，一些干部群众养成了"吃粮靠返销、花钱靠救济、建设靠国家、生产靠政府"的依赖思想，缺乏自力更生、艰苦创业的精神。由于没有经过完整的社会发展阶段，人口较少民族聚居区的社会发育程度普遍偏低，受历史影响程度较深。在自然半自然经济向市场经济转化、传统农业向现代农业转化过程中，人口较少民族的思维方式、心理素质、应变能力等方面都显得很不适应，而这些不适应最终导致其市场适应能力差、自我发展能力低。

云南人口较少民族观念落后，科技意识差，技术落后。例如乡里举办科技培训，尽管是免费，还要请他们吃饭，但是群众怕耽误工，往往计划培训100人，能来30人就不错了。他们小农思想浓厚，见识少，怕冒风险，怕上当受骗，在人口较少民族村寨推广一些科技项目，群众要问村长或本民族有威望的人，他们不点头就不敢做。甚至连给猪打预防针，也要社长或其他人带头才敢打，怕别人骗他。家庭越困难越不敢冒险，担心一旦失手，唯一的那点钱就没有了。

3. 基础设施极其薄弱，社会事业发展严重滞后。由于人口较少民族大多分散在边境地区、偏远山区和峡谷地带，建设成本高，国家安排的重大基础设施建设很难延伸和覆盖到这些地区，道路通达率低、等级低，进而成为人口较少民族群众脱贫的"瓶颈"。截至2008年年底，1407个自然村中，仍有222个村不通公路、143个村不通电、171个村未解决饮水安全问题，有的村虽然修了便道，但基本处于"晴通雨阻"的状况。以怒江州贡山县的独龙江乡为例，从县城至独龙江的公路，因翻越高黎贡山，每年大雪封山阻断通行长达4—5个月，已建成的乡村公路等级低、无养护能力、通畅能力弱。而以怒江州福贡县匹河怒族民族乡的架究村委会为例，该村在怒江左侧，仅有一座人马便桥，最基本的拖拉机都无法通行，村委会的各个自然村基本上不通大路，仅有羊肠小道通行，而且步行距离最远的自然村按照当地老百姓的脚程需要8个小时。恶劣的地理环境和落后的基础设施严重制约了人口较少民族与外界的沟通，导致其处于封闭或半封闭状态，对其思维方式、主体意识能力产生了不利影响。

由于制度设计和"政绩观"的影响，我国多数扶贫项目或工程呈现"避重就轻"、"重面子轻里子"、"重当前轻长远"等现象。在扶持人口较少民族发展过程中也如此。因资金投入有限，教育文化卫生等社会事业方面投入严重不足，发展严重滞后。截至2008年，仍有4个村委会不通电话，8个村不能接收广播电视节目，18个村没有文化室，3个村没有卫生室；有些村虽有卫生室但缺医少药，虽有学校但校舍简陋破烂，师资力量不足，学生生活困难，辍学率高。另外，境外敌对势力对边境人口较少民族的宗教、文化渗透不断加剧，毒品、艾滋病危害严重。

4. 产业发展基础极度薄弱。云南人口较少民族地区资源丰富，但工业化仍处在初期阶段，工业基础薄弱，产业层次低，核心竞争力不强，支柱产业没有形成，产业结构单一，群众增收来源少，自我发展能力弱，资源优势没有得到充分发挥。在云南扶持人口较少民族发展过程中，公共基础设施建设与地区产业发展并不能有机结合，往往出现产业发展为基础设施建设"让路"和基础设施没有起到为产业发展提供服务的情况。因为改善贫困地区群众生产生活条件为目的的基础设施建设是贫困村在发展过程中最迫切需要解决的基础性问题，所以，扶贫资金被首先用于水、电、路等公共设施的修建。不管是当地政府还是人口较少民族群众自身，都不会将发展地方产业作为首选对象，对产业发展的积极性不高。

5. 生态保护压力巨大。云南人口较少民族大部分贫困地区处于自然保护区，或处于大江大河的源头，或处于生态保护的核心区域。一系列保护自然环境的法律法规和政策的限制，阻碍了其"靠山吃山"利用天然资源脱贫的渠道。加之目前的生态效益补偿机制尚不健全，缺乏有关生态环境补偿的相关政策和具体措施，补偿标准不明确，资金渠道难以保障，补偿方式存在种种问题，进而影响了云南人口较少民族群众的增收脱贫。

6. 人才缺乏。云南人口较少民族地区劳动力资源丰富，但劳动者素质普遍不高，各类人才严重缺乏。大多数云南特有七个人口较少民族人口是文盲、半文盲和小学文化水平，最多读到初中，而且又长期在当地农村从事传统农村生产，很少接触到外面的世界，也没有机会接触实用的科学技术。在进行家庭生产经营时，缺乏科学技术，经营管理能力差，采用的是传统的自给自足的生产方式，经营管理方法单一。家庭经营生产资料缺乏，生产环境差，导致了家庭经营的收入较低。而这种低投入、低产出的简单再生产方式和市场条件下的消费模式明显不适合，逐渐导致收支失衡，最终常年收支赤字，处于赤贫的状态。

7. 跨境民族社会问题复杂。云南特有七个人口较少民族中的五个跨境民族地区，绝对贫困人口比例高。文盲、半文盲率高出全国十多个百分点。卫生设施普遍老化，缺医少药，临床手术基本无法开展，群众看病难，地方病、传染病多发，"因病致贫"、"因病返贫"现象交织发生。加之边境地区禁毒、防治艾滋病等问题形势严峻，毒品和艾滋病已严重威胁到一些边境民族的生存发展，以至于有的少数民族干部呼吁"救救边境群众"。这些边疆民族的社会问题严重影响了扶持人口较少民族的发展。跨境民族的非法流动也带来了复杂的社会问题，随之而入的枪支毒品等严重冲击了流入地的社会稳定。西方势力也依托宗教，从边境跨境区域入手，通过宗教途径加大了对我国边疆民族地区的渗透。

8. 扶持发展资金仍然紧缺。扶贫资金的投入对人口较少民族的扶贫开发产生了积极的作用，但由于人口较少民族的基础设施建设、教育卫生投资、生态环境改善、生产性投入、异地移民安置等项目所需资金太大，现有的扶贫资金投入力度仍显不足。同时，人口较少民族居住地区因地方财政大多相当困难，还存在扶贫资金被挪用发放工资或投资其他项目的现象；当地财力紧缺，部分扶贫开发项目由于缺乏当地配套资金，而被延期或取消；对扶贫开发项目缺少可行性研究、人员培训等费用，导致扶贫资金投入产出率低。如何提高扶贫资金投入力度和利用率，成为加快人口较少民族扶贫开发亟待解决的问题。

9. 文化观念因素。面对现代市场经济，少数民族长期形成并珍视的一些文化观念显得有些无所适从。如梁河县九保乡丙盖村的赵兴宽所说："我们阿昌族是勤劳的，但是没计划。我有十元钱，只要有朋友来，我会拿八元来招待朋友，这是少数民族的共性，是优点，也是缺点。我们少数民族要发展，确实得改变一些观念，但有的观念我们是打死也不丢的。""我们（阿）昌族不爱做生意，一个村子做生意的就是几家开小卖铺的。但开小卖铺的人家日子也不见得比别人家好过，农村生意不好做，买东西的人都是老嘴老脸，赊账的很多，这一赊有时会赊出很多年。"

道义和面子通常是少数民族地区为人处世的两个基本原则，但过多强调道义和面子也阻碍了市场经济思维。例如，潞西市三台山乡出冬瓜村委会，村庄人多地少，粮食紧缺，即便如此，村民李翁先家每年的余粮宁可借出也不卖，认为卖粮会伤大家的感情，而借粮自己有面子。村民李腊劲为了体面办好儿子周岁客而不惜债台高筑。婚丧嫁娶本是村民拉近人际关系的好机会，但我们所调查到的村庄在婚丧嫁娶方面似乎搞过了头，形成一些相互竞争、攀比的不良风气，成为村民一大负担。再如，在梁河县曩宋乡弄别村委会南林村的村民董生庆所说："在一个村子里，大家都是沾亲带戚的，有好处也有坏处。好处是大家农忙时可以相互帮忙，不好的是客事太多，结婚、孩子满岁、盖新房子、老人不在（去世）、立碑，一样都逃不脱。每次去吃酒（做客）少了二三十块拿不出手，比较亲的亲戚之间每次要送两百块左右。这样下来，很多时候一年挣来的钱还不够送礼金，以致不得不借钱做客，没办法啊！做客礼金又不能赊，就像人家说的'人情到，揭锅灶'。"

第三章

七个人口较少民族扶持的历程及整体绩效

我国制定和实施扶持人口较少民族发展的特殊政策,既顺应了当今世界反贫困和关注特殊弱势群体生计的历史潮流,也贯彻了我国"两个共同、三个离不开"民族政策,还体现了社会主义国家互帮互助、共同富裕的特质。作为一个多民族省份,云南在制定扶持少数民族发展政策方面始终走在全国前列,在全国也有许多创新,如"整村推进"、"一族一策"、"一族多策"等。对于人口较少民族的扶持,云南更是提出"绝不让一个民族兄弟掉队"的口号,因地制宜实施扶持人口较少民族发展的政策和措施,创新扶持方式和模式,取得了显著的成效。

一 相关政策回顾

(一)国际背景

世界贫困状况的恶化引起世界各国的广泛关注,贫困成为全人类共解的世纪难题。各个世界组织积极为消除贫困贡献力量。世界银行在《1990年世界发展报告:贫困问题》中把传统的基于收入的贫困定义进行了扩充,加入了能力因素,即缺少达到最低生活水准的能力,并指出"促使穷人将其劳动力用于生产性活动"和"向穷人提供基础的社会服务"是缓解贫困的两个基本因素,其中初级医疗保健、计划生育、营养和初等教育尤为重要。[①]

1996年年底新当选为联合国秘书长的科菲·安南要求,联合国要在积极维护世界和平、稳步经济发展的同时,为消除贫困采取更加有力的措施;随后制定的《1997—2006消除贫困的10年规划》以缩小世界贫困为目标,从经济、文化、健康、环境等方面入手,全方位消除贫困,特别是发展中国

---

① 世界银行:《1990年世界发展报告:贫困问题》,中国财政经济出版社1990年版,第3页。

家的贫困现象。① 随后，世界银行在《2000/2001年世界发展报告：与贫困作斗争》中，进一步扩充了贫困的概念，认为贫困不仅指物质的匮乏，而且还包括低水平的教育和健康，包括风险和面临风险时的脆弱性，以及不能表达自身的需求和缺乏影响力。为穷人提供保护（减少穷人面对风险时的脆弱性）不仅会使他们的承受力增强，而且也会使他们利用低风险、高收益的机会；增加穷人的发言权和参与程度，不仅会减轻他们的被排斥感，而且可以更好地针对穷人的需求提供健康和教育服务。②

2000年9月，在联合国千年首脑会议上，世界各国领导人就消除贫穷、饥饿、疾病、文盲、环境恶化和对妇女的歧视，商定了一套有时限的目标和指标：消灭极端贫穷和饥饿；普及小学教育；促进男女平等并赋予妇女权利；降低儿童死亡率；改善产妇保健；与艾滋病毒/艾滋病、疟疾和其他疾病作斗争；确保环境的可持续能力；全球合作促进发展。这些目标和指标被置于全球议程的核心，统称为千年发展目标（MDGs）。③ 2005年的联合国大会回顾了《千年宣言》以来所取得的成就，重点对八个千年发展目标的进展状况进行了分析，"消除极度贫穷和饥饿、使靠每日不到1美元为生且营养不良的人口比例减半"就是其中目标之一。④

世界银行在《2006世界发展报告：公平与发展》中指出，收入、健康和教育的结果不平等是长期存在于许多发展中国家的令人触目惊心的生活事实；在国家内部和国与国之间，财富和机会不平等的巨大鸿沟造成了极度贫困的持续存在，公平性应成为发展中国家成功减贫措施不可缺少的组成部分；公共行动应致力于将更多机会提供给在没有政策干预情况下最缺乏资源、发言权和能力的人们。⑤ 世界银行在《2009世界发展报告：从贫困地区到贫困人群》中，对中国贫困和不平等问题进行了评估，认为尽管中国的扶贫成就巨大，但扶贫重任在许多方面尚未完成，甚至在某些方面将变得更加艰巨，中国的成就与挑战相伴而生。例如中国的贫困人口数量仍然庞大、脱贫的脆弱性普遍存在、消除剩余的贫困变得更加艰难、收入不平等程度显

---

① 吴碧英：《消除贫困要注重"人的发展"》，载《经济纵横》2000年第8期。
② 世界银行：《2000/2001年世界发展报告：与贫困作斗争》，中国财政经济出版社2001年版，第15页。
③ 联合国开发计划署（UNDP）：《2003年人类发展报告——千年发展目标：消除人类贫困的全球公约》，中国财政经济出版社2003年版。
④ 联合国开发计划署（UNDP）：《2005年人类发展报告摘要》，http://hdr.undp.org，第15页。
⑤ 世界银行：《2006世界发展报告：公平与发展》，2006年，www.worldbank.org.cn。

著上升等。许多在过去曾有助于取得成功的因素（包括政策和进程），也带来了结构性的变化，彻底改变了中国的社会经济面貌，并且在此过程中孕育了新的挑战。[1] 同年，联合国秘书长潘基文在国际消除贫困日强调，在全球危机四起之时，人们尤须关注最贫困者和最弱势者；在任何衰退中，首先受到打击、而且受到伤害最重的便是穷人。

（二）国家政策

费孝通先生指出："在全球化的浪潮之中，一些根蒂不深、人口又少的民族，政府的确也尽力在扶持这个民族。他们吃住都没有问题，孩子上学也不要钱，但是本身还没有形成为一个有生机的社区，不是自力更生状态。所以在我脑子里一直有一个问题，在我国万人以下的小小民族有十多个，他们今后如何生存下去？在社会的大变动中如何长期生存下去？"2000年春节，费孝通建议国家民委关注几个人口较少民族的发展问题，认为"可先易后难，将这些人口较少民族问题先解决了，脱贫一个，宣布一个"[2]。2000年，国家民委就将开展人口较少民族调研问题纳入当年的工作计划，随后组织北京大学、中央民族大学和民族问题研究中心的专家学者开展了"中国人口较少民族经济和社会发展调查研究"，对人口在10万人以下的22个人口较少民族的经济社会发展状况进行了全面调研，提出了"小民族、大政策、大发展"的思路及以村为单位集中地、突出地解决人口较少民族的发展问题的建议，并建议国家把22个人口较少民族发展问题列入国家"十一五"计划，在西部大开发中适当集中财力、物力、人力，重点扶持22个人口较少民族的发展。

随后，世纪之交，国家民委在国家西部大开发的背景下，倡议发起了兴边富民行动，并实施《全国兴边富民行动规划纲要（2001—2010年)》，以加快边境地区经济社会发展为着眼点，由各级政府领导，广泛动员全社会参与和支持，加大对边境地区的投入和对边境人民的帮扶，使边境地区尽快发展起来，各族人民尽早富裕起来。[3]《中国农村扶贫开发纲要（2001—2010年)》也将"尽快解决少数贫困人口温饱问题，进一步改善贫困地区的基本生产生活条件，巩固温饱成果，提高贫困人口的生活质量和综合素质，加强贫困乡村的基础设施建设，改善生态环境，逐步改变贫困地区经济、社会、

---

[1] 世界银行：《从贫困地区到贫困人群：中国扶贫议程的演进》，2009年，http://www.worldbank.org.cn。

[2] 费孝通：《民族生存与发展——在中国第六届社会学人类学高级研讨班开幕式上的即兴讲演》，载《西北民族研究》2002年第1期。

[3] 国家民委：《全国兴边富民行动规划纲要（2001—2010年)》。

文化的落后状况，为达到小康水平创造条件"作为奋斗目标。①

2001年8月，国务院办公厅对国家民委上报的《关于建议把22个人口较少民族发展问题列入国家"十一五"计划的意见》作出复函批示，明确了在执行国家支持少数民族地区经济和社会发展的统一政策下，扶持人口较少民族发展，在实际工作中给予更多的支持和照顾的基本原则，并就基本实现乡村通简易公路、村村通电、村村通广播电视、基本解决人畜饮水、解决基本的人口素质教育、建设基本的医疗机构和设施问题、群众住房改造问题、财政投入问题八个方面提出了具体政策措施。《关于扶持人口较少民族发展问题的复函》②的批示，标志着我国正式将人口较少民族发展问题提上中央的议事日程。

2004年，中国政府在上海召开的全球扶贫开发大会上发表《中国政府缓解和消除贫困的政策声明》，向全世界作出消除贫困的郑重承诺：加快全国22个人口较少民族（人口少于10万）贫困地区的脱贫步伐，力争先于其他同类地区实现减贫目标。③同年，胡锦涛、温家宝等中央领导多次批示，要求加大扶持力度、研究具体规划和政策措施，帮助22个人口较少民族加快发展。

2005年，国务院通过的《扶持人口较少民族发展规划（2005—2010年）》提出，按照国家扶持、省（区）负总责、县抓落实、整村推进的原则，加大工作力度和资金投入，并组织沿海发达地区和大中城市、大型企业对口帮扶，通过五年左右努力，使这些地区经济社会发展达到当地中等或中等以上水平。④该规划标志着我国开始有计划、有步骤地科学组织推进人口较少民族发展的扶持工作。同年8月，国务院召开全国扶持人口较少民族发展工作会议，要求贯彻胡锦涛总书记、温家宝总理要求大力扶持人口较少民族加快发展的重要指示精神，安排部署扶持人口较少民族加快发展工作。⑤

2009年7月，全国扶持人口较少民族发展工作经验交流会在青海西宁召开，回良玉在会议上指出，"22个人口较少民族，是我国民族大家庭的重要成

---

① 国务院扶贫开发领导小组办公室：《中国农村扶贫开发概要》，中国财政经济出版社2003年版，第47页。

② 国务院办公厅：《关于扶持人口较少民族发展问题的复函》（国办函〔2001〕44号），2001年8月10日。

③ 中国政府：《中国政府缓解和消除贫困的政策声明》，载新华网 www.china.com.cn，2004年5月27日。

④ 国家民委、国家发展改革委、财政部、中国人民银行和国务院扶贫办：《扶持人口较少民族发展规划（2005—2010年）》。

⑤ 增林：《全国扶持人口较少民族发展工作会在京举行》，载《中国民族》2005年第9期。

员。扶持人口较少民族发展，是新时期促进民族团结进步的民心工程，是推动各民族共同繁荣发展的德政工程，是造福人口较少民族群众的幸福工程"[1]。

2011年，国家出台了新时期的《扶持人口较少民族发展规划（2011—2015年）》并对人口较少民族做了新的界定，将人口数提高至30万人，新增了景颇族、达斡尔族、柯尔克孜族、锡伯族、仫佬族、土族六个人口较少民族，全国共有28个人口较少民族。根据全国第五次人口普查，28个人口较少民族总人口为169.5万人。[2]同年底，《中国农村扶贫开发纲要（2011—2020年）》提出新的目标，即到2020年，稳定实现扶贫对象不愁吃、不愁穿，保障其义务教育、基本医疗和住房；贫困地区农民人均纯收入增长幅度高于全国平均水平，基本公共服务主要领域指标接近全国平均水平，扭转发展差距扩大趋势。[3] 新十年扶贫纲要的实施，为我国人口较少民族的扶持发展指明了新的方面，并提出了更高的要求（见表3-1）。

表3-1　　　　　　　国家扶持人口较少民族发展的政策简概述

年份	文件名称	政策要点
2001	《关于扶持人口较少民族发展问题的复函》	在实际工作中给予更多的支持和照顾，基本实现乡村通简易公路、村村通电、村村通广播电视、基本解决人畜饮水、解决基本的人口素质教育、建设基本的医疗机构和设施、群众住房改造、财政投入8个方面的问题
2004	《中国政府缓解和消除贫困的政策声明》	力争先于其他同类地区实现减贫目标
2005	《扶持人口较少民族发展规划（2005—2010年）》	国家扶持、省（区）负总责、县抓落实、整村推进的原则，加大工作力度和资金投入，并组织沿海发达地区和大中城市、大型企业对口帮扶，通过5年左右努力，使这些地区经济社会发展达到当地中等或中等以上水平
2011	《扶持人口较少民族发展规划（2011—2015年）》	对人口较少民族做了新的界定，将人口数提高至30万人，新增了景颇族、达斡尔族、柯尔克孜族、锡伯族、仫佬族、土族6个人口较少民族，全国共有28个人口较少民族
2011	《中国农村扶贫开发纲要（2011—2020年）》	到2020年，稳定实现扶贫对象不愁吃、不愁穿，保障其义务教育、基本医疗和住房；贫困地区农民人均纯收入增长幅度高于全国平均水平，基本公共服务主要领域指标接近全国平均水平，扭转发展差距扩大趋势

---

① 新华社：《全国扶持人口较少民族发展工作经验交流会召开》，载中央政府门户网站，www.gov.cn，2009年7月11日。

② 国家民委、国家发展改革委、财政部、中国人民银行和国务院扶贫办：《扶持人口较少民族发展规划（2011—2015年）》2011年6月20日。

③ 中共中央、国务院：《中国农村扶贫开发纲要（2011—2020年）》，载中央政府门户网站，www.gov.cn，2011年12月1日。

（三）云南政策

为贯彻党中央、国务院的精神，云南省委、省政府提出了"决不让一个兄弟民族掉队"的口号，并将扶持人口较少民族，作为全面建设小康社会、实现改革发展成果全民共享、构建和谐云南的重点。

1999年，国家民委与国务院扶贫开发办在云南西双版纳傣族自治州景洪市基诺山基诺族和勐海县布朗山布朗族开展整体帮扶试点示范工作，奏响了云南扶持人口较少民族发展的序曲。这三年的"两山"综合扶贫开发，整体解决了基诺族与布朗族10万群众的温饱问题，并为其他人口较少民族的扶贫开发积累了宝贵经验。

2002年，云南在全国率先出台了《关于采取特殊措施加快云南省七个人口较少特有民族脱贫发展步伐的通知》，提出以政府行为为主导，以扶贫开发为主要途径，以基础设施建设和基础教育为重点，把七个人口较少特有民族的脱贫发展问题作为云南民族工作和扶贫工作的重点，通过实施温饱和农业产业化扶贫工程、基础设施建设扶贫工程、科教扶贫工程、民族文化扶贫工程、人才培养扶贫工程，实现"四通五有一消除"，即村村通路、通电、通水、通广播电视，覆盖人口达85%以上；所有农户和群众有房住、有衣穿、有饭吃、有钱用、有书读，基本消除农户和学校的茅草房及危房。[①]

2004年，云南颁布实施了《云南省实施〈中华人民共和国民族区域自治法〉办法》，率先在全国实施了所有人口较少民族中小学生免除教科书费、杂费、文具费，并逐步扩大到其他少数民族贫困学生，以及人口在5000人以上的少数民族应当各有1名以上的干部在省级机关担任厅级领导职务的政策。[②]

2006年，云南又一次率先在全国通过了《云南省扶持人口较少民族发展规划（2006—2010年）》，提出到2010年，云南要力争使人口较少民族聚居村基本实现"四通五有三达到"的目标，基本解决现有贫困人口的温饱问题，经济社会发展基本达到当地中等水平。

2007年，云南省委、省政府在25个边境县、3个藏区县，用3—5年的时间，全面实施"边疆解'五难'惠民工程"，逐步解决各民族群众

[①] 云南省委办公厅、省人民政府办公厅：《关于采取特殊措施加快我省个人口较少特有民族脱贫发展步伐的通知》（云办发〔2002〕19号），2002年9月4日。

[②] 云南省人民代表大会常务委员会：《云南省实施〈中华人民共和国民族区域自治法〉办法》省人大常委会公告（第14号），2004年5月28日。

"读书难、看病难、看电视听广播难、看戏难、学科学难"五个方面的突出问题,力争一年形成声势、两年明显改观、三年大见成效,使云南省边境地区和藏区农村群众"五难"问题基本解决,逐步构建起较为完善的公共社会事业服务体系,[①] 使其真正成为为人民群众办实事、办好事的民心工程。

2011年,云南省委、省政府实施《云南省兴边富民工程"十二五"规划》,改变"三年一轮"行动计划,与国民经济与社会发展规划同步,并延续之前的扶持政策,增加新的扶持内容,确立了以"十大工程和十大保障"为重点加快边境地区经济社会发展和民生改善的思路。

二 七个人口较少民族扶贫实施情况

针对云南人口较少民族社会发展起点低、劳动者素质不高、生存条件差、自我发展能力弱、贫困面大、贫困程度深等特征,云南省委、省政府采取特殊政策和措施,不断加大人口较少民族聚居地区的扶贫开发工作力度,努力加快其脱贫致富步伐。

(一) 主要历程

云南省委、省政府历来十分重视人口较少民族的发展,在先于国家提出人口较少民族之前,就给予了这些群体高度的关注和积极的扶持。

早在1998年10月,时任云南省委书记令狐安就到怒江傈僳族自治州贡山独龙族怒族自治县进行走访调研,并就独龙族如何加快脱贫步伐进行了专题调研。

2000年,云南在国家有关部门的支持下投入5531万元,在基诺山、布朗山启动了为期三年的"两山"综合扶贫开发。[②]

2002年,云南将七个人口较少民族脱贫发展作为"兴边富民"行动的重点,省委办公厅、省政府办公厅联合下发了《关于采取特殊政策措施加快我省七个人口较少特有民族脱贫发展步伐的通知》,确定实施"温饱、基础设施、科教、民族文化、人才培养"五项扶贫工程,以实现"四通五有一消除"[③] 为目标,力争五年解决温饱,到2010年全部脱贫。

---

① 谭晶纯、李辉:《云南边疆解"五难"惠民工程启动》,载《云南日报》2007年第4期。
② 《大扶持 大跨越——我省7个人口较少民族发展纪实:决不让一个兄弟民族掉队》,载《云南日报》2008年第1期。
③ "四通五有一消除"目标:村村通路、通电、通水、通广播电视,覆盖人口85%以上;所有农户和群众有房住、有衣穿、有饭吃、有钱用、有书读,基本消除农户和学校的茅草房及危房。

2002年，云南省委、省政府再次强调，以政府行为为主导，以扶贫开发为主要途径，以基础设施建设和基础教育为重点，把七个人口较少特有民族的脱贫发展问题，作为云南民族工作的扶贫工作的重点，通过实施温饱和农业化扶贫工程、基础设施建设扶贫工程、科技扶贫工程、民族文化扶贫工程、人才培养扶贫工程，实现"四通五有一消除"，并要求有关地州（市县）要把这一脱贫计划、措施优先纳入当地"十五"计划和扶贫规划，云南特有七个人口较少民族所在县（市）要把加快人口较少民族的发展作为当前扶贫开发的重点，做到政府推动、部门联动、责任到人。①

2003年以来，配合国家对义务教育阶段学生实行"两免一补"政策，云南优先对七个人口较少民族聚居地区农村中小学生实行免除课本费、文具费、杂费的"三免费"教育，基本解决了这七个民族适龄儿童上学难的问题，有力地促进了人口较少民族基础教育的发展。

2006年以来，云南成立了云南省扶持人口较少民族发展工作领导小组，不断创新扶持方式，推进沪滇对口帮扶机制，实施"3+1"对口帮扶，②引导社会力量共同扶持人口较少民族的发展。③云南省还与上海市在全国率先启动上海对口帮扶云南德昂族发展工作，当年投入511万元。

2011年，云南省实施《云南省加快少数民族和民族地区经济社会发展"十二五"规划》，以民族自治地方、边境县、民族乡和少数民族人口占30%以上的建制村为对象，按照"统筹全局、突出重点、整合资源、分类施策，梯次推进"的原则，实施8项重点工程和56个具体项目，使少数民族和民族地区与全省发展水平差距拉大的趋势得到遏制，初步建成中国特色、云南模式的"我国民族团结进步边疆繁荣稳定示范区。"④

2011年，云南省实施《云南省扶持人口较少民族发展规划（2011—2015年）》（云族联发〔2011〕8号），将人口在30万人以下的独龙族、德昂族、基诺族、怒族、阿昌族、普米族、布朗族和景颇族八个人口较少民族为对象，通过实施基础设施建设工程、特色产业培植工程、民生保障改善工

---

① 《当代云南》编辑部：《当地云南大事纪要》（1949—2006），当代中国出版社2007年版，第751—752页。

② "3+1"对口帮扶是指一家企业、一家金融机构、一所高校或科研院所共同对口帮扶一个边境县（市），充分发挥自身在资金、科技、人才和市场方面的优势，推动对口帮扶区域实现生产力要素聚集和合理配置，转变发展方式，提高区域内群众生产生活水平。

③ 成淇平：《兴边富民工程"3+1"对口帮扶动员会提出促进边境地区加快发展》，载《云南日报》2008年11月9日。

④ 云南省人民政府：《云南省加快少数民族和民族地区经济社会发展"十二五"规划》（云政发〔2011〕163号），2011年7月28日。

程、民族文化发展工程、人力资源开发工程、和谐家园建设工程等六大工程56个重大项目,力争到 2015 年,人口较少民族聚居建制村基本实现"五通十有"①,人口较少民族聚居区基本实现"一减少、二达到、三提升"的目标。②

(二) 主要做法

在扶持人口较少民族发展的过程中,云南不仅始终走在全国的前列,而且取得了巨大的成效,同时积累了一些经验和做法。

1. 云南省委、省政府将扶持人口较少民族发展提高至关乎推动科学发展、维护边疆安宁、增进民族团结、构建和谐云南的高度,成立了由分管副职任组长、各职能部门为组员的省、州、县三级扶持人口较少民族发展工作领导小组,并建立领导小组联席会议机制,由各部门统一协调、研究问题、部署工作;建立上下联动机制,明确工作任务责任制,形成了扶持人口较少民族发展工作一级抓一级,层层抓落实的局面,为人口较少民族地区加快发展提供了有力的组织保障。

2. 规划是保证扶持人口较少民族政策科学性、持续性的载体,通过层层编制规划,使各级政府、各个部门扶持人口较少民族发展工作的思路清晰、目标明确、任务具体,推动和保证各个扶持发展项目的规范有序进行。围绕群众最关心、最直接、最现实、最急切的问题,缺什么解决什么,充分尊重群众意愿,优先选择实施群众最迫切和亟须解决问题的项目。

3. 坚持政府作为扶持人口较少民族的主要力量,整合资源,实行分类指导,因地制宜,采取"一山一策"、"一族一策"、"一族几策"等措施,按照"缺什么补什么"的原则,将人口较少民族聚居村的项目优先纳入年度计划,在政策、资金、项目上给予倾斜。在不断加大对云南省级人口较少民族发展专项资金扶持力度的同时,积极争取中央有关部委和企业、事业等社会力量的支持,鼓励和引导农民积极参与贫困村建设。据介绍,梁河县九保阿昌族乡丙盖村委会那峦自然村,采取"每户两方石料,每个劳动力八个工,国家补助水泥,投工投劳建设硬板路"的办法,用国家 4 万元补助

---

① "五通十有"即:人口较少民族聚居建制村通油路,通电,通广播电视,通信息,通清洁能源;有安全饮用水,有安居房,有卫生厕所,有高产稳产基本农田地、经济林地、草场或增收产业,有学前教育,有卫生室,有文化室和农家书屋,有体育健身和民族文化活动场地,有办公场所,有农家超市和农资放心店。

② "一减少、二达到、三提升"即:人口较少民族聚居区贫困人口数量减少一半以上,农民人均纯收入达到当地平均以上水平,一半的人口较少民族农民人均纯收入达到全省平均以上水平,基础设施保障水平、民生保障水平、自我发展能力大幅提升。

资金，修出了一条造价相当于17万元的水泥路。陇川县户撒阿昌族乡保平村委会帮傲村民小组长段兴木说，"国家扶持一分钱，我们要作出三分钱的事情"，该村靠上级扶持的40多万元，发动群众投工投劳，通过调整产业结构、开展科技培训、精神文明建设等，村容村貌得到了很大的改观，成为全乡新农村建设的"领头雁"。

4. 加快人口较少民族发展根本措施是通过教育、医疗、卫生等事业的发展提升自身能力，通过人才、干部的培养与交流扩大其社会资本网络，进而全面提升人口较少民族的自我发展能力。云南在全面免除七个人口较少民族聚居地区农村中小学生课本费、文具费、杂费的基础上，全额补助人口较少民族农村群众新型农村医疗个人筹资部分，将其全部纳入农村最低生活保障范围；高度重视人口较少民族干部和人才的培养、选拔和使用工作，全省人口较少民族的干部在省、州、县三级领导班子中的比例有所提高，专业技术人才数量不断增加，七个人口较少民族都有本民族干部在省级部门担任厅级领导干部。

5. 建立扶持人口较少民族信息化平台和统计监测制度，将人口较少民族聚居的175个行政村、1407个自然村的基本情况、发展规划全部纳入信息化管理，并定期汇总分析人口较少民族聚居村的发展动态。强化扶持人口较少民族资金和项目管理，在受扶持的行政村或自然村成立项目协调管理小组，实行公示公告制，建档立卡，并实行户有卡、村有册、乡有薄的痕迹管理，确保项目实施的规范运行和资金使用的安全有效。

6. 上海在全国率先对德昂族实施对口帮扶，创新扶持方式，一个大城市帮扶一个人口较少民族的发展，不仅是扶持人口较少民族发展的有效方式，也为巩固和发展平等、团结、互助、和谐的民族关系增添了新亮点。

7. 以自然村为单元，实施整村推进，点面结合，推进基础设施和社会事业的扶持，全面提升村庄的整体发展能力；强化示范效应，以示范村为典型，以示范带动其他村庄和人口较少民族的自我发展积极性，进一步探索加快人口较少民族发展的路子。

（三）整体绩效

云南在"绝不让一个兄弟民族掉队"的战略目标指导下，将扶持人口较少民族发展作为促进科学发展、维护边疆安宁、增进民族团结、构建和谐云南的重要内容，按照"省抓规划、州（市）负总责、县抓落实、项目到村、扶持到户"的工作方针，2005—2010年共投入各项扶持资金27.2亿元，对人口较少民族聚居地区的基础设施、特色产业、社会事业等进行扶持，规划内175个建制村全部实现了"四通五有三达到"的扶持目标，人口较少民族聚居区呈现出生产发展、生活提高、生态改善、民族团结、社会和谐、文明进步的良好局面，扶持工作取得了显著成效。主要表现在六个方面：

1. 基础设施不断改善。人口较少民族聚居乡镇通油路率达95%，175个建制村全部实现通路、通电、通广播电视和通电话的目标，解决了23万人的饮用水安全问题，"五小水利"工程建设取得明显成效。

2. 群众生活水平显著提高。2010年，175个建制村农民人均纯收入达2265元，比2005年的845.7元增加了1419.3元，年均增长21.8%。12.9万人摆脱了贫困，贫困发生率由2005年的56.3%降至2010年的13.6%。

3. 产业发展初现成效。2010年，175个建制村年末大牲畜存栏17.3万头（匹），年末羊存栏12.2万只，年末猪存栏34.5万头，粮食总产量14.7万吨，经济作物总收入7.4亿元，特色产业初步形成，群众基本有了自己的增收项目。

4. 社会事业加快发展。人口较少民族聚居县全部实现了"普九"。175个建制村都有了文化室和卫生室，建设了七个人口较少民族特色村寨，启动了德昂族、基诺族、普米族、独龙族四个民族特色博物馆建设项目。人口较少民族聚居区群众"上学难、看病就医难"等问题有所缓解，群众文化生活日益丰富。

5. 自我发展能力明显增强。累计组织培训56.4万人次，培养了一批脱贫致富带头人和实用技术明白人。人口较少民族群众从"要我发展"转变为"我要发展"，以主人翁的姿态参与到家乡建设中，为可持续发展打下坚实基础。

6. 扶持政策深入人心。扶持人口较少民族发展取得良好的政治、经济和社会效益，成为新时期促进民族团结进步事业的民心工程，推动各民族共同繁荣发展的德政工程，造福各族群众的幸福工程。云南梁河县九保乡丙盖村委会的赵家金对人口较少民族的扶贫给本村带来的变化感触良深："道路修好了、活动室建起来了、很多人家得到政府发给的仔猪。我活了快八十岁，就数这几年日子最好过！国家不要农民的一分一文，还给这样给那样。我活一辈子最后几年能遇到这样的光景算值得啦！"问赵老对下一步扶贫有什么期望，他说自己老了，对以后已经没有太多要求，他对党、对中央领导的恩情已经感激不尽。

第四章

经济绩效

绩效是经济发展主体追求的基本目标之一，是经济社会发展研究的热门主题。绩效通常被界定为"最有效地使用社会资源以满足人类的愿望和需要"。[①] 经济学家曼昆认为："效率是指社会能从其稀缺资源中得到最多东西。平等是指这些资源的成果公平地分配给社会成员。换句话说，效率是指经济蛋糕的大小，而平等是指如何分割这块蛋糕。在设计政府政策时候，这两个目标往往是不一致的。"[②]在这种情况下，如果经济发展可以利用它所得到的外部资源和内部资源，而且两种资源形成合力，共同促进经济又快又好地发展，那么可以说这种结果是有效率的。

一般意义上，经济绩效是指现有生产资源与它们所提供的人类满足之间的对比关系。当我们说一个经济单位"有效率"的时候，指的就是这一经济单位用一定的技术和生产资源为人们提供了最大可能性的满足。[③] 扶贫的经济绩效就是扶贫活动带给扶贫对象持续的财富增加。贫困人口反贫困能力的提高最直接的体现便是具备持续增加收入的能力。经济发展目标是扶贫的一项重要目标，能够为贫困地区提供全面发展的物质基础。简单地说，扶持绩效中的经济绩效就是对扶贫对象经济发展方面的衡量测度。扶贫对象的财富增加需要从贫困人口个体收入增加方面考察。经济绩效的产出或收益就是指能够为人们提供满足的有用物，最终的经济产出就是人们的满足，即效用。在有限资源的前提下，尽可能多地、尽可能好地生产和提供有用产品，进而促进经济社会的发展。

经济学的绩效最初是由于资源的稀缺，对发展滞后的地区，人们的生存和发展所需的资源供给是稀缺的、这就产生了两个层面的研究：一是在资源

---

① ［美］保罗·萨缪尔森、威廉·诺德豪斯：《经济学》，萧琛等译，华夏出版社1999年版。
② ［美］格里高利·曼昆：《经济学原理》（上册），梁小民译，生活·读书·新知三联书店1999年版，第5页。
③ 樊纲：《市场机制与经济效率》，生活·读书·新知三联书店、上海人民出版社1992年版，第67—68页。

供给有限的基本条件下，如何整合资源，如何进行资源的优化配置，以便尽可能地提高扶贫绩效，能够满足人们生产生活的物质和精神的需要；二是为了推进扶持人口较少民族的发展，达到政策所制定的发展目标，或达到人口较少民族发展的蓝图，如何加大资源的投入。

人口较少民族扶贫已经过去五年，扶贫的绩效如何？过去，在我国综合扶贫开发的过程中已经出现了"奖励懒汉"、"越扶越贫"的现象，为了防止继续出现这种现象，汲取历史的经验教训，对扶贫的成绩和效果需要进行客观、全面的评价。以田野调查为基础的扶持人口较少民族绩效研究，不仅关注综合的、整体的经济指标，而且关注田野点上具体的、翔实的个案绩效评价。

一　基础设施不断改善

云南人口较少民族聚居的地理位置偏僻，自然环境差，村集体收入非常薄弱，基础设施投入存在很大的困难。无论是通路、通电、人畜饮水还是通广播电视，它不仅仅制约了人口较少民族群众生活质量的提高，而且制约了人口较少民族经济社会的发展。正如发展经济学家罗森斯坦·罗丹所言"将基础设施视为经济发展中的社会先行资本，加大基础设施的投资，可带来整个社会的获利能力"。因此，基础设施尤其是道路、水、电等的改善有利于生产要素的配置，能够促进农产品流通，利于竞争性市场的形成，从而提高整个贫困地区乃至更大范围内社会资源的合理有效配置。云南人口较少民族聚居地区基础设施的改善有利于改进贫困地区的生产要素配置，有利于促进贫困地区的农产品流通和竞争性市场的形成，有利于促进贫困地区的经济和社会的发展。第一轮扶持人口较少民族发展工作的开展，使云南人口较少民族地区的基础设施有了较大的提高，水、电、路等基本生产生活条件得到前所未有的改善，并促进了人口较少民族地区经济社会的综合发展。

在扶持人口较少民族发展过程中，政府在扶贫目标的指导下，紧紧围绕着基础设施"四通"——通水、通路、通电和通广播电视作为扶贫的重要指标。经过第一轮的扶持人口较少民族发展政策的实施，云南人口较少民族聚居乡镇通柏油路率达95%，175个建制村全部实现通路、通电、通广播电视和通电话的目标，"五小水利"工程建设取得明显成效，解决了23万人的安全饮用水问题。云南人口较少民族地区的各族人民从基础设施建设中获益，生产生活条件明显改善，并促进了生活水平的不断提高。

从整体上来看，在云南第一轮规划的175个村委会1407个自然村中，到 2010 年，通公路的自然村达到 1286 个，通公路率达到 91.4%，比 2006 年的 74.1% 增加了 17.3 个百分点；通电的自然村达到 1370 个，通电率达到 97.4%，比 2006 年的 84.3% 增加了 13.1 个百分点；通电话的自然村达到 1352 个，通电话率达到 96.1%，比 2006 年的 61.1% 增加了 35 个百分点；通邮的自然村 1072 个，通邮率达到 76.2%，比 2006 年的 59.8% 增加了 16.4 个百分点；能接收广播电视节目的自然村 1333 个，通广播电视率达到 94.7%，比 2006 年的 62.3% 增加了 32.4 个百分点；有安全饮用水的自然村 1302 个，通水率达到 92.5%，比 2006 年的 64.9% 增加了 27.6 个百分点。2006—2010 年云南人口较少民族自然村基础设施变化情况详见表 4-1。

表 4-1　　2006—2010 年云南人口较少民族自然村基础设施变化情况　（单位：个）

指标	2006 年	2007 年	2008 年	2009 年	2010 年
通公路的自然村	1043	1092	1185	1286	1286
通电的自然村	1186	1288	1264	1368	1370
通电话的自然村	860	1102	1272	1278	1352
通邮的自然村	841	883	1116	1115	1072
能接收广播电视节目的自然村	877	920	1178	1372	1333
有安全饮用水的自然村	913	977	1236	1359	1302

数据来源：2006—2010 年云南省扶持人口较少民族发展动态监测系统资料。[①]

从云南人口较少民族农户享有基础设施的情况来看，户通电率从 2006 年的 86.5% 提升到 2010 年的 98.6%，通电率提高了 12.1 个百分点；有线电视入户率从 2006 年的 13.5% 发展到 2010 年的 69.9%，提高了 56.4 个百分点；户用沼气率从 2006 年的 11.8% 发展到 2010 年的 22.2%，提高了 10.4 个百分点；饮用安全水的户数从 2006 年的 36312 户发展到 2010 年的 65897 户，增加了 29585 户，增长 81.5%；使用卫生厕所的户数从 2006 年的 11035 户发展到 2010 年的 25163 户，增加了 14128 户，翻了一番还多。具体年度农户基础设施变化情况详见表 4-2。

[①] 按照"国家民委关于开展扶持人口较少民族发展的动态监测工作的通知"要求，从 2006 年起，民委系统在人口较少民族主要分布的 10 个省（区），开展扶持人口较少民族发展动态监测工作。至 2010 年，第一轮扶持人口较少民族发展规划实施完成，2011 年开始第二轮扶持人口较少民族发展规划，将人口在 30 万人以下的民族纳入扶持发展对象，统计口径发生了变化，监测数据也随之停止。下同。

表4-2　　2006—2010年云南人口较少民族农户基础设施变化情况

指标	单位	2006年	2007年	2008年	2009年	2010年
户通电率	%	86.5	90.04	93.1	97.53	98.6
有线电视入户率	%	13.50	23.9	20.48	33.51	69.9
户用沼气率	%	11.8	13.04	17.22	20.73	22.2
饮用安全水的户数	户	36312	40600	56023	62795	65897
使用卫生厕所的户数	户	11035	12578	15903	22125	25163

数据来源：2006—2010年云南省扶持人口较少民族发展动态监测系统资料。

人口较少民族群众在评价人口较少民族扶贫绩效的时候，按照百分制打分，对村庄内基础设施（主要是道路）整体打80分，主要的变化有：一是下弄别村寨的主干道铺设了水泥路；二是南林至上弄别修筑了水泥路；三是上弄别村中心铺设了手摆石板路；四是铺设了公路至南林的柏油路。所有道路建设都是民宗局统一招标，统一施工，统一管理，村里只需要负责监督。南林村民小组拉通了3公里长的人畜饮水管道，解决了600多人的饮水问题，村民为其打80分；新修了2个公厕，翻新了1个公厕，村村都有了公厕，村民比较满意，打100分；村委会新建了卫生室，配备基本的医疗器材，按村一级的标准配了医生，村委会卫生室基本上能够达标，村民也比较满意，打100分；三个村民小组都有了活动室，都是水泥地板，每个村民小组都有了一个开会和聚会的地方，在活动中心可以举行阿昌族传统节日的各种活动，也可以举办婚丧嫁娶活动，比过去便利多了，村民打80分；农村户用沼气建设，使用便利，又可以节约能源，政府补贴到位，各种配备齐全，自己只需要挖沼气坑就行了，村民打100分。村子的基础设施建设已提前推进了10年。

——云南省德宏州梁河县曩宋乡弄别村委会进行的小组访谈，参与的村民有赵家辉、赵增全、杨生强、杨社生等。大家七嘴八舌纷纷评价这些年扶贫以后村庄的发展变化，详述了这些变化的具体表现，还指出了其中的不足和下一步的打算。

（一）水

人畜饮水是云南人口较少民族群众基础的生产生活的重要条件之一，尤其是贫困家庭的妇女和儿童从中受益匪浅，妇女不再需要化很多时间为家庭取水，儿童可以获得更好的饮水和生活卫生条件。实施人畜饮水工程，改善了饮用水的水质，架设了人畜饮水的管道，改善了卫生条件，提高了公共卫生福利，保障了扶贫的绩效。通过加强人畜饮水的后续管理措施，保障了人口较少民族地区的贫困人口用水。2005—2010年，政府优先安排实施人口较少民族地区的农村饮水安全工程，共投入资金1.08亿元，全面解决了规划内175个村委会1407个自然村23.01万人口较少民族的饮水安全问题，人口较少民族地区饮水条件大幅改善。通过实施病险水库除险加固、干支渠防渗配套、节水灌溉、小型农田水利等水利项目建设，共投入31个人口较少民族县农田水利建设资金14.7亿元，完成108座小型病险水库除险加固，实施了8个中央财政小型农田水利重点县、27个中央财政小型农田水利专项工程，开展了1个大型灌区、4个中型灌区节水改造，累计建成各类小型农田水利工程27.9万项，新增和改善农田灌溉面积146.96万亩，显著改善了当地群众农业生产条件，促进了经济社会发展，人口较少民族地区农田水利基础设施显著加强。[①]

  如果没有扶持人口较少民族发展的项目，作为一个地质条件差，泥石流严重的地区，我们自己很难从11公里外接通人畜饮水工程。这个工程之大，在我20多年的村干部历程中是难以想象的。过去主要是各家各户或者几家联合起来去拉水，一是水源的水量小，二是水质差，三是水管质量也不好，四是平时的管理难度很大，通水时断时续。因此人畜饮水常常成为我们日常生产生活中的头等大事，也常常因断水导致生活受到极大的影响。尤其是在婚丧嫁娶或家里招待客人的时候，饮水是主人家首先要解决的一个大问题。随着扶持人口较少民族发展工作的推进，经过上级政府与别的村委会协调，从十多公里以外接水过来，现在人畜饮水问题是彻底解决了，极大地方便了人们的生活，改善了卫生条件。
  ——云南省德宏州梁河县囊宋阿昌族民族乡弄别村委会61岁的杨发权副书记访谈。

  出冬瓜村委会是三台山德昂族民族乡较大的德昂族聚居区，村寨人口众多，人口密度大。过去，全村人畜饮水问题是一个很大的问题，村民饮水主要是到山脚的水井里挑水，早晨四五点就得摸黑去挑水，去晚了就没水喝，供水非常紧张。如果到了旱季，简直是难以形容其困难程度，水源小，人口多，每天吃水都要一个强劳动力花两个小时的时间去挑水，而且水质还很差，大家经常排队等着一小股水慢慢淌入桶中。现

---

① 《云南省水利厅扶持人口较少民族发展工作情况总结材料》。

在的水是从山谷中用电力抽上来的，尽管抽水需要出钱，但是这种便利是过去不敢想象的。人畜饮水的资金投入很大，几十万元、上百万元，如果没有扶持人口较少民族发展的项目，我们自己是难以筹集这么一笔钱来实施这个项目的，想都不敢想。

——云南省德宏州潞西市三台山德昂族民族乡出冬瓜村委会，在课题组进行调查的第一时间就开始讲述解决人畜饮水困难的问题，主要由李板翁讲述（66岁，出冬瓜自然村的村长，出冬瓜第三村民小组组长）。

（二）电

传统上，人口较少民族生产生活的能源主要依靠薪柴。一方面，贫困人口使用薪柴对环境的负面影响特别严重，提供更为清洁更为便利的能源，能为人口较少民族地区生产生活带来显著福利；另一方面，作为现代化最为基础的电，可以极大地改善生活质量，提高生产水平。通电项目可以保障人口较少民族地区有条件使用各种电器设备；孩子们可以在晚间学习；可以通过收听收音机或者收看电视节目来了解外面的世界，开阔眼界，增长见识；可以为医疗设备的使用提供可靠的能源供应。因此，在人口较少民族地区提供可靠的供电非常重要。

2006年，在云南省175个人口较少民族聚居村委会中，有57个村委会267个自然村8808户不通电，其中人口较少数民族有4382户，人口18978人。云南电网公司开展了通电工程规划研究，以不通电的自然村为对象，结合农村电网改造和无电地区通电工程建设，解决了人口较少民族聚居自然村大多数农户用电难的问题。2006—2010年，云南电网累计投入资金110.1亿元（其中无电通电工程17.04亿元），开展农村电网改造和无电地区通电工程建设，实现对27.68万户无电户进行通电。到2010年年底，列入《云南省扶持人口较少民族发展规划（2006—2010年）》的57个村委会267个不通电的自然村中完成通电245个，通电率达92%。[1]

最早是使用松脂、火塘作为照明，满屋子都是烟熏火燎，屋内是黑漆漆的，什么都看不清。后来一些外出打工的村民从外面引入小水电，使用小水电我们觉得已经是非常好的了，进入了电器照明的时代，生活稍微富裕的人家还可以购买电视机。我们认为有了小水电，生活已经很现代化了。但是，后来进行扶持人口较少民族的发展，我们小茶腊拉了

---

[1] 《云南电网公司扶持人口较少民族发展工作情况总结材料》。

电杆，通电了。这才是真正地告别了黑暗啊。你们是不知道的，小水电建设成本比较高，大家都是冲着能够告别黑暗，还能够看看电视这种强烈的愿望修建小水电，但是上千元的建设资金，对于我们这些吃低保、现金收入很少的人家来说，已经是大半年的全部积蓄了。关键是小水电面临诸多问题，有的小水电常常在下雨天被山体滑坡冲走；小水电电压不稳定，经常会把电视机这样高档的电器烧了。我们村寨里过去使用小水电，没有哪一家的电视机没有被烧坏过。而烧坏灯泡是经常发生的事情，烧坏一次电视就是家庭经济的重大损失，现在生活中，电视是最基本的电器，如果没有电视机，孩子跟其他小朋友在一起都会自卑。

国家给予通电了，告别了过去的小水电，使用国家电网需要缴纳费用，但是电力很足，电压稳定，很好，很方便，确保了电器的安全。过去使用自己的小水电，虽然不需要缴纳费用，但是电压不够，电压不稳定，经常烧坏电器。

——云南省怒江州贡山县丙中洛双拉村委会小茶腊村，木兰花，女，19岁，高二辍学在家，访谈后的第二天准备到贡山县城的小饭店打工，9月开学还想回学校继续读书，至少还想读到高中毕业。

我担任着巴朵村民小组组长，村民小组的补贴少得可怜，这几年村寨的建设任务重，各种村组事务繁杂，所以我也没有多少时间去做自己的事情，但是正是基于我们村已经完成了电网改造，大家用电得到了保障，电压稳定了，电费也减少了一些，我家经营了磨面加工，所获得的收益与一般贫困农户只能点一盏灯的收益完全是不一样的。如果没有电网改造，自己也不可能去搞磨面加工，那么自己的收入也不能保障，可能干村寨事务的时间和精力都要受到影响。电网改造完成，我搞了磨面加工，收入稳定，有了保障，我也可以有更多的时间和精力来搞村务工作了。

——云南省西双版纳州景洪市基诺山乡新司土村委会巴朵村民小组组长周建凯，男，31岁，职业高中毕业，退伍军人。

（三）路

"要致富，先修路"，这是一种共识。云南人口较少民族地区地理位置偏僻，交通成本很高，农产品与贫困人口很难向外流动，因此，一般把道路建设视为最重要的基础设施项目。道路建设使人口较少民族地区降低了交通运输成本和投入成本，扩大人口较少民族地区的支持性服务，帮助人口较少民族的贫困人口获得更多的城市就业机会，更便捷地获取医疗卫生、教育或社会等服务。向外道路的改善,有利于促进从传统农作物经济向经济作物经济发展,给农户带来更高更稳定的收入,有利于促进人口较少民族地区发挥资源优势,促进民族旅游业的迅速发展。对云南人口较少民族而言,基础设施中的道路建设包括三个层面:一是较大的交通枢纽,在云南扶持人口较少民族发展中修路的典型代表是独龙江乡的通路;二是通往外界的普通公路或者弹石路,这为村委会一级的经济社会发展奠定了重要的基础;三是村内的道路建设,这与村民生产生活息息相关。2006—2010年云南人口较少民族累计新增或改扩建道路里程为4995.3公里,年均新增或改扩建道路里程是1248.83公里,具体年度新增或改扩建道路变化情况详见表4-3。

表4-3　　2006—2010年云南人口较少民族新增或改扩建道路情况变化

指标	单位	2006年	2007年	2008年	2009年	2010年
新增或改扩建道路里程	公里	252	1770.6	1178.2	1052.5	742

数据来源:2006—2010年云南省扶持人口较少民族发展动态监测系统资料。

云南扶贫因地制宜,按照"等级多标准、路面多形式、筹资多渠道、安保多样化"的要求,以通建制村公路的"通达工程"为重点,重点解决人口较少民族聚集的175个村通公路,实现"一个村通一条路"的基础性公共服务问题,实施通乡油路工程,倾斜安排人口较少民族聚居村所在的乡镇通一条沥青(水泥)路建设。2006—2010年,云南省共安排人口较少民族地区农村公路投资78061万元(其中,国家补助资金47540万元),完成通乡油路43条共1188.5公里,重点推进了七个人口较少民族主要聚居地以及聚集村所在的乡镇"油路"建设。其中,完成普米族聚居地兰坪县大羊场至箐花28公里,德昂族聚居地潞西市三台乡政府至冬瓜村至勐丹村公路15公里,布朗族勐海县布朗山乡及四个村84公里,阿昌族陇川县户撒乡环乡公路45公里,基诺族景洪市基诺山乡32公里,巴亚村基诺族主要聚居村基诺山至巴亚村8公里,怒族聚居地福贡县布来至知子罗18公里,独龙族主要聚居地独龙江乡实现基本保障通行。2010年,云南重点实施了贡山县独龙江乡整乡推进、整族帮扶,共安排落实了独龙江交通基础设施建设资金15090万元,其中独龙江公路和隧道建设资金12100万元、通村委会马迪公路路面硬化资金2700万元、孔当客运站建设40万元、人马吊桥建设250万元。①

---

① 《云南省交通运输厅扶持人口较少民族发展工作情况总结材料》。

独龙江乡位于贡山独龙族怒族自治县西部，境内山高谷深，沟壑纵横，形成封闭式的地理环境。乡政府驻地孔当村到县城的独龙江公路全长96.2公里，因翻越高黎贡山，每年从12月至次年的5月，大雪封山长达近半年之久，封山期间交通隔断，行人断绝。独龙江公路1995年7月1日开始动工修建。公路走线山势险峻、沟谷纵横、地质结构复杂、气候环境恶劣。1999年，独龙江公路通车，江泽民总书记亲笔题词"建设好独龙江公路，促进怒江经济发展"。建成的乡村公路等级低、无养护能力、通畅能力弱。2009年，胡锦涛总书记在云南考察时明确指出"进一步加快人口较少民族脱贫致富步伐"，温家宝总理就解决好独龙族出行难问题作了重要批示。10月，中共云南省委副书记李纪恒同志率队深入独龙江调研，并在独龙江乡召开专题会议，研究部署了独龙江整乡推进独龙族整族帮扶综合发展工作。独龙江公路改建工程于2011年1月29日正式开工，大雪封山路段主要集中在K40至K63处，新公路隧道建在海拔2600米上下的位置，使公路路线翻越的垭口更低，对冬季防雪更为有利。独龙江高黎贡山特长隧道是独龙江公路改建项目的控制性工程，长6680米，隧道按2米×3.25米双车道方案建设，是云南省在建的最长的公路隧道工程项目。隧道建成后，将打破高黎贡山这只"拦路虎"的阻隔，彻底解决独龙族群众冬季出行的障碍。改建公路等级按照四级公路标准，路基宽度4.5米，路面为沥青路面，每公里的错车道不少于3处。独龙族人民生产生活得到极大的便利，为独龙族跨越式发展打下了坚实的基础。

——云南省怒江州贡山县独龙江独龙族民族乡是云南人口较少民族交通问题最为严峻的区域，独龙江的交通问题一直是云南省委、省政府致力于解决的工作之一，通达性差的独龙江乡成为了人口较少民族最后通柏油路的乡镇。

发展乡村旅游重要的一个环节就是交通问题。云南省兰坪县通甸镇得胜村委会罗古箐自然村正在开发乡村旅游，通过扶持人口较少民族发展的项目，公路直接修通到村落中，村间道路得到极大的改善，修建了进入罗古箐景区的弹石路，为乡村旅游的发展奠定了坚实的基础。

罗古箐地处偏远山区，高山草甸风景优美，道路建设成本极高，在兰坪县经济发展转型的探索中，把罗古箐打造为县旅游主打风景区。同时，基于扶持人口较少民族发展规划的实施，于是不惜成本把通甸镇通往罗古箐的道路硬化为柏油路，大力发展旅游业。在只有14户人家的水树坪自然村,该村村民认为,若没有人口较少民族扶持政策,该村要实现通路至少还需50年。

在课题组调查期间,有两批游客来到村落中,其中一批是泸水县林业局的人员,居住在普米族农家乐。在这期间课题组与一位副局长聊起来,他说:"过去我就来过一次,这里是通往香格里拉、丽江、大理的交通要道之一,可以形成旅游循环圈内一个重要的风景点。这里的风景优美,民风淳朴,是旅游休闲的好地方。过去就是道路太差,整个通往罗古箐的道路泥泞不堪,只有具有顽强的、不怕脏的精神,才能走到罗古箐的草坪。过去罗古箐的重中之重就是解决通路难的问题。最近听说罗古箐通公路了,我就组织我们单位的同事来这里玩玩,以后有机会也会带自己的家人和亲戚朋友过来玩。"这时候,普米族农家乐的老板和国良也插话说:"镇到乡村的道路、村委会到自然村的道路、自然村之间的道路、村间道路,这些都是建设道路的基础。水泥路修建以后,可以使用车来代替过去的人背马驮,节约了时间。整个村得到了上级的大力帮忙,从目前来看总体发展态势比较好。"

——云南省怒江州兰坪县通甸镇德胜村委会罗古箐自然村的调查资料整理。

近几年来,村寨基础设施变化很大,以道路为例,以前路况很差,道路非常难走。晴天灰尘飞扬,下雨天道路很"沉"(非常泥泞的意思),有些地方的烂泥塘陷进去有小孩高,拖拉机必须要人来推。第一天去赶街,第二天才回来,"去赶街没有到家,就不算回来",路太差堵在路上。从垭口那里出去,今天晚上出去,天亮才能到达街上,下午回来,要走到晚上。赶街都要推拖拉机,推了一辆又一辆,晴天还可以跑跑,雨天就只能放在家里了。路也建设了2—3次了,2004年开始大大的改善,路推平了;2006年建设了弹石路,有时候还是要去推拖拉机,今年已经建设成柏油路,再也没有必要去推拖拉机了,现在一天都可以赶街好几个来回。这种现状是过去人们难以想象的。

——德宏州潞西市三台山乡出冬瓜村委会60岁的李腊经老人讲述。云南省德宏州潞西市三台山乡线加强书记亲自开车送我们进入出冬瓜村,坐着三菱越野车,走在新建柏油路面上,环绕着山,不一会儿就到了村口,原本我们认为这里交通便利,后来在村中访谈的时候才知道过去并非如此。

(四) 广播电视

广播电视作为党和政府的喉舌部门,是宣传党和政府的各项方针政策的重要渠道,同时也是构建和谐社会必不可少的强有力的宣传工具。一方面,让人口较少民族群众看得到、听得到广播电视节目,是把党和政府的声音真正传进各少数民族家里,是实现广播电视公共服务均等化的重要内容,也是促进民族团结和社会和谐、维护民族地区稳定、维护国家统一的必然要求;另一方面,作为知识信息的载体,在物质生产生活条件有限的情况下,广播电视能够积极地发挥人的主观能动作用,不仅能满足云南人口较少民族群众的生活要求,而且也会成为促进云南人口较少民族发展的动力之一。云南人口较少民族地区村民现金收入少,导致大部分农户没有经济实力购买电视机或广播电视接收设备,加之云南人口较少民族使用不同的语言、文字,广播电视项目实施存在一系列困难。

云南省广播电视局按照"缺什么补什么"的原则,实施广播电视"村村通"覆盖建设,实现中央及省的广播电视节目全覆盖,解决了部分云南人口较少民族听不到和看不到广播电视节目,以及听不懂看不懂广播电视的难题。2010年,以广播电视整村推进为单元,完成了云南人口较少民族地区直播卫星接收设备的安装调试任务,有效解决了人口较少民族地区广播电视"盲村"1070村寨、48021户听广播难、看电视难的问题。2009年,西双版纳州和红河州完成了克木人、莽人广播电视覆盖的建设任务,有效地解决克木人11个村寨、459户、1991人,莽人3个村寨、166户、867人收听收看广播电视的难题,为克木人、莽人的经济社会发展和丰富精神文化生活打下了一个良好的基础。此外,云南省广播电视局对独龙江乡地形地貌和现有人口分布情况进行实地深入调研,出资155万元进行专项扶持方式规划,新建独龙江乡2套100瓦调频广播、3套100瓦电视、6套行政村级10W调频广播转播台及其附属设施的建设方案。①

7月夏季,天上下着蒙蒙细雨,在高海拔的吉良还是有几分凉意。下雨天对于调研人员来说是个入户访谈的大好时机,于是,课题组便来到了老村长岩党乡家。年过六旬的老村长没有下地干活,正和小孙子一起看电视,岩党乡老人说:"我家虽然算不上富有,但是在吉良村是最早建盖起楼房的人家,我家主要的经济收入是茶叶,一共有20亩茶叶地,两三年前,价格好,每公斤大树茶(炒过的干茶)最少都是50多

---

① 《云南省广播电视局扶持人口较少民族发展工作情况总结材料》。

块（元）一公斤。"那个时候，村里很多人的收入都不错，所以大多数村民都购买了彩色电视机，但是使用的信号都是小锅盖（卫星电视信号），能够收看到的电视节目台数有限，信号不稳定，经常收看的是周边的泰国和缅甸的电视节目。而且收看一段时间以后，节目会自己消失。虽然中央一台可以确保看到，但是我们喜欢收看的农村实用电视节目、小孩喜欢的娱乐节目是看不到的。

"这几年来，村子大变样了，我当村长的时候，我们农民种地都得给国家交钱，现在不要了，国家还给我们一些补助款。国家没有给我们村扶持之前，村里都是泥巴路，没有寨门，没有厕所，解手大家都到山上跑；猪也是放养，路上到处都是牛粪、猪粪。每家都没有洗澡的地方，村里人洗澡就到水沟边。后来，国家领导人来了，帮我们铺路，修寨门，我们村子就变化了。现在的电视是闭路电视，信号稳定，节目多，各种节目都有。你们看看，我和孙子正在看战争故事片。"

——云南省西双版纳州勐海县布朗山乡吉良村委会吉良村，岩党乡，63岁，小学毕业。

50多岁的肖光耀告诉课题组："我每天劳作回家第一件事情就是打开电视机，和三个孙子孙女围坐在火塘旁看看电视，了解外面丰富多彩的事情，看看电影，听听音乐，这是我家里最开心幸福的事情了。过去家里最值钱的是一头牛，是国家扶持的，但是由于拉肚子生病已经死了。现在家中最值钱的就是这台彩色电视机了，这个电视也是贡山县广电局赠送的，还有一个小锅盖，可以接收包括中央电视台和云南电视台等20多套电视节目。"肖光耀28岁的儿子接着说："过去肚子都吃不饱，根本不敢想象什么电器，家里唯一的电器就是手电筒，现在家里有了电视机，而且是彩色电视机。这个就是我们家里最大的财富。过去家徒四壁，全家外出根本不用关门，更别说锁门，现在有了这个家庭财产以后，不看电视的时候还用一块独龙毯盖起来，门上还上了锁。"

——云南省怒江州贡山县丙中洛乡双拉村委会小茶腊自然村，独龙族的电视机已经成为最为基础的家庭财产。

二 贫困状况显著减轻

扶持人口较少民族发展规划第一轮实施完成，云南人口较少民族地区的贫困状况有了显著的减轻。2005年，云南省七个人口较少民族聚居的175个村贫困人口17.5万人，其中约50%的人处于绝对贫困状态；农民人均纯收入845.7元，为全省人均纯收入的41.42%；住房困难的有2万户，缺乏基本生存条件的有2.1万人，解决温饱的任务十分艰巨。经过五年的扶持发展，家庭经营性收入持续稳定增长，工资性收入增长收入明显，政策性收入有了一定的提高，总体收入水平明显提高，初步解决了温饱问题。部分人口较少民族农户依托自然资源优势，以产业发展为主，经济发展较快，提前进入了小康社会。

（一）贫困人口逐步减少，贫困发生率降低

贫困率是衡量贫困的相对量的基本指标，是反映政府扶持发展的经济绩效主要指标之一。云南人口较少民族从2005年到2010年，一共有12.9万人摆脱了贫困，贫困人口年均减少2.58万人。贫困发生率（按原标准）由2005年的56.3%降至2010年的13.6%，贫困发生率年均减少8.54%。2006年绝对贫困人口有110299人，占总人数的35.2%；到2010年，绝对贫困人口减少到44218人，占总人数的13.4%，一共减少了66081人，从比例上减少了21.8%。绝对贫困人口中丧失劳动能力的人口，2006年有8817人，2010年有7652人，仅减少了1165人，扣除丧失劳动力人口外，绝对贫困人口的减少幅度更大，历年人口较少民族绝对贫困人口具体变化情况详见表4-4。

表4-4　2006—2010年云南人口较少民族绝对贫困人口变化情况

指标名称	单位	2006年	2007年	2008年	2009年	2010年
年末总人口	人	313024	319204	321529	339558	329317
其中：人口较少民族人口	人	179746	183334	177801	188097	189152
总户数	户	69710	71891	74111	76829	77965
其中：贫困户	户	38145	30291	28231	24966	24093
绝对贫困人口	人	110299	76502	62950	55990	44218
其中：丧失劳动能力人口	人	8817	9891	9807	8402	7652
当年因灾因病返贫人口	人	11701	13908	9283	6573	7441

数据来源：2006—2010年云南省扶持人口较少民族发展动态监测系统资料。

（二）人均纯收入逐年提高，低收入人口有所减少

2005年年底，云南特有七个人口较少民族聚居的175个村农民人均纯收入845.7元，为全省的41.42%。2010年，云南175个人口较少民族聚居建制村仅经济作物总收入就达7.4亿元，农民人均纯收入达2265.59

元,比2005年的845.7元增加了1419.89元,年均增长21.8%。人均纯收入逐年提高,低收入人口减少明显。具体年度人均纯收入变化情况详见表4-5。

表4-5　　2005—2011年云南人口较少民族人均纯收入变化情况

年份	人均纯收入(元)	绝对增加数额	增长(%)
2005	845.70	—	—
2006	1006.37	160.67	19.0
2007	1257.69	251.32	25.0
2008	1629.54	371.85	29.6
2009	1944.75	315.21	16.2
2010	2265.59	320.84	16.5
2011	2855.00	589.41	26.0

数据来源:2005—2011年云南省扶持人口较少民族发展动态监测系统资料和云南扶持人口较少民族发展工作交流材料。

2006年,云南人口较少民族低收入人口有112586人,占总人口数的36.0%,经过连续三年的降低,2008年云南人口较少民族低收入人口减少到87505人,共减少25080人。然而,由于受到自然灾害的影响,云南人口较少民族低收入人口有所反弹,截至2010年年底,低收入人口上升至95595人,占总人口数的29.0%。虽然低收入人口有所反弹,但从总体来看,云南人口较少民族低收入人口总数还是减少了16990人,降低15.1%。人口较少民族低收入人口具体年度变化情况详见表4-6。

表4-6　　2006—2010年云南人口较少民族低收入人口　　(单位:人)

年份	低收入人口	绝对减少数额	减少(%)
2006	112585	—	—
2007	101028	11557	10.3
2008	87505	13523	13.4
2009	89438	-1933	-2.2
2010	95595	-6157	-6.9

数据来源:2006—2010年云南省扶持人口较少民族发展动态监测系统资料。

(三)基本解决了温饱问题,收入水平明显提高

按照云南省解决温饱问题,实施云南人口较少民族种粮计划,保证每户至少有一亩稳产田的要求,各项支农惠农政策惠及人口较少民族,帮助其发

展粮食生产，增强自给能力。例如，2008年云南省农业厅争取中央财政对种粮农民补贴资金9712万元；在部门预算资金的安排上对人口较少民族聚居地区给予了倾斜，共下达农业发展扶持资金2385万元。同时，切实抓好良种工程、地膜覆盖、示范培训等科技措施和粮食直补、良种补贴等惠农政策措施的落实，有力地促进了人口较少民族聚居县、市、区粮食生产的发展，区域粮食自给能力进一步增强。2006—2010年云南人口较少民族地区粮食总产量总计为661888.87吨，年均粮食总产量为132377.77吨，具体历年云南人口较少民族粮食总产量变化情况详见表4-7。

表4-7　　　　2006—2010年云南人口较少民族粮食总产量情况　　（单位：吨）

指标	2006年	2007年	2008年	2009年	2010年
粮食总产量	124190.88	122051.7	122262.5	146843.86	146539.93

数据来源：2006—2010年云南省扶持人口较少民族发展动态监测系统资料。

2006—2011年云南人口较少民族地区人均有粮绝对增加共130公斤，人均每年粮食增加21.67公斤，6年人均粮食共增长38.6%，年均增长6.81%。具体历年云南人口较少民族粮食总产量变化情况详见表4-8。

表4-8　　　　2005—2011年云南人口较少民族人均有粮情况变化　　（单位：公斤）

年份	人均有粮	绝对增加数	增长比例（%）
2005	337.00	—	—
2006	350.93	13.93	4.13
2007	381.43	30.50	8.70
2008	425.26	43.83	11.50
2009	424.79	-0.47	-0.10
2010	435.83	11.04	2.60
2011	467.00	31.17	7.15

数据来源：2005—2011年云南省扶持人口较少民族发展动态监测系统资料和云南扶持人口较少民族发展工作交流材料。

结合人口较少民族地区农业生产基础和资源优势，围绕当地1—2项有潜力、有特色的产业加以重点扶持。例如2008年在云南省农业厅部门决算中，安排人口较少民族地区优势特色农业基地建设补助资金1560万元，通过资金、项目、技术的倾斜支持，进一步加大优势产业的培育力度，经济作物收入逐步提高，一部分地方优势产业得以长足发展，有效带动农业和农村经济的发展。2006—2010年云南人口较少民族地区经济作物总收入合计为

236445.83万元,年均粮食总产量为47289.17万元,历年云南人口较少地区经济作物总收入具体变化情况详见表4-9。

表4-9　　2006—2010年云南人口较少民族地区经济作物总收入情况（单位：万元）

指标	2006年	2007年	2008年	2009年	2010年
粮食总产量	27878.55	32262.88	48440.10	53654.40	74209.90

数据来源：2006—2010年云南省扶持人口较少民族发展动态监测系统资料。

2006—2010年云南人口较少民族缺粮农户共减少了3268户,年均减少654户,2010年相比2006年减少了27.3%,年均减少5.45%。历年云南人口较少缺粮农户具体变化情况详见表4-10。

表4-10　　2006—2010年云南人口较少民族缺粮农户变化情况

年份	缺粮的户数（户）	绝对减少数（户）	减少（%）
2006年	11984	—	—
2007年	11557	427	3.6
2008年	9753	1804	15.6
2009年	8706	1047	10.7
2010年	8716	-10	-0.1

数据来源：2006—2010年云南省扶持人口较少民族发展动态监测系统资料。

政策性收入有一定增加,总体收入水平明显提高。云南人口较少民族收入增长主要来源于以下几个方面：一是工资性收入增长较快,是农民增收的最主要来源；二是家庭经营收入增速回落,其中：第二、第三产业经营收入加快；三是政策性收入[①]大量增加,税费负担显著下降；四是农村居民内部收入分配差距扩大的速度有所减缓,但是城乡居民收入差距进一步扩大。

（四）生活状况显著改善,生活水平有所提高

云南人口较少民族经过第一轮的扶持发展,生活状况显著改善,主要体现在以下几个层面：一是云南人口较少民族中缺粮农户逐年减少,大部分地区已经基本解决了吃饭的问题,下一步是考虑发展的问题。二是居住条件明显改善,云南人口较少民族农户居住简易住房的户数逐年减少。2009年,国家启动了农村危房改造工程,云南省明确要求农村危房改造及地震安居工程补助对象要优先安排七个人口较少民族。给七个人口较少民族共安排了9603户改造指标,其中修缮加固4397户,拆除重建5206户。补助标准为

---

① 政策性收入主要包括粮食直补、良种补贴和购置更新大型农机具补贴收入。

修缮加固每户 2000 元，拆除重建每户 1 万元，一共下达中央和省级补助资金 6085.4 万元。① 大部分人口较少民族农户已经初步改变了"晚上睡觉看星星，下雨大盆小盆一起接，人畜共居"的局面。

2006—2010 年云南人口较少民族居住简易住房户数减少了 124 户，年均减少 25 户，2010 年相对 2006 年减少了 1.1%。虽然人口较少民族居住简易住房减少的总户数不多，但这是由于简易住房的标准在提高，因此，总体上来说，云南人口较少民族的居住条件已经显著改善。历年云南人口较少居住简易住房户数具体变化情况详见表 4-11。

表 4-11　2006—2010 年云南人口较少民族居住简易住房户数变化情况（单位：户）

年份	居住简易住房的户数	绝对减少数额	减少（%）
2006 年	11256		
2007 年	12347	-1091	-9.70
2008 年	8613	3734	30.24
2009 年	14266	-5653	-65.63
2010 年	11132	3134	21.96

数据来源：2006—2010 年云南省扶持人口较少民族发展动态监测系统资料。

云南特有七个人口较少民族均属于全国少数民族扶贫重点县的区域之内，因此全国少数民族扶贫重点县农户生活设施状况的改善，显然也可以反映云南人口较少民族生活状况。全国少数民族扶贫重点县农户生活设施有厕所的农户比例从 2005 年的 75.6%，提高到 2010 年的 78.6%，5 年提高了 3 个百分点；用电户比例从 2005 年的 94.3%，提高到 2010 年的 96.2%，5 年提高了 1.9 个百分点；有取暖设备的农户比例从 2005 年的 63.5%，提高到 2010 年的 65.7%，5 年提高了 2.2 个百分点；饮用自来水和深井水的农户比例从 2005 年的 52.8%，提高到 2010 年的 55.8%，5 年提高了 3 个百分点；饮水困难的农户比例从 2005 年的 16.7%，减少到 2010 年的 11.4%，5 年减少了 5.3 个百分点；取得生活燃料越来越困难的农户比例从 2005 年的 53.8%，减少到 2010 年的 44.9%，5 年减少了 8.9 个百分点。历年全国少数民族扶贫重点县农户生活设施状况具体变化情况详见表 4-13。

同理，全国少数民族扶贫重点县农户耐用消费品拥有情况也可以反映云南人口较少民族生活改善的情况。具体来说，全国少数民族扶贫重点县农户每百户拥有冰箱、冰柜比例从 2005 年的 6.9%，提高到 2010 年的

---

① 《云南省住房和城乡建设厅扶持人口较少民族发展工作情况总结材料》。

22.3%，5 年提高了 15.4 个百分点；每百户拥有彩色电视机比例从 2005 年的 60.8%，提高到 2010 年的 90.9%，5 年提高了 30.1 个百分点；每百户拥有自行车比例从 2005 年的 34.2%，减少到 2010 年的 29.9%，5 年减少了 4.3 个百分点；每百户拥有摩托车比例从 2005 年的 21.8%，提高到 2010 年的 44.0%，5 年提高了 22.2 个百分点；每百户拥有固定电话、移动电话比例从 2005 年的 42.4%，提高到 2010 年的 123.6%，5 年提高了 81.2 个百分点，一定程度上表明云南人口较少民族耐用消费品拥有的情况在逐步改善。历年全国少数民族扶贫重点县农户耐用消费品拥有具体变化情况详见表 4-12。

表 4-12　　全国少数民族扶贫重点县农户生活设施状况　　（单位：%）

指标名称	2005 年	2006 年	2007 年	2008 年	2009 年	2010 年
有厕所的农户比例	75.6	74.8	75.7	75.7	77.9	78.6
用电户比例	94.3	94.7	94.7	95.2	95.6	96.2
有取暖设备的农户比例	63.5	57.6	63.8	64.7	65.1	65.7
饮用自来水和深井水的农户比例	52.8	52.0	51.6	53.3	55.1	55.8
饮水困难的农户比例	16.7	13.7	13.8	13.6	12.6	11.4
取得生活燃料越来越困难的农户比例	53.8	50.0	48.5	46.2	46.0	44.9

数据来源：《中国农村贫困监测报告》(2006—2011 年)。

表 4-13　　全国少数民族扶贫重点县农户耐用消费品拥有情况　　（单位：%）

名称	单位	2005 年	2006 年	2007 年	2008 年	2009 年	2010 年
冰箱、冰柜	台/百户	6.9	8.4	11.0	13.1	17.1	22.3
彩色电视机	台/百户	60.8	89.2	76.9	81.6	86.0	90.9
自行车	辆/百户	34.2	33.5	32.7	31.3	30.5	29.9
摩托车	辆/百户	21.8	25.8	31.3	34.8	39.1	44.0
固定电话、移动电话	部/百户	42.4	57.5	75.6	90.6	107.5	123.6

资料来源：《中国农村贫困监测报告》(2006—2011 年)。

三　扶持力度不断增加

（一）村级发展规划的制定及实施全面铺开

为了使云南人口较少民族地区有计划、有步骤地推进脱贫工程，云南相关部门指导人口较少民族聚居的州（市）、县实施人口较少民族聚居村的村级建设规划，使175个村委会实现村村有规划，做到扶持人口较少民族发展工作思路清晰、目标明确、任务具体，把扶持人口较少民族发展的目标任务细化到村、落实到户，以推动和确保各个扶持发展项目规范有序进行。村级规划编制和项目选择坚持以人为本，充分发挥群众主导性，选择群众最急需、最迫切、直接受益的项目，确保项目最大限度覆盖大多数农户，真正让群众得到实惠。

云南人口较少民族扶持发展规划以行政村为基本单元，针对人口较少民族收入低、素质低、所在社区基础设施差和生态环境差等贫困原因，制定综合性扶持发展规划，一揽子解决约束人口较少民族农户发展的多方面问题。规划的制定和实施有效地缓解了人口较少民族的贫困，拓宽了农户经济增长的渠道，为云南今后的可持续发展奠定了较好的基础。发展规划以村级规划为基础，项目实施以年度计划为依据，每个分项目有明确的实施方案。这样，一方面避免了上项目的随意性，保持了项目安排与实施的连续性；另一方面减少了上项目的多个环节，提高了效率。截至2010年，在云南175个人口较少民族聚居村中，全部村都已经制定并实施了村级发展规划；在云南175个人口较少民族聚居村中，159个村有对口帮扶单位，占90.86%；162个村有驻村蹲点帮扶干部，占92.57%。历年云南人口较少民族村级规划及实施变化情况详见表4-14。

表4-14　　2006—2010年云南人口较少民族村级规划及实施情况表　　（单位：个）

指标名称	2006年	2007年	2008年	2009年	2010年
已制定村级发展规划的村	175	165	175	169	175
已开始实施村级发展规划的村	77	111	175	158	175
有对口帮扶单位的村	110	146	159	159	159
有驻村蹲点帮扶干部的村	95	125	141	155	162

数据来源：2006—2010年云南省扶持人口较少民族发展动态监测系统资料。

（二）经济发展的基础不断改善

云南特有七个人口较少民族地区和群众的经济主要还是以农业为主。通过对云南人口较少民族地区的扶持，将发展多种农业经营、改善农业生产条件作为主攻方向，不断夯实农业发展的基础，确保了云南人口较少民族村级集体经济收入稳步增长，2006—2010年村级集体经济累计收入6818.74万元，年均收入1363.748万元。历年云南人口较少民族村级集体经济收入具体变化情况详见表4-15。

2010年，云南特有七个人口较少民族的农村经济发展的基础不断改善。

2006—2010年云南人口较少民族基本农作条件不断改善，2006年云南人口较少民族地区有752503亩耕地，其中，有效灌溉面积203327亩，有效灌溉率为27.0%；到了2010年，耕地面积增加至845797.2亩，增加了93294.2亩，有效灌溉面积扩大到220330.1亩，增加了17003.1亩。历年云南人口较少民族基本农作条件情况具体变化情况详见表4-16。

表4-15　2006—2010年云南人口较少民族村级集体经济收入变化情况

（单位：万元）

年份	村级集体经济收入	绝对增加数额	增长（%）
2006	1277.14	—	—
2007	1414.90	137.76	10.79
2008	1740.50	325.60	23.01
2009	1202.50	538.00	30.91
2010	1183.70	-18.80	-1.56

数据来源：2006—2010年云南省扶持人口较少民族发展动态监测系统资料。

表4-16　2006—2010年云南人口较少民族基本农作条件情况变化　（单位：亩）

指标名称	2006年	2007年	2008年	2009年	2010年
耕地面积	752503	894647.0	823572.6	852234.0	845797.2
其中：有效灌溉面积	203327	173920.1	199112.4	214379.1	220330.1
桑园、茶园、果园面积	262062	270385.1	370977.0	529295.0	363728.2
林地面积	5366455	5510574.9	4001678.1	3894862.6	4625965.4
草场面积	1529776	759810.9	555125.8	437246.0	526183.3
养殖水面面积	594	60733.8	156008.2	27022.2	5138.0
荒山荒坡面积	1590360	1633464.6	1469540.0	444983.0	602522.0

数据来源：2006—2010年云南省扶持人口较少民族发展动态监测系统资料。

2006—2010年云南人口较少民族累计新增或改造基本农田71743.7亩，年均新增或改造基本农田14348.74亩；累计增桑园、茶园、果园面积201383.5亩，年均新增桑园、茶园、果园面积40276.7亩；累计新增经济林面积279338.2亩，年均新增经济林面积55867.64亩；累计新增或改良人工草场面积10686.3亩，年均新增或改良人工草场面积2137.6亩。历年云南人口较少民族基本农作条件情况变化详见表4-17。

（三）云南人口较少民族聚居村扶持情况

2005年制定规划，2006年开始实施扶持项目，下达扶持发展资金，

2006—2010年五年累计扶持项目总数5185个，年均得到扶持项目数1037个。累计下达扶持资金金额为98429万元，年均得到扶持资金19685.8万元。具体年度得到的扶持项目数量和扶持资金金额详见表4-18。

表4-17　2006—2010年云南人口较少民族基本农作条件情况变化

指标	单位	2006年	2007年	2008年	2009年	2010年
新增或改造基本农田	亩	2930.00	7829.50	14822.80	28117.40	18044.00
新增桑园、茶园、果园面积	亩	27823.00	54174.70	36381.80	40628.00	42376.00
新增经济林面积	亩	45802.00	77286.00	52021.20	63715.00	40514.00
新增或改良人工草场面积	亩	400.00	3786.20	518.00	311.40	5670.70

数据来源：2006—2010年云南省扶持人口较少民族发展动态监测系统资料。

表4-18　2006—2010年云南人口较少民族扶持项目和资金变化情况

指标名称	单位	2006年	2007年	2008年	2009年	2010年
当年得到的扶持项目数	个	575	1154	1532	1133	791
当年得到的扶持资金额	万元	7412.00	15252.50	26183.80	26102.70	23478.00

数据来源：2006—2010年云南省扶持人口较少民族发展动态监测系统资料。

2006—2010年累计扶持项目直接覆盖农户户数为186625户，年均扶持项目直接覆盖农户37325户；累计扶持项目直接覆盖人数为809631人次，年均得到扶持项目直接覆盖的人数是161926人次。具体年度扶持项目直接覆盖的户数和覆盖的人数详见表4-19。

表4-19　2006—2010年云南人口较少民族扶持项目直接覆盖的农户和人数情况

指标名称	单位	2006年	2007年	2008年	2009年	2010年
当年扶持项目直接覆盖的户数	户	19531	31795	45331	46086	43882
当年扶持项目直接覆盖的人数	人次	82049	140997	201380	199905	185300

数据来源：2006—2010年云南省扶持人口较少民族发展动态监测系统资料。

（四）资金安排逐年提高

2006—2010年五年累计得到扶持资金、物质的农户户数82766户，年均为16533户，其中得到扶持贷款的农户有6630户，年均得到扶持贷款的户数为1326户。具体年度得到扶持资金、物质的户数和其中得到扶贫贷款的户数详见表4-20。

表4-20 2006—2010年云南人口较少民族得到扶持资金、物质的
户数及得到扶持贷款农户情况

指标名称	单位	2006年	2007年	2008年	2009年	2010年
当年得到扶持资金、物资的户数	户	9455	20031	18465	17024	17791
其中：当年得到扶贫贷款的户数	户	1250	1110	968	2271	1031

数据来源：2006—2010年云南省扶持人口较少民族发展动态监测系统资料。

四 经济发展水平稳步提升

云南人口较少民族地区各地充分依托当地资源优势，积极调整产业结构，培育发展优势产业和特色经济，实现了经济的快速发展。2010年年底，175个建制村年末大牲畜存栏17.3万头（匹），年末羊存栏12.2万只，年末猪存栏34.5万头，粮食总产量14.7万吨，经济作物总收入7.4亿元，特色经济有了较大的发展，群众基本有了自己的增收项目。通过滚动发展促进产业发展，成立发展基金、"放母还犊"、"周转畜"等方式，使有限的资金发挥更大的效益。初步形成了产业结构多业并举、收入来源多点并收的良好态势，初步走出了一条生产发展、生活富裕、生态良好的发展路子。

（一）特色产业发展初具规模

在人口较少民族扶贫过程中，重视产业发展，依托人口较少民族地区农业生产基础、资源优势和市场需求，围绕当地有潜力、有特色的产业加以重点的扶持。通过资金、项目、技术的倾斜支持，加大培育优势产业力度，促进当地优势产业长足发展，大力提高农业综合生产能力，有效带动农业和农村经济的发展。特色产业发展在一定程度上克服了单个农户小规模经营导致的小生产与大市场的矛盾，有利于集中连片地帮助人口较少民族脱贫致富，取得了稳定长期的脱贫效果。通过加大对人口较少民族地区林业产业发展的扶持力度，特别是对核桃、竹子、草果、石斛等特色林业产业的种植给予补助及技术支持，帮助民族地区群众增加收入，使其有稳定的收入来源，极大地改善了项目区人口较少民族群众的生活条件。例如，西双版纳州克木人[①]实施的林业帮扶项目，近年种植的橡胶成活率达95%以上，石斛成活率为99%，且长势良好，人口较少民族发展林业扶持项目取得了明显成效。根据对克木人部分村寨526户2501人的调查，2010年经济总收入为881.20万

---

① 克木人是我国一个特殊的少数民族群体，2009年被国家民委确认归属为布朗族，属于人口较少民族。

元，其中，农业收入125.89万元，占总收入的14.3%；林业收入755.31万元，占总收入的85.7%。农民人均收入达4111元，比帮扶前有了大幅度的提高。① 通过科技计划项目实施，推动特色产业发展，以企业为主体、以科技人员到户、科技成果到田、技术要领到人为主要内容，积极探索建立新型农业科技服务体系，依靠科技促进"三农"问题解决的长效机制，帮助人口较少民族群众发展生产、增收致富，有效推动了县域特色产业的发展。

（二）产业结构调整

云南省针对人口较少民族的资源禀赋，实施了一系列惠农政策，采取了一系列促进产业结构调整的措施。继续发挥"粮、茶、蔗"等传统产业的主导地位，适度实施退耕还林，把群众从单一的粮食生产中有效地转移部分劳动力资源，加大产业技术的扶持力度，扩大规模化生产，培育区域优势产业，通过优化产业结构，特色产业得到发展，有效地提高了群众收入。例如，宁蒗县永宁乡投入15万元扶持52户民间手工纺织家庭作坊，他们的纺织品不仅打入了丽江旅游市场，还带动周边962名妇女参与加工，瓦拉片村还有4户具有一定经济实力的农户落户丽江；在古城开办了摩梭传统手工纺织品销售商铺，深受中外游客的青睐，每户年均收入约12万元。

在生产生活条件等基础设施有所改善的前提下，产业开发显得尤为重要。云南特有七个人口较少民族按照省政府确定的"一体两翼"的扶贫开发战略，以整村推进为载体，大力实施产业开发和劳务输出。人口较少民族的后续扶持发展工作与社会主义新农村和兴边富民示范村、民族团结示范村建设结合起来，以产业开发为支撑，通过培植优势特色产业，增加群众经济收入，逐步从根本上解决七个人口较少民族的温饱，加快脱贫致富奔小康的步伐。

（三）工资性收入逐步增加

由于自然气候条件恶劣，家庭性经营条件差，土地少，种养殖业投入严重不足，导致人口较少民族家庭经营性收入极其困难。人口较少民族地区劳动力资源非常丰富，是经济发展创造有利条件的"人口红利"时期，靠出卖劳动获得工资性收入成为了人口较少民族提高总收入的重要组成部分。合理引导人口较少民族地区的剩余劳动力离土离乡、跨地区、跨省流动，可以扩大视野，帮助人们摆脱"靠天吃饭"的传统生产观念。在流动过程中，不仅获得了一定的经济收入，更重要的是学到了一种谋生能力，掌握了一技之长，以上两方面又使他们返乡创业带动当地就业，服务于当地的经济发

---

① 《云南省林业厅扶持人口较少民族发展工作情况总结材料》。

展。因此,在扶持人口较少民族发展中,各级政府部门紧紧围绕以农民增收为核心,将劳务输出列入重点扶持工作,以技能培训为突破口,以市场为导向,加大投入、增加补贴、扩大规模,切实让贫困人口较少民族群众掌握1—2门实用技术,切实提高贫困人口劳动力素质,切实提高劳动力转移培训水平。通过实施"阳光工程"和推进农业产业化经营,促进了云南人口较少民族劳动力的转移;通过实施"雨露计划",加快了云南人口较少民族地区劳动力的培训就业;通过实施"春风行动",开展职业技能培训,加大了统筹城乡就业的工作力度。部分家庭通过劳动力转移的培训和外出务工,工资性收入明显增加,一部分家庭的贫困问题得到了彻底的解决。贫困和低收入农户劳动力市场化程度增加,流动性增强,劳动力就业结构有所改善。例如,德宏州德昂族充分利用上海市对口帮扶德昂族的良好机遇,合理组织与引导剩余劳动力输出,充分发挥人口流动所产生的巨大作用,坚持实现结构优化和合理有序转移,本着"向外学一门手艺,回乡干一番事业"的目标,调动起本地贫困德昂族群众增收脱贫的积极性和主动性。2006—2010年,云南人口较少民族劳务输出人数五年累计67132人次,年均为13426人次,累计劳务输出总收入24947.51万元,年均收入4989.5万元。具体各年度劳务输出人数及总收入变化情况详见表4-21。

表4-21　　　　　　2006—2010年云南人口较少民族劳务输出
人数及总收入变化情况

指标名称	单位	2006年	2007年	2008年	2009年	2010年
劳务输出人数	人次	10334	13507	12248	14878	16165
劳务输出总收入	万元	2471.48	3638.63	4870.90	5956.90	8009.60

数据来源:2006—2010年云南省扶持人口较少民族发展动态监测系统资料。

　　布朗族聚居区多是在山区边境沿线。因与缅甸接壤的缘故,许多布朗族人都会讲缅甸语、泰国语。因此,布朗族青年外出打工,很多就跑到生活习俗相近的缅甸、泰国去。据西双版纳州民族宗教局提供的数据显示,目前全州布朗族中有2000多名青壮年在缅甸、泰国打工。仅有224户人家、1009人的章朗村就有140名青年在国外打工,人数已经超过了全村人口的10%。

　　——云南省西双版纳州勐海县布朗山乡章朗村委会,布朗族,在泰国打工。

从2007年起，三台山出冬瓜村开始出现了外出务工的情况，有的从事饮食行业，自己开店卖早点；有的在制衣厂、建筑工地、金矿厂、纸箱厂、电站等地方打工。从数量上看，流动的人数不多，但对于德昂族这样一个长期处于封闭状态的民族来说，外出务工人口逐年增加以及所从事行业的多样性，已经显示了德昂族逐渐从封闭走向开放。

——云南省德宏州潞西市三台山出冬瓜村委会，德昂族，在上海打工。

（四）民族文化旅游业初显成效

民族文化旅游是一种高层次的文化旅游，它可以满足游客"求新、求异、求乐、求知"的心理需求，旅游者在旅游活动中，除了观览、参与、体验当地民众的民俗文化、信仰文化、生产民俗与生活民俗之外，也可以观览、参与、体验到当地民众的现实生活内容。云南特有七个人口较少民族聚居地区，具有丰富多样的自然风光，民族文化特色独具魅力，村寨文化千差万别，发展民族文化旅游具有得天独厚的条件。从云南人口较少民族地区的自然风光与民族人文景观的组合来看，人口较少民族聚居区域自然风光优美，而且常常伴有独特的少数民族风情，旅游资源在空间分布上具有互补性，组合后更具观赏性。它既有寒温热带的立体气候和雄伟奇异的山川地貌，也有独特的少数民族风情和原味的农牧形式，还具有异域的特色建筑和多彩的民间文化，具备了民族文化旅游开发的优越条件。

在自然和文化多样性极其丰富的地区的人口较少民族生活仍然十分贫困，在认识到旅游业可以作为缓解贫困的一种途径后，人们对民族文化旅游发展与缓解人口较少民族贫困的关系的认识也不断深化。在扶持人口较少民族发展过程中，扶持发展民族文化旅游作为一种重要的途径，在一些地区初见成效，获得了较好的经济效益。在扶持云南特有七个人口较少民族发展中，加强了民族文化旅游发展规划，扶持条件具备的人口较少民族聚居自然村开发具有本民族特色的自然景观或人文景观的旅游景区景点和独具特色的"农家乐"旅游项目建设，打造山绿水秀、环境优美、交通便利、人与自然和谐的人口较少民族民居和生态式村落，构建不同功能的现代农业旅游区（点），发展具有自然生态、观光休闲和康体娱乐等特色的"乡村旅游"，促进旅游产业的发展，增加农民收入。

云南省怒江州贡山县独龙江乡的独龙族，千百年来，在独龙江流域"日出而作，日落而息"，以采集、狩猎、捕鱼为生，从事"刀耕火种"，形成了独具特色的"一条江水，一种文化"之特色，形成了"路不拾遗，夜不闭户，物各有主"的淳朴民风，独龙族人崇尚原始宗教，民间歌舞文化十分丰富。按照"天人合一、生态优美、生活宽裕"的理念，以建设特色生态旅游乡村为目标，既改造民居，又注重把旅游业培育成群众增收的后续产业，设计出在户型、结构、功能、特色上体现独龙族特有的民族元素的庭院式建筑。按目前独龙族家庭人口、生活习惯，以及旅游接待的需要，在充分征求了独龙族群众和民族文化保护、旅游设施建设等专业技术部门的意见后，结合帮扶资金规模和群众自力更生能力来设计，大小按80平方米和60平方米两种户型建设。这些民族民间文化的开发与保护，必将为旅游业的发展提供无穷无尽的资源，可以成为独龙江乡的经济支柱，独龙族也将会得到实惠。

——云南省怒江州贡山县独龙江乡的独龙族发展民族文化旅游

云南省西双版纳州勐海县布朗山乡章朗村委会，从旅游资源来说，主要有布朗族民族生态文化博物馆，还有独特的布朗族文化、佛寺和缅寺以及一些奇特的自然景观，如大象水井、仙人洞、老树茶园等。博物馆不仅是展示布朗族民族文化的重要载体，而且是动员社区资源的基础。博物馆里摆放着反映布朗族民族文化及生产生活习惯的实物，如生产工具、服饰、贝叶经书等。在老寨南边的佛寺，距今已有1700多年。另外，在新寨博物馆的正对面山顶，有扩建的缅寺和一座白塔，2006年刚修好了从山腰到山顶的200多级台阶。这也是吸引游客的宝贵财富。部分村民对旅游有了一定认识，尤其是新寨的村民，在问及旅游时，新寨的居民大部分听说过旅游，尤其是现任及前任村干部，他们对发展旅游的期待远远大于一般村民，如村主任及副主任都想发展旅游业。村主任告诉我们，发展旅游后，他将让在泰国打工的二儿子回家来做旅游。一些农户也打算在本村旅游发展起来后，做一些小生意，如开个小饭馆接待客人，开个小卖部出售些土特产给游客等。值得强调的是，章朗村委会已经决定由村委会组织村民一起发展旅游业。

——云南省西双版纳州勐海县布朗山乡章朗村委会发展民族文化旅游

云南省怒江州福贡县匹河乡老姆登村委会村民郁伍林经营的怒苏哩"农家乐"生意红火。老姆登村是一个怒族村，旅游资源极其丰富。十年前的老姆登村基础设施滞后，通村道路十分狭窄、坑坑洼洼，交通极为不便。驱车来旅游的游客行驶到半路车轮就会陷入泥坑，游客只好抱着遗憾返回。有的游客到这里旅游，便住在郁伍林家里。于是，郁伍林在外地游客的支持下办起了村里唯一一家"怒苏哩"农家乐。随着通村公路变成了柏油路，公路变好了，来旅游的游客逐年增加了，郁伍林家的"农家乐"生意日渐红火，村民们也意识到"农家乐"能致富，纷纷到郁伍林家取经，郁伍林也毫不保留地把几年经营"农家乐"的经验传授给了村民。在郁伍林的带动下，老姆登村"农家乐"现在已经发展到七户，每户年平均收入在5万元左右。目前，老姆登村"农家乐"每天至少有10桌客人，到了节假日更是爆满。五年来，全村"农家乐"的营业额达到300万元以上，共接待游客6万人次，成为福贡县怒族特色旅游文化村。

——云南省怒江州福贡县匹河乡老姆登村委会发展民族文化旅游

第五章

社会绩效

社会绩效是一种在经济发展基础上的社会全面进步的考量标准。人口较少民族扶贫的社会绩效是指扶贫活动带给人口较少民族地区生存与发展所需公共产品和公共服务的改善，通过外部发展资源的输入与优化当地资源的使用结合起来，全面提高人口较少民族抵御自然灾害和反贫困的能力。在扶持人口较少民族发展的过程中，政府承担着扶持发展资源的输入和配置以及提供公共产品服务的功能，因此从社会绩效来考察扶持人口较少民族的发展是必要的，同时也是有意义的。过去，人们把对物质和基础设施的大量投资视为推动发展的主要手段，后来人们在反贫困的实践中对贫困的认识有了进一步提高，意识到贫困的根源不仅在于物质资本的不足，更重要的是人力资本的短缺，因而认为发展中国家在制定减贫战略时应"减少一些需要高投入而不太紧急的项目投资，使更多的资金能够用于向小学教育、基本卫生保健这样的项目上"。[1]世界银行《1980年世界发展报告》中明确提出，仅有物质投资是不够的，医疗和教育的重要性不仅在于它们本身的意义，还可以促进穷人收入的增加。一般来说，教育和健康是重要的机会均等工具，直接影响了一个人的生存能力、经济参与能力、收入和财富的创造能力。《1990年世界发展报告》建议在减少贫困方面实施一项包括两部分内容的改革，即通过经济开放和投资于基础设施促进劳动密集型增长，并向穷人提供基础医疗和教育服务。[2]

受教育程度不高，健康状况不佳，没有基本的社会保障，劳动力优势无法发挥作用，心理被排斥感强，文化传承断裂，这些现象都是社会发展不足的典型特征。贫困人口反贫困能力的提高依赖于良好的健康状况，需具备一定的生产技能、务工技能，能够参与社会分工，获取持续的经济收入。这就需要有一系列健全的外部扶持发展机制来帮助贫困人口提高反贫困能力。因

---

[1] 世界银行：《1980年发展报告》，中国财政经济出版社1980年版。
[2] 同上。

此，扶持发展资金在使用过程中必须要有部分资金致力于贫困人口依赖的公共产品和公共服务的改善，优化当地资源的使用与配置。就提供公共设施的重要性而言，阿玛蒂亚·森曾说过"发展要求消除那些限制人们自由的主要因素，即：贫困以及暴政，经济机会的缺乏以及系统化的社会剥夺，忽视公共设施以及压迫性政权的不宽容和过度干预"[1]。西奥多·舒尔茨也曾指出："土地本身不是造成贫困的关键因素，人力才是；在提高人口素质上所进行的投资会极大地促进经济发展，提高穷人的福利水平。"[2] 提供公共产品，并提供具有保障作用的低保制度以及具有抗风险的救济制度，这在某种意义上来说也是一种扶持发展的途径。公共产品具有普惠的作用，能够提供给覆盖范围的群众生产生活的便利，同时也能够为发展奠定坚实的基础。

总体来说，经过第一轮扶持人口较少民族发展规划的实施，社会事业得到了快速的发展，云南人口较少民族聚居地区全部实现了"普九"。175个建制村都有了文化室和卫生室，建设了七个人口较少民族特色村寨，启动了德昂族、基诺族、普米族、独龙族四个民族特色博物馆建设项目。人口较少民族聚居区群众"上学难、看病难、就医难"等问题有所缓解，群众文化生活日益丰富。社会绩效主要体现在为人口较少民族地区提供更多的公共产品和服务，加大公共产品和服务的供给力度，强化人口较少民族地区的社会资本存量。本章节涉及了教育发展水平、医疗卫生服务质量、社会保障体系的建立、民族文化的发展、社会资本存量五个方面。这些社会事业的发展改善了人口较少民族的生产生活状况，成为提高生活质量、实现脱贫减贫和实现可持续发展的重要保障。

一　大幅度提高了教育水平

教育事关国家和民族的未来，关系国运的兴衰。教育事业的发展是发挥人力资源优势的基本保障，只有教育才能提高人们的生活质量，帮助人们实现个人的生存价值。现代社会进入信息化和知识经济时代，知识将变得越来越重要。能否让每个人都能够进入知识社会中，提供给他们基本的教育，对社会公平来说具有重要的意义。扶持云南人口较少民族发展的教育承载着三

---

[1] ［印］阿玛蒂亚·森：《以自由看待发展》，任赜、于真译，中国人民大学出版社2002年版，第2页。

[2] ［美］西奥多·舒尔茨：《穷人经济学——诺贝尔经济学获奖者演说文集》，罗汉译，上海人民出版社1998年版，第406页。

个方面的作用：第一，教育是联系外界的基本条件；第二，教育是发展的根本动力；第三，教育是维系民族内部团结的基本保障。对于云南特有七个人口较少民族来说，传统上的教育是以"前塑社会"[①]为主，以生产生活为核心的传统教育。随着现代教育的嵌入，针对人口较少民族这一特殊的群体，教育的内容、途径、模式和作用已经完全改变。民族地区发展靠的是人才，人才的培养靠的是教育。对于人口较少民族地区来说，通过一系列的教育，获取必要的知识才能提高自身缓解贫困的能力，未来才有更好的发展前景。

（一）教育基础设施有了较大的改善

教育基础设施的改善是发展教育的前提条件。为打好教育基础，云南以新建或改造教育用房为抓手，着力改善云南人口较少民族聚居地区的办学条件。2010 年，云南省中小学校舍安全工程资金重点向民族贫困地区，特别是对人口较少民族地区进行倾斜；云南省教育厅在 31 个民族县共投入资金 77400.68 万元，实施 1282 个项目，总计完成 1014465.91 平方米工程面积。[②] 2006—2010 年的五年间，云南人口较少民族地区累计新增或改扩建教育用房 47520.1 平方米，年均新增或改扩建面积为 9504.02 平方米。历年新增或改扩建教育用房面积具体变化情况详见表 5-1。

表 5-1　　　　2006—2010 年云南人口较少民族地区新增或
改扩建教育用房面积情况　　　　（单位：平方米）

指标名称	2006 年	2007 年	2008 年	2009 年	2010 年
新增或改扩建教育用房面积	4293.00	11593.70	12328.40	9394.00	9911.00

数据来源：2006—2010 年云南省扶持人口较少民族发展动态监测系统资料。

（二）义务教育普及率明显提高

按照国家要求，云南从 2005 年开始全面落实"两免一补"政策，适龄儿童入学率普遍达到 98% 以上，初中毛入学率多数达到 95% 以上。2010 年开始，国家和省持续加大对贫困寄宿生生活补助力度，对特殊区域和特殊群体提高补助标准，云南特有七个人口较少民族寄宿制小学生人均补助 750 元/年，有 31331 名小学生获益；寄宿制中学生人均补助 1000 元/年，有 14963 名中学生受益；还有 46294 名中小学生享受免费教科书。国家针对云南人口较少民族地区财政紧张的现实，设立专项资金，充分保证其公用经

---

① 前塑社会，就是指后辈向前辈学习的社会，参见夏建中《文化人类学理论学派》，中国人民大学出版社 1997 年版，第 189 页。

② 《云南省教育厅扶持人口较少民族发展工作情况总结材料》。

费，并为考取中职院校的学生提供免学费政策和奖励。2010年，云南人口较少民族地区保障每个小学生400元/年和每个初中生600元/年的公用经费；中等职业学校在校学生享受国家助学金1500元/年，共有2121人获得资助；中等职业学校农村家庭经济困难和涉农专业学生按照每生每年2000元免除学费。① 通过这些措施，云南人口较少民族聚居乡镇基本实现"普九"，适龄儿童"上学难"问题基本解决。

2009—2010年，省级共安排义务教育学校绩效工资转移支付合计32.99亿元，其中：少数民族地区为19.53亿元，占全部绩效工资的59.20%。义务教育学校绩效工资政策全面落实，提高了各民族地区教育教学质量，人口较少民族适龄儿童入学率逐年提高，初中毛入学率也实现了逐年提高，义务教育巩固率得到了进一步保障，民族地区基础教育整体水平得到跨越式发展，少数民族群众的文化水平、科技意识得到显著提高，大大缩小了民族地区和发达地区教育发展差距。云南人口较少民族地区义务教育适龄儿童入学率最低村落由2006年的5.0%，提高到2010年的95.6%，提高了90.6%；初中毛入学率最低村落由2006年的5%，提高到2010年的80%，提高了75%。历年云南人口较少民族义务教育变化情况详见表5-2。

表5-2　　　　2006—2010年云南人口较少民族义务教育情况　　　（单位:%）

指标	2006年	2007年	2008年	2009年	2010年
适龄儿童入学率	5—100	75—100	95—100	82—100	95.6—100
初中毛入学率	5—100	36—100	45—100	78—100	80—100

数据来源：2006—2010年云南省扶持人口较少民族发展动态监测系统资料。

从云南人口较少民族不同文化程度所占人口比例来看，未上过学人口所占比例最高的是德昂族，占总人数的19%，几乎是全国平均水平的4倍，所占比例最低的是阿昌族，占总人数的8%，仅仅只是比全国合计多了3个百分点；小学文化程度人口所占比例最高的是布朗族，占总人数的59%，近全国的2倍，所占比例最低的是普米族，占总人数的40%；初中文化程度人口所占比例最高的是基诺族，占总人数的34%，所占比例最低的是德昂族，占总人数的18%；高中文化程度人口所占比例最高的是普米族，占总人数的11%，所占比例最低的是德昂族，占总人数的4%；大学专科文化程度人口所占比例最高的有普米族、独龙族和基诺族，均占总人数的5%，所占比例最低的是德昂族，占总人数的1%；大学本科文化程度人口所占比

---

① 《云南省教育厅扶持人口较少民族发展工作情况总结材料》。

例最高的是普米族，占总人数的3%，所占比例最低的是布朗族和德昂族，均占总人数的1%。云南人口较少民族不同文化程度人口所占比例具体情况详见表5-3。

表5-3 2010年云南特有七个人口较少民族不同文化程度人口所占比重分析

（单位:%）

民族	未上过学	小学	初中	高中	大学专科	大学本科
全国合计	5.00	29.00	42.00	15.00	6.00	4.00
汉族	5.00	28.00	42.00	16.00	6.00	4.00
怒族	15.00	47.00	24.00	8.00	4.00	2.00
普米族	15.00	40.00	28.00	11.00	5.00	3.00
独龙族	16.00	42.00	27.00	8.00	5.00	2.00
布朗族	14.00	59.00	19.00	5.00	2.00	1.00
德昂族	19.00	57.00	18.00	4.00	1.00	1.00
基诺族	9.00	41.00	34.00	9.00	5.00	2.00
阿昌族	8.00	50.00	30.00	7.00	3.00	2.00

数据来源：根据《2010年第五次全国人口普查主要数据》中各民族6岁及6岁以上人口受教育情况计算。

（三）人口较少民族聚居区劳动力的文化程度有所提高

人口较少民族聚居区基本上隶属于少数民族聚居区，因此以少数民族聚居村为例来分析人口较少民族聚居区劳动力的文化程度变化情况。2005—2010年，少数民族聚居区劳动力的文化程度逐步提高，文盲率逐年下降，从2005年的17.5%，减少至2010年的13.6%，在一定程度上也意味着人口较少民族的文盲或半文盲率的降低。少数民族聚居村小学文化程度从2005年的39.2%，减少为2010年35.3%。初中文化程度从2005年的36.3%，提高到2010年41.2%。作为九年义务教育以外的高中、中专和大专及以上的受教育程度也是逐年提高，高中从2005年的5.1%，提高到2010年的7.1%；中专从2005年的1.5%，提高到2010年的1.8%；大专及以上从2005年的0.4%，提高到2010年的1.1%。历年少数民族聚居村劳动力的文化程度具体变化情况详见表5-4。

过去，受教育程度的衡量指标主要是入学率，但是事实上，在云南人口较少民族地区，由于教育资源的紧缺、经济水平的限制及人们观念的制约，辍学率一直是一个难以克服的问题，也是教育绩效经常回避的问题。在扶持人口较少民族发展的过程中，在教育扶持方面提出了考量辍学率的措施。辍学率逐年降低,保障了青壮年文盲率的下降。2006年小学生辍学率是28%,到2010年降低到2%;2006年年初中生辍学率是65%,到2010年降低到20%;2006年青壮年文盲率是75%,到2010年是30%,青壮年文盲率减少了45%,从一定程度上表明了云南人口较少民族劳动力文化程度的提高。2006—2010年云南人口较少民族教育辍学率和青壮年文盲率变化情况详见表5-5。

表5-4　　　　　　少数民族聚居村劳动力的文化程度　　　　　　(单位:%)

文化程度	2005年	2006年	2007年	2008年	2009年	2010年
文盲或半文盲	17.5	16.1	15.3	14.5	14.2	13.6
小学	39.2	37.9	37.1	37.0	35.9	35.3
初中	36.3	38.3	39.6	40.0	40.6	41.2
高中	5.1	5.8	5.9	6.3	6.7	7.1
中专	1.5	1.5	1.6	1.6	1.7	1.8
大专及以上	0.4	0.4	0.5	0.6	0.9	1.1

数据来源:《中国农村贫困监测报告》(2006—2010年)。

表5-5　　　　2006—2010年云南人口较少民族教育基本情况　　　　(单位:%)

指标	2006年	2007年	2008年	2009年	2010年
小学生辍学率	28.0	28.0	9.0	1.0	2.0
初中生辍学率	65.0	65.0	65.0	20.0	20.0
青壮年文盲率	75.0	75.0	80.0	50.7	30.0

数据来源:2006—2010年云南省扶持人口较少民族发展动态监测系统资料。

(四)高等教育受到新的惠顾

高等教育是培养人口较少民族人才的重要途径。国家比较重视对人口较少民族优秀人才的选拔与培养,普通高等学校通过少数民族预科班、民族班等途径加大对人口较少民族教育事业的扶持力度。部分普通高校通过适当降分提档、择优录取,对人口10万以下的人口较少民族给予适当加分和政策倾斜,还有部分高校通过定向招生、定向分配的方法,切实保障边疆民族地区的少数民族学生能得到上大学的机会。云南对七个人口较少民族优秀学生实行指定投档选拔,即积极争取专门计划招收人口较少民族考生,按分数从高到低投档录取,而且还主动争取中央民族大学、中南民族大学、西北民族大学、西南民族大学、北方民族大学、大连民族学院等高校专门为人口较少民族考生增加招生计划。

2008—2010年,云南省连续开展少数民族政法干部定向招录工作,共有近 2 万余人报考，有 23 个语种考生参加了口试，招录 1000 余人，毕业后定向分配到民族地区担任"三官一员"（检察官、法官、警官、司法员）。普通高校和普通中专根据有关文件的精神，用活招生计划指标，招收云南特有 15 个民族的考生，对七个人口较少民族给予重点倾斜，实施民族本科、大专及中专班培养计划，其中民族本科班招 60 人，民族大专班和民族中专班每班各招 50 人，共 160 人，学生经考试合格后，发给毕业证书，分别享受国家本科、大中专毕业生待遇。

为尊重和保障少数民族使用本民族语言文字接受教育的权利，国家对双语教学的师资培养培训、教学研究、教材开发和出版给予支持。每年开设人口较少民族教师和民汉双语教师培训班，主要来自临沧、保山、怒江、丽江、西双版纳、德宏等州（市）七个人口较少民族的民族小学或乡镇中小学的民汉双语教师参加培训，共计 350 余人。培训班为期 10 天，开设《新课程实施的现状与思考》、《提高小学教学有效性策略》、《教师心理健康教育》、《班队活动设计》、《普通话》和《民文民语》等课程。

加强教育对口支援，充分利用内地优质教育资源，探索多种形式，吸引更多民族地区少数民族学生到内地接受教育。加大对民族地区师资培养培训力度，提高教师的政治素质和业务素质。加强少数民族人才的培养，依托省院省校合作、沪滇合作人才培训项目培养少数民族高层次人才。"十一五"期间，云南每年通过省校合作、沪滇合作人才培训项目，选送 1400 余名各类人才到清华、北大、浙大、上海师大等高校进行培训；每期学员中少数民族干部的比例不低于 20%，五年来共培训各类少数民族高层次人才 10000 人次；鼓励支持高等学校毕业生到民族地区基层任教；支持民族地区发展现代远程教育，扩大优质教育资源覆盖面。

（五）技术培训力度有所加大

在云南人口较少民族地区，过去许多村民受教育程度低，基本上没有受过什么正规教育。而且传统上民族生产生活的各种技艺在现代生产生活中日益失去了作用，例如狩猎、刀耕火种技术以及特殊的传统技术；相对于长期发展来说，也没有掌握任何的技术，大多数贫困的人口较少民族基本上是靠几亩地维持基本的生活。偶尔外出务工，常常是干一些繁重的劳动，还常遇到拿不到工钱的现象。

针对云南人口较少民族人口素质普遍较低、技能差、观念落后等实际情况，实施有目的的培训计划，充分利用就业培训基地、农村人才培训学校，适时举办各类农村实用技术培训，促进群众思想观念的转变和劳动者素质的提高。加大对云南人口较少民族技能人才的重视和培养力度，培养了一批人口较少民族的专业人才、技能人才和农村实用技术人才，部分人口较少民族聚居村落每个家庭有一名种植能手或养殖能手，为每个家庭的基本生存提供了保障。在人口较少民族聚居村落培育了一批致富带头人，在扶持人口较少民族发展方面起到了积极的试验示范作用。正如德宏州瑞丽市民宗局周副局长所言："在德昂族地区，一方面，各种技术我们也只能培训一两次，加上语言和理解能力，总体上培训的效果不太理想。另一方面，他们的接受能力比较差，胆子也很小，很多技术需要手把手地教。所以培养一批具有一定文化程度、接受能力强的能手，通过他们在中间的示范和带头作用，培训的效果就充分体现出来了，户育村委会的甘蔗种植就是这样发展起来的。"对人口较少民族村民进行技能培训，不仅能够帮助村民掌握一定技术，而且通过技术的掌握能够使村民获得稳定的收入，从而从根本上解决农民的贫困问题，使得农民真正过上发家致富之路。2006—2010 年，云南人口较少民族地区累计组织参加各类培训 564127 人次，年均组织参加培训人员达 112825 人次。历年组织参加培训人数具体变化情况详见表 5-6。

表 5-6　　　2006—2010 年云南人口较少民族组织参加培训人数　　（单位：人次）

指标名称	2006 年	2007 年	2008 年	2009 年	2010 年
当年组织培训参加人次	59105	118615	135544	132359	118504

数据来源：2006—2010 年云南省扶持人口较少民族发展动态监测系统资料。

此外，实施走出去政策，组织人口较少民族地区乡村干部和人口较少民族代表到发达地区参观学习，开阔视野，增长见识，促进观念更新，转变生产和增长方式，改变落后生活习俗。利用志愿者到人口较少民族地区开展志愿服务的机会，积极开展多形式活动，让志愿者传授先进的教育理念和医术。

针对云南特有七个人口较少民族的专业技术人员，在专业技术职称评审中创造宽松的环境，在评聘专业技术职称时，给予免试职称外语和计算机应用能力考试的优惠政策。积极支持技工院校大力招生人口较少民族学生，帮助人口较少民族地区初、高中毕业生，"两后生"到技工学校就读，提高他们的劳动技能。"十一五"期间，各技工学校共招收人口较少民族学生 1267 名，950 名学生取得了技校毕业证和中高级职业资格证，为他们就业提供了有益帮助。

为人口较少民族地区设置特色班，有针对性地做好扶持工作。例如，在人口较少民族相对集中的普洱技工学校设置"苦聪人技工班"，"十一五"期间招生 300 余名苦聪学生，在教学中因人施教，突出特色，起到了良好的示范作用。积极开展人口较少民族地区农民工就业前职业培训，依托技工院校教育资源,对人口较少民族地区农民工开展了就业前职业培训,"十一五"期间共培训5000余人,帮助他们提高技能,实现就业。例如,上海市民宗委协调上海老凤祥公司投资30万元培养德昂族工艺技术人才,资助15名德昂族学生三年学杂费;协调卢湾区2008—2010年每年轮换招收5名德昂族工人,三年招收15人次,丰富了对口帮扶内容,促进了德昂族的全面发展。从人是发展的主体和宏观长远的发展趋势来看,人力资本在社会发展的价值是不可低估的。依托扶持人口较少民族发展的政策,通过技能培训、科技帮扶、劳务输出、拓宽就业等渠道,引导富余劳动力的转移。同时,拓展发展领域,打破封闭的经济循环圈,人口较少民族的部分地区实现了小农家庭小农经济向市场经济的转变。

（六）人口较少民族的人才得到培养和重视

加大对云南人口较少民族的干部培养和重视力度,培养了一批人口较少民族的干部人才。在第一轮扶持人口较少民族发展规划实施期间,大力加强人口较少民族公务员队伍建设,云南省公务员队伍共考试录用公务员31452人,其中:少数民族公务员11161人,占录用总数的35.49%。在公务员考录工作中采取了一系列的措施,确保少数民族干部进入云南省公务员队伍:一是制定相关地方法规,在每年的公务员招考时,拿出一定比例的岗位,定向招考人口较少民族。二是降低开考比例。根据报名情况,对定向少数民族的岗位,如报名人数不足3:1,一般会考虑实际需要,降低定向岗位的开考比例。三是放宽范围。公务员考录工作在遵循法律的基础上,对人口较少民族的照顾范围放宽至非民族自治地方。四是委托培养。从2009年开始,会同云南省委组织部、政法委等部门,开展了政法系统少数民族干部培养新模式的试点工作,2009年、2010年连续两年从云南省人口较少民族高中学历毕业生中定向招录了1049人,委托云南大学等高校培养,毕业后组织公务员录用单列考试,解决了懂少数民族语言特别是七个人口较少民族语言的政法人才"后继无人"的问题。[①]

  什么是理想的幸福生活?杨社生从昆明机械技工学校毕业的儿子回答了我们这个问题。他说农村的根永远是农业,农村要与城市相比是不可能的。对于农村大众来说,首先盼望的就是五谷丰登,粮食有保障,家里最好能有点固定收入和一定存款,这样,生病有钱医治,娃娃学业不被耽误,家里能买一辆摩托车。在交谈过程中,杨社生的儿子特别强

---

① 《云南省人力资源和社会保障厅扶持人口较少民族发展工作情况总结材料》。

调孩子的教育，他说只要孩子有能力往上读，他砸锅卖铁都要供。联想到他毕业未找到工作至今还欠债的经历，问及是否对教育改变命运的说法感到失望，是否还会一如既往支持孩子读书。他回答说：家里花了这么多钱送他读书但最终失业在家务农，并且还没土地，他确实有些灰心，像他这样的人在村子里还有十多个。但他坚定地说他的遭遇并不影响他鼓励孩子接受教育的决心："读了书找不到工作，那不读书更找不到，读过书总是好的，（读书多的）人的见识、思考问题的方式都不一样，读书迟早会有回报！"听到他的态度，我感到一丝欣慰。我们又谈起农村青壮年劳动力入城打工的问题，我问他是否认为这是农村经济发展的一个好途径。他认为进城打工只是暂时的，打工的青年总有一天还得回到农村，因此，农村本身不发展的话，永远不可能从根本上解决问题。

——云南省德宏州梁河县曩宋乡弄别村委会，53岁，阿昌族村民杨社生访谈。

只有通过教育，才能真正使人得到发展，才能从根本上促进发展。上海对口帮扶的过程中，在职业中学开办了一个工艺品加工班，从人才培养上下功夫。由于在人口较少民族地区并没有幼儿园之类的学前教育，到7—9岁进入小学才开始学汉语，因此，需要高度重视教育问题，开展幼儿教育。当前的许多扶持只是提供一种条件，要真正的发展还是需要人来发展，"一颗子弹只能打死一个人，一本书可以教育一代人，影响一代人"。由此可见教育的意义。可以建立手拉手帮扶的形式加强教育扶持。国民教育在人口较少民族的扶持过程中占有重要的地位，但是在加大扶持力度的时候，一般主要集中在初等教育，也就是九年义务教育阶段，高中教育就面临着很大的压力，不仅仅是经济方面的压力，而且是教育资源方面的压力，更别说大学教育了。县级抓落实的过程中，主要应该是帮扶一代，教育一代人。

——云南省德宏州瑞丽市民宗局副局长周德文，42岁，汉族，大专毕业。

二　医疗卫生事业服务质量得到提高

良好的医疗卫生条件是云南人口较少民族群众拥有健康生存能力的前提。过去，人口较少民族地区医疗卫生条件差，缺医少药现象突出，没有合格乡村医生或卫生员，卫生设施普遍老化，缺医少药，各民族群众"看病难、看病贵","因贫致病、因病返贫"恶性循环现象非常突出。在导致贫困的诸多因素中，疾病是最残酷的。本次调查一路走来，一个个"因病致贫"的家庭深深烙在课题组成员心中。课题组所遇到身患重病的人中有不少一部分都是因为小毛病得不到及时医治、有病乱吃药导致病情加重，如果早点就医，家庭生活状况不至于那么困窘。

扶持人口较少民族发展规划实施以来，云南不断深化和完善农村医疗卫生体制改革，加大农村医疗卫生的投入，加强乡村医疗卫生设施建设，完善医疗设施配套建设，加大乡镇卫生院、村卫生室建设力度，支持民族医药研发；提高乡村医疗卫生服务能力，提升基本公共医疗卫生服务水平，推进民族医药事业加快发展，使各民族人民群众"看病难、看病贵"的民生问题得到明显改善。

（一）医疗卫生基础设施条件有了较大改善

云南扶持人口较少民族发展规划实施中，加大了投入医疗卫生基础设施建设投入力度，新建了一批村卫生室、改扩建了一批乡镇卫生院，广大人口较少民族群众的就医条件大为改观，在一定程度上缓解了群众"看病难"的问题。截至2010年，云南人口较少民族医疗卫生基础设施大为改观，人口较少民族聚居的175个村实现村委会一级卫生室实现全覆盖。2006—2010年，云南人口较少民族地区五年累计新增或改扩建卫生用房面积22987.5平方米，年均新增或改扩建卫生用房面积是4597.5平方米。历年新增或改扩建卫生用房面积具体变化情况详见表5-7。

表5-7　　2006—2010年云南人口较少民族新增或改扩建
卫生用房面积变化情况　　（单位：平方米）

指标名称	2006年	2007年	2008年	2009年	2010年
新增或改扩建卫生用房面积	1041.00	6162.00	4726.50	5655.00	5403.00
有卫生室的村	139	146	172	172	175

数据来源：2006—2010年云南省扶持人口较少民族发展动态监测系统资料。

在乡镇卫生院业务用房建设方面，云南省利用国债项目资金以及地方配套资金进行投入。"十一五"期间，共投入2159万元，新建或改造37所乡镇卫生院的业务用房。在云南人口较少民族聚居地行政村的村卫生室业务用房建设方面，每个村新建一所60—80平方米的村卫生室，五年共投入685万元，补助146个卫生室业务用房建设。[①] 建设和改善人口较少民族聚居村

---

① 《云南省卫生厅扶持人口较少民族发展工作情况》。

的医疗条件，加强卫生基础设施建设，优先安排人口较少民族聚居地区乡镇卫生院的改造，实现房屋、设备、人员、技术"四配套"，提高医疗综合服务能力，每个村都有一所达到合格标准的卫生室。

在人口较少民族地区加大基层医疗卫生资源投入，加强县、乡、村三级和社区医疗卫生基础设施条件建设，进一步提高医疗服务水平，完善县乡村医疗卫生服务网络，为解决群众看病难、看病贵问题奠定坚实的基础。在改善人口较少民族医疗卫生机构的基础设施条件的同时，确保每个乡镇卫生院至少有一名全科医生，对乡村卫生工作人员进行至少每年两次的业务技能培训，培训内容重点突出对边境高发病，如艾滋病、登革热、疟疾、肺结核等疾病的应急处理知识和技能。

（二）医疗卫生服务能力有所改善

在扶持云南人口较少民族的发展工作中，在医疗设备配置、医技人员培训等方面给予重点倾斜，保障人口较少民族群众人人享有卫生保健，促进人口较少民族地区和谐发展。2010年，有合格乡村医生的村有168个，占175个人口较少民族聚居村的96%；有合格卫生员的村167个，占175个人口较少民族聚居村的95%。历年人口较少民族医疗卫生基础设施具体变化情况详见表5-8。

表5-8　2006—2010年云南人口较少民族医疗卫生服务能力变化情况　（单位：个）

指标	2006年	2007年	2008年	2009年	2010年
有合格乡村医生的村	107	124	159	166	168
有合格卫生员的村	106	120	155	166	167

数据来源：2006—2010年云南省扶持人口较少民族发展动态监测系统资料。

加大基本医疗设备配置的投入力度，在"十一五"期间，一共投入1119万元补助人口较少民族聚居地所在的乡镇卫生院购置基本医疗设备。其中，2006年投入50万元，补助5所乡镇卫生院；2009年投入754万元，补助64所乡镇卫生院；2010年投入265万元，补助16所乡镇卫生院。"十一五"期间，一共投入166.25万元补助人口较少民族聚居地村卫生室购置基本医疗设备。其中，2009年投入87.5万元，补助175个村卫生室购置基本医疗设备；2010年投入78.75万元，补助175个村卫生室开展信息化建设。[①] 在扶持人口较少民族发展调查研究中发现，疾病是致贫的罪魁祸首，一大部分疾病是由小毛病延误治疗发展而来，尤其是人口较少民族的女性。

---

① 《云南省卫生厅扶持人口较少民族发展工作情况》。

因此在一些地方，开始试点在人口较少民族地区每年做一次免费常规体检，以避免一些疾病的发生。此外，一些人口较少民族地区也尝试加强中医药以及民族医药的发展，中医药和民族医药不完全依赖大型医疗器械，药品就地取材，非常便宜，非常适合于人口较少民族地区。

在医疗卫生方面，三台山乡的整体医疗体系得到了完善，基本解决了德昂族就医难、因贫致病、因病返贫的普遍难题。已经达到了乡有1个卫生院，行政村有15个村卫生室，自然村有44个"小药箱"，医疗卫生标准达到了当地中等偏上的水平。医疗硬件水平得到提高，在上海市对口帮扶下，三台山乡医院增添了血球仪、电解质分析仪、半自动生化分析仪、心电图机、B超机、口腔科治疗机、监护床等共计91项设备。医疗技术人员得到了技术培训。三台山乡卫生院派出两名护士特地到芒市医院去进行了一段时间的培训。她们接触了B超和化验的工作。新型农村合作医疗制度开展顺利。农民"新农村合作制度"的参保率接近100%。

——云南省德宏州潞西市三台山乡调研资料

（三）实施新型合作医疗，完善社会保障体系

在扶持人口较少民族发展中，创新农村医疗卫生事业发展机制，由省财政补足人口较少民族地区群众所缴纳的新型农村合作医疗费。据省卫生厅提供的数据显示，2011年全省参加新型农村合作医疗的农村居民人数达到3456万人，参合率达96.2%。新农合人均筹资标准增加到230元，新农合全省最高支付限额统一达到5万元，政策范围内住院费用报销比例达到70%。与此同时，云南16个州市的123个县开展了新农合门诊统筹，门诊统筹率达96.85%，在全省逐步推广禄丰县新农合门诊总额预付经验，进一步提高门诊补偿额度，切实减轻了农民群众门诊就医费用负担，控制门诊不合理费用支出。探索"大病垫付报销制度"，根据医院开具的大病诊断证明及医疗费用，垫付报销金额。全省16个州市129个县的基层医疗卫生机构（含村卫生室），实施基本药物零差率销售，覆盖率达100%。通过深化医改和加大投入，云南乡镇卫生院门诊人均处方费用下降15%；高血压、糖尿病、消化系统疾病人均处方费用分别下降了21.8%、12.1%和5.6%，广大人民群众切切实实感受到了农村医疗卫生事业发展带来的实惠。

提到"新农合",杨社生家赞不绝口,他家对于"新农合"的好处深有体会:"今年孙子住院花费1900多元,'新农合'就给报了1000多。以前住院若没有1000元以上的押金,医院根本不收,现在有了'新农合'医保卡,交300元就可以住院。"

——云南省德宏州梁河县曩宋乡弄别村委会村民杨社生53岁,阿昌族访谈

三 社会保障体系初步建立

社会保障制度是指国家和社会通过立法和政策规范,对国民收入进行再分配,为全体社会成员,特别是生活有特殊困难的人们的基本生活权利给予保障的社会安全制度。目前云南人口较少民族的保障内容是多方面的,完善以农村养老保险、农村居民最低生活保障、农村合作医疗救助、重大疾病救助为主要内容的社会保障体系,实施边境沿线群众守土固边专项补助政策。采取行之有效的措施,逐步加大保障的覆盖面,扩大能享受保障政策的人群,社会保障体系维护社会稳定功能初见成效,基本公共服务项目主要指标接近全省平均水平。

(一)人口较少民族低保的范围逐步扩大

自云南农村低保制度建立以来,一直对人口较少民族地区、边境、藏区等特殊地区在保障对象分配、资金安排方面给予倾斜。2007年云南省首先将228.4万农村绝对贫困人口全部纳入农村低保范围;2008年,云南省又将边境、藏区、人口较少民族地区的农村居民纳入农村低保覆盖范围,全省新增保障对象71.6万人,其中,33个特殊县(市)增加了42.96万人,并将红河州金平县莽人833人和西双版纳州克木人973人全部纳入到了保障范围;2009—2010年,33个特殊县又累计新增保障对象54.44万人。到2010年年底,涉及人口较少民族地区的县共有保障对象125.94万人,占当地农业人口的15.9%,比全省平均水平10.5%高出5.4个百分点。

在农民低保人群持续扩大的同时,云南省农村低保补助水平也逐年提高,从2008年人均50元/月,提高到2009年的60元/月,2010年又提高至70元/月。在保障资金方面,云南省民政厅按照省委、省政府要求,协调相关部门对全省33个边境县(市)、藏区县以及人口较少民族县在保障资金上给予重点倾斜,省级财政对33个县(市)中的国家和省级重点扶持县补助100%,非国家和省级重点扶持县补助85%,确保了农村低保在这33个

特殊县（市）的全面建立和实施。2009年，省级还进一步加大了对特殊县（市）的扶持力度，将特殊县（市）中非重点扶持县的比例提高到了90%。通过实施农村最低生活保障制度，云南省较少民族地区困难群众的基本生活得到了保障。[①]

（二）农村医疗救助工作成效明显

2003年，云南开始建立农村医疗救助制度，到2008年年底，全省129个县均全面开展了农村医疗救助工作。"十一五"期间，云南民政厅积极支持人口较少民族地区农村医疗救助工作的开展，一方面资助农村低保、五保对象以及边境地区以行政村为单位的村民参加新型农村合作医疗，为其缴纳个人应付参保参合费用；另一方面，对患病的救助对象实施住院救助和门诊救助，对经医疗保险补偿后的个人自付费用按规定进行补助。随着工作的深入，逐步取消了病种限制、取消了起付线、提高了救助比例和救助封顶线，并开展了"一站式"即时结算服务模式，切实提高了医疗救助实效。2010年，全省资金支出农村医疗救助资金57150万元，比2005年的3739万元增长了14倍，资助476万农村困难群众参加新型农村合作医疗；对55.69万人次的农村困难群众实施住院和门诊救助。2010年中央和省投入农村医疗救助资金52700万元，比2005年的3392.7万元增长了14倍。通过医疗救助的实施，包括人口较少民族地区农村困难群众的医疗难问题得到有效缓解。[②] 优先资助特困家庭、民政救助对象和固边守土村民参加新型农村合作医疗，切实解决看病难、看病贵的问题；做好人口与计划生育服务工作，优先安排计划生育服务站达标，继续全面落实人口较少民族农业人口独生子女"奖优免补"政策。构建人口较少民族聚居村"禁毒防艾"长效机制，加强领导，增加工作经费，采取更加积极有效的举措，遏制吸食毒品和艾滋病蔓延，确保农村稳定。

（三）养老保险

通过完善医疗保险制度来缓解农村人口因疾病带来的负担，通过建立养老保险制度来减轻农村家庭赡养老人的负担，通过加强救济力度来减轻农村人口面对突发的灾害、事故所带来的负担。救济需要建立识别和瞄准机制。目前扶贫资金没有用于农村医疗保障制度、养老保险制度和救济。当然，救济不是目前扶贫包含的范围，有民政部门的专项资金。加强人口较少民族新型农村社会养老保险基础建设工作，云南省纳入了新型农村社会养老保险试

---

① 《云南省民政厅扶持人口较少民族发展工作情况总结材料》。

② 同上。

点的 37 个县中，有保山市施甸县、昌宁县，普洱市澜沧县、墨江县等 12 个涉及人口较少民族的县，民政厅为每个县配置了 8 台电脑，2 台打印机，1 台 16 口交换机；为每个乡镇（街道）配置了 2 台电脑，1 台打印机，1 台 8 口交换机，大力提升基层单位为人口较少民族群众新农保的服务能力。

养儿防老是我国农村长久以来的一种思想观念，我们所调查的少数民族地区也不例外。但实际情况是，儿子太多不仅不能老有所依，还严重增加了家庭负担。每个儿子的婚姻问题就如同一座大山重重压在父母身上。据本次调查了解，在德宏州的农村，如今每个男性娶妻至少要花一万多元。儿子多不仅苦了父母一辈，还要拖累、影响儿子一辈的生活水平。因为弟兄多，每人分到的土地就少，粮食不能自给自足，必须花钱买粮食，这在无形中增加了家庭的经济压力。在芒市三台山德昂族乡调研到的罗拉本就是这样一个例子。罗拉本弟兄多，分家时他就只得到 7 分水田，而本地稻谷产量低，2009 年他家只收了 17 袋糙米，自产米仅够吃 4 个月，剩下 8 个月都靠买米吃。买米每公斤 3 元，2009 年共买 250 公斤，买米所花费的 750 元对他家来说可不是一个小数。但可喜的是，从我们调查的地区看来，计划生育政策已经深入人心，一些被采访的新婚夫妻打算只要一个孩子。

——云南省德宏州潞西市三台山乡出冬瓜村委会调研资料

四　民族文化事业得到综合发展

文化是民族生命力、凝聚力和创造力的重要源泉。深入实施文化惠民工程，完善民族地区公共文化设施和服务体系，解决各族困难群众看书难、看报难、上网难、看戏难、收听收看和听懂看懂广播电视难、体育锻炼难等问题。加大人口较少民族传统文化保护传承力度，积极鼓励继承与创新，实施精品文化工程，提升云南人口较少民族文化知名度和影响力。充分发挥地缘优势，以民族文化为纽带的对外文化交流合作得到了前所未有的加强，促进了周边地区睦邻友好。人口较少民族的文化事业得到了全面的发展，民族文化建设的基础设施得到了较大改善，不仅充实了人口较少民族的精神生活，而且提供了民族文化保护与传承的物质平台。在民族文化产业化发展的道路上，在云南建设民族文化强省的背景下，云南的人口较少民族进行了积极的探索，吹响了民族文化产业化发展的号角。随着现代化和全球化的推进，云南人口较少民族加强了公共民族文化设施建设，繁荣民族文化、落实人口较少民族群众的文化权益,不断提升人口较少民族地区的文化活动水平,实现民族文化惠民的效益。

(一)公共文化设施得到加强

民族文化既是云南人口较少民族生存生活的基础,也是促进人口较少民族发展的动力源泉。随着云南人口较少民族经济的快速增长,在扶持人口较少民族发展的过程中,各地党委、政府对少数民族文化建设比较重视,加快文化设施建设,加大对民族文化投入,有的地方文化设施面貌出现了根本性改变。

文化站基础设施逐步完善,随之而来的是群众文化活动开展活跃,文化设施的功能开始显现。尤其是2009—2010年以来,为繁荣城乡文化事业,国家和云南省加大了投资,新建了一批文化站,硬件基础设施不断得到改善。有的文化站基础设施建设甚至超过云南省文化站评估标准。据统计,2010年云南省乡镇文化站1359个,评估达标的1051个,文化设施有77.3%的硬件设施得到改善,特别是云南省近年对边境一线少数民族地区比较重视,文化馆、站的设施大部分都新建或扩建。人口较少民族优秀传统文化得到大力挖掘、整理和保护,并启动了一批人口较少民族特色博物馆建设项目,博物馆现已成为族群文化认同的载体,物质文化保护的仓库,发展民族文化旅游的基础。云南投入资金1900万元,为七个人口较少民族每个民族各建设1个特色村寨,对人口较少民族文化特色和发展建设进行了积极的探索。2006年,云南人口较少民族175个村委会中一共有74个村委会有文化活动室(或科技文化室),占总数的42.28%,到2010年175个村委会全部都有文化活动室,年均增长11.54%。历年云南人口较少民族村落文化基础设施具体变化情况详见表5-9。

表5-9 2006—2010年云南人口较少民族村落文化基础设施变化情况 (单位:个)

指标名称	2006年	2007年	2008年	2009年	2010年
有文化活动室(或科技文化室)的村	74	82	157	171	175

数据来源:2006—2010年云南省扶持人口较少民族发展动态监测系统资料。

2006—2010年,云南人口较少民族累计新增或改扩建文化用房面积达到65252.3平方米,年均新增或改扩建文化用房面积13050.46平方米。历年云南人口较少民族新增或改扩建文化用房具体变化情况详见表5-10。

表 5-10　2006—2010 年云南人口较少民族新增或改扩建文化用房情况

(单位：平方米)

指标名称	2006 年	2007 年	2008 年	2009 年	2010 年
新增或改扩建文化用房面积	2616.00	13909.00	10934.50	23508.80	14284.00

数据来源：2006—2010 年云南省扶持人口较少民族发展动态监测系统资料。

永和村的文化活动室由原来的大队保管室改造而来，面积虽不大，但设施俱全。作为梁河阿昌族村寨的一面旗帜，永和的发展很强调对阿昌族文化的宣传，为此，村子外围建盖了一个阿昌风情园，属集体经济组织，是全体村民的经营性开发项目。文化活动室和阿昌风情园窝罗广场的建设，为群众提供了文化娱乐场所，在农闲时节群众自发组织起来开展形式多样的文艺活动，使业余文化生活得到不断丰富，同时成为宣传党和国家政策、禁毒防艾知识、科学技术培训的前沿阵地。村民们对活动中心给予了高度评价："文化活动中心是最好的，因为有了学习和活动的场所，党员可以带动大家学习，宣传党和国家的政策；进行民族节日的活动，外地人来参加窝罗节，增进了各民族之间的交流，促进了民族团结；老人们平时在广场上一起跳舞，有个去处。"

——云南省德宏州梁河县九保乡丙盖村调研资料

兰坪县注重社会事业加快发展，完成校舍建设项目 10600 平方米，人口较少民族聚居村全部实现"普九"；完成民族文化活动室 4580 平方米和文化活动场所、公共设施及 1 个普米文化园的建设；20 个行政村村村都有文化活动室和篮球场，每逢节日和农闲时节，村民都相聚在活动室娱乐或举办篮球友谊赛等活动。农村总体上还是比较支持公共设施建设的。

——云南省怒江州兰坪县金鼎镇高坪村委会调研资料

(二) 民族文化活动的载体得到一定程度的丰富

文化活动室成为资源动员的载体，在节庆、民族传统节日等各种活动中，有意识地开展扶持人口较少民族发展的资源动员。"早年，有些少数民族担心经济发展会破坏其千百年来生活的节奏和环境。针对这一担忧，我们在深入调研、召开村民大会的基础上来安排建设项目，并采取事前公示、事后公告的方式接受监督。"云南省扶贫开发领导小组办公室副主任吴遂表示，合理的经济发展为民族文化的发展奠定了物质基础，也有利于民族文化的传承和发扬。

2008年，云南省民委启动了德昂族博物馆，德昂族博物馆的建设在一手抓经济建设着力提高少数民族物质文明的同时，大力加强精神文明建设，对文化遗产进行抢救、收藏、展示、研究、传承，树立民族自信心和自豪感，增进民族团结和建设和谐民族关系，促进民族文化多样性共存，实现文化共享，为人类进步事业、为构建和谐社会起到添砖加瓦之功效，为其他民族建设博物馆起好示范和指导作用，同时也为云南省民族工作、民族文化遗产保护探索出一条崭新的路子。在第三个中国文化遗产日到来之际，德昂族的民间史诗《达古达楞格莱标》和民族节日"浇花节"列入了国家级非物质文化遗产名录，说明了党和政府对广大德昂族民族文化的重视。

（三）民族节庆文化活动蓬勃开展

云南的传统节日是一宗重大的民族文化遗产，它承载着丰厚的历史文化内涵，是少数民族精神信仰、审美情趣、伦理关系与消费习惯的集中展示日。据统计，云南省的25个少数民族有89个民族节日，少数民族在节庆日期间和民族传统节日期间，都要组织开展民族文化活动。为此，当地政府每年投入大量的财力、人力、物力，将民族文化活动作为一项重要的公共文化活动来抓。当地群众文化活动的开展，就是依托节庆文化活动，最大限度地满足广大人民群众的精神需求，通过节日更集中、更充分地展示着云南省多姿多彩的民族习俗风尚，传承云南少数民族的精神和文化。

> 在节庆日和民族传统节日期间，村里会组织开展文化活动。每年2月6日的特懋克节，大家敲起大鼓，跳着木鼓舞去拜年；春节时组织文艺汇演；三八妇女节前夕组织妇女外出旅游，过节这天白天游园，晚上搞文艺晚会；五四青年节时组织团员做义务劳动（扫公厕、扫巷道），年轻团员用自己赚的钱组织篮球赛和文艺活动；7月1日建党节，党员和积极分子开会学习，新入党党员宣誓，晚上全村委会的所有党员一起举办文艺晚会，每个支部出2—3个节目；农历8月15日中秋节吃团圆饭，放花炮，走亲戚。节日或农闲的时候，妇女们会组织起来在篮球场跳舞。公共文化设施的建设和蓬勃开展的民族节庆文化活动较好地满足了村民的精神文化需求。在集体活动中，培养了村落的团队精神，这种团队精神既是社区和谐的基础，也是社区发展的动力。
>
> ——西双版纳州景洪市基诺山乡巴朵村调查资料

（四）少数民族文化人才培养步伐加快

少数民族文化人才既是建设民族文化强省的迫切需要，也是保护非物质文化遗产的当务之急，"十一五"期间，云南省文化厅培养了一批代表云南25个民族，特别是15个特有民族和七个人口较少特有民族的文化艺术人才。提出了"培养文化艺术人才，建设民族文化强省"的要求，把实施少数民族文化人才培养工程作为工作重点来抓，加强少数民族文化人才队伍建设，培养一批和谐文化理论的研究者、阐释者，一批推进和谐文化建设的组织者、带头人，一批积极投身和谐文化建设的践行者，是全面建设云南民族文化的重要支撑，是云南文化大发展大繁荣的基本要求，也是建设民族文化强省的紧迫要求。

文化基础设施是文化事业发展的基础，也是抵御外来腐朽文化的基本阵地。通过加强对人口较少民族文化馆、站的扶持力度，巩固了社会主义文化阵地。云南省对人口较少民族地区的文化建设有所倾斜，保障了文化安全，防止境外文化、邪教的渗透。同时，充分利用和发挥所建成的文化基础设施这一平台，开展各种民族文化活动，宣传党的方针政策，用寓教于乐的文化形式，组织开展形式多样健康的文艺活动，丰富各族群众的文化生活，提高人的素质，形成民族团结、和谐、融合的局面，拉近各民族之间的距离。

（五）少数民族传统文化的抢救保护力度加大

保障公益性民族文化单位的正常运转和业务工作经费，设立民族文化抢救保护专项资金，每年收集、抢救、整理一批少数民族文化艺术精品。加强少数民族优秀传统文化传承人的命名、保护工作和传承基地的建设，对非物质文化遗产传承人每人每年补助5000元。加强少数民族文化遗产的有效抢救保护，重视少数民族传统手工艺的保护和传承，培养少数民族传统手工艺人才。推进民族文化事业和产业发展，实施精品战略，打造一批少数民族文化艺术精品，推出一批少数民族文化艺术品牌，培养一批少数民族文化艺术人才。定期举办全省少数民族文艺会演和民族民间歌舞乐展演。

（六）文化惠民工程向少数民族地区倾斜

在扶持人口较少民族发展第一轮规划实施期间，云南省少数民族和民族地区文化基础设施更加完备，公共文化服务体系和运行保障机制更加完善，主要指标达到全省平均水平。少数民族文化人才队伍不断发展壮大，少数民族优秀传统文化得到有效保护和传承。例如，在全省实施广播电视村村通、"两馆一站一室"、特色村寨保护与发展、农家书屋、农村电影放映、文化科技卫生"三下乡"等工程时向少数民族和民族地区倾斜；建成一批标志性民族文化设施并逐步建立少数民族公共文化服务体系。初步形成了以公共财政为支撑，以基层为重点，加强人口较少民族公共文化基础设施建设，比较完备的覆盖城乡的公共文化设施网络。

五 社会资本存量提高

社会资本可以看成一种摄取资源的能力,如波茨等所说:社会资本是"个人通过他们的成员身份在网络中或者在更宽泛的社会结构中获取稀缺资源的能力。这种能力不是个人固有的,而是个人与他人关系中包含着的一种资产,社会资本是嵌入的结果"[1]。显然,在扶持人口较少民族发展过程中,通过外部资源的输入,积极调动内部资源与外部资源的有机结合,在这个过程中,有效地培育了社会资本,为社区的可持续发展奠定了坚实的基础。正如亚当·斯密所言:"一个国家的发展主要取决于其劳动者所掌握的技能、熟练程度和判断力的高低。"这句话在今天仍然是至理名言。一个国家最宝贵的财富就是它的人民。人力资源的全面开发既是经济发展的源泉又是它的最终目标。然而贫困不会在一夜之间消失,人力资源的充分开发也不可能在一夕之间实现,一个国家现今的健康和教育水平反映的很可能是其10年甚至20年前为人力开发所做的努力。[2]

(一)人才培养是人力资本的基础

根据云南省大部分人口较少民族社会发展起点低,群众平均受教育年限短,自我发展能力弱等状况,提出"立足当前改变一代人,着眼长远培养一代人"的扶持思路,加强对人口较少民族干部群众进行实用技术培训、农村妇女当家理财培训等,取得了良好成效。在扶持过程中,积极倡导群众主导式发展,做到项目选择尊重群众意愿,项目实施有群众参与,既降低了建设成本,又提高了群众自我组织和自我发展的能力。2009年省民委联合省人力资源和社会保障厅启动了针对人口较少民族聚居地区干部群众培训计划。2010年省民委和省扶贫办在上海举办沪滇对口帮扶地区少数民族干部培训班。在人口较少民族地区开展国家民委、联合国开发计划署、联合国教科文组织的合作项目,组织社区主导模式能力建设培训和社区组织建设培训105期,培训村民7500余人次。通过不同形式、不同层次的培训,人口较少民族地区干部观念进一步转变,群众自我发展能力进一步增强。实施少数民族科技骨干特殊培养工作,从2006年开始,云南省采用"导师制"培养方式,选派少数民族科技骨干到省外高校和科研院所进行为期一年的特殊培

---

[1] A. Portes. Sensenbrenner Julia. *Embeddedness and immigration: notes on the social determinants of economic action* [J]. American Journal of Sociology, 1993, 98, 1320 – 1350.

[2] 程漱兰:《世界银行发展报告20年回顾》,中国经济出版社1999年版。

养。五年来，共从省级机关选派了76名到北京、上海，从地县两级选派150名少数民族科技骨干到昆明的省级高等院校、科研院所和医疗卫生机构进行为期一年的培训。通过特培工作，为云南省引进了"苦荞高芦丁提炼"、"重力滴灌"等一批重要技术和项目，培养了一批技术骨干，为民族地区的发展提供了重要的人才和技术支持。[①]

（二）自我发展能力明显增强

云南特有七个人口较少民族自我发展能力差，适龄儿童入学率低，平均受教育年限只有5.2年，文盲率最高的达33.07%，劳动力素质普遍偏低，农村实用技术人才缺乏。人口较少民族又大多居住在偏远山区或边境一线，生产生活方式落后，产业结构单一、基础脆弱，社会发育程度和生产力水平低，群众增收困难。

通过实施帮扶项目，云南人口较少民族地区广大人民群众在参与项目建设活动中获取了知识，获得了收益，提升了自我管理、自我组织、自我服务、自我发展的能力，思发展、谋发展、抢抓机遇促发展的意识明显增强。通过第一轮扶持发展，累计组织培训56.4万人次，培养了一批脱贫致富带头人和实用技术明白人。通过对农村文化、养猪、橡胶种植、沼气使用与管理等科技培训，学会从"救济"式扶贫转化为"造血"式扶持，人口较少民族群众也从"要我发展"转变为"我要发展"，以主人翁的姿态参与到家乡建设中，为可持续发展打下坚实基础。以教育为根本，提高素质，不断增强群众自我发展能力。在扶持人口较少民族发展的过程中，发展项目不仅将资金、技术和信息等带进人口较少民族村寨，而且把社会可持续发展理念和方法带进了村寨。积极倡导群众主导式发展，村民踊跃参加村民大会，并通过各种渠道发表自己的意见和建议，村民的民主参与意识增强，做到项目选择尊重群众意愿、项目实施有群众参与，既降低了建设成本，又提高了群众自我组织和自我发展的能力。在实施帮扶项目中，群众通过各种方式增加了村寨与外界的交流，改变了以往的"等、靠、要"的保守思想，成为积极主动的脱贫主体，实现了从"要我干"到"我要干"、"抢着干"的转变，从而激发了内在的脱贫主动性。发展项目以村民的共同利益为纽带，唤醒了村民的整体意识、公共事务意识和合作精神，使村民之间成为了利益攸关的共同体，增强了凝聚力。通过扶持人口较少民族发展，在实施发展项目的过程中，强化了发展主题自我发展的意识，在进行社会活动的过程中，有意识地培育了集体荣誉感，增强了社会资本。

---

① 《云南省人力资源和社会保障厅扶持人口较少民族发展工作情况总结材料》。

> 以前我们村没有"妇女之家",也从来不过三八妇女节。2004年的时候,我去乡里面参加民歌大赛,认识很多别村来的人,她们都说自己是当地的"妇女之家"的家长。后来在三八妇女节的时候,她们还邀请我们去参加她们的活动。我就去和村委会的干部说:我们也想成立妇女之家。当时我们村委会只有一个妇女主任,就是负责村里面妇女的体检和计划生育工作,也不组织妇女表演节目。村里面也同意,只是说我们也没有地方和经费给你们,你们就和老年协会在一起活动吧,经费你们自己去找。当时我们就去妇联办了一个牌子,也没地方挂,就摆在村委会老年协会的那间办公室里面,村里面的妇女不是所有人都是"妇女之家"的成员,我们采取自愿报名的方式加入,我们成为会员,主要是一人要交10元的会费,我们的会费主要是用于自己搞活动,当年我们就有40多个会员。由会员选举出了1个家长、2个副家长和3个委员,并且指定各自的职责。我们的主要活动就是组织节目,排练的时候就用村里面的广播,在村委会那块空地里面排练,经常是他们在里面办公,我们在外面"咣咣"的排练节目。那时候我们排练节目主要是为了在三八妇女节的时候去参加别的村子文艺演出。别人邀请我们去也只是请我们吃一顿午饭,去的车费、节目的服装,还有去了以后的礼金都要我们自己出钱,因为是我们自己的活动,我们也愿意出。
>
> ——云南省德宏州梁河县囊宋乡弄别村委会"妇女之家"家长赵彩鸾访谈资料

(三) 妇女参政议政意识增强

常言道:"妇女半边天",妇女是经济发展和社会进步的重要推动力量。农村妇女参政议政既是社会主义基层民主政治建设的重要内容和有效途径,也是妇女政治地位提升的重要标志。随着人口较少民族产业结构调整和富余劳动力转移步伐的加快,广大妇女已经成为人口较少民族扶贫的重要依靠力量,人口较少民族妇女参政议政、谋求政治发展现象凸显。

> 赵兴宽,男,42岁,初中毕业,阿昌族,现为丙盖村民小组组长,原来是计划生育宣传员。2001年当的小组长,本来不想当了,但是大家选着了,也没有办法。(当地有个习俗,如果谁被选为村干部不愿意当,就得杀牛、杀猪宴请全村人,表示不愿意当村干部,辜负大家的信任了。所以至少得花费1000—2000元,而且自己在村里的脸面和威信也会下降。以往村社没有上级下来的项目,小组长的报酬又低,很多人

都不愿意干，在丙盖村有这个习俗以后，一般没有选上后不干的。）据赵说：近些年来，参加选举的基本上都是村里的妇女，"我是那帮女人家选出来的，也没办法"，由于村里面很多男性村民外出打工，在传统上，阿昌族大多数家庭都由妇女当家，所以妇女参加村社活动、参与村庄事务的管理和讨论比例更为大一些。

——云南省德宏州梁河县九保乡丙盖村委会调查资料，课题组在村里列席的一次村民大会中获得的资料

（四）农村基层组织的凝聚力得以强化

农村基层组织是新农村建设的组织者、推动者和实践者，是发展农村经济、让农民增收致富的领头雁。广大群众则是项目实施的主体。通过这几年的帮扶项目实施，农村基层组织的组织能力得到极大锻炼，凝聚力得到明显加强。同时，广大人口较少民族群众依靠政策扶持和科技创新，大力发展生产，努力改善村容村貌和基础设施条件，加快推进新农村建设步伐，积极输送富余劳动力外出务工，学习技艺，增加收入；千方百计输送子女到学校接受教育，提升本民族素质，增强发展后劲。目前，云南人口较少民族聚居地区的生产生活面貌日益改善，人口素质不断提高。

（五）扶持发展促进了信息的交流

由于居住的自然条件恶劣、交通不便、生产生活条件艰苦，市场信息、科学技术的传入、生产技术的学习与传播对于人口较少民族地区的发展尤为重要。人口较少民族地区传统的生产方式、经济活动受市场的影响特别大，通过加强农村实用技术的推广和应用，转变生产方式，从粗放经营逐步转变为集约经营，积极调动科技力量，为当地群众解决技术困难。有效地实施农业科技培训，使更多农户能以各种更积极更有效的方式参与发展工作，为青年人提供形式多样的交往、学习机会。通过加强信息传播，扩大信息输入，提高了村民的信息意识，加强技术培训，增强科技意识。一方面，利用现代通信手段，发挥广播、电视、报刊等媒体的宣传功能，建立规范通畅的信息渠道；另一方面，初步建立健全了以县乡科技推广站为主的农村科技服务体系，培养了一批本地科技带头人，发展好人口较少民族各村寨典型科技示范户，通过他们来带动和帮助其他贫困户转变观念，走上致富之路。人口较少民族地区得到了电信部门的支持，以建设卫星地面接收站为主，各自然村都通广播电视；普及农村电话，手机信号接收村委会一级覆盖率达100%。积极配合州和县市（区）各有关部门认真做好培养人口较少民族领导干部、专业技术、职业技能、科技示范户和致富带头人等各类人才。

市场化和社会化程度反映了人口较少民族地区农户在多大程度上摆脱了以前自给自足的传统生产生活方式，参与到社会化大生产和市场经济之中，其参与程度直接决定了产品附加值的大小和收入的多元化。对生产生活条件艰苦、自然环境恶劣的村寨实施了异地搬迁扶贫工程，帮助他们搬迁到交通便利、生态环境较好的地方，改善他们的居住环境和生活生产条件，使他们能够融入现代社会，跟上现代社会发展的步伐，得到更多信息。增加农户获取信息的来源、构建农村信息平台对于减缓贫困也有较为重要的作用。一方面可以使农户更快地获取新知识，提高自身技能和素质；另一方面还可以及时了解本地和外地的就业信息、形势，以便于劳动力充分流动，而这些对于低收入人口增收都是极为重要的。

附录　云南人口较少民族地区"公房"的社会功能

对"公房"的基本解释是这样的：一是指属国家或集体所有的房屋。二是指我国景颇、傈僳、彝（撒尼、阿西）、黎等民族的村寨内，过去专供未婚青年男女社交的场所。[1] 在现代社会中人们对公房的普遍认识，更多的是指国家或集体所有的房屋。但是，在少数民族地区"公房"则是侧重于男女青年交往、聚会的场所。公房最早相传是古代人们终生的婚居场所；随着个体婚代替了群婚，公房才由终生的婚居场所成为青年男女交游的地点，最后又发展为仅供青年男女婚前社交的地方，直到完全为其他形式所代替。[2] 在本书中"公房"特指民族地区村寨公共活动场所，有的地方叫"文化活动室"，有的地方叫"活动中心"或"活动室"，大部分民族地区仍然延续传统称为"公房"。本书在民族学参与观察和访谈的基础上，先后在云南特有七个人口较少民族聚居和散居三个自治州，进行了为期八个多月的田野调查，从社会事业发展的视角，深入的调查人口较少民族地区的"公房"中的各种活动，"公房"已经发生了巨大的转型，发挥着更多的社会功能。

（一）民族地区的"公房"及其类型

"公房"最初是男女各种活动的场所，便于男女青年的交往。青年男女可以在公房中对唱情歌、互赠信物，表达感情。[3] 公房制曾在世界许多地方

---

[1] 转引自百度百科 http://baike.baidu.com/view/186044.htm.

[2] 高锦蓉：《试述公房制——普那路亚婚制的遗迹》，载《中南民族学院学报》1995年第2期。

[3] 王晓莉：《中国少数民族建筑》，五洲传播出版社2007年版，第118页。

广为存在，公房的名称却又各不相同。我国西南地区，彝族阿细人称为"闲房"，傈僳族、景颇族、基诺族和布朗族则直称为"公房"，海南岛地区的黎族叫"寮房"。[①] 民族地区传统上的"公房"主要有三种类型：一是指在父系大家庭同姓共居的"大公房"；二是村寨中集体活动的公共场所；三是青年男女社交场所。专门为未婚男女青年提供社交场所的"公房"尤为普遍。

第一种类型以西双版纳基诺山基诺族的"大公房"为典型。基诺族传统上有着同姓合居的习俗，父系大家族共同居住的房子称为"大公房"，又俗称"长房"，同一父系氏族的人住在一起。"大公房"呈长方形，进门处有一象征性的大火塘，房中央还排列着很多个代表小家庭的小火塘。小火塘两边是各小家庭的居室，供给同氏族的数代人居住，所以一栋长房子里住上百人也不奇怪，在同姓同住的传统下，各个家庭自然形成共耕制度。长房子的大小事均由一位男性"著勒"（年长或能力最强的人）主持。[②] 后来，在中国南方有的少数民族地区的公房也指村寨中人商议寨中大事的所在。

少数民族地区在青年男女社交层面上的"公房"，罗永翔先生曾有过详细的梳理：（1）一种是村寨集体建造的、男女分住的"公房"（70平方米）。屋中有一个火塘，周围以木板为床。这就是彝族阿细青年人晚上社交娱乐活动的场所。（2）一种是集体建造的男女公共的"公房"，如独龙族就属于这样的一支，独龙族男女青年的婚前社交活动是很自由的，在公房里交往，其父母也不加以干涉。（3）庄户人家为自己家的姑娘搭建的"姑娘房"，傣族叫"喊哄"，通常搭建在房屋的附近，供自己家的姑娘和女伙伴在这里纺线，同时带上果品接待来访的男青年。[③] 西双版纳基诺山基诺族村寨也有一座专门的大房子作为公房，基诺语称为"尼高卓"（即"玩之家"），专供娱乐，未婚青年男女常在公房内谈情说爱。[④] 傈僳族的村寨中的公房，青年男女未婚前可以在公房内谈情唱歌，成为寻找伴侣的重要场所。[⑤]

[①] 高锦蓉：《试述公房制——普那路亚婚制的遗迹》，载《中南民族学院学报》1995年第2期。

[②] 胡小平：《基诺人家》，载《中国西部》2005年第5期。

[③] 罗永翔：《"公房"、"串姑娘"道德观念刍议》，见张哲敏主编《民族伦理研究》，云南民族出版社1990年版，第51—52页。

[④] 云南省编辑组：《云南少数民族社会历史调查资料汇编》（五），云南人民出版社1989年版，第218页。

[⑤] 王晓莉：《中国少数民族建筑》，五洲传播出版社2007年版，第113页。

公房一般又有"小公房"和"大公房"之分。大公房是指民族地区青年男女集体活动的场所或公共建筑。例如，泸西县的彝族支系撒尼人，凡住有三家人以上的村寨，都有一所公房供男女青年进行娱乐活动，也有个别民族歌手或者老艺人，也把自己多余的耳房用来做公房，让男女青年在此开展各种活动。①小公房就是每户在自家房屋附近建筑的房屋，例如哈尼族在建房时，会在大房门旁建小的土房，叫作"公房"。家中的儿女十五六岁后即单独在这里居住，晚间可以谈情说爱、寻求伴侣。现在怒江流域的古登、洛本卓一带的高黎贡山居住的白族支系勒墨人也有"公房"，也叫"花房"，勒墨语叫"观那好"。勒墨女孩成人后，家人为了方便女孩与小伙交流，寻找心爱的伴侣，便在正房50米旁建造一个"千脚落地"的茅草房，作为女孩的社交活动场所，这便是"公房"。②

有些少数民族的"公房"是男女分开的。例如，西藏珞巴族的长屋也有供未婚青少年集体夜宿的公房，不同的部落有不同的称谓。莫休普是巴达姆男性青少年集体夜宿的公房，它建在村寨的中心。未婚女子居住的公房，邦波部落称"姆妹朗金"，巴达姆人称之为"雅胜"。③再如，彝族阿细人的"公房"，又分为"阿木里若衣德"（女青年的睡处）和"楚里若衣德"（男青年的睡处）。④

民族地区传统的"公房"传统上的社会功能主要是供男女青年婚前的社会交往。各个地区的"公房"尽管称谓不同，其作用大同小异。随着经济社会的发展，青年男女的社会交往日益个人化，并呈现出多样化的特点。加之，民族地区国家政策权力嵌入，传统上民族地区村寨中心或者村寨活动场所的作用逐步弱化或者消亡。因此，在社会发展优先的背景下，呼吁新的村落活动中心的出现。

(二)"公房"的转型

从过去单一的青年男女社交场所，或者节假日集体活动场所，"公房"已经成为村落集体公共活动的重要场所。当下的"公房"已有了很大不同，其社会功能有了更多的延伸。"公房"已经成为集多元一体的一个公共活动

---

① 阿庐：《彝族公房》，载《风景名胜》1999年第6期。
② 李福军：《从怒江勒墨人"公房"看其婚恋习俗》，载《楚雄师范学院学报》2009年第10期。
③ 陈立明：《珞巴族传统居住习俗及其变化》，载《西藏民族学院学报》（哲学社会科学版）2003年第3期。
④ 高锦蓉：《试述公房制——普那路亚婚制的遗迹》，载《中南民族学院学报》1995年第2期。

场所，为公共产品服务供给提供了平台，将村民与日常息息相关的生产生活紧密联系在一起。

1. 公房成为举行婚丧嫁娶的场所。传统上，人口较少民族举行婚丧嫁娶都是在各自的家里举行。由于家里条件限制，举行婚丧嫁娶，办事待客，都需要借桌椅板凳。尤其是在人口较少民族的贫困地区，由于家里场地狭小，炊具等各种工具短缺，每次待客一顿饭都要做五六次。现在有了"公房"，婚丧嫁娶，办事待客就方便多了。笔者在梁河县九保阿昌族乡丙盖村委会丙盖村民小组调查期间，正好遇到了村民赵兴恒为已逝父亲立碑。在梁河县阿昌族地区，一般情况下老人去世以后，子女的经济条件好转，才开始为已逝老人立碑，并宴请所有宾客举行隆重的仪式。宴请宾客就是在"公房"中进行，桌椅整齐，厨房里各种设施齐全，在流水席的过程中，每一桌都是井井有条，群众反映特别好，对"公房"赞赏有加，并将"公房"排在扶持人口较少民族项目中最好的项目。正如梁河县囊宋乡弄别村委会的杨发权老书记所言："过去办事请客很不简单，私人家里地盘太小，厨房里浓烟滚滚，大家吃饭是要抢位置，如果下雨天就更难了，雨水都滴入菜里，地上到处都是泥巴。现在好了，宽宽敞敞的水泥地，下雨了可以进入到凉棚下面，厨房里还有灶具、碗筷等各种设施，在'公房'里还有电视机、VCD、音箱等，特别方便。"

在瑞丽市户育乡户育村委会进行调查的时候，村民杨腊仙为儿子办满月客，盛情邀请我们参加。进入村寨的"公房"，看到在"公房"里的保管室外摆着一张桌子，旁边坐着一位先生在收礼金。"公房"里放着德昂族的音乐，在宽敞、优雅、整齐的"公房"里接待客人，这和过去在各家各户家中待客是难以比较的。"公房"成为每个家庭进行婚丧嫁娶活动重要的场所，对于人口较少民族社会来说具有重要的实际意义。

2. 公房继承了传统节日的活动中心。传统节日在人口较少民族的生产生活中占有重要的意义。但是，随着年轻人外出打工的增加，传统节日活动经费的匮乏，以及节日活动场所限制等原因，传统节日日益弱化，当问及传统节日有什么活动的时候，经常听到的是："也没有什么活动了，就是吃一顿饭而已。"过去民族地区的村寨中心已经消失，传统的村寨中心已经难以满足民族传统节日的活动。在勐海县打洛镇曼山村委会曼芽村民小组，其寨心的面积变成了不到20平方米，四周被村民房屋包围着，如果不是村民说这就是寨心，那么是根本不可能知道的。在勐海县布朗山乡吉良村委会吉良村民小组，其寨心就是村中十字路中央的一个1米多高小塔，寨心仅仅只是一个标志而已了。这样传统节日的活动已经难以在寨心中举行，只好转移到

"公房"中举行。吉良村委会吉良村民小组的公房占地面积很大，不仅有展览室、保管室和图书室，有篮球场、乒乓球桌，而且还有一块戏台。公房已经成为村落新的中心，现在传统节日的活动都在这里举行。

在梁河县囊宋乡弄别村委会调查期间，众多村民纷纷表示我们如果再早两天去的话，就可以参加他们阿昌族的传统节日"啊露窝罗"节了，"公房"里还有节日留下的痕迹——祭台、神树，还有上绘图案的祭牌。"妇女之家"家长赵彩鸾还给我们看"啊露窝罗"节的录像。囊宋乡的"啊露窝罗"节第一次在村委会中举行，所以村民非常自豪，他们说"这当然也是得力于有很好的公房这样的条件。"

在刚刚进入陇川县户撒阿昌族民族乡境内，就看见一群穿着鲜艳的民族服饰，载歌载舞的人群，后来被告知是明社村委会芒面村民小组建盖好"公房"举行庆典。按照传统节日的形式来举行庆典，其他自然村的群众也积极地参与和支持，其举行的活动如同其建盖好了阿昌族的"老人房"一样，举办盛大的集会，非常热闹。这一天，在芒面村民小组不仅有歌舞等娱乐活动，还有一些小商小贩也来凑热闹，整条道路都被堵塞了半天。在这样的活动中"公房"其作用已经不仅局限于本村社内部，其已经影响到其他村落。村民之间也会讨论，哪一个村落在庆典"公房"的时候如何热闹，请到一些什么样的人物等，而且在传统节日期间，各个村落都基本上都在自己的"公房"中举行各种活动。

3. 公房成为社会团体活动的场所。在人口较少民族的贫困地区，因为没有专门的老人活动中心，也没有专门的"妇女之家"，因此，"公房"承担着更多的功能，很多地区"公房""两位一体"、"三位一体"，甚至更多。在梁河县九保乡丙盖村委会永和村民小组，其"公房"是在原来的队有房基础上翻修的，条件比较好，由老年协会管理，如果使用"公房"每一桌3.5元，包含水费、电费，损坏东西照价赔偿。村中老人的宗教活动也在"公房"中进行，所以整个"公房"经常有人，人气比较旺。

有的地方，妇女也是在"公房"组织各种活动，"公房"也是"妇女之家"。在梁河县囊宋乡弄别村委会调查期间，妇女们经常在"公房"排练民族舞蹈，"公房"成为其活动的重要场所。弄别村委会的'妇女之家'的家长赵彩鸾说："今年的三八妇女节是我们最高兴的一天了，我们的公房正式投入使用，全乡的'妇女之家'都来我们这里过三八妇女节，一个村出一个节目。乡里的妇联主席、县里的妇联主席还有州妇联都来人了，乡政府机关的妇女还出了节目。我们出钱杀猪、杀羊，请大家过了一个丰富多彩的三八节。"

在陇川县户撒阿昌族乡明社村委会芒岗村民小组，在参观其"公房"的时候，正好有四五个老年妇女在里面进行纺线，在与其访谈过程中，她们对"公房"评价很高，过去在院子里纺线，太阳晒，遇到刮风下雨就十分麻烦，现在在"公房"中什么都可以解决了，光线也很好。

在景洪市基诺山基诺族乡新司土村委会巴朵村民小组调查期间，每个星期都有三个晚上在"公房"的广场上跳舞，由西双版纳州非物质文化传承人切腊带领着大家跳舞，我们居住的村民小组组长的母亲已经50多岁了，身体点肥胖，但是每次跳舞都积极参加，而且无论是民族舞还是现代舞都基本能跟上节奏，很明显，她跳舞并非一朝一夕了。正是"公房"这样的活动场所，在社会发展中发挥着很大的作用。

4. 公房成为民族文化展示的中心。民族文化的保护与传承已经成为各民族发展与繁荣的重要标志之一，民族文化保护与传承面临很大的挑战，语言讲得越来越少。在民族文化的保护与传承中，最为重要的具有文化自觉的"主位"保护，也就是从文化拥有者在生产生活中的自我保护与传承最具有生命力。提及民族文化的保护，就需要保证在固定场所举办具有规模的民间传统文化活动周期性进行，这样，"公房"为此提供了便利，"公房"也成了民族文化保护与传承的重要基地。

在梁河县九保阿昌族乡丙盖村委会联合村民小组调查期间，在"公房"的正房中央挂着两张阿昌族男女始祖"遮帕麻"和"遮咪麻"的画像，这是由村中一位云南艺术学院的学生画的，展示了阿昌族始祖的事迹，对阿昌族的孩子具有重要的教育意义，对外也是一种文化的展示，"公房"成为民族文化展示的重要场所。在怒江州福贡县匹河怒族乡老姆登村委会的"公房"中，不仅陈列着怒族服饰，还陈列着怒族传统的生产工具，这里不仅是怒族民族文化的展示中心，还是怒族开展乡村旅游的重要举措。在西双版纳州勐海县打洛镇曼山村委会的"公房"中，四周的墙上挂着各种照片，上有文字说明，不仅有布朗族的始祖图片，有曼山村委会的迁徙路线图，还有布朗族传统节日的介绍，整个"公房"就是一个布朗族文化展示中心。在景洪市基诺山基诺族乡新司土村委会巴飘村民小组的调查期间，"村里修了公房，修了篮球场，我们去那里开开会，虽然这些东西花了不少钱，用处还算是比较大。"一个农民坐在小木凳上，抽着烟，这样表达着他对"公房"的看法："以后发展民族文化旅游的时候，这个'公房'会更有用，可以充分展示我们的民族文化。"

在人口较少民族地区，"公房"还是社区图书馆。在梁河县囊宋乡弄别村委会，其"公房"中藏有大量的图书，图书总量达到3000余册，其中包括各种农村实用技术的书籍。在勐海县打洛镇曼山村委会的"公房"耳房中，也有大量的书籍，还有一些杂志，"公房"成为社区的一个小型图书馆。

5. 公房成为宗教活动的辅助场所。人口较少民族地区，大部分村民都信仰宗教。在国家政策扶持体系中没有宗教场所建设相应的扶持资金，宗教信仰场所一般都是由民间组织建设的。但是，在贫困地区没有专门的宗教活动场所，也就在"公房"中进行宗教活动。

在陇川县户撒阿昌族乡，阿昌族信仰佛教，户腊撒地区的阿昌族普遍信仰小乘佛教，其每个村落基本上都有"老人房"。在没有老人房，或者老人房已经破旧的地区，"公房"逐步成为老人们活动的重要场所，甚至有一些宗教活动在"公房"中举行。

在潞西市三台山乡出冬瓜村委会姐萨村民小组是一个搬迁村落，在开始搬迁之初就已经规划好德昂族老人房的建设用地，但是由于农户都是搬迁户，经济基础普遍比较薄弱，"老人房"的建设一直是没有开工。在搬迁的政府扶持体系中，则修建了一所漂亮的"公房"，打好了水泥地板，因此老人的一些活动也就只好在"公房"中进行。老人的日常活动从过去的"老人房"转向"公房"中，虽然老人们有一些怨言，说他们的各种活动受到了影响，尤其是"老人房"中举行的宗教活动，而且还是希望能够修建真正属于自己专有的活动场所"老人房"。但是，在没有修建好"老人房"之前，"公房"仍然是其重要的活动场所，同时也表示他们相对于其他"公房"都没有的村民小组已经是不错的了。

在福贡县匹河怒族乡架究村委会明果村民小组调查中，这里的怒族大部分都信仰基督教，因此每星期天都进行礼拜，但是由于没有教堂，村落的"公房"也就成为礼拜的场所，这里的"公房"不仅是承担着明果怒族人民生产生活的重要场所，而且还承担着宗教活动的重要场所。

（三）"公房"的社会功能

"公房"作为村落公共空间，既发挥着物质公共空间的功能，又发挥着社会、政治和文化的空间功能。"公房"以其多位一体的形式在村庄中发挥着各种社会功能，对少数民族村寨的政治、社会、文化和经济发展产生影响。

1. 提升社区凝聚力的功能。由于家庭承包经营实行多年，农户以家庭自我生产、自我发展经济为主体，民族地区的民族凝聚力已经逐步弱化。通过实施一件对于各家各户都有切身利益的大事，大家都拿出态度，前所未有地加入建设中。这样，在建设中强化了社区凝聚力。在梁河县九保乡的丙盖村委会丙岗村民小组在建设公房的过程中,全村男女老少齐上阵,大家积极投工投劳,热火朝天参与到建设中。如晚上进行得如火如荼的浇灌场景,至今仍然让大家感到振奋。在群众的记忆中,这样集体团结在一起的劳动场景已经停留在过去生产队的时期,就如同村民小组组长说,"那个时候一起劳动大家都在磨洋工,现在是全身心投入,真心在干。"当然在这一建设过程中,由于大家的积极主动,社区凝聚力高涨。"公房"建设占用了三户农户的地皮,一开始也已经说好了补偿的金额,最后三户农户也没有要一分钱。在访问过程中,其一家女主人说:"都是大家的事情,别的村民小组的'公房'都盖得那么好,我们能争取来'公房'建设的经费就不错了,而且资金也有限,自己再要求补偿就对不起下一代了。"由于过去在传统上典型的民族集体活动逐步消亡,村落培育凝聚力的方式也逐步消失。恰恰在建盖"公房"的过程中,起到强化社区群众凝聚力的作用,进而推动了一个地区的发展。

2. 社会优先发展的功能。在人口较少民族的扶持过程中,经济上的扶持已经取得了很大的成就,但是在调查过程中发现,仍然有很多因素影响了人口较少民族的发展。尤其是在发展的过程中由于扶持资源属于外部输入,难以发挥当地民族的主体作用。这是因为在扶持人口较少民族发展的过程中,各级党委和政府都关注少数民族社区的经济发展,一直忽视了作为当地人自身对其发展的思考和认识,尽管进行了大量的扶持,但是仍然有很大一部分地区处于贫困状态。显然在社会发育状况极低的这些少数民族地区,"经济发展优先"的效果是不佳的。"经济效益单边突进"本质上是一种不均衡不对称的发展模式,在经济起步和发展初期解决了社会渴望经济发展的主要矛盾,但却使位于次要地位的隐性矛盾在量上剧增,成为显性的与主要矛盾相对立的矛盾群,这就加剧了社会结构性的失调和社会阶层的分化,影响了我国经济、社会的整体水平的提高。[①] 在云南人口较少民族地区,由于其历史、自然环境和经济条件,处于贫困状态,通过国家多年扶持,其经济水平仍然比较落后,社会发育程度低下有所改变。但是其扶贫的效率低下,而导致其扶贫效率低下的根本原因之一就是其社会发展后进,社会发展程度难以适应经济发展的速度,要想进一步保持经济发展速度,就必须要促进社会的优先发展。"公房"的建设成为推动社会优先发展的重要项目之一。

3. 民族文化保护与传承的功能。在各个民族文化的保护与传承过程中,

---

① 纳麒:《略论中国社会主义建设的三种"社会发展模式"》,载《云南社会科学》(理论专辑),2003年。

受到了前所未有的挑战，其中之一就是这种民族文化失去了其被认同的一种场域，也就是说缺少了一种场所和环境。节日期间的各种歌舞活动、竞技比赛，在表演、宣传等过程中，民族文化得到传承和发展，这种传承场的扩大打破了传统的各自独立的教育和接受模式。在这种节日民族文化展示中，挖掘出民族文化所蕴含的真、善、美，促使个人、群体以及村落之间的睦邻相处、和谐发展。正是"公房"的出现，为民族文化的展示和传承提供了有效的场所。在西双版纳州勐海县打洛镇曼山村委会的"公房"内，展示了布朗族的历史和文化。在景洪市基诺山基诺族乡新司土村委会巴朵村民小组，自从建盖了"公房"，一个星期有三个晚上在"公房"的广场上，由基诺族非物质文化传承人带领大家跳舞，其中大部分是基诺族的传统舞蹈，"公房"成为民族文化展示和民族文化认同的重要场所。

在瑞丽市户育乡户育村委会雷贡村民小组全村一共只有30多户，与他们村落毗邻的是芒弄村民小组，两个村民小组的村民已经交错居住在一起，但是，由于民族不同，雷贡村民小组是德昂族，芒弄村民小组是景颇族，他们还是各自修建了两个"公房"，两个"公房"之间的距离不超过两公里。芒弄村民小组一开始就已经修建好了"公房"，整个装饰也很漂亮，但是雷贡村民是不会去那里进行活动的，因为整个"公房"的装饰都是景颇族的装修，那样他们不喜欢。所以"公房"起到了区别于别的群体的自我认同的重要作用。"公房"作为一种新的村落中心场域，逐渐成为民族文化展示和民族文化认同的重要载体。

4. 村落权威再体现的功能。传统的生计方式和社会力量逐步处于弱势的地位，在这样的背景下，往往导致传统村落权威的弱化，甚至完全消失。而在政府主导的扶持人口较少民族的发展历程中，各种资源掌握在各级政府手里，对于民族村落的权威也没有推动作用。但是恰恰在扶持"公房"的过程中，以及在"公房"的使用上，使得村落的权威再次强化或者体现。一方面，过去没有"公房"的时候，人少还可以在私人家里开开会，但是人多就不行了。或者在放学后或在假期里，也还可以到学校进行活动，上课的时候就影响学生上课了。在村委会的办公场所一般的村民难以进入里面进行活动，或者群体的选择性比较强。现在将"公房"建盖在村落中央，大家活动方便，大小会议有一个"拢处"（聚集场所的意思）。"公房"常常与中心广场相连，成为全村村民的活动中心。同时配置一些书籍报纸，村民在农闲的时候看看书，打打乒乓球，妇女在这里唱歌跳舞，增加文化活动，减少了打麻将等不良活动，有效地减少了村民之间的矛盾纠纷。尤其是民族传统节日的时候，以"公房"为平台，积极恢复开展民族传统节日活动，大家在热热闹闹的过程中，凝聚力得到了提升。在"公房"的建设、使用和管理过程中，村干部积极做了许多事情，群众还积极投工投劳，锻炼了群众的团队建设，在这一过程中，提高村落管理人员在人们心目中的地位，在生产生活中重塑了村落的权威。

（四）结语

在人口较少民族地区的发展过程中，在经济上得到积极扶持的同时，也理应加强社会优先发展，"公房"在人口较少民族地区是社会优先发展的一种途径，能够从根本上、主体上促进人口较少民族的可持续发展。结合云南人口较少民族发展的特点，"公房"作为一种能够进一步驱动社区内源发展的动力，应该加大"公房"的建设和管理，在此也提出进一步发挥"公房"社会功能的建议。

首先，进一步加强"公房"建设。"公房"对于一个社区有着重要的影响，不仅能够提供公共活动的场所，也是民族文化保护与传承的基地，还是群众生产生活的重要活动中心。因此，在人口较少民族地区应当加大"公房"的建设。

其次，完善"公房"配套设施。在调查过程中老百姓评价"公房"是最好的，但是由于"公房"建设不完善，有的没有围墙，有的没有打地板，有的里面还是"空托托的"（空荡荡的），直接影响了"公房"的使用。在人口较少民族地区还应进一步完善"公房"的建设，添加各种设施，使其发挥更大的社会功能。

再次，积极拓展"公房"的功能。在人口较少民族地区，加强平时在"公房"中的活动，"团在一起"（聚居在一起）开展民族传统节日，上夜校，进行培训，召开会议，进行扫盲等。积极拓展"公房"中的各种活动，有效发挥其社会功能。

最后，加强对"公房"的管理。在传统公共设施管理的基础上，认真处理好不同的相关利益群体的利益，更好的发挥"公房"的社会功能，应该避免出现"公地悲剧"，加强"公房"的使用管理。

第六章

综合绩效

人口较少民族的扶贫绩效是一个内涵很广的概念,不仅应该包括经济绩效、社会绩效,还应该包括一系列间接的绩效,也就是这里所指的综合绩效。综合绩效涉及扶贫以后产生的其他各个方面的效益。云南省扶持七个人口较少民族地区发展规划的实施,以政府行为为主导,以扶贫开发为主要途径,以基础设施建设和基础教育为重点,实施了温饱、基础设施建设、科教、民族文化建设和人才培养等扶贫工程,达到"四通五有三达到"的扶贫目标。人口较少民族的扶贫工作应坚持开发式的方针,以市场为导向,调整经济结构,开发当地资源,发展商品生产,改善生产条件,走出一条符合实际的、有自己特色的发展道路。通过发展生产力,提高人口较少民族贫困农户自我积累、自我发展的能力;改善社区环境,提高生活质量,促进贫困地区经济、社会的协调发展和全面进步;实现资源、人口和环境的良性循环,提高贫困地区可持续发展的能力。云南在完成第一轮扶持人口较少民族发展规划以后,产生了一系列综合绩效,主要包括保护生态环境、促进社会稳定、提高主体意识、促进边疆稳定和民族团结、提升了社区的凝聚力等。

一 生态绩效

生态绩效是指扶持人口较少民族发展行动带给扶贫对象所在地的生态系统的改善,以及在推进生态农业、节能低耗等方面作出的成绩,以实现人类与自然生态系统的和谐均衡。但是正如厉以宁指出:"由于资源供给能力不足,资金投入主体不可能以经济发展与环境协调作为自己经济行为的约束,而很可能以加紧开采自然资源来应付短缺资源供给的不足,这就进一步加剧了经济发展与环境协调的困难。"①独特的自然地理环境及其生态环境的脆弱特征,客观上决定了人口较少民族地区支撑资源开发的生态环境非常脆

---

① 厉以宁:《环境经济学》,中国计划出版社1995年版,第208页。

弱，生态保护压力巨大。云南人口较少民族发展过程中，必须协调好生态保护与经济发展之间的关系，为保证民族经济、社会与自然协调发展，人口较少民族发展必须走可持续发展道路，在扶持人口较少民族发展中不仅要重视对生态系统的改善，还要大力推进生态农业、节能低耗等措施，提高人口较少民族的农业生产率和收入水平。

(一) 生态保护意识增强

云南人口较少民族地区的生态环境与经济开发的矛盾比较尖锐，这一矛盾还将继续长期存在。云南人口较少民族地区资源丰富而生态脆弱，面临土地沙漠化、沙石化、水土流失、森林面积锐减等一系列生态问题。生态保护与修复是人口较少民族地区跨越发展的重要前提，也是贯彻落实科学发展观的应有之义。在自然环境恶劣、生态脆弱的人口较少民族地区开发没有现成的经验和例子可以借鉴，云南人口较少民族地区跨越发展的战略中，加强生态建设，使人口较少民族地区成为生态保护屏障，探索一条环境和经济社会可持续协调发展的新路子。

扶持云南人口较少民族发展项目的实施推动扶贫区环保机构能力建设，通过引进先进的项目管理方法、建立先进的办公管理系统，培养了一批环境项目的管理人员。项目的实施培养和增强项目区居民的环保意识，初步建立了生态和谐理念，指导生态和经济的和谐发展。民族地区实施生态优势发展战略，就是使民族地区的生态优势在开发中保护，在保护中开发，以达到可持续发展和永续利用，实现经济发展和生态保护双赢。巩固西部大开发中生态建设的成果，建立经济大开发和生态环境大保护相互促进的长效机制，在努力提高生态环境建设效率的前提下，获得更好的生态建设效果，把生态环境治理作为一种经济活动，转化为农牧民的致富工程，把生态治理和保护转化为生态经济，把生态优势转化为产业优势和经济优势。大力发展绿色经济、循环经济，提高可持续发展能力。实施重大生态修复工程，推进荒漠化、石漠化综合治理，保护好草原和湿地。加快建立生态补偿机制，加强重点生态功能区保护和管理，加强环境综合治理和地质灾害防治。继续推进重点生态工程建设，构筑全国生态安全屏障。云南人口较少民族聚居区群众的生活直接依靠自然资源，对环境形成极大的压力，并且由于技术落后，各民族的生产方式常常会对环境造成损害。要改变这种互为因果的恶性循环，国家要进行干预，依靠政府的力量，靠外界投资和外部力量改变其生存环境，促进其经济发展和观念改变，培育这些民族中一些成员通过生产和经营先富裕起来，然后依靠他们传播先进观念和生产工具，进行制度创新，促进当地民族经济发展，进而共同富裕，全面建成小康社会。

（二）生态保护措施得当

人口较少民族地区生态环境比较脆弱，一方面是气候变化对自然系统和人力社会造成不利影响的程度；另一方面也反映了人类社会对气候生态环境的不利变化的敏感程度与适应能力。[①] 面对人口增长、资源消耗、环境破坏恶性循环加剧的情况，必须克服单纯追求经济增长而忽视社会效益和生态效益的状况，充分考虑生态环境资源利用程度和方式，减少人为破坏生态环境的社会经济基础。以可持续发展的系统观，指导产业结构提升和经济增长模式转变，建立生态效益、经济效益和社会效益共同发展的产业结构模式。

云南人口较少民族聚居区往往是我国重要河流水系的发源地，是最重要的生态屏障，甚至部分人口较少民族居住在自然保护区内，人口较少民族贫困地区的分布与生态脆弱区具有高度一致性，因此，需要实施异地搬迁，以保障关键生态区域的生态保护。2006—2010年云南人口较少民族居住在自然保护区需异地搬迁户数累计有1094户，需异地搬迁人数4192人，历年云南人口较少民族居住在自然保护区需异地搬迁户数和人数具体变化情况详见表6-1。

表6-1　　　　2006—2010年云南人口较少民族居住在自然保护区
需异地搬迁户数和人数情况

指标	2006年	2007年	2008年	2009年	2010年
居住在自然保护区内需异地搬迁户数	602	265	42	130	55
居住在自然保护区内需异地搬迁人数	2228	996	195	531	242

数据来源：2006—2010年云南省扶持人口较少民族发展动态监测系统资料。

结合云南省的实际，生态功能区转移支付政策重点向民族地区倾斜，以自然环境的生态价值为基础，以补偿生态环境的外溢性价值和保护生态环境的机会成本为政策目标，重点考虑各地生态服务价值、生物多样性以及生态功能区的重要程度等因素，从2009年起，专门安排资金用于建立生态功能区财政转移支付，逐步实现对生态外部性进行补偿的目标。2009—2010年，省级下拨生态功能区转移支付补助合计16.31亿元，其中：少数民族地区为13.15亿元，占80.62%。由此可见，云南人口较少民族地区成为该政策的受益区域。[②] 通过加快云南人口较少民族地区资源开发和经济发展带动生态建设，一些地区实现了人口、经济、生态的良性循环，最终实现脱贫致富。

---

① 秦大河：《中国西部环境演变评估》，中国科学出版社2002年版，第68页。
② 《云南省政厅扶持人口较少民族发展工作情况总结材料》。

(三) 生态保护与发展协调

云南人口较少民族地区的森林覆盖率有逐步上升的趋势,这些地区的环境改善明显。在扶持人口较少民族发展过程中,"开发"与"保护"之间的关系日益受到重视,过去扶贫以生态环境的破坏为代价的局面有所改观。

在第一轮扶持人口较少民族发展规划中,进一步实施退耕还林,云南在人口较少民族地区继续推进以退耕还林为核心的生态建设措施,实施坡度25度以上的山地退耕还林政策。退耕还林有几种情况:一是退耕后种上茶树或其他经济林果;二是退耕后耕地变成山地,不再由村民管理,所有权也由原来的集体所有变为国有,如被划入自然保护区;三是通过生态移民,将原来居住在山区的村民,集中搬迁到一个新的地方,原来耕地自然退出耕作。同时,在实施扶持人口较少民族发展过程中,结合国家扶贫工作,人口较少民族地区政府有组织地对居住在生态地位重要、生态环境脆弱、已丧失基本生存条件地区的农牧民实行生态移民。做到生态环境建设与扶贫攻坚更好地结合,各地对迁出区耕地全部退耕,草地全部封育,实行封山育林,恢复林草植被。各地实践证明,实行生态移民,封山育林,可以做到"迁一户人,退一片地,封一片山",不但保护了生态环境,也改善了广大农民生存条件,有利于实现脱贫目标。通过移民搬迁扶持发展模式,将生态环境脆弱、生态灾害频发、发展条件受到严重制约,或者交通条件十分不便、不宜开发、生态环境重点保护区域等人口较少民族群众,移民搬迁到条件较好的地方,进行异地扶持发展。部分地区通过移民搬迁扶持发展,初步实现了"一年搬迁,两年定居,三年解决温饱"的目标。

(四) 大力发展农村能源

云南在扶持人口较少民族过程中大力推广农村清洁能源、农村新型能源使用,减少传统薪柴能源依赖和消耗,既保护了森林生态环境,又间接提高了人口较少民族的生活质量。在扶持发展的过程中,注重保护生态环境,重视节能推广。兴办沼气可以减少乱砍滥伐,保护植被,而且能增加有机肥料资源,有效解决农村能源问题,使农业生产系统良性发展。太阳能作为绿色能源,不仅环保还节省能源,可以提升贫困家庭的生活品质。在建设生态的同时,云南积极推进新能源进村,以减少农民生活对生存环境的破坏。在日常生活中,农民要做饭、烧水、煮猪食等,对薪柴依赖性大,周边森林保护和生态环保压力大。如果这一局面得不到改变,生态建设的成果也将受到影响,甚至会出现种树没有砍树快的局面。基于建设与减少破坏同时推进的考虑,云南在农村大力推进新型能源,以减少对山林的破坏。目前,太阳能、沼气是新型能源的主要类型。一些县(市、区)制定了鼓励太阳能进村入户的政策,对每户农户给予500—1000元的补助。

为切实改善民族地区农民的生产和生活条件,云南省农业厅结合国家农村沼气国债项目的实施,进一步加大对民族地区农村沼气建设的支持力度,加强与人口较少民族所在县农业主管部门的沟通,主动开展项目申报的各项前期工作,尽可能争取中央农村沼气国债资金的投入,稳步推进以"一池三改"为主要建设内容的农村户用沼气建设。每年都投入较大的人力、物力,并对沼气建设户提供1000元左右的物资或资金补助。沼气池建设完,由能源站组织技术人员对沼气户进行使用培训,并提供跟踪服务。沼气进村入户改变了农民传统的用能结构。沼气户可用沼气来做饭、烧水,每年基本不用再砍柴。以沼气为代表的新型农村能源的使用,使得农村用能结构有所改变,森林植被恢复情况良好,林木蓄积量有所增加,同时还节省农村采集薪柴的劳动力,有效地促进了生产发展和生活便利。云南人口较少民族户用沼气率由2006年的11.76%提高到2010年22.22%,五年累计提高了10.46%,年均提高2.09%。历年云南人口较少民族户用沼气率具体变化情况详见表6-2。

表6-2　　　2006—2010年云南人口较少民族户用沼气率变化情况　　　（单位:%）

指标名称	2006年	2007年	2008年	2009年	2010年
户用沼气率	11.76	13.04	17.22	20.73	22.22

数据来源:2006—2010年云南省扶持人口较少民族发展动态监测系统资料。

> 沼气池建设、太阳能下乡这些有关能源方面的扶持,是解决农村能源问题的重要途径。过去农村的能源主要是砍伐树木,以破坏生态环境为代价,当然现在也还没有彻底改变这种现状,但是在某种意义上是提供了一定的农村能源作为补充,这是以后农村发展及扶持人口较少民族的重要组成部分。全村建设了200多口沼气池,现在还有140多口可以正常使用,只要养殖业发展得好,一家有5—6头猪,就可以正常的使用沼气来煮饭和照明,2—3口人的农户家一般情况下是用都用不完的。
> ——云南省德宏州陇川县户撒乡明舍村委会村干部小组访谈资料

（五）人口发展利益导向机制有效缓解环境承载压力

人口增长过快一直是云南人口较少民族经济社会发展的制约因素,最典型的是一些人口较少民族地区"越穷越生、越生资源越少,导致越生越穷"的现象比较严重。因此,实现人口与环境的协调发展一直是生态建设遵循的基本原则。云南人口与计划生育政策的总体目标是提倡一对夫妇生育一个子女；符合法律、行政法规的可以生育第二个子女；夫妻双方都居住在边境村委会的以及独龙族、德昂族、基诺族、阿昌族、怒族、普米族、布朗族七个人口较少民族可以生育三个子女。实际上，在云南人口较少民族地区，由于接受了计划生育制度，大部分家庭逐步接受二孩生育政策，生育三孩的农户比较少。在田野调查过程中，也有一些农户由于外出打工或对政策比较了解，开始接受生育独生子女的政策，办理了独生子女证。因此，在人口发展政策及相关保障利益的引导下，人口较少民族地区人口过快增长的势头有所减缓，进而减轻了对生态环境的压力。

> 我家是2007年盖的水泥平顶房，我爸爸是老师，他资助了我们一部分钱，我当时也有一些积蓄，我初中毕业开始打工，没有什么文化。现在我们一家三口人，房子已经盖好了，装修得还不错。只要肯吃苦，种好茶叶和木薯，栽完秧后去勐海打打工，帮别人收茶叶，生活还是可以的。我的希望就在小孩身上，我已经办理了独生子女证，尽量给小孩一个舒适的成长环境，接受文化的熏陶，上好一点的初中，希望小孩能够考上大学，即使不分配工作，也会让他出去学一技之长。
> ——云南省西双版纳州勐海县布朗山乡吉良村委会吉良村民小组富裕户阿平访谈资料

二 社会稳定和谐

云南人口较少民族地区的社会和谐稳定是边疆稳定和民族团结繁荣的重要组成部分，由于历史、贫困、民族、跨境等原因，这些地区影响社会和谐稳定的因素比较复杂，也是社会矛盾多发地区，且矛盾呈现多样化。通过扶持人口较少民族发展第一轮规划的实施和完成，经济社会得到了显著的发展，人们生产生活得到了明显的改善，为构建和谐社会提供了坚实的物质基础。在扶持人口较少民族发展中，以村落为单元的扶持格局，在一些人口较少民族地区集体进行投工投劳，共同建设和谐家园，在这一过程中重塑了社区凝聚力。在扶贫和对口帮扶中用真心帮扶，真情帮助，产生了感恩的心，提升了社会价值。

（一）扶贫为社会稳定奠定了基础

过去，在人口较少民族地区，因为生活资源缺乏，没有余钱来支持下一代的教育，无力供养老人，没钱就医致使小病拖成大病，各种传染性疾病极易蔓延；妇女儿童受骗被拐时有发生，邻里之间为蝇头小利而争吵也时有发生。因为贫困，只能无度地向大自然索取生活资源导致生态恶化，或者邻里之间为利益相争进而导致社区失和，发展基础被破坏等。通过扶持人口较少民族发展第一轮规划的实施，导致社会不稳定的因素逐步改善，以经济社会发展为基础，以社会主义核心价值观和民族文化为依托，以构建和谐社会、创建平安社区为载体，人口较少民族地区的社会矛盾有了显著的缓解，社会整体稳定的局面初步形成。

过去我们这里的治安很不好，主要是当时村落中有20多人是"四号客"（吸食海洛因者），这些人到处偷抢，偷鸡摸狗。青苞谷熟的时候，就经常到村子的地里偷苞谷吃。20多个人在村落中四处流窜作案，把一个小村子搞得乌烟瘴气，人人都缺乏安全感。当时政府派驻工作队进村入户，但是由于整个村落经济社会的落后，政府对村民的支持较少，工作队开展工作很困难，治理的效果不理想。后来，一方面这些人有的死亡了，有的进行了戒毒；另一方面，由于实施扶持人口较少民族发展的政策，村里实施的公共项目增多，老百姓从中获益很大，村落呈现出前所未有的团结局面，对这些特殊人群也有了相应的措施，村落和家庭都进行监督，村落社会治安有所好转。

——云南省德宏州陇川县户撒乡明舍村委会芒刚村民小组访谈资料

过去毒品对人口较少民族村落的影响很大，有3%左右的村庄受毒品影响比较大，当然各村的情况也不一，像雷贡村，从2008年以后（吸毒的）就一个都没有了，但是在蛮老寨影响就比较大，以前一个村有20多个吸毒的。我们在选择项目村庄的时候也会考虑这个因素。在放（实施）项目之前我都说："你们先把自己的问题解决好了再来。村干部就会比较用心地去抓，我不能将项目资金放在不能放心的村庄，难说什么时候村里面的毒瘾犯了，将我的材料偷去卖了也是有可能的。所以，我们是先做禁毒工作，再做扶贫工作。"毒品的危害很大，有的村寨比较好一些，一般的村寨都会有3%的吸毒人员，但是雷贡是0，在2000年的时候还有20多人。项目进村以后，对戒烟也起到了积极的作用，各级政府宣传如果村子里还有吸毒的人员，就会影响到村落的发展，项目就不能下达，这样宣传以后，村落内部的监督机制开始发挥作用，于是全部人员都戒毒了。其实大烟没有白粉（海洛因）依赖性强，戒毒也相对容易一些。

——云南省德宏州瑞丽市民宗局副局长周德文访谈资料

(二) 集体建设家园重塑了村寨凝聚力

社区凝聚力是促进一个地区发展的重要动力之一，扶持人口较少民族发展项目的实施起到强化社区群众凝聚力的作用。自从生产队下放以后，由于实施家庭承包责任制，各个家庭自我生产、自我发展经济，在一些农村民族地区集体凝聚力已经逐步弱化。由于传统上各种典型的民族传统活动逐步消亡，培育村落凝聚力的方式也逐步消失，村民缺乏塑造社区凝聚力的途径和平台。在扶持人口较少民族的过程中，无论是公共设施的建设还是经济发展项目的实施，大家重新具备了一些集体行动的平台，通过实施一件对于各家各户都有切身利益的建设，大家都拿出态度，前所未有地加入建设中，在建设中强化了社区凝聚力。村民的投工投劳、项目实施的参与等都是重塑社区凝聚力的一种途径。

> 梁河县九保乡丙盖村委会丙岗村民小组在建设公房的过程中，全村男女老少齐上阵，大家积极投工投劳，热火朝天地参与到建设中，晚上进行浇灌的场景，至今仍然让大家感到振奋。在群众的记忆中，这样集体团结在一起的劳动场景已经停留在过去生产队的时期，而且就如同村民小组组长说的"那个时候一起劳动大家都在磨洋工，现在是全身心投入，真心在干。"在这一建设过程中，由于大家积极主动，社区凝聚力高涨，涉及三户占用了地皮的农户，虽然一开始已经说好了补偿的数额，最后也没有要公家的一分钱。在访问过程中，其中一家的女主人说，都是大家的事情，而且别的村民小组的公房盖得那么好，我们的公房建设争取来就不错了，资金也有限，自己再要求补偿就对不起下一代了。
>
> ——云南省德宏州梁河县九保乡丙盖村委会丙岗村民小组访谈

(三) 社会价值的提升

云南人口较少民族的经济发展条件比较差，伴随而来的社会发展条件更差。在人口较少民族聚居的一些边境地区，其他民族的村民普遍认为这些人口较少民族群众比较懒、没有竞争意识，没有求富意愿，国家认同感也不强。国外好的时候跑去国外，中国好的时候就跑回中国，村里有好些农户是在中国和国外之间来回跑的家庭。在扶持人口较少民族的整个过程中，政策的宣传和社会资本的积累成为重要的内容之一。在德宏州瑞丽市户育乡德昂族的帮扶过程中，每一次的培训和入户调查，民宗局的工作人员都在给村民宣传，让他们逐渐明白"别人给我一粒种子，不要丢在半路，也不要烧吃掉，而要把他变成粮食满仓"。"党和国家给我们一元钱，我们不要拿来买酒吃，而要把他变成千元、万元。""党和国家送我们一份关爱，我们要用它来温暖人间。"感恩的心越来越强，一些人口较少民族开始自立自强。他们在做项目的时候也会给村民灌输危机感和责任感，如"你们几个做不好了，上级政府就去帮助其他几个寨子了，你们就成了民族的罪人了"。其他几个没有做的寨子也来监督，说："你们要是不好好做，让上海的钱撤了，以后我们就来找你们要钱。"这种项目的不确定性让村民更加积极主动地去争取和配合。在爱心和细心的帮扶下，一些人口较少民族的村庄和民族的社会价值不断得到提升。例如德宏州民宗局先后在德宏电视台、《德宏团结报》开设了扶持人口较少民族工作专栏，宣传报道扶持人口较少民族发展政策及工作成效；制作"情注德昂山"与"共享一片蓝天"VCD 光碟、贺年历、上海对口帮扶工作展板及工作纪实 DVD 等。在宣传过程中，注重宣传项目实施好、经济社会效益显著、示范带头作用大的村寨及工作经验，发挥典型引路作用，充分调动群众艰苦奋斗建设美好家园的积极性。

  雷贡村实施项目以后发生了很大变化。一是村民团结了，自己民族和村庄内部团结了，懂得了相互合作和相互帮助。二是更愿意与其他民族交流了。一方面因为外界的关注，让他们不再害怕与外界交流；另一方面，国家的扶持也让他们更有自信、更敢于和外界交流。虽然德昂族和汉族同居一个村子，但是在项目实施以前，德昂族不与汉族过多来往。德昂族认为汉族爱钱、汉族认为德昂族太懒。项目实施以后，德昂族也希望能够像汉族一样攒钱盖房子。三是村民自我发展意识进一步增强，发展生产、建设村庄的积极性更高了。以前大多数村民尤其是德昂族村民对物质生活的要求不高，求富欲望不强；现在村民对改善自己的生活感兴趣了，并且愿意出力。这个和我们项目的实施方式也有关，我们在项目实施之前之后都是这样说：你们不好好把事情做好，资金就会调到其他地方，还有好多村子等着这些项目呢，让他们有竞争意识和危机意识。四是国家观念增强。以前村民基本上没有国家观念，乡、市干部下乡，连饭都没人管，有时就是交代了也没有人做，普通老百姓很多都不理会。现在到哪里都不用交代村民就把饭准备好了，有时还得交代不要准备，村民大多在说政府的好话、在说共产党的好话。
  ——云南省德宏州瑞丽市民宗局副局长周德文访谈资料

三 民族团结进步

在实施国家和省扶持人口较少民族发展规划的过程中，坚持各民族共同团结奋斗、共同繁荣发展的民族工作主题，把扶持人口较少民族发展作为促进民族团结进步和边疆繁荣稳定的有力抓手。一是以人口较少民族聚居建制村为基本扶持单元，坚持规划村内的各民族一律平等扶持，每个自然村都实施整村推进。二是积极拓宽扶持范围，以扶持人口较少民族发展为契机，积极促成对特困民族、散居民族、少数民族深度贫困群体进行特殊扶持，形成了分类指导、梯次推进的全省扶持少数民族和民族地区脱贫发展新格局。三是在扶持过程中，广泛宣传党的民族工作方针和政策，动员全社会进一步关心支持人口较少民族发展，共建各民族和睦相处、和衷共济、和谐发展的美好家园。人口较少民族聚居地区呈现生产发展、生活提高、生态改善、民族团结、社会和谐、文明进步的良好局面，扶持人口较少民族发展取得良好的政治、经济和社会效益，被群众誉为民心工程、德政工程，成为云南省民族团结进步事业发展的一个亮点。

（一）强化了民族认同

始终坚持以发展促团结、以发展促稳定、以发展促和谐这个基本经验，用情、用心、用力帮助人口较少民族发展，办好各族群众迫切需要办理的事情，以发展的最新成效、最新业绩，不断巩固和推动民族团结进步事业。随着第一轮扶持人口较少民族发展规划的实施完成，扶持人口较少民族发展取得良好的政治、经济和社会效益，成为新时期促进民族团结进步事业的民心工程。接着又制定出台了第二轮扶持人口较少民族发展规划，并且提高了扶持发展标准，扶持政策深入人心，推动各民族共同繁荣发展。在规划区内实行各民族一律平等扶持，并针对各民族的差异，因族举措，采取特殊措施，坚持延伸扶持周边特困民族、散居民族和深度贫困群体聚居地区，保持民族政策的普惠性，促进了各民族共同发展，保证了民族团结。以"扶持人口较少民族发展示范村"建设为载体，深入开展民族团结进步创建活动，推动了人口较少民族聚居区各民族的团结进步。在实现人口较少民族聚居建制村发展的目标中，同时关注居住在同一区域里的其他民族加快发展，使扶持政策发挥最大效益，惠及更多群众。通过项目帮扶，民族内部团结了，民族认同感和国家认同感都得到加强。

作为九保阿昌族乡下属的一个傣族村寨，那恋傣族社幸运地成为扶持人口较少民族发展政策的受益者。经过扶持，本村自来水已经全部到户，曾经各家各户争先早起挑水，去晚了就没水喝的日子已成为历史；傣族村的道路在扶持人口较少民族政策实施前坑洼不平，到了雨季极度泥泞，现在村子的主巷道硬化工程已经基本完成。村内道路清扫的工作由"妇女之家"承担，非常干净整洁；那恋傣族村的活动室很漂亮、极具傣族特色。活动室现由老人协会负责管理，村民到活动室办宴席，由老人协会代收一定使用费。扶持人口较少民族政策带给那恋傣族群众的另一实实在在的好处是儿童读书免费，这无疑减免了一大笔家庭开支。通过村落的这些建设，大家之间更加团结了，有什么集体事情也是积极参加。

——德宏州梁河县九保乡调查资料

（二）各民族共同繁荣进步

过去，云南人口较少民族在没有得到特殊扶持的时候，与汉族或者其他少数民族相比，呈现"弱势"与"边缘化"的特点，被扶持后加强了自我认同感，树立了自己也是五十六个民族中重要的一员的信心，尤其是在得到外部世界或者其他民族给予的积极帮扶以后，对外部世界产生了好感，逐步消除了对汉族所在的发达地区的排斥心理。

在生产生活条件极端落后的地区，由于人们生产的困苦，生活的贫寒，对国家的政策有一种不理解的心理。由于扶持人口较少民族政策是从上到下的执行，在政策执行过程中，各种优惠政策的实施逐步打消了这种极端的民族主义心理，使人口较少民族逐步开放地对待国家政策，与相连的民族或杂居的民族实现了共同繁荣、共同进步。

（三）宗教信仰为扶持发展提供动员途径

在我们的习惯性思维中，似乎宗教文化与现代化格格不入，民族国家的现代性建设就是要消灭宗教，当然也就谈不上用之进行现代社会管理，在这种偏误的认识下，关于宗教在当代社会生活中的作用（亦即"宗教文化现代化"）很少被人重视。美国人类学家格尔兹就曾感叹地说："我们听到很多有关亚非新兴国家的政治现代化和经济现代化的情况，但很少听到宗教现代化的情况。人们很少关注宗教的内部发展和自主发展，很少关注发生在广泛社会革命中的社会宗教仪式和信仰制度上转变的规律性。"[①] 但是事实上，

---

① ［美］克利福德·格尔兹：《文化的解释》，纳日碧力戈等译，上海人民出版社1999年版，第196页。

民族地区尤其是全民信仰宗教的民族地区，其生产生活与宗教息息相关，其民族文化的重要组成，甚至有的核心文化就是宗教文化，由此，在扶持人口较少民族发展过程中，宗教作为一种社会发展的动力或者载体是有其必要性的。

  由于整体文化教育程度比较低，布朗山吉良村全村在校高中生及初中生均只有一个，在全面推行九年义务教育已经很长时间的背景下，很难想象在校初中生仅有一个人。但是由于全民信仰小乘佛教，布朗族的男子都要在佛寺里当两年的小和尚，因此其宗教教育是很有底蕴的。在社会管理中，宗教因素影响很大，这是因为民族文化与宗教佛教信仰是息息相关的，而且布朗族村寨的发展也不能脱离宗教，宗教有一种力量，能够促进布朗族的经济社会的发展。一般情况下只要大佛爷一说，老百姓就会规矩很多。极端的例子就是，在国家体制下的法律宣传对他们没有什么作用，可能一方面是由于对汉语的法律条文一知半解；另一方面是国家制定的法律对他们缺乏约束性，但是只要国家的法律先进入佛寺，然后再通过佛寺进行讲解，老百姓不仅容易接受，而且也能够遵守。

  ——云南省西双版纳州布朗山乡吉良村委会吉良村民小组访谈资料

  户撒阿昌族多信仰小乘佛教，在小乘佛法倡导信徒行善积德的驱动下，本地阿昌族村民捐资修建了很多基础设施和宗教设施（宗教设施在很大程度上也是村民日常生活的基础设施）。芒旦村内的老石板路就是由村民积公德修建起来的，质量很好，现在仍在使用，宗教具有积极的社会功能体现得很充分。在户撒阿昌族地区，小乘佛教信仰长期以来是一个无形的村庄建设组织者，村民因宗教信仰而产生了一分公益心，而这种公益心是梁河阿昌族所没有的。户撒阿昌族因宗教而形成的公益心，若政府合理引导，对于扶持人口较少民族发展工作的开展将会是一个积极的辅助力量。正是因为阿昌族信仰南传上座部佛教，因此其群众和基层组织还是比较团结的，投工投劳比较容易，乐善好施。

  ——云南省德宏州陇川县户撒乡明社村委会芒旦村民小组访谈资料

  基督教传入怒江地区以后，怒族深受基督教影响，群众信教比例较高，据悉，怒江州福贡县匹河乡有40多个教堂，老姆登村委会就有4个。老姆登教堂的传道员兰宝说："教会是我们本地新农村建设一个不可缺少的力量。教会一直以来都在协助政府，做法律宣传、公路保护宣传和扫盲工作，组织村民开展公益活动，如修路、修水渠等。"因此，宗教的正能量可以对村民的宣传和教育工作起到积极的作用。

——云南省怒江州福贡县匹河乡老姆登村访谈资料

四 人口较少民族的主体意识得以提高

扶持人口较少民族发展不是过去简单的救济，不仅要治标，更要治本。因此培养人口较少民族地区的群众是否逐步形成自我积累、自我发展的意识和能力，树立发展主体意识，成为扶持发展绩效的重要指标。

（一）参与程度提高

政府过去扶持人口较少民族发展主要是以社会福利为主，即使是在倡导扶贫开发的背景下，由于云南人口较少民族的大部分地区扶贫开发难度大，贫困人口参与能力低，扶贫开发收效甚微，有些人认为直接以社会福利形式进行的扶贫效果还不错，但是在这种扶持理念下，穷人容易丧失上进心，出现了"以贫为荣"、"越扶越贫"的现象。当前，扶持人口较少民族的发展引入了"参与式"扶贫，实现扶贫资金决策方式的"自上而下"与"自下而上"有机结合。"参与式"扶贫的主要特点是扶贫的参与主体参与到扶贫的决策、规划、实施、评价和监督中来。政府在投入扶贫开发资金的过程中，以贫困村为对象，以项目为载体，瞄准贫困目标，在扶贫决策中充分尊重农民的权利，倾听农民的意见，由他们决定项目实施的方法。以人口较少民族为主导，加大教育投入、提供各种培训、联系外出务工，以人的发展为核心，从根本上促进持续和全面的经济增长及社会发展。

参与程度的提高主要体现在以下几个方面：一是扶持人口较少民族发展，坚持"以人为本"，以人口较少民族发展为本，扶持发展体现人文关怀，关注民族文化的差异，重点改善人口较少民族生产生活环境；二是建立民主参与的决策机制。在扶持人口较少民族发展项目的选择上遵循"自下而上"的原则，通过召开村民大会等方式，充分发挥村民的积极性和主动性，把发言权和决策权交给人口较少民族，政府宣传政策，尽力做好资金和技术的支持。三是建立科学管理的实施机制。针对不同项目采取不同的组织方式，成立由村民选举产生的项目实施领导小组，并通过召集村民代表参与制定项目实施管理制度，通过村民代表会对项目资金统筹安排。四是建立全方位的监督机制。为保证扶持发展资金使用的有效性和公平性，由村民代表组成项目监督小组，对项目建设的全过程进行全方位跟踪检查和监督。包括项目建设中进行跟踪监督、项目竣工后的验收监督、项目报账结算监督、项目审核报账结束后监督等。

上海市帮扶的德昂族发展项目在实施的每一个过程中,村民不仅是受益人,更是直接的参与者和决策者。从确定项目点到规划制定,瑞丽市民宗局用了将近半年的时间来进行村干部培训,评估村民需求,召开了多次村民代表大会和村民大会,可以说,雷贡村的项目规划从一开始就是村民讨论出来的,充分体现了农户的意愿。虽然有些需求受到项目资金的限制,但基本上是以村民的需求为准则。因此,在之后项目的实施过程中,村民能够熟知每一个项目,并积极参与到其中。村民有权利决定村庄道路的长短和走向;有权利决定"公房"的位置和式样;还有权决定将8户的建房补助平均分给10户需要建房的农户,为的是村庄的团结和公平。在每一个需要村民投工投劳的公共设施建设中,住在雷贡村的各民族都积极、主动地参与,从不需要村组长做工作。比如,在硬化村庄道路的时候,雷贡村户均一个劳动力做了半年的义务劳动,但是调查过程中,没有一个农户抱怨,他们都认为那是在做自己的事情,出再多义务工都值得。
——云南省德宏州瑞丽市户育乡户育村委会雷贡村民小组访谈资料

(二) 自我发展意愿的强化

扶持发展属于外部资源输入性的发展模式,在一定程度上暂时性地摆脱了贫困,但是发展缺乏可持续性。这主要是因为忽略了人口较少民族迫切的需要,扶持发展项目不能满足当前的生产生活发展需求。云南在扶持人口较少民族发展中,以政府主导,推广参与式扶持开发模式,培养和发展人口较少民族主动参与扶持开发的意愿和能力,赋予他们在扶持开发中的相对决策权,引导人口较少民族参与扶贫项目的设计、实施,提高扶持项目的针对性和有效性。逐步形成了造血式的发展道路,从"要我发展"转变为"我要发展",最终形成了人口较少民族自我发展的方向,保障了稳定的发展模式。

增强劳动者素质,提高自我发展能力,是扶持人口较少民族发展工作的着眼点,以家庭为单位,引导群众学会当家理财,养成健康文明的生活方式。在整个扶持工作中,坚持政府主导,但不是包办代替,而是要更加注重调动和发挥广大人口较少民族干部群众的主观能动性,共同参与建设。扶持项目的选择尊重群众意愿,建设当中要引导和带动群众积极投工投劳。逐步探索建立提高人口较少民族群众自我组织和自主发展能力的有效机制，为人口较少民族聚居地区经济发展和社会进步注入长久动力，从而将扶持人口较少民族发展工作推向互动共建、自主发展的更高层次。通过政策的宣传，积极调动人口较少民族全民参与到扶贫中，营造了一种发展的良好氛围，村民自我发展的意愿高涨。例如，梁河县九保阿昌族乡丙盖村委会那恋自然村，采取"每户两方石料，每个劳动力八个工，国家补助水泥，投工投劳建设硬板路"的办法，发扬自力更生精神，用国家4万元补助资金，修出了一条造价相当于17万元的水泥路。再如陇川县户撒阿昌族乡保平村委会帮傲村民小组长段兴木说："国家扶持一分钱，我们要做出三分钱的事情。"该村靠着上级扶持的40多万元，发动群众投工投劳，村容村貌得到了很大改观，成为全乡扶持人口较少民族发展的"领头雁"。

> 德昂族的学习能力不错，寨子里的年轻人在投工投劳的过程中，也跟着施工队学习技术，后来也就跟着施工队干了，还到其他寨子去，甚至机械都会操作了。在实践中学会了技术，不仅赚到了钱，还学会了一门本领。全市都有农民工培训，但是这种培训只是"在黑板上栽秧"，不像在实践中学习，因为德昂族的文化程度不高，培训内容脱离实际情况。德昂族敬佩上海方的工作态度，应该向他们学习。2008年，直接到点上进行培训，妇女主任以上都参加了培训，在思想观念上得到了提高。培训过程中也在宣传是谁在扶持我们，我们该怎么办？哪一个村做得好，哪一个村做得不好；还进行宣传，别人给我们一颗种子，别在路上干掉了，别烧了吃了，要变成粮满仓；党和国家给了我们一元钱，要变成千元、万元；党和国家给了我们一份爱，我们要温暖更多的人。从不养到养，从养猪过年杀吃到养猪出售赚钱，已经发生了一系列的变化。实际上"愿意富裕也是一种进步"。针对生活中的陋习进行教育，在思想上进行感恩教育，对党要感恩，对国家要感恩。在做思想工作的时候就说，你们要好好干，不好好干，上海方就不扶持了；你们不好好做，就给别的村干；做不好就对不起上海方，工作干不好就对不起民委。在利益上进行驱动，在思想上进行鼓动，在行动上进行带动。
>
> ——云南省德宏州瑞丽市户育乡户育村委会雷贡村民小组访谈资料

（三）自我发展机制初步建立

由于人口较少民族社会发展起点低，劳动力素质不高，自我发展能力弱，所以在扶持过程中，把增强"两个能力"，即群众的自我发展能力和接受扶持村寨的可持续发展能力，作为主线贯穿于整个过程之中，特别强调把国家的扶持发展与群众的自力更生相结合，让群众积极参与项目的建设。建立以群众为主导的有效机制，确保群众对实施项目有知情权、参与权、建议权，保证建设资金能够发挥最大的经济效益，同时也能提升群众的自我发展能力。

人口较少民族群众自我发展能力明显增强，从"要我发展"转变为"我要发展"，以主人翁的姿态投入家乡建设中，为可持续发展打下坚实基础。云南人口较少民族发展仍然面临巨大的困难，发展具有特殊性，通过人口较少民族的扶持已经推动了这部分人极大的发展。人口较少民族地区通过五年规划重大项目和举措的实施，积累了非常丰富的经验，其中最重要的是不能纯粹地"输血"，要变"输血"为"造血"。由于历史和现实的原因，扶持人口较少民族不是一蹴而就的事情，所以扶持能否最终取得成功，关键在于能否建立自我发展的机制。

社区为了获取政府所掌控的资源，主动进行内部动员和组织，响应政府的要求，培育和提升集体行动能力，并且把这种能力转化成推动社区发展和公共建设的力量，转化成社区按国家期待调整自身行为的力量。认识到"发展主体是自己、需要发展什么、怎么发展、发展到什么程度"等问题的村落或者民族就发展很快，而被国家政策推着走、"由政府包办一切"的村子或民族发展起来就比较困难。建立人口较少民族最低生存保障机制，初步建立一套生机勃勃的自我发展机制，首先不能再搞计划经济体制下那种"政府包办一切"的做法，要有效建立"政府主导、社会参与、市场运作、多元投资"的机制，调动受援地区相关利益群体各方面的积极性，面向国内外两个市场选定发展项目，促进受援地人、财、物等资源的合理配置，大力提高资源的配置效率、企业经营效率、资本运营效率，实现经济发展的同时，让社会成员公平受益。

（四）创新发展模式

扶持人口较少民族发展不再是简单地以区域为扶持重点，而是逐步倾向扶持人的发展，既解决了区域发展中的主体发展，也保障了区域发展的可持续性。由过去救济式的扶持逐步向人文关怀和公共服务均等化转变，解决了单一经济发展情况下的社会失衡问题，实现了经济发展与社会发展协调统一的发展，最终实现了人人共享发展成果的目标。积极探索，强化管理，不断创新扶持方法。一是建立信息化平台。将人口较少民族聚居的175个村委会、1407个自然村的基本情况、发展规划全部纳入信息化管理，建立项目库，提高了工作效率。二是建立统计监测制度。省、州（市）、县、乡（镇）各级明确专人负责统计监测工作，定期汇总分析发展动态，为科学决策提供依据。三是加强项目资金管理。实行公示制、报账制，建档立卡和痕迹管理等，确保资金使用安全。四是创新发展模式。对产业发展项目，实施滚动发展扶持，采取了成立发展基金、"放母还犊"、"周转畜"等方式，使有限的资金投入发挥出更大的效益。五是积极倡导群众主导式发展。在《规划》的实施过程中，动员群众自觉自愿参与发展，既降低了扶持的成本，又树立起自建美好家园的信心和决心。

（五）典型示范起到了辐射带动作用

2005年以来，云南省围绕"进村入户道路硬化、民族文化活动场所宽敞、培育1—2个增收项目、村容村貌整洁、每户有安居房、每户能用上洁净自来水、每户用上以沼气为主的洁净能源、基本解决适龄儿童入学率"等建设内容，深入开展扶持人口较少民族发展示范村建设。创建的各类示范村的经济社会发展速度和质量都得到明显提升，示范、带头、辐射作用日益显现。出现了一批扶持人口较少民族发展工作取得显著成效的典型案例，这些村落的示范和辐射作用开始凸显。

> 帮傲村是一个纯阿昌族自然村，2008年全村有22户118人，水田面积170亩、板栗300亩、草果30亩，人均耕地2.2亩。开展扶持人口较少民族发展工作以来，各级各部门先后投入37.6万元，实施了村内道路建设、养殖猪牛、种植草果、板栗、甜柿子、文化室建设、沼气建设以及竹器加工厂建设等项目。面对国家扶持发展的难得机遇，帮傲村在村长段兴木等村干部的带领下，结合本地自然优势条件，因地制宜，制定了经济发展规划，提出"一园一坡一业"（一个菜园、一个二台坡、畜牧业）为重点的农业发展思路。提出"用一分钱，做十分事"的口号，坚决发扬艰苦奋斗、自力更生精神，积极投工投劳。通过努力，全村建成沼气20口、蔬菜大棚18个，新种草果80亩，板栗100亩，甜柿100亩，建成1个竹器加工厂，筑起了一条长约520米、宽5.2米的环村大道，建设完成阿昌族民族标志、村文化活动室，组建了20多人组成的文艺队，开展了相关实用技术培训。目前，帮傲村的水、电、路等基础设施得到改善，村容村貌明显改观，群众增收产业得到培植，除传统种植业外，养殖业、运输业、加工业及其他产业占全村总产值的52%，初步形成了良好的多元化产业格局，2008年人均纯收入达1741元。帮傲村在发展的同时，积极发挥示范点的传、帮、带作用，帮助邻近的小坝竹村民小组共同发展。
>
> ——云南省德宏州陇川县户撒乡保平村委会帮傲自然村整理资料

拉萨村是一个阿昌与汉族杂居的自然村，全村共有84户404人，其中阿昌族194人、汉族210人，劳动力252人。主要经济来源为种植业、养殖业以及米线加工等。实施扶持人口较少民族发展工作以来，对拉萨村共投入扶持资金69万元，实施了村内道路硬化、养牛、种植草果、板栗、沼气等项目。经扶持，2008年拉萨村水稻种植797亩，总产235吨，人均占有粮食484公斤；种植油菜798亩、板栗70亩、草果139亩；大牲畜存栏60头、生猪存栏342头，禽类存栏549只。另外，共有米线加工农户18户，从业人员32人，每户平均年产量4万斤，总产量72万斤，总产值108万元。2008年农民人均纯收入1990元，比全乡人均纯收入1665元高325元。如今，拉萨村经济发展、社会稳定、民族团结，是户撒乡小有名气的富裕村和文明村。

——云南省德宏州陇川县户撒乡保平村委会拉萨自然村整理资料

五　促进边疆的稳定与繁荣

边疆民族地区发展理念的核心是稳定，而发展是实现真正意义上的边疆民族地区的稳定与和谐的基础。只有发展，才能为稳定提供现实的强大的物质基础，才是真正的稳定，离开发展谈稳定，只能是空谈。民族地区在国防上具有重要的战略地位。巩固国防，把边防建设成为坚不可摧的城墙，需要人口较少民族地区安定团结的社会环境。

（一）边疆的稳定

扶持人口较少民族大力发展，不仅有利于我国各民族的团结和国家的稳定，也有利于维护跨境民族国家之间的睦邻友好关系。因此，为了争取一个和平的国际环境和安定的国内社会局面，必须帮助人口较少民族发展起来，增强人口较少民族与各民族的凝聚力和向心力，改善边疆地区民族关系，加强民族团结，激发人口较少民族群众的爱国热情，反对境外敌对势力的阴谋斗争，保卫边防，维护祖国统一，保持国家的稳定。特别是当前，民族问题更多地表现在人口较少民族和民族聚居地区要求加快发展经济、文化发展上。因此，解决好人口较少民族的发展问题是关系到当前社会安定团结和建设具有中国特色社会主义的重要问题。

扶持人口较少民族政策直接解决了人民群众最关心、最直接、最现实的诸多切身问题，深得人心，得到各族干部群众的衷心拥护。扶持人口较少民族以广大各族群众的根本利益为出发点，密切了党和政府与各族群众的血肉联系，使各民族间"三个离不开"的思想意识更加牢固，鼓舞了各族干部群众自力更生、艰苦奋斗的士气，增进了各族人民之间的了解和信任，进一步增强了各族群众对祖国的凝聚力，对维护祖国统一、反对民族分裂，巩固边防、强国睦邻发挥了积极作用，增强了中华民族的自豪感、凝聚力和向心力。人口较少民族大多地处边疆地区，其中有15个民族不仅地处边疆地区，而且与国外同一或相似民族跨境而居。通过实施人口较少民族扶持项目，特别是通过加快边疆地区的交通、通信、教育、卫生等基础设施建设，既加快了边疆民族地区经济社会发展，而且还促进了边疆地区与邻国在经济、文化等领域的交流与合作，促进了对外开放，增进了睦邻友好关系。

（二）边境线上的守望者

云南特有七个人口较少民族中有五个民族是跨境民族，他们是真正的"边境线上的守望者"，这些人口较少民族不仅坚守着自己的家园，而且也坚守着国家的边疆。云南特有七个人口较少民族中，2006—2010年缺乏生存条件需易地搬迁的农户年均3942户、15422人，其中因守边不能搬迁的边民年均273户、1200人。历年云南人口较少民族需易地搬迁的变化情况详见表6-3。

表6-3　　　　2006—2010年云南人口较少民族需易地搬迁情况

指标名称	单位	2006年	2007年	2008年	2009年	2010年
缺乏生存条件需异地搬迁户数	户	3955	4988	4296	3427	3046
其中：因守边不能搬迁的边民户数	户	323	523	64	260	198
缺乏生存条件需异地搬迁人数	人	16772	20129	16691	13095	10424
其中：因守边不能搬迁的边民人数	人	1369	1647	229	1438	1318

数据来源：2006—2010年云南省扶持人口较少民族发展动态监测系统资料。

过去有一句泰语说"嫁给中国人还不如抱着田埂"，随着改革开放，开始出现了人口的流动。扶持人口较少民族政策实施以后，德昂族地区的各种条件慢慢好了，人口流动就更加明显。就压力和问题来说，看看缅甸，认为生活好了；看看内地的发展，认为不好。真是比上不足，比下有余。农村女孩流向城市，山区女孩流向坝区，在村里的女孩流向城市以后，很多农村的男青年就找不到媳妇。由于种种原因在中国找不到媳妇的人，就会到缅甸去找，缅甸女孩流向中国。据不完全统计，在瑞丽范围内，大概有3000—4000名外籍新娘，外籍新娘的引入是自然流动的现象，是正常的流动，因为"向往美好的生活是人的本性"。德昂族协会也培训这些外籍新娘学习中文，培训也有一定的效果。

——云南省德宏州瑞丽市户育乡户育村委会雷贡村民小组访谈

六 宣传了党的政策、强化了党的领导

通过五年的扶持发展，人口较少民族聚居区基础设施初步改善，村容村貌大为改观，产业结构调整初显成效，群众收入和生产生活水平逐步提高，人口较少民族群众切身感受到了党的民族政策给大家带来的实惠，凝聚力进一步增强，民族更加团结和谐，民族发展政策深入人心。

在各级各类学校广泛开展民族团结教育，推动党的民族理论和民族政策、国家法律法规进教材、进课堂、进头脑，引导广大师生牢固树立马克思主义祖国观、民族观、宗教观，不断夯实各民族大团结的基础，增强中华民族自豪感和凝聚力。在综合绩效方面，还表现在宣传了党的政策和方针，在边疆民族地区落实了党的民族政策，强化了党在边疆民族地区的领导。云南人口较少民族中有五个是"直过"民族，党中央对人口较少民族的发展制定了特殊的政策，人口较少民族的生产生活有了巨大的改变，基本生存条件得到改善，水、电、路都通了，移动电话也安上了，教育、文化、卫生事业有了飞速的发展，让人口较少民族深刻地感受到国家的扶持政策的惠顾，人口较少民族的发展迎来了前所未有的历史性机遇。

对于家庭和村庄的变化，丙盖村民小组一位78岁的老太太说："现在好过了，路别人帮着修好，水拉到家里面，谷子也不用背了，路整的是滑溜溜的。现在连桌子都是光溜溜的，以前都是黑黢黢的。现在的共产党最好了，什么都帮你做。"村干部赵家金对扶持人口较少民族发展项目给本村带来的变化感触良深："道路修好了、活动室建起来了、很多人家得到政府发给的仔猪。"他说："我活到快八十岁，就数这几年日子最好过！国家不要农民的一分一文，还给这样给那样。我活一辈子最后几年能遇到这样的光景算值得啦！"我们问赵老对下一步扶贫有什么期望，他说自己老了，对以后已经没有太多要求，他对党、对中央领导的恩情已经感激不尽。

——云南省德宏州梁河县九保乡丙盖村访谈资料

"党中央很关心布朗族的发展，对我们有很多的优惠政策，就拿扶贫来说，国家还是做了不少实事的。就说读书吧，国家对我们的补助还是很大的，除此之外，国家还给寨子修了寨门，给寨子修了水泥路，给每家通了自来水管，修了卫生圈和沼气池，对国家的这些扶贫项目我们

是知道的,这些扶贫项目真的做得很好。"他笑笑,接着说,"党中央对布朗族很好,我们对国家的这些扶贫项目也很满意,现在就是想好好种茶,攒上钱就能过更好的日子了。""好日子就是有吃有穿,家电齐全,家电齐全就是要有电视、电扇、冰箱、洗衣机等;政策好主要是指茶叶价格要稳定。过好日子需要靠自己肯干,但还是觉得国家的政策很重要,还需要靠党中央、政府的帮助。"

——云南省西双版纳州勐海县布朗山乡吉良村吉良村民小组岩双丙访谈资料

锻炼了村民培育市场经济的能力。在扶持养猪的过程中,有的是猪由农户自己购买,看到猪在猪圈里面了就每头补助100元。也有的是由单位购买,这样可以把握无病猪,品种上要好一点,但是在养猪场养猪与农户自己养殖有差异,有地域差异、温度差异、饲料差异,在技术和资金都跟不上的情况下,效果不是很好。由农户自己购买,知道适合买什么猪,自己能养什么猪,在购买的过程中也可以了解市场,锻炼市场交易能力,哪怕是猪死了也不会怪罪谁。

农民的发展最终是要纳入市场行为的,扶持并不是将其保护起来,政府行为不应该护着、抱着,而是应该放开。通过培训等培养主体发展的能力,养猪方面会养猪、会买猪,还会卖猪。因为"最终游泳的还是他们自己",当然什么时候拿掉游泳圈就要看时机,对正在上坡的推上一把。首先也要让农户意识到,"我爹妈都不可能养我一辈子,党和国家已经够意思了"。在一个村子的扶持过程中,有几户农户失败是正常的,只要整体上成功就可以了。

做项目,国家太好了,通过项目扶持老百姓发展很快,而且也对党和政府充满了感情,喝酒醉了都说"共产党好"。在实施项目的过程中,调动村组长的积极性,提高其综合能力,市局会议到村上召开,请村组长来,让他们也听听市级领导的讲话,一起吃一顿饭,一起交流交流,也锻炼一下他们的能力。虽然各地在发展上存在差距,在地域上存在差异,但是"国家对老百姓好,老百姓也会对国家好"。

——云南省德宏州瑞丽市户育乡户育村委会雷贡村民小组访谈

第七章

七个人口较少民族扶贫中存在的问题

一 云南人口较少民族地区的制约因素

（一）居住在重要的生态环境区域，资源利用受限

云南特有七个人口较少民族聚居区往往也是生物多样性富集区，或者属于天然林保护工程实施区域，其生态意义大于经济发展。有的地区尽管拥有大量的自然资源，但是人口较少民族利用资源受到了种种限制。例如，云南省西双版纳州勐海县布朗山上的布龙自然保护区，过去是布朗族老百姓的轮歇地，3—5年轮换一次，砍伐有林地，种植旱稻，现在成了自然保护区，即使是自己的林地也不准砍伐，砍伐需要办证，办证对于布朗族来说比较麻烦，影响了一些布朗族村寨的发展。又如，2009年云南省德宏州陇川县户撒乡明舍村委会村集体林全部14000亩被划为生态公益林，不准进行砍伐，每亩每年补助4.5元，这样生态环境得到了较好的保护，但是经济发展受到了严重的制约。

（二）社会资本存量不足，自我发展能力弱

人口较少民族聚居社区内部的社会资本存量严重不足，主要表现在：第一，人口较少民族自我发展意识不足，存在"等、靠、要"的现象。有的人口较少民族群众将贫困看成一种正常的现象，或者理所当然，或者无所谓，你给一点要一点，不给也就拉倒，或者说缺乏自我发展的主动性。第二，社会发育程度低。人口较少民族居住在山高谷深的贫困地区，封锁了人们之间的物质与信息的交流。"直过"民族的负面影响依然存在，注重眼前利益，小生产者的意识还比较强烈。第三，缺乏合作组织载体。人口较少民族社区大部分属于"直过"区，传统上各种合作组织较多，但是传统的合作组织逐渐消失或已经不适应当前发展的要求，而新的合作组织还没有建立。第四，民族文化的负面影响。一些民族文化的负面影响降低了社区扶持人口较少民族发展的绩效。部分人口较少民族发展意识薄弱，安于现状，缺

乏对财富积累的追求，没有进一步扩大生产发展的意识。人口较少民族社区商品意识淡漠，从过去的"以物易物"到现在的"无商不富"，这需要一个接受商品意识的发展过程。人口较少民族主体素质、意识观念、驾驭市场能力、参与扶持发展能力等都比较差。第五，人口较少民族地区在传统上有扶持弱势群体的方法和做法，在一定的程度上有助于解决当地的贫困问题。随着国家政策的嵌入，对人口较少民族地区实施扶持政策，在外部资源输入的背景下，传统上维系人口较少民族地区稳定的非正式制度被外部嵌入的资源所打破。

德昂山是在新中国成立后从原始社会末期直接过渡到社会主义社会的"直过区"，发展历程有限，人们的思维方式也较简单。德昂族信仰小乘佛教，居住分散，是一个随和的民族，基本没有打架斗殴的现象，"没有政治思想，什么是社会主义都不知道，什么是国家都认不得……过去是连地主都有不起"。由于文化程度低，信息不通，发展思路闭塞，"做什么亏了就不敢再做，不相信科学。例如，有一年培育早育秧苗，多数人都不相信，要是失败了怎么办。形成一种恶性循环，越穷越怕，越怕越穷"。在课题组调查访谈的过程中，很多村民对扶贫都轻描淡写，没有太深的感触，对未来的扶贫工作也没什么期待，这是否与本地德昂族的性格有关？村民普遍没有计划性，不舍得吃苦，没有解决生活的主动性。虽然这也是一种生活方式，但是连温饱和基本发展都不能维持，还是应该自力更生，奋起直追才是。此外，村民为了面子而不惜负债请客，为了面子宁可借出也不愿卖余粮，由此可见民族文化因素对经济发展的干预。但这种影响很难用简单的"积极"、"消极"两个词来评判。

——云南省德宏州潞西市三台山乡出冬瓜村访谈资料

政策宣传不到位，政策宣传从乡镇一级到村委会，从村委会到村民小组，但是很多政策就封锁在村民小组里面。2005年以前，参加会议、传达、落实会议精神不够，村干部在打瞌睡，中央一号文件都不知道，政策没有宣传就容易瞎猜测，大家的积极性就受到影响。例如，2003年三台山乡发洪水，上级政府为了治理生态环境实施退耕还林，德昂族群众就打了"瞌睡"，说怎么会有这么好的政策，不相信政策，所以就不退，结果汉族就争着指标赶紧退耕地。汉族干部是去要指标，德昂族干部是去退指标，一两年过去了，大家才说这个政策还可以嘛，到第三四年已经没有了指标,后悔已经来不及了,退耕还林每年每亩补助260元。这根本上还是干部素质有问题。又如,2003—2004年取消了农业税后,为实施粮食直补,完成面积统计,副乡长来做工作,结果大家不相信,说自古以来皇粮国税,怎么可能,统计面积肯定是为了征税,所以就不积极配合,不把实际的面积报出来,结果粮食直补的面积就减少了很多。

——云南省德宏州潞西市三台山乡出冬瓜潞西市政协副调研员杨腊三访谈

(三) 受教育程度低下,发展动力不足

受教育水平是制约人口较少民族聚居地区经济社会协调发展的重要因素。第一,劳动者素质普遍较低。一方面传统的生产生活技能在现代社会中逐步失去了往日的作用,民族文化中的教育和训练没有得到保护与传承;另一方面尽管实施了"普六"和"普九",人口较少民族的文化程度有所提高,但是大部分初中毕业的年轻人外出打工,在人口较少民族地区的劳动者素质仍然普遍很低,基本劳动技能、基本种养殖技术还是无法推广。第二,人口较少民族地区学前教育普及率普遍较低,义务教育学校标准化率低,寄宿制学校规模小,职业教育薄弱,双语教育发展滞后,平均受教育年限低下,青壮年文盲率较高。第三,人口较少民族难以获得接受高等教育的机会,人口较少民族地区义务教育结束以后,很少有机会进入更高一级的学校,接受高等教育的培养。过去通过"定向"或委培方式的制度受到不同程度的冲击,现在尽管有加分的优惠政策,但是实际上人口较少民族地区的学生即使再加多少分,也难与发达地区进行有效的竞争。第四,人才培养存在误区。人口较少民族发展面临的困难之一是缺乏人才,认为人才是人口较少民族发展首先要解决的问题之一,但是在实际的发展过程中,培养人才以后出现了"弃当地化",也就是说,在人才得到培养、能力得到提高以后,就开始向外转移,例如经过培训的妇女到城市打工造成劳动力的转移。

现在读书还是面临着许多问题,读书以后的就业非常困难。初中到高中就比较困难,因为学习成绩不好,难以进入高中继续学习;学习成绩好的学生,有的又是家庭经济条件不好,多数人都是初中毕业就回家了。供一个大学生每年需要一两万元,才能基本上过得去,而且还够低低的(方言:意思是很勉强),只有中上经济条件的农户才能供一个大学生读书。阿昌族的就业就是一个很大的问题,九保中学大约就只有

20%的升学率。现在的大学生太少了,每年只有几十个阿昌族的大学生,阿昌族可以加分,但是有的加了也没有什么用处;学费可以申请贷款,但是有的学生也不知道怎么申请。

——云南省德宏州梁河县丙盖村民小组学校教师曹先旺老师访谈资料

人口较少民族的教育是一个大问题,在初中以下,家庭基本上没有什么负担,由国家补贴,现在的问题是高中以上教育。高中以上的教育花费往往是初中花费的几倍。初中升入高中的升学率就比较低,过去是按照指标而定的,有一定的名额或者比例,也就是说在"矮子里面拔高个儿",但是并轨以后,即使也有加分等优惠政策,但是加得再多也赶不上城里的学生。过去是靠政策,有一定的名额,现在是越来越难了。

教育现在也是"扶小不扶大",小学、初中是扶持的,但是高中、大学就没有扶持了,哪怕是贫困的大学生,相互之间也会攀比,许多家庭都是借钱供读书。但是大学毕业以后,工作又非常难找,也没有什么靠山。因此初中毕业以后,一般的家庭也就没有继续供孩子读书了。在我们这里攻读到高中以后就很少,高中毕业也考不上一本二本,也就是读读一般的二级学院,工作更难找。教育事业是一项系统工程,从目前来看,九年义务教育没有太大的问题,但是高中、大学的教育是一个大问题。能不能负担起这个重任,能不能就业,成为了关键的问题。

——云南省德宏州梁河县囊宋乡人大副主席们德昌(男,33岁,阿昌族,大专)访谈资料

教育条件落后,学生上学积极性差,家长不重视,进入初中后就陆续跑回家了,初中毕业生都不多。国民教育在人口较少民族的扶持过程中占有重要的地位,但是加大扶持人口较少民族教育发展力度的时候,一般都主要集中在初等教育,也就是九年义务教育阶段,高中教育就面临着很大的压力,不仅是经济方面的压力,而且是教育资源方面的压力,更别说大学教育了。我是1993年的时候读的电大班,学的专业是政教班,2005年在省委党校学习本科,这种在职教育在教育系统是不承认的,"现在我们是空心砖"(意思是没有什么文化水平)。

由于在人口较少民族并没有幼儿园之类的学前教育,到7—9岁进入小学才开始学汉语,因此应该高度重视教育问题,开展幼儿教育,因

为当前的许多扶持只是提供一种条件，真正的发展还是需要人来发展，"一颗子弹只能打死一个人，一本书可以教育一代人，影响一代人"。读得起初中的人多，高中还有一小部分，但是读得起大学的就少了。三台山勐丹村有个学生考上大学以后家里供不起，差不多是全村支持、赞助的。

——云南省德宏州潞西市民宗局副局长穆勒都（男，46岁，景颇族，大学）访谈资料

小学基本上没有什么困难，初中就有一些被动，其中，读不起书的人少，不愿意读书的多，一是读不进去，二是家长不支持。主要是大学也考不上，考上大学也读不起，因为大学所在地与当地的经济发展差距大，需要的费用高，读得起大学，毕业以后也找不到工作。不愿读，认为读书无用，"没有搞场"（没有意思），初中不愿意读的就多，就如我是汉族，叫我学景颇语，我就不愿意，愿意学也不一定学得好。因此，大家的起点不一，德昂族学生学汉语、读书就不如汉族学生。初中的入学率是95%以上，但是高中以上就没有几个人。如果是以少数民族的语言作为学习的基本工具，那么学习的起点对于汉族学生来说，肯定也是不公平的。

——云南省德宏州瑞丽市民宗局副局长周德文访谈资料

布朗族居住的蔓芽村气候条件好，橡胶种植使此地的布朗族老百姓收入比较可观，但是富裕起来的村民并不重视教育。问到对孩子教育的看法，村民普遍的态度是："小孩要读书就给读，小孩不想读嘛就算了，能读上去有工作更好，不用辛苦地割胶，尽管割胶很赚钱；但是要是他们不想读嘛回来还能帮忙家里割胶，收入也还不错。"受这种想法左右，村中多数年轻人读完初中便不再继续读书，读到高中的极少，考上大学的更是凤毛麟角。聊到学校教育，村里一个年轻姑娘也认为读书和知识很重要，"但是就是不想读，寨子里的年轻人不怎么喜欢读书，觉得割胶虽然辛苦但能赚钱，现在很多人读出来也没工作"。由此可见，村民思想的提升并没有和经济的发展成正比，在多数村民心中，有吃有喝就是生活富裕。

——云南省西双版纳州勐海县打洛镇曼山村委会曼芽村调查资料

在吉良村，学校教育面临诸多问题。家庭对孩子的教育支持不够，

部分原因是家庭经济收入有限，教育成本高，但更关键的原因是"读书无用论"在作祟。该村村民平均受教育年限低下，青壮年文盲率较高。对此，岩副乡长说："虽然学费、杂费都已经免除，但是家里还是需要一定的投入。加上是少数民族，经济跟不上，学习的分数也跟不上，去坝子里读书还学会了上网、喝酒，读书没有读成，劳动也不愿干了，也不会干了，变得懒惰。村里人认为读完小学，识个字，会写自己的名字，会记个账就可以了，然后放放牛，搞点茶树，买个拖拉机干干活。此外，还有一个是榜样的问题，如果有人考上大学，找到工作，那么大家就有一个榜样在那里，家长的支持和学生的动力就大。问题是今年一本只考上两个人，而且都还是在外面读的书。老师在山区也不安心，业务不加强，生活条件差，山区老师的工资应该要翻一倍，教师队伍才能稳定，才能专心工作，专研教学。"村里人认为"现在读书浪费钱，还不如回来当和尚"。

——云南省西双版纳州勐海县布朗山乡吉良村调查

（四）社会事业投入力度不足，公共产品服务供给有限

政府长期以来关注少数民族社区的经济发展，尽管进行了大量的扶持，但是仍然有很大一部分地区处于贫困状态，有的人口较少民族地区扶持发展工作进展缓慢，有的地方甚至出现了返贫现象，出现了扶贫—脱贫—返贫—再扶贫的恶性循环，有的地方对政府的扶持有抵触的情绪，这说明这些扶持缺乏从当地社区发展视角出发的观点和思路。在扶持过程中以经济为指标的单兵发展模式，较少关注社会发展问题，往往导致环境破坏、社会资本降低、传统文化遗失等各种社会问题。

第一，云南人口较少民族群众自我筹集资源建设社会保障体系的能力弱。对于人口较少民族地区来说，农村居民最低生活保障成为最后一道生活保障，尤其是人口较少民族群体中的特殊贫困家庭。但在实施最低生活保障过程中，名额有限，得到低保的人员也不一定是社区中最为贫困的，低保成为村干部的一种特权，甚至出现了低保平分的现象。

第二，由于自然环境恶劣，各种气候不利于人的健康，地方性疾病多发，加上经济收入匮乏，小病不医，大病医不起，"因病返贫"问题严重，"因病致贫、因残致贫、因病返贫"在人口较少民族地区特困农户中占的比例最大。在新型农村合作医疗补助和救助方面，由于没有基本的自己缴纳的资金，仍然有部分群体没有参加合作医疗；有的则是参加合作医疗的报账制度不清楚，从未得到过合作医疗的恩泽；有的是村委会没有医疗点；有的是

报账点离村委会太远，出现参加了合作医疗却无法简单有效地得到医疗保障的情况。

第三，在新型农村养老保险补助上，人口较少民族地区难以推广农村基本养老制度，一方面大家对养老保险认识不足；另一方面由于贫困没有更多的资金用于养老保险。但是在现实中，传统上"养儿防老"或传统文化中养老的一些习俗已经逐步消失，新的养老体系尚未建立，出现了"老无所依"的现象。

当我们提出要调研罗古箐最困难的一户家庭时，村民小组组长向我推荐了和小全家。和小全18岁，父亲和阿凡45岁，母亲和拾英41岁，还有两个十多岁的妹妹。和小全11岁时患阑尾炎在通甸镇医院做手术，术后一年开始出现下肢疼痛症状，病情逐年加重。自2009年3月份起，和小全下身已经完全瘫痪，只能躺在床上，除了吃饭，其他方面都不能自理，整天只能以电视为伴。患病前，和小全父母养有近40只羊和8头牛，生活水平在村里算中等。和小全生病后，家里不仅卖掉了所有值钱的东西，还债台高筑，现在欠亲戚8000多元。妹妹为了给哥哥治病放弃读书，现在通甸一家餐馆里做洗碗工。和小全父亲多年来积劳成疾，加上儿子生病带给他的打击，最近两年来风湿严重，家里的劳动就落在和小全母亲一人身上。刚开始，亲戚都很热心，卖牛卖羊来帮助他们家筹医疗费，但现在都已经五六年，小全的病不见好转，亲戚也不可能再伸出援手。"娃娃一生病，我们一个家就垮下来了，原来我们在村子里日子还算中等，现在最差就是我们家。娃娃该带去看病也去了，该搞的迷信也搞了，但不见一点儿好转，我们都快疯了。"和小全的母亲哽咽着对我讲。至于和小全下肢瘫痪具体原因是什么，她母亲说医院未查出。但在病因不明的情况下，她从镇医院买了一些药物给小全服用，我一看是医治尿路感染以及止疼的。在病情不明的情况下乱服药非常危险，但在偏远农村这样的情况很常见，确实令人担忧。

——云南省怒江州兰坪县通甸镇德胜村委会罗古箐自然村访谈资料

(五) 社区参与扶持发展不够

首先，在项目规划和实施中，没有考虑民族文化等因素，扶持过程中存在一些不完善或者不甚严密的地方。其次，正是因为没有社区群众的参与，有些地方的群体缺乏对实施项目的认同，在项目的实施中也不给予积极的配合和支持，影响了项目实施的效果。最后，在项目实施效果的监测中，人口较少民族群众往往只是一种陪衬的角色，因为监测的满意与否还决定着下一次扶持政策能否下达。例如，在德宏州梁河县九保乡弄别村委会那峦昌寨村民小组建了一个养猪场，但是一直都没有得到利用，老百姓谁都不会说不好，因为如果说不好，上级就再也不扶持了。人口较少民族参与扶持发展过程中，参与程度不足主要体现在以下几个方面：首先，参与的渠道不畅。在云南扶持人口较少民族发展中，社区参与的路径较少，仅只有"一事一议，财政奖补"以及一般项目实施中的被动参与，而没有其他方面的参与。更为重要的是，现有的制度安排及扶持发展机制，主要是社区成员的参与路径，没有明确社区以外其他主体的参与路径。非社区成员尤其是政府在社区参与中没有固定的路径及套路，容易形成无序参与或过度参与，导致诸如"政府越位"现象的出现。其次，参与的能力弱。在两种有限的参与路径下，云南人口较少民族的参与能力弱又限制了贫困人群的社区参与程度。云南人口较少民族综合素质差，在不同的扶贫开发项目中都有体现。如在产业发展项目中，政府或其他扶贫组织已为社区确定了一项较好的产业发展项目，但社区成员并不熟悉项目所需的技术，由于不可预期的风险，导致其参与的积极性低。同时，再好的产业开发项目，基于贫困人群市场意识淡薄，经历一次失败之后，对其他项目的参与程度也会降低。在一些"以工代赈"项目的实施中，扶贫开发的初衷是通过项目的实施，带动贫困人群劳动力转移，使其获得工资性收入，但由于贫困人群技术匮乏（如贫困村集中供水水池的修建及水管的安装等技术匮乏），技术储备不足，贫困人群被技术排除在外，参与能力弱。最后，农民主体地位被忽略。长期以来，"政府主导、农民主体"的思想成为扶贫开发主体建构的思想基础，政府包揽了扶贫开发项目的规划、确立、实施、评估等各个环节，人口较少民族作为发展的主体反而成了"旁观者"，没有发挥主体的作用。

（六）投入与需求矛盾仍然很大

由于云南人口较少民族人口多、分布广，聚居地区自然条件恶劣、经济社会发展落后，交通条件不便，扶持发展成本更高，又受到财政制约，对人口较少民族扶持的投入仍然不足。总体来说，针对人口较少民族群众的扶贫投入仍然难以满足真正的需求。过去各种农村政策到达人口较少民族地区都会被认为是扶持人口较少民族发展的政策，事实上，有的政策针对农村，所有的农村都享受这种政策。而人口较少民族作为农村中的特殊贫困群体，扶持力度应该进一步加大。此外，在发展中需要一个过程，尤其是在面对资源投入有限的情况下，是雪中送炭还是锦上添花，这是一种艰难的选择。在人口较少民族地区，自然条件更加恶劣、经济社会发展更加落后、交通条件更加不便的边远贫困山区,其扶贫成本更高,投入要求更高,扶贫任务更艰巨。

与此同时,目前使用的深度贫困标准是2009年制定的,随着国家扶贫标准的提高,云南人口较少民族贫困人口会出现制度性提高。在2300元的贫困标准下,深度贫困标准可能提高1500元左右,届时,云南人口较少民族的贫困人口将在现在的基础上扩大4—5倍。在这样的制度性返贫背景下,云南人口较少民族贫困人口总数减少将放缓,甚至还将进一步增加。但是,这样的制度性返贫在一定程度上是有益的,从根本上提高了扶贫的标准,有利于夯实人口较少民族地区经济发展的基础。

二 扶持发展过程中存在的问题

(一) 扶贫资源外部植入性强,缺乏社区发展的视角

扶贫的主要标志之一是资源的输入,而发展归根结底是人口较少民族地区的自我发展,发展的主体和发展的受益者都是人口较少民族。从这个角度讲,扶持人口较少民族发展首先需要了解其实际需求。目前,由于扶贫开发的外部主导性,致使针对人口较少民族群众的扶贫体现出较强的外部植入性。联合国开发计划署在1993年明确强调:"发展是人的发展,为了人的发展,由人去从事的发展。"当然还应该加上一点,就是"发展成果由人来共享"。但是,当前针对人口较少民族地区扶持与不同类型的发展目标是有区别的,缺乏人口较少民族地区的社区视角。扶持人口较少民族地区,资源输入主体是政府,扶持对象或者说发展主体是贫困民族。一方面政府的政策是针对多数地区制定的,具有普遍性,而人口较少民族的需求是多样的,在对接上存在不一致;另一方面,扶持资源的输入类型和输入方式均是以提高扶持效益为出发点推进的,与社区传统文化或者民族的传统习俗存在不一致甚至矛盾的地方。人口较少民族现有扶贫项目的实施,缺乏了解当地生产生活的基本情况,扶贫规划和扶贫资源输入存在政府行为,缺乏充分了解贫困社区群众的需求,缺乏资源动员,外部资源与社区资源缺乏有机整合。例如,在易地搬迁的景洪市基诺山乡巴飘村,搬迁选址规划中没有考虑农村生产、生活的特殊性和村庄的持续发展问题,"地基是机关部队地基,只住人,不管其他",搬迁后,"我们除了地基什么都没有",村民们没有一分菜地,只能去买菜吃,一出门就要骑摩托车、开拖拉机,生活成本高;没有一个固定堆柴点,不能养鸡,不能养狗,也没有多的地基,"现在盖新房的地基已经很难找,五年、十年以后就更成问题了,如果现在不解决,十年后我们那块水田肯定保不了,到时候村民就是犯法,也要侵占基本农田了"。

在项目规划和实施中缺乏社区群众的积极参与，社区群众缺乏对实施项目的认同，不利于激发扶贫对象的积极性，在实施中配合和支持力度不足，影响了项目实施的效果。

第一，在扶持人口较少民族发展的过程中，扶贫资源是输入型的，实施项目也基本上是按照上级规划而确定的，在扶贫项目实施前的项目实施方案制订和设计并没有充分征求当地社区居民的意见，或者规划往往与当地实际不相符合，也就是纸上一套，实际一套。往往是想到哪里就做到哪里，要么就是几个领导按照自己的设想来做，存在一些不完善或者不甚严密的地方。第二，因为没有社区群体的参与，有的地方的群众缺乏对实施项目的认同，在项目的实施中也不给予积极的配合和支持，影响了项目实施的效果。第三，在项目实施效果的监测中，对于人口较少民族来说，资源的外部输入为主导，社区群众没有支配资源配置的权利，在一定的程度导致资源配置不合理，影响了扶贫的效率，也正是因为没有这种权利，无法真正地介入扶贫实施的监测中。

>安居工程作为一项惠民工程，在一定程度上大大改善了云南人口较少民族居住的环境，但是云南人口较少民族在传统上有着不同的房屋建筑模式，为解决住房难，对茅草房、杈杈房进行了改造，给了免费水泥瓦，但是所有的瓦片与老百姓的建筑面积不匹配，有的自己购买了一部分，全部都铺上了瓦片；有的则是没有办法，只好自己铺上一些木板，结果是"外面下大雨，里面下小雨"。这就是典型的投入与需求矛盾大的个案。
>——云南省怒江州兰坪县通甸镇得胜村委会得胜自然村访谈资料

据村民反映，有些项目（如抗震房）不扶持还好，扶持反而加重了被扶持群众的负担。比如建房补贴规定村民必须在规定的时间内建盖新房才能领到补贴，过期无效。村民都渴望领到补贴，但又没有足够的经济能力盖房，因此，为了领到补贴，有的村民不得不负债盖房。如村民李卫山说："政府扶持了一半的石棉瓦、空心砖和水泥，很感谢。但用这些材料盖起的房子经历过地震后能不能抗震还是个问题。为了盖房，自己还赊了四五千元的砖，造成还得做人家的小工去还钱。"其次，有些项目扶持不符合社区日后的发展需要。例如消除茅草房和杈杈房，补助石棉瓦和空心砖，这个项目有效降低了火灾风险，但与此同时，茅草房和杈杈房的消失也让本村失去了原有的民居特色，不利于旅游业的发展。有些开办农家乐的村民为了突出原有的民居特色，在石棉瓦上压上木条或是铺上茅草，但是木板和茅草是吸水的，而石棉瓦不吸水，因此，这种做法极易造成房子严重漏水。

——云南省怒江州福贡县匹河乡老姆登村访谈资料

（二）扶贫绩效低下

第一，由于扶贫资源的外部输入型，加上一些扶贫规划或者说来源的限制，难以针对多元的需求真正做到按需扶持，缺乏当地群体的积极配合，在一定程度上降低了扶持效益。

第二，扶贫项目实施过程涉及不同的相关利益群体，不仅包括众多的政府主管部门、实施部门、乡镇一级政府，而且包括村委会以及村民小组，过去往往很少综合协调不同利益群体的关系，由于各级政府或者各个职能部门之间缺乏积极配合，项目上缺乏综合的协调，忽略某一个利益群体，导致项目实施过程中没有形成合力，影响了项目实施的效果。例如，在梁河县九保乡丙盖村委会丙盖村民小组仅人畜饮水就实施了五次之多，但仍存在一定的问题。有一些村民说："某某村民小组的人畜饮水已经实施了四五次了，为什么还没有轮到我们小组。"显然，这主要是因为目前的扶贫项目没有一个整合，有社会资源的村落，往往可以一而再再而三地重复实施扶贫项目，没有社会关系的村落往往只能干瞪眼。要么每个部门都做水项目，要么大家都做养殖项目，扶贫项目没有做到综合协调。

第三，就扶贫绩效评价而言，扶持单位自己考核，出现既是运动员、又是裁判员的现象，而最重要的扶贫对象，由于没有资源在手，声音几乎被忽略，其考核或者评价基本上没有任何意义。此外，以人口较少民族的"四通五有三达到"为评价指标，但这些基本上都是一些定性的指标，在达到这些扶持目标的过程中，没有一个定量的相对变化的指标，不利于提高扶贫的绩效。

（三）农户受益面小，扶贫收益情况不一

由于特殊群体扶贫的项目实施、考核、验收的单元以村委会为单位，因此在一定程度上，村庄的通信、电力通达、公路建设等基础设施已达一定水平，社会事业、产业扶持也得到了一定的发展，但是与全省的平均水平相比仍然存在很大的差距。尤其是由于不同农户在享有扶贫项目的能力上有差别，因此在农户脱贫致富的过程中，户一级的发展差距在拉大。例如，通路以后，有交通工具的农户就得到更多的发展机会，没有的就会受到限制。又如，通电以后，有的农户建盖了碾米房，收入得到了大幅度的增加，而其他农户仅仅只能在生活上有所改善。大部分扶贫基本上没有入户项目，对农户来说，发展所需没有得到真正的满足。

在贫困地区，各种社会问题尤为复杂，这些人口较少民族中的贫困者，不仅仅是传统贫困概念上的收入过低（即家庭收入低于某个标准）。这种定义缺陷在于仅仅以收入作为衡量贫困的标准，这只是对贫困的工具性而非实质性的理解，这样的扶持没有关注到这部分真正的贫困群体。这些贫困者占有和利用扶贫资源更加有限，较少能获得扶贫资源，更谈不上积极参与扶贫项目的实施。人口较少民族地区在发展过程中抵御风险能力比较薄弱，缺乏抵抗风险的保障体系，发展中有"后顾之忧"，出现了"什么都不敢干""什么都干不了"的局面。如何识别、关注和扶持真正的弱势群体，在扶持人口较少民族中，社会公平往往成为首先要考虑的前提。

（四）产业扶持面临诸多问题，需要进一步加大扶持力度

云南人口较少民族聚居区"脱贫不易返贫易"，许多人口较少民族群体在整体上求生存没有什么困难，但是"脱贫"并不十分牢靠，更何况求发展。因为一个仅仅解决了温饱的农户，家里基本上没有太多的积蓄，稍遇风险势必重新陷入困境，返贫在所难免。这就需要进行产业发展，只有产业发展才能最终实现脱贫，但是人口较少民族的产业扶持面临诸多问题。

第一，部分项目的实施存在不适应性，或在项目实施过程中管理不善，人口较少民族群众在尝试产业发展的过程中，如果失败了就会带来更深的贫困，所以经常是缩手缩脚，产业发展缓慢。如种植作物遭灾害、市场销售不好，或是养殖的牲畜死亡及销售不好等。这些都会给原本就已经非常贫困的农户带来更大的压力。实施项目一旦失败，就出现"一朝被蛇咬，十年怕井绳"的状况。在扶持过程中，这些情况没有得到相关部门的重视，因此出现了扶贫对象在扶持过程中缺乏主动性和积极性的情况。

在产业扶持中，2009年对3万亩竹子的扶持就是失败的。立秋以后下达的种植任务，老百姓都说季节不对，种不活，但因为上级要求必须全部完成，因此乡政府只能在经费还没下来的情况下，发动所有的机关人员和村民一起种。结果竹子多数死了，成活率不到2%，浪费了资金和人力。种膏桐，宣传说当年栽种当年就可以挂果，动员群众热火朝天地干，结果当年栽下去，但是后来当年能长出叶子就已经不错了，三年后也没见长大，更不用说结果，老百姓害怕了，"一朝被蛇咬"，"抓到黄鳝都以为是蛇"，大多数人家便都拔掉了种松树。

——云南省德宏州潞西市三台山乡出冬瓜村访谈记录

第二，产业发展首先要有一定的内部资源，其次需要外部环境。就云南的这些特殊群体而言，产业发展中面临诸多问题，例如自然环境、资金，风险、市场、人才等。因此，在扶持发展产业的过程中，一方面，部分项目的实施存在不适应性；另一方面，项目实施过程中存在管理不善的问题。

第三，在扶持人口较少民族发展的过程中，注重生产投入，而忽视了对贫困地区的市场引导和建设。很多干部在贫困地区的扶贫工作只注意大力发展生产，大量的扶贫资金都投入生产设施、生产要素和生产技术之中，而忽视了对贫困户的市场指引和市场建设。例如，主要居住在云南西北部的怒族地区，政府在扶贫过程中结合自然资源优势，指导农户发展粮食、牲畜、家禽、木材和药材，并投入大量的人力物力，但是由于市场建设的滞后，而单个的农户或贫困户市场营销能力又弱，市场经济观念淡薄，人口较少民族地区的群众对市场仍然不是十分熟悉。在缺乏政府组织整体营销渠道的情况下，产品滞销严重，影响了群众经济收入的增加，难以扩大再生产。因此，出现了生产出的农产品越多、亏损越严重的恶性循环，脱贫率难以提高。

> 在人口较少民族居住的大部分地区，养殖业中最为普遍的就是饲养肥猪。在一定程度来说，饲养肥猪的历史比较长，大家基本都有饲养的经验，加上肥猪的用途比较广，既可以销售，也可以自己过年杀吃，其经济和社会价值得到了大家的认可。因此，在对蛮岗村民小组的扶持过程中，曾经有一次扶持仔猪。但实际上，大部门农户已经饲养了母猪，每家每户基本上都可能有仔猪，大部分的仔猪自己都还需要出售，个别没有的农户也可以从亲戚朋友那里得到。显然，村子里是不需要扶持仔猪的。同时，这个时候正在修村间道路，由于规划与实际的建设有出入，建设石板路的资金面临大的问题，大家已经集资了一次，听说有这么一批扶贫猪，便都希望将猪作价，得到一笔现金。因此，将价值为7.5万元的猪作价4万元又出售给杨永强，杨到现在为止才给了2万元。就是在这个过程中，民宗局从杨永强那里拿了价值为7.5万元的猪，但是老百姓不需要，结果是猪没有见到，中间这样一转就只得到2万元。显然，这个时候已经没有必要再讨论扶持的绩效问题，在这种情况下，需要政策有一定的调整，政府也需要重新思考一下。
>
> ——云南省德宏州陇川县户撒阿昌族乡的明社村委会蛮岗村民小组访谈

前些年村民多用旱地种甘蔗，可当时糖价不好，糖厂不景气，种甘蔗利润低，因此相关部门就引导村民改种坚果树木。果木种下后不久，没想到糖价飙升，甘蔗收购价格很高，但村民地里种有果木，想改种甘蔗也不行了，只能"望果木兴叹"，果木最近一两年还不能挂果，对村民来说可是不小的经济损失。出现这种情况不是任何人的错，市场经济瞬息万变，政府相关部门也无法预测，但政府又必须为人民群众的经济发展作引导和规划，因此，在市场经济背景下，政府如何更好地扮演经济发展引导人角色，就显得至关重要。

——云南省德宏州梁河县曩宋乡弄别村委会南林自然村访谈资料

茶叶是老姆登村民的重要经济来源，很多村民为了发展茶叶而放弃种水稻，因而不得不买粮食。然而，由于不允许茶农自己加工，茶农只能出售鲜茶给收购商，可是，收购商把收购价压得很低，同时还会拖欠茶叶款，让茶农遭受了巨大的经济损失。因此，本地的茶农呼吁政府加强对收购商的监管，保障茶农权益。此外，本地茶厂加工技术含量低，资金缺乏，规模不大，政府应该在茶叶生产和促销方面多给予扶持。

——云南省怒江州福贡县匹河乡老姆登村访谈资料

（五）扶持发展中存在"木桶理论"

在实施扶持人口较少民族的过程中，从各级政府到各个部门，从乡镇、村落到各家各户，甚至到个体农民以及对口帮扶的外部力量，各自发挥作用，形成合力，才能更好地有效促进人口较少民族的发展。在这一过程中，任何一方的缺失，都会造成"水桶效应"（也称为"短板效应"），即一个水桶无论有多高，它盛水的高度取决于其中最低的那块木板。

扶持人口较少民族工作中出现了一些短板现象。扶持人口较少民族发展工作的开展，相应的工作能力要求提高，工作任务加重，不仅要懂得电脑、懂经济，还要懂统计工作，擅长做群众工作，有的老同志甚至连电脑打字都不会，这样给整个工作的开展，包括项目实施前的调研、项目设计、实施、指导和验收等都提出了较高的要求。但是，扶持人口较少民族发展的规划实施由各级民族事务委员会或者民族宗教事务委员会负责，原本民委或民宗的主要职责是解决处理民族问题、宗教问题，例如，梁河县民宗局一共就只有七个人，由于梁河县有大量的傣族信仰宗教，宗教方面的工作非常重，加上境外基督教等各种非法传教现象比较多，因此，扶持人口较少民族工作精力严重不够。在扶持人口较少民族发展工作推进中，项目的具体落实往往是由最底层的村民小组来执行,村民小组组长也就成为重要的领头人。一般情况下,村民小组干部是由当地有能力的农民、复员军人和农村党员担任,但是由于村组干部的待遇不高,津贴较低,工作难度大,有压力,干的往往都是得罪人的事,所以有点学问、有些能力的人都外出打工挣钱去了,大多不愿当村组干部。因此,导致许多村组领导班子"不得力"(没有能力、不卖力干工作等意思),有的村民小组的工作甚至长期处于半瘫痪状态,扶持发展工作推进难度大,直接影响了扶持发展效果。

三 扶持发展以后出现的新问题新情况

(一)扶持政策尚未惠及全体人口较少民族,部分群体仍然没有得到扶持

云南省人口较少民族分布具有大杂居、小聚居的特点,以"民族"作为标准对人口较少民族进行扶持,以村委会为扶持发展单元,难以真正覆盖全体人口较少民族。一方面,杂居于其他民族中的少部分人口较少民族群体,尤其是人口较少的区域或者散居于其他地区的"插花户"尚未得到政策的惠及。扶持人口较少民族的政策以村委会为扶持单位,未列入原规划但人口较少民族人口占本村委会总人口比例在10%以上的还有107个行政村、1057个自然村。也就是说,一些地区仍然存在"盲点",还留有"死角"。例如,德宏州梁河县囊宋乡瑞泉村委会墩欠自然村,全村100%都是阿昌族,但是由于所属村委会一级的人口较少民族的人口数量达不到总人口的20%,没有被纳入扶持对象。基层干部跟老百姓的解释不起任何作用,开展基层工作非常困难,群众抵触情绪相当严重。这样的局面不利于边疆的稳定和民族的团结。

> 墩欠自然村是一个典型的阿昌族半山区寨子,由于所在的瑞泉村委会人口较少民族的数量不多,未列入扶持人口较少民族发展规划中,因此尽管墩欠全村基本上是阿昌族,也未列入扶持人口较少民族发展规划中,至今仍未得到任何扶持。这几年由于煤场已经关闭,村集体没有任何经济来源进行集体建设,各家各户基本上也就只能自顾各家的生产和生活,于是整个村落就陷入了一种没有任何建设的情况,与别的村子差距越拉越大。同丙盖相比,"以前和他们的日子差不多,现在村庄的发展就不同了,他们样样条件都好,路也好走,村里面也干净,去哪里都可以开车、骑车,人也不累、不苦。我们这里就苦多了,路不好,去哪

里都要背着东西,在村子里面串个门子都不方便,晚上都怕跌倒,尤其是女人家更苦"。墩欠村民不清楚他们为什么没被列为帮扶对象,为此他们很难接受,有很多委屈,"共产党的政策这么好,为什么到墩欠就没有?其他阿昌族地方都得到政府的大力扶持,不知道国家把我们墩欠阿昌看作什么民族?!太阳不照弯拐路,月亮不照背阴山!"村干部形容上级不来关注本村时说:"多年不到苦山来,心要宽来气要凉;看到此山心要宽,来到此山心要安。"村民们甚至有这样一种想法,"几个寨子约起来,组织上访一下"。

——梁河县曩宋阿昌族乡瑞泉村委会墩欠村民小组调查资料

另一方面,在针对人口较少民族下达一系列政策以后,社会经济发展得到了前所未有的提高,但是居住在同一区域,在生产生活上甚至比人口较少民族更加落后的一些民族,心理上产生了很大的不满,对多民族杂居区域是十分不利的。在一部分群体得到扶持以后,另外一部分的发展后进就更加明显,对整个地区的稳定与发展产生了一系列不良的影响,导致产生了一些民族问题和边疆问题。

以"民族"为扶持对象,对不同的区域、不同的发展程度,以同一的扶持标准进行扶持,其扶持效果是不一样的。云南不同的人口较少民族聚居于不同的区域,自然环境差异比较大,资源禀赋、交通通达情况、经济社会发展程度差异也很大。即使是同一民族,居住区域不同,贫富差距也很大。在这样的背景下,同样的扶贫力度,同样的扶贫资金投入,扶贫的绩效也是不同的。

(二)资源动员过程中存在种种不足或问题

在扶贫过程中,没有充分意识到扶贫资源动员的重要性,造成了扶贫资源动员主体的缺位,致使扶贫资源动员过程中存在着种种不足或问题。

第一,扶贫资源动员主体缺位。一方面,政府掌握着大量的扶贫资源,扶贫资源的输入是从上到下的。作为扶贫资源输入的主体,政府往往认为只要有资源输入就可以了,对资源输入的总量、方式、途径却不是很重视,认为资源的输入完成也就是扶贫任务的完成。另一方面,贫困者作为发展的主体,由于其贫困的重要原因之一就是社会资本存量相对较低,尤其是在国家权力嵌入、农业税取消后,贫困地区出现了众多空壳村,很多贫困地区没有资金来保障资源动员。

第二,扶贫资源动员能力不足。在整个扶持人口较少民族发展行动中,严重缺乏资源动员的环节,扶贫资源的动员能力满足不了贫困地区社会经济、社会事业发展的需要。政府在扶贫资源动员的过程中，往往简单地运用行政动员或者经济动员的方式，对传统民族地区来说，这样简单的动员方式达不到动员的目的。

第三，资源动员进程中缺乏制度保障。一方面，政府侧重于资源配置过程的末端，即最后的输出这个环节，只关注资源配置的前端，忽视了资源动员的体制、机制的基础地位和作用，没有相应的制度保障；另一方面，由于历史或者民族传统，或者贫困程度不一，或者扶贫资源分配遗留的问题，出现了"会哭的孩子有奶吃"的现象，没有积极调动扶贫对象拥有的资源，导致扶贫对象对扶持不热情，不积极，不支持，甚至是反感，造成了反贫困进程中资源动员的制度缺位。

（三）"重建设、轻管理"，扶持项目的后续管理存在诸多问题

扶持过程中"重建设、轻管理"，缺乏项目的后续管理。在项目扶贫实施之前，大家都争来争去找项目，项目实施以后就很少关注后续管理和使用。有的缺乏对项目实施的认同感，有的没有相应的维护管理经费，或者缺乏相应的管理平台。项目建设完成以后管理粗放，一些村寨建成饮水设施后，因建设标准低，维护成本高，无钱维护，无人管理。例如，梁河县曩宋乡弄别村委会南林村的引水管道，做好水管两年多就停水了，水管建成后也无人管理；部分村的水表直接安装在蓄水池上，普遍存在自来水入户不装水表或有水表却无人管理、用水不收费或少量收费（西双版纳州基诺族乡巴亚村委会扎吕村每年每户只缴20元水费）等问题。出现什么问题，就只有找上级领导。没有形成村级相应的发展项目管理组织，缺乏针对项目实施以后的后续管理工作，没有相关人员进行解决和处理。

对下高坪村的扶持存在"重建设、轻管理"，缺乏项目后续管理的问题，该村的道路、饮用水、电网改造等项目都存在类似的问题。下高坪村的村内道路虽然已经硬化，但道路存在不少质量问题，原因是在修路的过程中，实行投工投劳一家负责修一段路的做法，导致修建路面质量不一；在水利的管理上，本村自来水系统水源不稳定，有断水的情况；农网改造不彻底，存在安全隐患，电杆的分配也不合理。公共设施建好以后，管理、使用和维护是极为重要的环节。如果缺乏统一管理，各家自扫门前雪，整个项目的效果就难以体现。

——云南省怒江州兰坪县金顶镇高坪村委会下高坪村调查资料

第八章

提高七个人口较少民族扶贫绩效的政策建议

一 关于解决人口较少民族社区内部存在问题的建议

（一）建立健全生态补偿机制，发挥特色优势

建立健全"谁开发，谁保护，谁补偿"的生态补偿机制，完善有利于保护环境的生态补偿政策和机制。建立资源开发反哺机制，给予当地群众一定的资源开发补偿。以金沙江、怒江、澜沧江沿岸生态保护和水土流失治理为重点，制定"三江"沿岸生态安全屏障保护与建设规划，完善生态补偿机制，重视贫困地区的生物多样性保护。针对云南特有七个人口较少民族发展受到生态环境保护制约的问题，主要采取三种措施：一是在真正的生态关键区域，采取易地搬迁项目，从根本上保护生态，也从本质上解决人口较少民族发展的瓶颈；二是完善生态补偿机制，加大生态补偿力度，使人口较少民族从保护生态环境中获得应有的补助；三是立足山区实际，充分发挥生态优势，把生态建设与基础设施建设有机结合，依托科技，发展与生态环境保护相得益彰的产业，做到既要"金山银山"，又要"青山绿水"。

（二）加大社会资本存量，增强人口较少民族自我发展意识和能力

让人口较少民族充分认识到发展主体是他们自己，加大社会资本的培育，进一步完善人口较少民族自我发展的机制。第一，在扶贫规划中，以改善人口较少民族地区的生产生活条件为前提，充分了解当地社区的各种基本条件，充分尊重人口较少民族的意愿，提高项目规划的满意度。在扶贫项目的实施过程中，以提高这些人口较少民族的自我发展能力为核心，不仅改善生产生活基础设施，而且提高人口较少民族的整体素质，积极参与到项目实施中，加强对项目实施的认同感。在项目评价和后续管理中，让人口较少民族成为评价和管理的主体，强化人口较少民族的自主权。

第二，重视反贫困的内生力和发挥农民的主体作用，强调贫困人口要树立主人翁的态度，自我负责地参与反贫困，这种自我负责的理解折射出贫困

人口和反贫困之间主客体互动的关系。贫困人口只有主动而积极地参与反贫困才能不断进步，才能提高自身持续创造收入的能力，最终脱离贫困。

第三，以参与式扶贫规划为推手，强化村民在规划和建设过程中的自主权，提高项目区群众的参与意识和主人翁责任感，使扶持政策与贫困社区的需求有机结合起来。强化主体能力建设及主体作用的发挥，充分了解当地社区的各种基本条件，充分尊重人口较少民族群众的意愿，提高项目规划的满意度和针对性。以提高人口较少民族群众的自我发展能力为核心，加强能力建设，提高人口较少民族的整体素质。

第四，加强对外交流与沟通，强化科技信息的传播。创造对外交往机会，加快社会发育程度，培育人口较少民族群众的大局观和发展观。建立健全各种经济社会合作组织或协会，解决单个家庭不能应对市场、技术、资金等各种因素短缺带来的问题。加大宣传和教育力度，规避民族文化的负面影响，发挥民族文化的正能量。继承和发扬传统文化中互帮互助的精神，宣扬助人为乐精神，进一步完善帮扶弱势群体的保障制度。

（三）加大教育和培训的力度，奠定发展基础

第一，加大传统文化技能的保护与传承，既保护民族文化，又从民族文化中获得经济收益，例如加大对民族手工艺品的传承和保护。加大培训力度，强化培训内容与实际生产生活的关联。在九年义务教育制结束后，进行短期的技能培训，使回乡的学生有一技之长。落实参加培训的群众，真正做到参加培训者就是技术使用者。第二，加快教育事业发展，巩固"普九"，逐步尝试普"十二"，打牢人口较少民族地区的基础教育。进一步加强"双语"教育，把"双语"教育纳入农村义务教育经费保障机制。在基础教育得到基本保障的同时，延伸基础教育的范围，在九年义务制教育的期间或者之后，其中有1—2年的时间加强农业基本技能的教学与培训，广泛开展科技进村入户工程和科普惠农兴村计划，以提高人口较少民族地区人口素质。第三，进一步完善和健全人口较少民族受高等教育的制度设计，加大人口较少民族的政策倾斜，鼓励高校通过定向招生、定向分配的方法招收人口较少民族考生，切实保障人口较少民族学生上大学的机会。第四，加强选拔任用少数民族干部，完善公务员招考和公开选拔对少数民族的优惠政策。加强人才培养的使用，鼓励人才支持人口较少民族地方的建设，鼓励外出务工获得一定技能以后回乡创业。

（四）倡导社会发展优先，加大公共产品服务提供力度

对人口较少民族来说，最基本的问题还是生存的问题，因此，在社会保障方面做到全体保障、全额保障，筑牢人口较少民族地区最基础的保障体

系。从实际出发，在人口较少民族地区实施社会发展优先战略，加大对人口较少特有民族聚居区的社会事业发展的支持力度，投入更多的资金，采取更加优惠的政策，千方百计帮助人口较少民族地区的各项社会事业，加大对教育、卫生和文化的扶持力度，努力缩小发展差距，增强可持续发展能力，保证各族人民共享发展成果。

第一，将我国农村实行的最低生活保障制度和扶贫开发政策有效衔接起来，为保障边境地区困难群众的基本生活，充分发挥农村社会保障的"兜底"功能，全体人口较少民族应被纳入最低生活保障覆盖范围，基本做到应保尽保，确保最低生活保障。充分发挥农村低保制度和扶贫开发政策的双重作用，保障农村贫困人口的基本生活，提高他们的收入水平和自我发展能力，稳定解决温饱问题并实现脱贫致富。

第二，在新型农村合作医疗补助和救助方面，加大投入力度，改善补助报账制度，便于人口较少民族地区文化知识不高的群体也能够简单有效地得到保障，由省财政补足人口较少民族群众所缴纳的新型农村合作医疗费，积极探索看病就医就地减免做法，为人口较少民族群众提供即时、方便、全方位的服务，确保人口较少民族地区"病有所医"，有效地防止"因病致贫、因病返贫"。

第三，在推进新农保试点过程中，实施新型农村养老保险补助，优先覆盖人口较少民族地区，对60岁以上的农村人口实施农村基本养老补助，每人每月不低于55元，确保人口较少民族地区的老人"老有所养"。

（五）强化社区的主体地位，增强人口较少民族参与发展能力

针对人口较少民族地区各民族、各地区的差异，以社区自我发展为主导，强化社区发展的主体地位。在改善人口较少民族地区生产生活条件的同时，应当考虑社区教育、卫生设施配套和文化设施建设。规划、设计、建设全过程由村民自主实施、管理、监测、评价，提高项目区群众的参与意识和主人翁责任感。尊重群众意愿，倾听群众诉求，把群众工作做好，把实事办实，把好事办好，才能真正得到群众支持，让群众满意。在扶持发展的过程中，充分尊重各民族各地区的发展多样性，将扶持资源输入与当地的资源有机地结合起来，因族举措，采取特殊措施扶持人口较少民族地区。一方面，在认识上，在发展过程中突出人口较少民族扶贫开发主体地位，让贫困群众参与到项目的决策执行监督中，使贫困群众成为扶贫开发的受益者、建设者、管理者、监督者；另一方面，在扶贫资源输入过程中，通过参与式的扶贫发展规划，了解村庄自有资源、村民生计状况、贫困户的发展意愿等，充分发挥贫困地区的优势资源，以贫困者的发展目标为核心，使资源配置达到

最佳效果。

（六）整合扶持发展资源，加大扶持发展投入力度

针对当前政府扶持人口较少民族发展资源有限，扶贫资源总量难以满足人口较少民族地区发展需要的现实，通过政策引导积极动员社会资源，形成政府、社会和企业参与的大扶贫格局。

第一，围绕着总体发展目标，以规划为平台，建立多部门协同实施的项目协调机制，建立部门落实扶贫责任监督考核机制，统筹实施、有序推进各类项目，落实"规划在先、统筹安排、各司其职、各负其责、渠道不乱、用途不变、相互配套、形成合力"的资金整合使用机制，提高投入人口较少民族地区扶持的资源总量，避免"各自为政"的情况出现。同时结合各个职能部门的工作范围，明确下达任务，纳入年度计划。把专项扶贫规划与各类行业规划衔接起来，专项扶贫政策与各类强农惠农政策、社会保障政策等各类政策统筹起来，专项扶贫资源与教育科技文化等各类资源整合起来。

第二，加强扶贫项目的整合力度，最大限度地调动各方力量，汇集各方资源，以大开发促大整合大发展。建立项目实施和后续管理的平台，发挥人口较少民族的主体作用。

第三，加强各级政府的综合协调能力，在扶贫开发中协调好各个相关利益群体，发挥人口较少民族群众的扶贫主体作用，使每一个相关利益群体都受益。加强省县统筹和整合资源的力度，督查资金到位情况，提高项目实施绩效。

二 关于解决扶持发展过程中存在问题的建议

（一）以社区需求为导向，提高资源的优化配置

建立发展协同机制，强化村民参与项目的规划和实施。第一，强化以参与式发展规划，深入人口较少民族地区，强化村民在规划和建设过程中的自主权，提高项目区群众的参与意识和主人翁责任感，加强人口较少民族地区的项目储备，使扶持政策与贫困社区的需求有机地结合起来。第二，鼓励人口较少民族建设自己的家园，建立公开透明的项目实施制度，使人口较少民族群众积极参与项目的讨论和实施，发挥人口较少民族自我发展的主动性。第三，强化人口较少民族在项目实施中的主体地位，在项目的规划、实施和监测中发挥主体的作用。通过以奖代补的政策，实现扶持人口较少民族发展的资源优化配置。第四，深入分析人口较少民族地区资源概况，了解人口较少民族群众的发展需求，建立多样化的资源动员模式，完善多样化的资源动

员策略，积极动员人口较少民族地区的资源，有效地推进扶贫资源与当地资源的有机结合，实现资源优化配置，有效提高扶贫效率，最终促进人口较少民族地区可持续发展。

（二）树立"大扶贫"理念，提高扶贫绩效

第一，从外部来说，树立"党政硬化责任、省级补助投入、上海对口帮扶、整合部门资金、机关挂钩扶贫、社会广泛参与、群众自力更生"的"大扶贫"格局。目前云南省的各种扶贫项目源头比较多，不仅有专门针对扶贫工作的扶贫办，有各级政府渠道，此外还有各个职能部门的一些扶贫项目。以基本公共服务均等化为契机，实行专项扶贫与行业扶贫相结合，最大限度地调动各方力量、汇集各方资源，以大开放促大整合大发展，发挥贫困群众扶贫主体地位。

第二，在扶贫项目实施的过程中，无论是哪一级政府或部门实施，一定要协调好涉及项目的各个相关利益群体，不仅包括主要主管部门、实施部门、乡镇一级政府、村委会以及村民小组，以便促进每一个相关利益群体都是项目实施的受益者。由此，应当在整体上有一个整合，由上一级的政府协调，不仅从整个贫困区域上总体协调，在生产生活整体上实施扶持发展项目。

第三，扶贫绩效的评价，社区群众参与到扶贫绩效的评价与监测中，真正发挥扶贫主体的作用，反馈的信息作为进一步扶贫的重要基础。

（三）创新扶贫机制，扩大受益群体

针对云南扶持人口较少民族发展中存在的问题及制约因素，在全省范围内倡导参与式扶贫开发。在扶贫资源输入过程中，通过参与式的扶贫发展规划，了解村庄自有资源、村民生计状况、贫困户的发展意愿等，充分发挥人口较少民族群众聚居地区的资源优势，以贫困者的发展为核心，促进资源的优化配置。倡导开发式扶贫，以发展为主要目标，加大经济发展方面的扶持，同时加大在基础设施建设、社会事业发展、公共产品服务、增强人口素质、劳动技能培训等方面的投入。另外，强化发展过程中的抗风险能力，在关注人口较少民族地区基本需求的同时，加大对健康和教育的投入，逐步建立和完善有关机制，在发展过程中破解健康和教育与贫困的恶性循环。通过培育和壮大新型农民合作组织来实现基层的自我管理、自我服务，提高应对各种发展中产生风险的能力。

（四）加大产业扶持力度，发挥产业扶持的带动作用

一个地区一个民族的发展最终要依靠产业的发展来支撑。首先，根据人口较少民族地区的社区资源状况，加大外部资源的输入，完善外部发展环境，主要包括区域的交通及产业发展环境。建立社区发展基金，鼓励有条件的人

口较少民族地区发展专业合作经济组织，通过提供培训、贷款、集体采购和营销等多种途径，使特殊群体在产前、产中、产后等各环节组织起来，提高分散的小农户和土地经营的市场竞争能力，减少单个农户面对市场的风险。加强人口较少民族在发展中抵御风险能力，建立抵御风险的保障体系，提高人口较少民族地区在发展过程中应对发展风险的能力，真正实现增产增收。

其次，以优势资源为基础，扶持发展一批特色产业，大力培育能够促进人口较少民族群众增收的特色产业和优势产品，提高扶持效益。依托云南四个片区扶贫开发和桥头堡建设的机遇，在人口较少民族地区扶持一批能够起到带动作用的龙头产业。加大集中管理，扶持"公司+基地+农户"产业发展模式，扶持中间的基地，引进公司，确保销路，技术和管理跟上，经济收入提高了，就能真正地带动老百姓的发展。加大产业发展培训力度，解决资金困难问题，提供技术支持，加强市场引导。

最后，以市场需求为导向，积极调整农业产业结构。引导农民树立市场观念，坚持以市场需求为导向，大力推进农业结构调整，逐步提高农业市场化水平，充分挖掘农业内部增收潜力。依托市场自主经营，不断提高适应市场的能力，增强在市场经营中的主体地位。立足现有基础和资源优势，大力发展优势产业，做大特色产品，做强自有品牌。

（五）强化薄弱环节，提高扶持发展效益

在扶持人口较少民族发展的过程中，协调好利益相关群体的扶持发展工作，提高扶持发展效益，主要从三个层面强化扶持发展中存在的薄弱环节。一是强化各县级民委或者民宗委的机构设置，加大工作人员的投入，加大培训力度，提高相关工作人员的能力，尤其是需要懂经济、懂管理、会动员的民委的管理人员。二是协调好村委会和村民小组之间的关系。扶持人口较少民族发展是以村委会为扶持发展单位，但是事实上，扶持发展项目是以村民小组为实施单位，协调好两者之间的关系，以便促进两者形成合力。三是在项目实施区域，既要选好村民小组的领头人，真正形成项目实施的核心小组，做好群众的动员工作，保障各种项目的实施，又要在项目实施过程中充分考虑村民小组领导班子的相关利益，有一定的误工补贴，或者项目有一定的倾斜，调动领导班子的积极性，提高扶持发展的绩效。

三 关于解决扶持发展后存在问题的建议

（一）分类指导，区分扶贫重点，让全体人口较少民族得到扶持政策普照

在人口较少民族扶持过程中，逐步"去民族化"，以区域和贫困类型为

导向，强化集中连片扶持发展，整合一切可以利用的资源和优势，集中人力、物力、财力投入，采取"大会战"的形式合力进行分片区扶贫攻坚，惠及全体人口较少民族。从人口较少民族的内部来说，积极关注所有的人口较少民族，不让任何一个村落、任何一户农户隔离于政策之外，这样才能真正使政策落到实处。同时，注意地区间的差异，以不同的标准进行扶持，从而达到共同发展的目标。

在扶持人口较少民族的同时，也积极关注其他贫困、弱势的群体，将扶持人口较少民族的政策与其他扶持政策有机地结合起来，针对不同类型的民族，通过对人口较少民族、特殊族群、特困少数民族等进行政策扶持；针对边疆较贫困的其他民族，通过"边疆民族解五难"进行扶持。同时，进一步完善民族区域自治制度，使各民族平等相待、彼此尊重、相互关心、和睦共处。在各种政策下达以后，形成有效的扶持网络，从不同的视角对不同的特殊群体进行综合扶持，从而在整体上保障边疆的稳定和民族之间的和谐发展。

按照区域的自然、气候环境和经济社会发展程度，将云南省的人口较少民族地区分为三类：解决温饱型、基础设施建设型和促进发展型。针对解决温饱型加大低保覆盖范围，将全体温饱型群体纳入低保范围，做到应保尽保，并提供更多的社会公共服务产品；针对基础设施建设型，加大基础设施建设力度，以基础设施建设推进经济社会的发展；针对促进发展型，以产业扶持为主导，加快发展步伐。

（二）强化资源动员，拓宽资源投入渠道

当前人口较少民族地区发展最重要的是建立一种真正的制度保障机制，厘清不同社会力量参与扶持和发展的路径。探寻一种企业、民间组织及其他力量参与人口较少民族地区扶持发展的渠道，探寻他们如何与当地农民、各级党委政府、村党支部和村委会结合起来，并通过有效途径支持主体作用的发挥。企业、民间组织及其他力量，一方面可以直接与该地区的农民打交道，通过各种途径支持其发展；另一方面，以各级党委政府、村党支部和村委会为中介，通过这些中介将资源输入给当地农民，支持他们发挥主体作用，加快脱贫致富步伐。为了实现这一目标，需要做好以下工作：一是让当地农民拥有真正的权利，自主决策、自主支配自己的资源，因此要解决的是民有权的问题；二是当地农民是否作为发展的行动主体，能主动地参与到扶持发展的全过程中去，因此要解决的是民担责的问题；三是当地农民是否真正公平地从扶持和发展中得到实惠，因此要解决的是民泽福的问题。由此可以说，人口较少民族地区发展过程中，当地农民的主体构建需要在"民有权、民担责、民泽福"等方面得到具体体现。

第一，着力区分资源渠道及输入方式。人口较少民族地区发展资源的来源和输入方式，首先是以政府为主的资源动员和输入。各级政府是人口较少民族地区发展的最大资源输入者，需要探索有效的路径来保证其充裕性和有效性。除了应改革现行资源的分配方式外，试点的选择和经验的推广也需要探索新的途径：选择标准应该具有多样性，把可推广性作为重要指标，更要注意选择条件本来就差的人口较少民族村社；选择的过程应该坚持公开、公正和公平的原则，必须有竞争，更不能由领导"钦定"，标签上这是某某领导的试点；示范或者试点不要只注意资金、物资和人力的投入，更要注意措施和政策的投入，因为试点要总结的是经验，而不是所谓"模式"本身；试点或者示范必须以当地农户为主。第二，村庄和农户并行的资源输入方式。人口较少民族地区发展资源在进入村庄时也要注意其用途，如果提供的是村庄公共品，以村庄为行动单位，资源到村是较好的输入方式；但如果提供的是农民私人用品，直接到户则是更有效、更合适的资源输入方式。结合人口较少民族地区发展的目的，在资源输入上，各级政府应当对给予一定的倾斜。

同时，深入分析人口较少民族地区资源概况，了解人口较少民族群众的发展需求，建立多样化的资源动员模式，完善多样化的资源动员策略，积极动员人口较少民族地区的资源，有效地推进扶贫资源与当地资源的有机结合，实现资源优化配置，有效提高扶贫效率，最终促进人口较少民族地区可持续发展。

（三）建立健全扶贫项目管理体系，强化项目的后续管理

建立扶贫项目的管理体系，从项目的确立、覆盖范围、资金的预算、拨付和使用效果进行有效的管理。将扶贫项目的实施部门和扶持对象双方协作起来，共同加强项目的监测，树立项目监测的主体，明确项目监测的时间，公示监督结果。

强化项目的后续管理，在项目实施以后，组建以扶持发展对象为主体的项目管理小组，让群众自己讨论制定有关管理制度，并付诸实施，对项目成果进行有效管理和维护。安排一定的资金用于项目实施以后维护和管理。鼓励人口较少民族弘扬传统文化，将民族文化和社会发展有机地结合起来，积极发挥扶持发展项目的有效性。

下篇 案例报告

整村推进的阿昌族村庄

——云南省德宏州梁河县九保乡丙盖村调查报告

丙盖村委会隶属于德宏州梁河县九保阿昌族民族乡，是第一批实施扶持人口较少民族发展的村落，是九保乡整村推进的重点村落。通过整村推进的实施，以实现"四通五有三到达"为目标，全村各个自然村都实施了扶持发展项目，基础设施建设、社会事业发展、产业扶持等都不同程度地得到了发展，对全村经济社会发展起到了有力的推动作用，使丙盖村的建设提前了十年。全村阿昌族或杂居的其他民族共享改革发展成果，实现了共同繁荣、共同进步。

一　村庄概况

丙盖村隶属云南省德宏州梁河县九保阿昌族乡，地处乡政府东边，距乡政府所在地 2.2 公里。东邻横路村，南邻勐科村，西邻遮岛，北邻九保村。全村国土面积 11.24 平方公里，海拔 1180 米，年平均气温 17.9℃，年降水量 1275.9 毫米，适合种植甘蔗、水稻等农作物。丙盖村是一个阿昌族聚居的村委会，阿昌族占总人口的 80% 以上。全村下辖丙盖村、丙岗村、永和村、联合村、马脖子村、永联村、那峦昌寨村、那峦傣寨村 8 个自然村。2012 年有农户 565 户，乡村人口 2388 人，其中农业人口 2300 人；劳动力 2061 人，其中从事第一产业人数 1771 人。2012 年全村经济总收入 1641 万元，其中：种植业收入 956 万元，畜牧业收入 331 万元，林业收入 22 万元，第二、第三产业收入 112 万元，工资性收入 96 万元。农民人均纯收入 3745 元，农民收入以种植业等为主。全村外出务工收入 96 万元，其中，常年外出务工人数 270 人，在省内务工 125 人，到省外务工 145 人。全村有耕地总面积 5427.4 亩，其中水田 2989.4 亩，旱地 2438 亩，人均耕地 2.46 亩，主要种植甘蔗等作物；拥有林地 8957.5 亩，其中经济林果地 68 亩，人均经济林果地 0.03 亩，主要种植柑橘、板栗等经济林果。

2012年年底，全村有565户通自来水，有565户通电，有192户通有线电视，拥有电视机农户524户，安装固定电话或拥有移动电话的农户数363户，其中拥有移动电话农户数266户。进村道路为土路；距离最近的车站3公里，距离最近的集贸市场3公里。全村有效灌溉面积为1933亩，其中有高稳产农田地面积555亩，人均高稳产农田地面积0.29亩。2012年年底，全村有85户居住于砖木结构住房，有415户居住于土木结构住房。2012年年底，全村参加农村社会养老保险1274人；参加农村合作医疗1581人，村民的医疗主要依靠村卫生所。小学生就读到丙盖完小，中学生就读到九保中学，目前义务教育在校学生中，小学生225人，中学生160人。

村落村景

二 整村推进的实施

2005年以来，丙盖村作为九保乡整村推进的重点村落，是第一批实施扶持人口较少民族发展的村落，由民宗局、发改委、建设厅等实施了人口较少民族整村推进试点村建设，对村内的道路、人畜饮水、安居工程、沟渠整修等实施了基础设施建设，同时进行产业开发和技术技能培训。

丙盖村委会主要实施项目包括：（1）基本农田灌溉沟渠建设工程，包括丙盖大沟工程、丙盖寨头沟工程、永和寨脚沟工程、联合社碾子沟工程、丙盖沟、七〇大沟、联合村灌溉沟等；（2）人畜饮水工程，包括丙盖饮水工程、那峦傣族寨饮水工程、那峦昌族寨饮水工程、永联饮水工程、永和饮水工程、联合社饮水工程等；（3）道路建设工程：丙岗道路工程、丙盖路工程、那峦傣族社道路工程、那峦昌族社道路工程、永和道路工程、马脖子公路（毛路）工程等；（4）农村能源沼气建设，建设沼气池100余口；（5）农村社会事业建设项目，包括文化活动室建设、永和小学体育运动场和教师宿舍楼建设、卫生室建设、广播电视、产业开发项目和科技培训等。

三 扶持发展的效果

整村推进的实施，对全村经济、社会发展起到了有力的推动作用。

（一）基础设施显著改善，村容村貌明显改观

农业、水利、交通、能源等基础设施项目，改善了人口较少民族聚居地区的基础设施，为经济发展夯实了基础。通过基本农田建设工程的实施，进一步缓解了农忙季节用水紧张，缓和了村组之间因争灌溉用水而带来的矛盾，促进了村组之间的睦邻关系，一定程度上改善了基本农田基础设施建设滞后的问题，提高了水利化水平；通过建设、改造村内道路，解决了群众出行难的问题，为经济快速发展提供了良好的基础条件；通过人畜饮水项目的建设，解决了当地村民人畜饮水安全的问题，改善了群众生产生活条件；实施安居房改造，解决了部分群众住房困难问题；沼气池项目建成后，降低了对薪材的消耗，改善了环境卫生，有效地保护了生态环境。

丙盖村民小组集体访谈时认为："变化最大的是2008—2009年，这两年项目最多。路好走了，以前下雨就挑不了东西，路不好、泥多路滑，现在无论天晴下雨都可以挑东西；以前是种双季稻，现在就只种一季了，一季也够吃；现在摩托车、电视多了，打工的多了；沼气户增加了，太阳能也多了；草棚没有了，现在都是瓦房、水泥房；现在有了电饭锅、电磁炉，以前都没有；不用挑谷子了，直接从田里面把谷子用车拉回来，不用像以前那样一点一点地收了。总的来说，生活变好了。"

对于家庭和村庄的变化，丙盖村民小组一位78岁的老太太说："现在好过了，路别人帮着修好，水拉到家里面，谷子也不用背了，路整的是光溜溜的。现在连桌子都是光溜溜的，以前都是黑秋秋的。现在的共产党最好了，什么都帮你做。"村干部赵家金对扶持人口较少民族发展项目给本村带来的变化感触良深："道路修好了，活动室建起来了，很多人家得到政府发给的仔猪。"他说："我活到快八十岁，就数这几年日子最好过！国家不要农民的一分一文，还给这样给那样。我活一辈子最后几年能遇到这样的光景

算值得啦!"我们问赵老对下一步扶贫有什么期望,他说自己老了,对以后已经没有太多要求,他对党、对中央领导的恩情已经感激不尽。

那峦昌寨村的赵组长评价说:"修整了水沟,如果没有修整天干就'老火'(吃力、困难的意思),修建水沟受益几个村民小组,上百户农户。水管改造10多万元,建盖了蓄水池,更换了水管,水源基本得到保障,2009年直接到每家每户,使用了钢管,哪怕是旱灾,通水都不成问题。"丙盖村妇女小组访谈,妇女们叽叽喳喳地说道:"我们最喜欢路和水,路好走了,车子进得来,上街、拉谷子都方便;水又不用挑,以前自己挑水难得很。我们还喜欢活动室,现在我们有了娱乐场所,要排练节目也有地方了,我们'妇女之家'还有一把钥匙呢,个个妇女都有的玩了。没有什么是不喜欢的,村委会盖得好我们也光荣,卫生室就更好了。"

(二) 精神文明建设成效明显,群众业余文化生活不断丰富

永和村的综合条件在丙盖村所辖8个自然村中最优越,全村的扶贫工作对丙盖村以及梁河阿昌族都会起到带头作用。因此,扶持人口较少民族发展对永和村的投入较大,收效也很显著。永和村的村活动室由原来的大队保管室改造而来,面积虽不大,但设施,如电视、DVD播放机等,一应俱全。作为梁河阿昌族村寨的一面旗帜,永和村的发展很强调对阿昌族文化的宣传,为此,村子外围建盖了一个非常气派的阿昌风情园。阿昌风情园属于永和村集体经济组织,是全体村民的经营性开发项目,风情园的经营项目主要围绕民族文化产业,包括餐饮、文化表演等展开。文化活动室和阿昌风情园窝罗广场的建设,为群众提供了文化娱乐场所,在农闲时节群众自发组织起来开展形式多样的文艺活动,使业余文化生活得到不断丰富,同时也成为宣传党和国家政策、禁毒防艾知识、科学技术培训的前沿阵地。另外,永和村率先发动了民房"穿衣戴帽工程",即把民房粉白,然后再画上阿昌族的文化标志。"穿衣戴帽工程"以政府补贴为主,在补贴基础上,每户再出资200元。

永和完小的学校教师对扶持发展项目这样评价:"文化活动中心是最好的,因为有了学习和活动的场所,党员可以带动大家学习,宣传党和国家的政策;进行民族节日的活动,外地人来参加啊露窝罗节,增进了各民族之间的交流,促进了民族团结。"永和小学退休老教师梁昌芝拉着我们介绍道:"像水泥路、活动室、盖房子、拉自来水、建窝罗广场,都是上级来做的,也没有要我们出一分钱。我最喜欢的是窝罗广场,因为我是个喜欢热闹的人,以前在学校有学生,现在退休了觉得很冷清,就喜欢去窝罗广场找老人一起跳舞,让我们有个去处。过窝罗节的时候我们这里非常热闹,全县的人

都来我们这里过节。"

公房内进行集体活动

(三) 改善了学校办学条件，加强了学校基础设施建设

通过教师宿舍及学生运动场的建设，解决了教师的后顾之忧，改善了学校办学条件，加强了学校基础设施建设。永和完小全校共有教师14人，其中傣族老师2人，阿昌族老师3人，傈僳族老师1人，其余老师为汉族。全校有7个年级，8个班，一共156个学生，阿昌族占80%，傣族占10%。永和完小校舍漂亮，教师宿舍、住校生宿舍和学生浴室一应俱全，学校还配备有图书室，2009年购入总计3万元的图书资料，2010年还购入1.5万元的打印复印设备。永和完小硬件设施能达到这样的水平，一方面靠政府的扶持；另一方面得益于社会力量的帮助，中国有色金属有限公司就向该校捐赠了60万元，这笔资金主要用于修建教学楼、教师宿舍、围墙和住校生宿舍。

扶持人口较少民族发展政策实施后，国家一年给该校每个学生提供500元伙食补助，学生伙食标准为每餐两菜一汤，每周一顿肉。该校75名学生享受"七个人口较少民族+贫困"双项优惠（七个人口较少民族的扶持，每个学生每学年250元，贫困住校生每人每年250元，受支持学生有75个），学生和家长的上学积极性有所提高。

(四) 全村各民族实现了共同繁荣、共同进步

在九保乡和囊宋乡阿昌族的扶持政策，其他民族受到了政策的惠及。作

为九保阿昌族乡下属的一个傣族村寨,那峦傣族村幸运地成为扶持人口较少民族发展政策的受益者。对于傣族社这些年来所发生的变化,那峦傣族村的唐组长如数家珍:

本村自来水已经全部到户,曾经各家各户争先早起挑水,去晚了就没水喝的日子已成为历史;那峦傣族村的道路在扶持人口较少民族政策实施前坑洼不平,到了雨季极度泥泞。2008年,政府拨款3万进行道路硬化,2009年又拨10万,现在村子的主巷道硬化工程已经基本完成。在政府投资的同时,村民亦投工投劳,54户农户每户捐沙一车,另外,每户每天出一个劳动力。村内道路清扫的工作由"妇女之家"承担,非常干净整洁;那峦傣族村的活动室建于2009年,占地1亩,共投资20万元。活动室已经可以使用,而且很漂亮、极具傣族特色。那峦傣族村活动室建设亦采取村民投工投劳方式,每户出一个劳动力,总共投入100个劳动力。活动室现由老人协会负责管理,村民到活动室办宴席,由老人协会代收一定使用费。产业发展方面,那峦傣族村以甘蔗为主,2010年甘蔗每吨收购价格280元。扶持人口较少民族政策带给那峦傣族群众的另一实实在在的好处是儿童读书免费,这无疑节省了一大笔家庭开支。通过村落的这些建设,大家是更加团结了,有什么集体事情也是积极参加。

群众投工投劳进行道路建设

四　存在问题

（一）针对特殊贫困群体的扶持到户不足，贫困问题依然存在

贫困在阿昌语里面叫"国概"，意思是"日子难过、穷的那家"。丙盖村田地少，很多农户都是4口人种1亩田地，农业基础脆弱，一些贫困家庭依然连最基本的生活都无法保障。即使是相对富裕的家庭，也几乎没有做生意的。

> 村里最贫困的一个农户曹明赛家，一共有4口人，她自己残疾，12岁的时候患了小儿麻痹，妹妹也是一个哑巴，可能其家庭有一定的遗传；丈夫身体不好，眼睛有疾病，基本在2010年春节以后就什么都没有干了，外出打工做不起，也没有人敢要他做；两个小孩，老大13岁，小学4年级读完以后就再也没有读书了，曾到盈江打工，但是年纪还小，又苦，做不起，便回村了，直到我们访谈结束，还在家里睡觉；小女儿在读小学二年级。
>
> 她们家最大的问题是粮食不够吃，钱又苦不来。家里田地少，只有1亩，生产投入不足，连化肥也买不起。建设道路用地等已经占了3分地，其余的主要种植小麦、辣子、洋芋和水稻，但是自己种植的粮食基本上只够吃半年，其余时候就到兄弟姐妹那里挑一点，到处借一点。现金收入非常少，甚至没有，家庭主要依靠每月30元的残疾人补助金，主要用于买油吃，过年时候国家会给60元。
>
> 生活的重担已经让这个残疾的妇女对目前的生活麻木，才40岁头发就已花白，问其对未来的要求和期望，就只是说不知道。问及扶持项目，她说："水是最好的，跟自己的生活联系很紧密，过去吃水很困难，现在只要打开水龙头就可以饮用了。"在访谈的过程中，她还亲自就着水龙头喝了一次水，一种很满足的态度。
>
> ——丙盖村民小组贫困户曹明赛访谈

人口较少民族的扶贫可以分成两个部分：一是最基本的、解决温饱问题的扶贫；二是为了发展的扶贫。显然，这一户阿昌族家庭的贫困已经超越了生活的懒惰，或者不愿意干活等理由，基本上已经丧失了生活的基本条件，他们对于整个人口较少民族的扶贫，最直观的就是只要解决水的事情。在针对人口较少民族的扶持过程中，有一条原则——扶持到户，但是

没有明确扶持到户的具体指标，因此，在梁河县九保阿昌族民族乡丙盖村委会的建设过程中，很少谈及扶持到户的具体项目。当前从事传统种植业并不能让农民真正的富裕起来，因病致贫、因病返贫、因贫弃学等现象依然存在。

> 问：什么样的家庭贫困？什么样的家庭好过？
> 我们这里大家都扯平，大家的日子都差不多，不穷也不富。贫困的原因：一是懒，不爱干活、苦不得；二是有残疾；三是田地少，不有（没有）成本，多数是因为这个原因家里难过些；四是找不着嘴吃，大事做不起（高成低不就）。好过的：一是家里有人有工作，拿工资的家庭"爽荡"些（好过一些），老农民都差不多，出去打工也只是够糊嘴；二是会手艺的比一般的家庭好过些，比如木匠、石匠等，其他的人都是靠种地、种甘蔗找点吃的，富不了，也饿不着。
> 问：对以后有什么想法或者打算？
> 一是把房子盖起来以后，每年都匀出三分之二的收入来还账，2—3年以后还完了账就好过了，只管找生活就可以了，那时候生活水平就提高了；二是要供孩子读书，要做客送礼，还要搞建设，这些都整完了以后就好过了；三是我们以后就是有想法也限制着，男的在外面打工，自己只能在家里把孩子带好，把家里的地种好，就算是增加收入了。
> ——丙盖村民小组妇女小组访谈

（二）自然村的整村推进扶持资金不足，扶持效果不尽如人意

扶持人口较少民族发展是以村委会的整村推进形式实施，具体分配到自然村的资金一个村仅有15万—30万元不等。但对地处山区或半山区、基础设施建设薄弱、贫困程度深、产业单一的民族聚居自然村而言，自然村的整村推进扶持资金难以解决群众亟须解决的问题，需要投入的资金量与实际需要相差太大，扶持发展难度大，无法达到预期的扶持目标和效果。

以丙岗村民小组为例，扶贫工作成效不尽如人意，活动室就是一个例子。该村活动室建设政府已拨款9万元，外加村民自筹6000元，而且全村上下投工投劳，但由于资金使用超预算，后期资金跟不上，活动室建设不得不停下来，成为"烂尾工程"。村长估计该活动室还需投入20万元方能竣工。

在建盖文化活动室的时候，我们村自己没有地基，购买了地基，建盖的费用就不够了。整个建筑成本是11万元，其中民宗局5万元，州政府4万元，群众积极投工投劳，还自筹了一部分，每户100元，一共60户，合计为6000元，还有1.4万元的缺口。有部分农户没有办法参加集资。活动室现在也还没有完工，还有许多事情要做，还使用不了，但是群众的自筹能力已经没有了，群众也要过日子，只有向社会上争取，申请单位赞助。如果整个文化活动室建盖成功，可以使用的话，还需要打地皮、修筑大门、建造灶房，还有一些基本的设备例如桌椅板凳、碗筷、音箱等，这样还需要一大笔资金。

——丙岗村民小组组长访谈

当前在扶持人口较少民族发展过程中，建设文化活动室是一件得人心的事情。但是在建设过程中，各地情况不一，有的村落没有建设文化活动室的场所，因此首先就要出一笔购买地基的费用，这样就大大增加了建盖文化活动室的成本；建盖了文化活动室以后，还需要一些基本的配套设施，这些也是提高文化活动室在人们心目中地位的重要指标。

（三）农业供水不足，人畜饮水困难

关于丙盖村发展面临的挑战，最令丙盖的党支部书记揪心的是七〇大沟。他一再强调七〇大沟关系丙盖8个自然村中6个的农业用水问题，是丙盖村农民的命根子。在支书的带领下，我们一行看到了七〇大沟，沟中水流极细，以致落叶都能把水堵住。调研时正是水稻播种季节，如此脆弱的农业供水令人担忧。丙盖村作为传统的水稻种植区，农业用水对本地的发展极为关键，若农业用水得不到保障，发展无从谈起。因此，本地扶贫工作的重中之重就是解决农业供水困难。丙盖村党支书反映："由乡水管站规划下到项目资金，原来是标准好、通达性强的水沟，但是由于资金协调组合不好，重复投资建设，资金也少，效果也差，现在只能是勉勉强强，将就使用。"

整个丙盖村委会整体上被七〇大沟分割成两个部分，一部分在东面，主要是丙盖小组和丙岗小组；其余的6个村民小组在西面。1970年的时候修通了一条大沟，所以就取名为七〇大沟，是一条土沟，在过去有提留的时候还可以，每年有一点资金可以进行修缮。现在已经无人管理和修缮。整个大沟对于丙盖6个村民小组来说，是一条经济发展的大动脉，从山箐下来，到村落境内总长5.7公里，在全部总长中，大约有九分之一的部分已经有了三面光的水沟，其余部分仍然是土沟，每年都会杂草丛生。"沟高田矮难放水",要靠老天下雨才能放水,沟尾巴才有水。如果要修砌成三面光的水沟,每米需要 200 元左右。

——制约丙盖 6 个村民小组的大动脉:七〇大沟

丙盖村已经进行六次人畜饮水的建设,由于水源不对,已经干了五六次。过去村民是各自拉水,现在虽然已经入户,但仍存在一定问题。丙岗村民小组最大的问题便是水源问题,村民小组长说:"水源其实已经接下来了,但是一开始应该使用 2 寸管,然后再使用 1.5 寸管,这样水源就可以足够人畜饮水,但是从一开始就是 1.5 寸管拉到底,压力和水量都不足。"人畜饮水问题仍未完全解决。

丙盖村民未来的期望:"一是对七〇大沟进行改造,让水田里面有充足的水。二是帮助我们找到稳定的水源,我们现在的水源虽然换在了国有林里面,但是还是会出现没有水来的现象,我们看中了比现在更远的一个水源,那个水源肯定不会干枯,我们希望能够将水管架到那个水源,这样我们村就可以不用停水了。三是希望再修一下河边沟边的机耕路,我们村下面水田里面的机耕路修得比较好,而且作用非常大,但是还有一片田的路没有修到,希望政府再帮我们一把,把这条机耕路修起来。"

——丙盖村委会村民访谈记录整理

(四) 产业扶贫尚未找到合适途径,群众参与实施效果监测的程度低

现在最大的问题还是增收问题,在实际的产业发展过程中,要找到合适的发展途径不是一件容易的事。村中曾经尝试过多种产业,但是失败的居多,那峦昌寨村的养猪场建设便是一件至今尚无定论的尝试。

2009 年,那峦昌寨村被列入人口较少民族示范村,民宗局拨款 50 万元扶持村寨发展,主要计划完成人畜饮水工程,建盖活动室,扶持产业发展。根据那峦昌寨的实际情况,在这里发展产业主要有两个途径:一是种植业,二是养殖业。由于种植业人均土地不多,种植水稻确保粮食安全,种植甘蔗促进农民增收,已经没有了太多发展空间。根据老百姓在这里多年的经验和实际的情况,加上当时的猪价比较高涨,于是就确定为发展养猪业。由此,乡上来做工作,经过三次村民大会,确定建设养猪场。

养猪场就建在村边公路旁,占地两亩,所用土地系从村民处租用,

期限10年，每年付租金14000元。养猪场总共投入27万元，砌石方108.08立方米，盖猪厩296.84平方米，浇地皮520平方米，砌空心砖3093个，盖储藏室34.44平方米，砌红砖4013块。房屋设施已经完工，内部通水设施也已到位，但养猪场还是空房一座。村里集体养殖既没有资金垫本，也没有相关的技术，还担不起养殖的风险，现在猪价一垮，投入了大量的人力、物力和财力，大家的想法是把养猪场承包给个体户经营，但到目前为止，还没有人中意该养猪场。赵组长对此表示了他的担忧："如果没人来承包怎么办？"

在访谈最后，我们问了最后一个问题："如果你们有27万元，你们会干什么？""如果我们有27万元，我们绝不做养猪场，我们要养黄鳝，而且要先去学习技术，开始阶段还要进行小规模的试验。"

建盖了一个养猪场，遥遥无期地等待着一个外地的老板来承包，这是一个很迷茫的事情，用他们的话来说，相信会有人来承包吧。也有人认为养猪场的事还说不清楚，还不一定是"虎头蛇尾，不了了之"。虽然养猪场一直都没有得到利用，但老百姓谁都不会说不好，因为如果说不好，上级就再也不扶持了。人口较少民族群体在项目实施效果的监测中，往往只是一种陪衬的角色，因为监测的满意与否还决定着下一次扶持政策能否下达。

——那峦昌寨村民小组组长访谈整理

产业扶持项目

（五）群众受教育程度低，实用技术推广难

因为受教育程度低，人口较少民族劳动力整体素质普遍偏低，农村实用技术推广难度大，缺乏发展致富带头人。通过几年的扶持，虽然大多数群众的生产生活条件得到了较大改善，但由于内部自我良性发展机制未形成以及受教育程度的制约等，存在返贫隐患。人口较少民族只有提高了经济水平，发展产业，例如甘蔗、西瓜、洋芋等，提高单产，提高经济收入，才能有效地支持教育的发展。当地学校老师认为："在发展的过程中，农民观念跟不上，教育、农民学习、培训、扫盲等没有发挥有效的作用。农业技术，需要针对性强的技术培训，资金跟不上，脑子更新慢，发展没有条件。"

永和完小的师资素质不错，老师基本拥有专科以上学位，一位老师还通过函授获取了本科文凭。但学校良好的软硬件设施还是难以在短期内提高当地的教学水平，这是很多少数民族地区共同面临的问题。该校傣族校长说："少数民族学生相对来说更难教，这不是三五年能改变的，而是需要一二十年。虽然汉语已经不是问题，但学生和家长的思想一年半载难以改变。少数民族学生家长对老师缺乏理解和沟通，对老师的工作给予配合不够。家长不理解老师的工作，不关心学生的成绩，不配合对孩子的教育，有的时候打电话给学生家长也不接。"此外影响教学的因素还有社会风气，永和完小的老师认为，梁河县职业中学的学生都是"老火"的（差生的意思），所以小学生也受到一定的影响。此外，就业压力剧增，导致大部分学生初中毕业就回家了。

> 现在读书还是面临着许多问题，读书以后的就业非常困难。初中到高中就比较困难，因为学习成绩不好，难以进入高中继续学习；学习成绩好的学生，有的又是家庭经济条件不好，多数人都是初中毕业就回家来了。供一个大学生每年需要一二万元，才能基本上过得去，而且还够低低的（方言：意思是很勉强），只有中上经济条件的农户才能供一个大学生读书。阿昌族的就业就是一个很大的问题，九保中学大约就只有20%的升学率。现在的大学生太少了，每年只有几十个阿昌族的大学生，阿昌族可以加分，但是有的加了也没有什么用处；学费可以申请贷款，但是有的学生也不知道怎么申请。
>
> ——丙盖村民小组学校教师曹先旺老师访谈整理

五 政策建议

（一）关注特殊贫困群体，建立人口较少民族最低生活保障机制

为保障边疆地区人口较少民族最低贫困人口的基本生活，应充分发挥农村社会保障的"兜底"功能，全体人口较少民族应纳入最低生活保障覆盖范围。充分发挥农村低保制度和扶贫开发政策的双重作用，保障农村贫困人口的基本生活，切实改善其生产生活的条件，提高他们的收入水平和自我发展能力，稳定解决温饱问题并实现脱贫致富，从而最终确保农村贫困人口共享改革发展的成果。

（二）加大扶贫资金投入力度，整合扶持发展资源

整村推进的投入虽然大，但是资金分散，影响了项目的效益，起不到应有的效果。针对自然村整村推进资金不足，扶贫资源总量难以满足社区发展需要的现实，积极整合社会资源，加大投入量，一次性搞好，避免浪费现象；如果资金数量不到位，就分片投入，逐步完成，最后达到整体变化。通过政策引导积极动员社会资源，形成政府、社会和企业参与的大扶贫格局。把专项扶贫规划与各类行业规划衔接起来，专项扶贫政策与各类强农惠农政策、社会保障政策等各类政策统筹起来，专项扶贫资源与教育科技文化等各类资源整合起来，建立部门落实扶贫责任监督考核机制，落实"规划在先、统筹安排、各司其职、各负其责、渠道不乱、用途不变、相互配套、形成合力"的资金整合使用机制，提高投入人口较少民族地区扶持的资源总量，直接用于人口较少民族地区的发展。

（三）建立发展协同机制，强化村民参与项目的规划、实施和监测

针对沟渠建设及人畜饮水工程资金协调组合不好、重复投资建设、实施效果差的现实，建议以规划为平台，建立多部门协同实施项目的机制，由上一级的政府统筹协调，有序推进各类项目，避免"各自为政"的情况出现。以参与式发展规划为基础，尊重群众意愿，倾听群众诉求，强化村民在规划和建设过程中的自主权，关注项目实施成果的后续管理和保护，提高项目区群众的参与意识和主人翁责任感，加强人口较少民族地区的项目储备，使扶持政策与贫困社区的需求有机地结合起来。

（四）根据社区资源状况，有序发展产业扶持

人口较少民族地区要发展，只有发展产业，提高其自身造血的功能，才可能真正达到扶贫的最终目标。要根据人口较少民族地区的社区资源状况，重点选择扶持发展项目，扶持"公司+基地+农户"的产业发展模式，扶持中间的基地,引进公司,确保销路,技术和管理跟上,经济收入提高了,才能真正地带动老百姓的发展。

(五) 提高教育水平,提高劳动者素质

巩固"普六"和"普九",打牢劳动者的基础教育;另外,加大基础教育以后的短期培训和学习,积极推广科学技术,让受培训者成为真正的实践者,提高人口较少民族地区劳动者的素质。提高教育的实用性,让村民真正体会到知识的力量,得到科学技术的惠及。

山体滑坡的阿昌族村庄
——云南省德宏州梁河县囊宋乡弄别村调查报告

弄别村委会是一个处在泥石流滑坡体上的阿昌族村落，地质条件差，地质灾害频发，缺乏应急治理。村落地处偏远，交通条件差，道路泥泞，建设成本高。基础设施项目少，饮水困难，群众受教育程度低，村庄整体发展缓慢，人民生活水平较低。经过第一轮扶持人口较少民族发展的实施，滑坡、泥石流初步得到有效治理，人畜饮水初步得到改善，种植业和养殖业得到一定发展，村中道路条件和卫生状况有所改善，但未来发展还有很长的路要走。

一 村庄概况

弄别村委会隶属云南省梁河县囊宋阿昌族乡，地处囊宋乡东南边，距乡政府所在地15公里，到乡道路为土路、弹石路，交通不方便，距县城所在地30公里。地处大盈江东岸，象脑山北延坡地。辖上弄别村、下弄别村、南林村3个自然村5个村民小组。截至2012年年底，有农户387户，乡村人口1577人，其中男性785人，女性792人；农业人口1551人，劳动力1130人，其中从事第一产业人数920人。全村国土面积14.80平方公里，海拔1360米，年平均气温16.7℃，年降水量1364.7毫米，适合种植水稻、甘蔗、茶叶等农作物。全村耕地面积2834亩，人均耕地1.97亩，有效灌溉面积为603.00亩，其中有高稳产农田地面积603.00亩，人均高稳产农田地面积0.38亩。林地4509亩，其中经济林果地435.00亩，人均经济林果地0.28亩，主要种植茶叶、油茶等经济林果。

2012年，农村经济总收入707.00万元，其中：种植业收入359.00万元，畜牧业收入251.00万元，林业收入13.00万元，第二、第三产业收入86.00万元，工资性收入205.00万元。农民人均纯收入4053.00元，农民收入以种植业等为主，主要产业为甘蔗，主要销售往本县。全村外出务工收入

205.00万元，其中，常年外出务工人数156人，在省内务工8人，到省外务工16人，大部分人在州内务工。

2012年年底，全村有387户通自来水，有147户饮用井水。有387户通电，拥有电视机农户305户，安装固定电话或拥有移动电话的农户数86户，其中拥有移动电话农户数55户。2012年年底，有41户居住砖木结构住房；有308户居住于土木结构住房。2012年年底，全村参加农村社会养老保险609人，参加农村新型合作医疗解决了1492人看病难问题，农村最低生活保障落实了169人，大大减轻了村民的生活负担及生产生活的压力。农村粮食农资综合直补发放到了农户手中，提高了农民种植业的积极性。弄别村小学生到弄别完小就读，中学生到囊宋中学就读。2012年年底义务教育在校学生101人，小学生82人，中学生19人。

村落远景

弄别村存在的主要困难和问题是地方偏远，路面泥泞，基础设施项目少，饮水困难等。今后的发展思路和重点是：从根本上提高群众的生产和生活水平，首先解决基础设施建设（如人畜饮水、村内道路的完善），巩固好现有的甘蔗产业，扩大种植面积，增加农民收入。

二　山体滑坡及治理

弄别村委会境内有两条河流，囊宋河和龙通小河，由于弄别村的地基条件很差，这里的山都是泥土山，没有多少石头，很容易发生泥石流。整个村

人口较少民族整村推进项目村

落及田地都处在泥石流滑坡体上。每年大大小小的泥石流对水田、山地甚至房屋都会造成冲击,很多田地被泥石流或山洪冲走,村内群众的生产生活受到很大的影响。南林自然村就是由于滑坡才搬迁到了现在的位置。泥石流的发生和实施治理泥石流的工程大事记如下:

1983年,南林自然村大滑坡,200多亩田地被冲走,田地完全转向了山另外一边的深洼处。上面有一个水塘,面积达120—130亩。

1984年,水利部门通过调查进行了规划,实施了建筑拦河大坝工程,投资5万多元建成了底部宽为1.33米,高达10多米的大坝。前后建设了3年,稳固了滑坡体。现在仍然有滑坡,通过栽树种草来稳固。

1996年,龙通河发生大滑坡,滑坡面积达20多亩,同时有10多亩水田被覆盖,河床被覆盖,至今没有得到恢复。

2003年,对龙潭坝进行了治理,由水利部门实施,建了四道拦河坝和下弄别大坝。

通过对囊宋河和龙通小河的综合治理，建了三道石坝：主要是南林田坝，受益面积300多亩；龙潭田坝，受益面积500多亩；水洞脚坝，受益面积200多亩，有效地控制了泥石流的发生。在修建拦河坝和水渠的同时，进行生物治理，包括种树、改种甘蔗等，在一定程度上改善了全村的水土流失。当地治理泥石流滑坡的土办法是水田改旱地，将滑坡体堵住。但是因为当地没有石头，交通条件差，建设的石头都要从保山市的腾冲县拉过来，因此建设成本很高，往往运费都高于石头的费用。现在到腾冲县的小庄拉一车（东风车）石头就要500元。两河三坝的加固仍是当地防范和治理泥石流的最大问题。

河流域拦河坝

三　扶持发展成效及评价

2006年起实施扶持人口较少民族整村推进建设项目，其中：扶持生猪养殖180多头，带动了弄别村养殖业的发展。茶叶种植共进购茶苗28万多株，种植面积200多亩，调整了产业结构。滑坡泥石流的治理，共建拦河坝9道，有效地改善了全村水土的流失，基本保障了农田水利的畅通。全村共新建公厕3个，改善了村内的环境卫生条件。村内道路建设铺通了块石路600多米，全村建设沼气池120多口，有效解决了部分家庭生产生活条件，基本杜绝了乱砍滥伐的现象。人畜饮水工程的实施投资近70多万元，解决全村人畜饮水难的问题。信息网络开通了有线电视 90 多户，卫星接收 80 多户。在村内架设了联通移动信息发射塔，覆盖全村信息网络，全村装有线电话 40 多户，移动、联通手机 350 多台。

在各方的大力扶持下，弄别村的水、电、路和安居工程大力推进，村容村貌大大改变，农民生活有所改善，环境卫生有了好转，教育条件大大改善，老人、妇女均有了活动场所。村民说："如果没有这些优惠政策，没有大量资金投入，是无法完成这些大的建设的，这不是几块钱的问题，而是上万元、几十万的资金。"村民对此心存感激。针对每一个项目的实施情况，村民们都有自己的评价，详见下表：

项目名称	实施情况	评价
道路建设	上弄别村：块石路（手摆石路） 下弄别寨心村：水泥路（主巷道） 南林村—上弄别村：水泥路 南林柏油路： 道路建设都是民宗局统一招标，统一施工，统一管理	整体是好的，以前是烂泥塘，雨水天出门都不敢走路，连抬人出去（送葬）的时候都没法下脚，只好拆了砖头摆在地上踏过去。但总体而言，现在的道路状况还不完善。 村内主干道的建设已经基本完成，但是村内的岔路还比较难走，入户的道路还没有修筑。2 个自然村之间的村村通工程已经完成，但都是沙石路，还会有晴通雨阻的情况
人畜饮水	南林 12 公里长的饮水管道，家家到户	做好水管后两年多就停水了，主要是水源问题。水管建好以后也没有人管理，后续的管理也有问题
沟渠建设/拦河坝建设	主要实施了杨柳箐沟、龙潭沟的拦河坝的建筑，一共投入 102 万元，解决了 600 多亩田的灌溉问题	十多年前就由水利部门来做了，那一次没有做好，一次就冲掉了，后来又来做了一次，现在看还好，把以前那些烂山、烂田都整治好了，还防止了滑坡泥石流。水沟还在建，认不得以后的效果怎么样，应该会比较好吧
发展种植业	茶叶：民宗局拉来茶树苗，农户投肥料、农药	从理想上来看，应该是效果不错，只是现在效果还没有出来
扶持养殖业	主要是民宗局的项目，在上下弄别两个小组发放牛和猪： 9 万块买了 20 头牛发放给上下弄别的 6 家人，主要发放给家里有发展能力、有猪圈的贫困户； 扶持养殖大户（南林的赵家碑）8 万元扩大养猪规模；发放 169 头猪，其中 78 头公猪给上下弄别的农户，基本上是每户 1 头猪，极少数户有 2 头，方式是：小猪农户自筹 100 元，公猪农户一头自筹 200 元	防疫跟不上，猪的损失比较大，有一半以上的农户家里养的猪死了，养殖大户今年也损失了 30 多头壮猪。品种上可能在我们这里也不是很适应。 防疫工作是养殖业最大的问题，防疫力度还要加大

续表

项目名称	实施情况	评价
科技培训	农科站的来村里培训，种植业方面是种植水稻、包谷的病虫害防治技术培训，养殖业主要是养牛、养猪技术培训。办了10多次的培训班	做了科技培训，大家多多少少学到了一些技术。还是有用呢，不过讲得太简单，遇到一些病还是不知道。要是村里有个人会就好了
公厕	卫生厕所4个，其中上弄别村2个，每个2.5万元	村村都有了
卫生室	由卫生局扶持，在村委会所在地盖了新的卫生室，配备一定的医疗器材。按村的标准配了医生	基本上每天都有人在，没人的时候就打电话，条件也比以前的好多了
安居工程	安居工程：扶贫办扶持。全村有80户，有3种补助金额：2000元盖厢房，5000元做大房子修补，10000元重建大房子。 抗震救灾：民政部门出钱，一方面是危房改造，补助也是2000元、5000元和10000元；另一方面是900元的抗震加固工程，全村有50户农户的房子做了抗震加固	我们村半寨子都是危房，要是能够全部都改造成新房就好了
活动中心	3个村都有了活动室，都是水泥地板加房屋，修建了大门。 资金是3个"一点"筹集起来的：上级一点、村上一点、妇女筹一点。多方想办法，有多少钱就干多少事情	以前小组里面没有活动室，开会要么在私人家里面，要么就是在大路上，有时候在学校开会，都很不方便。现在村村都有了活动室。好处是：开大小会议有了一个笼络处；方便了阿昌族过窝罗节，有了很好的平台；哪家请客也有了一个炕饭（做饭）的地方。 不足是：东西很少，没有厨房和保管室，规范和制度还没有制定，小组办事还没法办。资金不够，还使用着一部分的空心砖（在地震带上，空心砖比较容易倒塌）
学校	由发改委扶持，建盖教师住宿楼，一共花费了24.8万元	硬件条件得到很大改善
沼气	有地方的人家都修了1个，自己只需要挖沼气坑就行了	很多人家的都用不成，没有人来修理

四　主要存在的问题

由于自然条件的限制，扶持人口较少民族发展工作在弄别村尽管取得了一定成效，但与其他地方相比仍存在一定差距。位于山区、供水不足、交通条件差、建设成本高等综合条件的限制使弄别村的产业发展受到很大的限制，村庄整体发展比较缓慢。

妇女之家参加县里活动

(一) 农业用水困难

问及弄别村贫困的原因,村民斩钉截铁地回答:"我们这里穷就因为水(不足)!""水不好!(农业用水没保障)。"因为地处山区,一直以来弄别村饮用水和农业用水供应都较为困难,2010年云南百年不遇的干旱更是让本地供水面临更为严峻的考验。水的问题是弄别村最大的问题。

最让村民揪心、亟待下一步扶持人口较少民族发展项目帮助他们解决的是农业用水困难,这事关他们最基本的生存。弄别村地势高,供水相对困难。本村农业用水依靠龙潭沟、泥巴沟和章麻沟(音)三条沟渠供应,村民特意带我们去看了三条水沟,从源头处看,它们的水源地植被覆盖良好,流量不错,但关键问题是漏水严重。今年村里对龙潭沟和泥巴沟进行了部分硬化,但并不能从根本上解决问题。本地的农业根基都不稳,如何谋发展呢?

人畜饮水方面,由于弄别村委会境内没有大的水源,人畜饮水工程的水源要从别的村落甚至乡镇拉过来,需要给水源补偿费用,距离长达10多公里,成本太高;拉过来以后,水管经过的田地或村落还要给补偿费,不然人家不给过,还会破坏。弄别村曾经从别的乡镇境内拉来了水源,但是管理上出现了问题,水管也遭到了破坏。南林村两年前才搞人畜饮水,但是水源就变小了。下弄别地势稍低,饮水情况相对来说好一些,自来水管入户已有10年历史,但饮水供应仍然是个难题,每年除了雨季自来水可到户,其余

新修水沟

时间只能输送到村内水池，村民再到水池处挑水。今年的干旱更是让入户自来水管成了摆设，到我们调查时，入户自来水供应已停了四个月之久。

（二）道路质量不尽如人意

村民们认为道路硬化给村庄的交通状况带来巨大的改观，"路修了后，摩托、车都好开了，即使下雨车也能动，人出行也干净了"。"路修好后村里的摩托车数量增加了两倍"。但是，道路质量还是存在不尽如人意的地方，路面坑洼不平，村民说："村委会干部要修路就好好地修，不修就别修，不然不能（给村民）带来好处，反而害了大家。"

南林村民带我们看了一条布满裂缝的水泥巷道，这是村内的主巷道，修建时间还不长，但质量确实存在很大瑕疵。调查中，村民批评道路质量差，村中年轻人骑摩托车已经出过好几次事故。在下弄别村，不久前一对夫妻骑摩托回村时撞上路中间凸出的石子而摔倒，幸亏路边一棵松树才没让夫妻俩跌下山谷，为此夫妻俩还在树上挂了一个红布条。因为进村道路坑洼不平，对汽车损伤大，到了甘蔗收获季节很多收购甘蔗的人都不愿意开车进村，下弄别村村民不得不自己想办法把甘蔗运到上弄别。

基础设施尤其是道路建设的效果是最明显的，多数村民对此心存感激，但是由于总体上撒胡椒面式的扶持，资金不够集中，亮点不明显，没有形成带动的作用。因为要考虑资金规模及各个地方的具体情况来建设，往往在预算的过程中，各个地方的情况不一样，有的地方因为比较难实施，条件不好，导致要完成任务就只能凑合；资金分散，重复投资，导致被迫建豆腐渣工程。

资金分散，多头管理，是影响项目实施的重要因素。在项目实施的过程中，每当出现一个问题，无论哪一个级别的领导机构，都希望资金能够掌握在自己手里，这样就具有了项目实施的主动权。同样也有一个问题，级别越高的政府部门，对项目的管理和实施投入的时间和精力就越少，所以这是一个矛盾体，从某种程度来说，若在更小区域内讨论实施项目，会取得更好的效果。另外，如何使公权真正做到"公开、公平、公正"还是一个值得探讨的问题。

（三）产业扶持尚无明显效益

从现实来说，产业开发的难度比较大，涉及的问题和困难比较多。谈到弄别村的劣势，当地人说道："地基条件差，整个村落都在泥石流滑坡体上；经济实力差，只有种植甘蔗还有一点收入；人们的思想落后，不敢尝试发展，例如种植大量树木。"当前产业开发的效果不太明显，短期内还没有明显的效益。

村民向我们讲述了本村近几年种植的变迁。前些年村民多用旱地种甘蔗，可当时糖价不好，糖厂不景气，种甘蔗利润低，因此，相关部门就引导村民改种坚果树木。果木种下后不久，没想到糖价飙升，甘蔗收购价格很高，但村民地里种有果木，想改种甘蔗也不行了，只能"望果木兴叹"，果木最近一两年还不能挂果，对于村民来说可是不小的经济损失。出现这种情况不是任何人的错，市场经济瞬息万变，政府相关部门也无法预测，但政府又必须为人民的经济发展作引导和规划，因此，在市场经济背景下，政府如何更好地扮演经济发展引导人角色，就显得至关重要。当地希望能够发展一村一品，种植白花油茶的路径，但是种白花油茶需要5—10年才能有成效，现在还没有见效。

提到养殖业扶持，许多村民气就不打一处来。据了解，村委会2007年用国家养殖业扶持专项拨款到保山买了一批白猪发放给村民，每户一头，一头猪大概值300元，每头猪村民付100元作为运费。不幸的是，这批白猪也许是水土不服，也许原来就带有瘟疫，入户后90%死于瘟疫，更为严重的是还把病传给其他猪，结果村民损失惨重。村民反映，猪瘟发生后上级政府向受损失的每户村民补偿100元，但这笔钱到了村一级就无影无踪了。当地养殖大户说："养殖业是有条件的，防疫工作非常重要，县上要加大力度。养殖业需要强调一个产、供、销一条龙，形成一个产业链。当前农村贫富不平等，有的农户还是比较贫穷。大部分农户都愿意养牛，只是由于经济收入不高，没有垫本，产业发展受到很大的限制。""产业发展需要市场稳定，可以发展养殖业，主要饲养牛和猪；发展种植业，主要是甘蔗和各种经济林木……甘蔗收购有保障，甘蔗尖可以做牛的饲料，甘蔗渣可以做肥料。结合种植甘蔗发展养殖业，可以双管齐下。"希望能够"争取政府的项目，纳入政府扶持的产业，国家帮助解决一部分困难，自己克服一部分困难，促进自己和整个村落的发展"。

(四) 民族整体受教育程度低

学校的教师说："阿昌族在发展的问题上，好好读书的意识没有，家长对孩子读书比较冷漠，支持不够，在小学还好，但是到中学就不行了，高中生就更少了。"村民也反映："我们这里供到高中以后的很少，高中毕业也考不上一本二本，也就是读读一般的独立学院，工作就更难了。"

人口较少民族的教育是一个大问题，在初中以下，基本上是家庭没有什么负担，由国家补贴，核心问题是高中以上，高中以上的花费往往是初中花费的几倍。许多家庭都是借钱供读书的，但是大学毕业以后，没有什么靠山，工作非常难找。因此初中毕业以后，一般的家庭也就没有再继续供孩子读书了。初中升入高中的升学率就比较低，过去是按照指标而定的，有一定的名额或者比例，也就是在"矮子里面拔高个儿"，但是并轨以后，即使也有加分等优惠政策，但是加得再多也赶不上城里的学生。过去是靠政策，有一定的名额，现在是越来越难了。

在访谈中，有的村民还是特别重视孩子的教育，例如村民杨社生就说："读了书找不到工作，那不读书更找不到，读过书总是好的，（读书多的）人的见识、思考问题的方式都不一样，读书迟早会有回报！"但是在这样的偏远山区，考出一个大学生是多么难的事情！

谈起农村青壮年劳动力入城打工的问题，有的村民认为这是农村经济发展的一个好途径，进城打工只是暂时的，打工的青年总有一天还得回到农村，因此，农村本身不发展的话，永远不可能从根本上解决问题。一句经典的话是"国家给了你母鸡，你连谷子都不给它吃，鸡怎么下蛋？"从侧面说明了村民对国家扶贫帮助的一种态度和自力更生的决心。国家帮扶是外因，是上坡时帮你推一把的动力，而脱贫致富关键还得靠自己。要提高人口较少民族的整体素质，就要对这些高中毕业生有所倾斜，通过高等教育、职业教育等方式开阔其视野、更新其观念。

(五) 民族文化建设亟待加强

在坝区周围，阿昌族的语言讲得越来越少。由于对外宣传的力度远远不够,所以人们对梁河县的阿昌族了解不多,加上阿昌族没有文字,这样民族文化建设就是一个大的问题。现在还没有阿昌族文化建设方面的项目,村中对于打造民族文化精品也没有什么门道。

村民们自己认为,整个弄别村委会都是穷苦地方。用他们的话说:"我们阿昌族不上进,不喜欢同人家比,因此没有特别好过的人家。除了有残疾、生重病的家庭生活较为困难外,其他人家生活水平都相差不大。"乡人大副主席说道:"(弄别)群众文化素质低了一些,没有什么文化底蕴,但是好管理、善良、淳朴,比较好做工作。老百姓对项目的参与度比较高,积极投工投劳,一般3万元的项目,就可以作出4万元的项目。"这些特点也是民族文化建设中可以利用的。

五 未来的发展期望

提到对下一步扶持人口较少民族发展工作的建议和期望,村民依然提到一个字——水!解决本地农业用水是当务之急,接下来是三河坝的加固、道路的改善和农民住房的改善。对于养殖业扶持模式,他们不赞成采取平均主义,而是先扶持几家富起来,再带动整个村子。此外,村民多次强调今后的扶贫工作上级政府要加强对村委会一级的监督,让村委会提高工作透明度和公正性。

问及他们心目中理想的幸福生活,从昆明的中专毕业回到村子务农的人说:"农村的根永远是农业,农村要与城市相比是不可能的。对于农村大众来说,首先盼望的就是五谷丰登,粮食有保障,家里最好能有点固定收入和一定存款,这样,生病有钱医治,娃娃学业不被耽误,家里能买一辆摩托车。"

政策尚未扶持到的阿昌族村庄
——云南省德宏州梁河县曩宋乡瑞泉村委会墩欠村民小组调查报告

在扶持人口较少民族发展过程中有一个大的问题，没有被列入扶持范围的一些人口较少民族村落群众感到十分不平衡，心里有很多不满。国家制定整个政策的目标瞄准群体是村委会一级，如果村委会一级的人口较少民族的人口数量达不到总人口的20%，就不能被列入扶持对象范围。但是在这样的村委会，有的自然村人口较少民族的比例达到98%。两个隶属于不同村委会的自然村是相连的，都是人口较少民族，相互还通婚往来，但是一个村得到了大力扶持，一个村则什么扶持都没有，基层干部的解释不起作用，工作非常难做，群众相当抵触。在民族聚居区的村委会实施整村推进，但是有的自然村没有享受到同等的待遇，会影响项目的实施效果。云南省德宏州梁河县曩宋乡瑞泉村委会墩欠村民小组便是这样的一个代表。

一　村庄概况

瑞泉村委会距离乡政府3公里，全村国土面积28平方公里，海拔1100米，年平均气温17.0℃，年降水量1462毫米，适宜种植水稻、甘蔗等农作物。瑞泉村有耕地3204.00亩，其中人均耕地0.87亩；有林地5937.00亩。全村辖14个村民小组，有农户891户，有乡村人口3675人，其中农业人口3579人，劳动力1844人，其中从事第一产业人数1140人。2012年全村经济总收入1714.00万元，农民人均纯收入3209.00元。农民收入主要以种植业为主。墩欠自然村隶属于瑞泉村委会，是3个纯阿昌族村寨之一。墩欠自然村的阿昌族人口所占比例超过我们之前所到的丙盖村和弄别村，但是由于瑞泉村委会没有被列入首批扶持人口较少民族发展的项目规划中，所以墩欠自然村也就没有被列为扶持对象，作为阿昌族人口较少民族的聚居地，至今尚未得到任何扶持，村中公共基础设施破旧，贫困状况严重，正因为如此，我们才选择调查该村，把它作为一个未被帮扶的代表。

墩欠自然村属于山区，距离村委会 5.5 公里，距离乡政府 8.5 公里。村里墓志铭中明确记载墩欠自然村 1876 年建村，地处大盈江东岸的山丘平顶区位，坐东向西，呈不规则状聚落。全村辖 1 个村民小组，有农户 71 户，有乡村人口 287 人，男 139 人，女 148 人，其中阿昌族 282 人，汉族 5 人，阿昌族人口占总人口数的 98.2%；农业人口 280 人，劳动力 153 人，其中从事第一产业人数 123 人。

墩欠自然村国土面积 12 平方公里，海拔 1216 米，年平均气温 17.3℃，年降水量 1560 毫米，适宜种植甘蔗、水稻和苞谷等农作物。全村共有耕地面积 282 亩，人均耕地 0.93 亩，其中水田 228 亩（包括 80 亩雷响田），旱地 54 亩。有林地 250 亩。2012 年农村经济总收入 139.10 万元，其中：种植业收入 61.40 万元，畜牧业收入 51.00 万元（其中，年内出栏肉猪 133 头，肉牛 23 头，肉羊 0 头）；林业收入 1 万元，第二、第三产业收入 7.80 万元，工资性收入 14.70 万元。农民人均纯收入 3043.00 元，农民收入以种植业为主。全村外出务工收入 14.70 万元，其中，常年外出务工人数 21 人，在省内务工 3 人，到省外务工 18 人。

村落近景

二 过去的辉煌

相比丙盖村，尤其是弄别村，墩欠自然村是有很多自身优势的。同弄别村相比，墩欠自然村位于梁河坝边缘，村子离交通主干道近，到梁河县城方便。墩欠自然村人畜饮水供应做得很成功，自来水 2009 年入户以来，即便是遇上今年的大旱，供水也未中断过。墩欠自然村 8 年前有煤场，后来虽被强令停止，但之前的煤矿开采还是为本村留下了一些有形的或无形的财富，在此基础上村集体修建了小学校，铺砌了进村的沙石路。墩欠自然村最大的优势在于人才，该村村民热心教育，因此培养了不少优秀人才，全村已经出了 7 个大学生，在州、县不同部门供职。墩欠自然村村民特别期待能同其他阿昌族同胞一样得到政府的扶持人口较少民族发展项目，推动本村的基础设施建设。我们一致认为，只要基础设施建设跟上，墩欠自然村确实是个很有发展潜力的阿昌族村。

过去建设的村间道路

三　当前的差距

同被帮扶的丙盖村和弄别村相比，墩欠自然村在基础设施建设方面确实滞后不少。进村道路依然是土路，村内没有一条水泥巷道。"活动室"是一幢废弃的三层教学楼，破烂不堪。村内无公共厕所，无卫生室，看病得走四公里路到瑞泉村委会处，全村无农业灌溉沟渠。

墩欠自然村与丙盖村委会的丙岗村民小组紧密相连，两个自然村同属阿昌族，相互还通婚往来，但是一个得到了大力扶持，一个则什么扶持都没有。同丙盖村相比，"以前和他们的日子差不多，现在村庄的发展就不同了，他们样样条件都好，路也好走，村里面也干净，去哪里都可以开车、骑车，人也不累、不苦。我们这里就苦多了，路不好，去哪里都要背着东西，在村子里面串个门子都不方便，晚上都怕跌倒，尤其是女人家苦得多。"墩欠自然村村民不清楚他们为什么没被列为帮扶对象，为此他们很难接受，有很多委屈，"共产党的政策这么好，为什么到墩欠就没有？其他阿昌族地方都得到政府的大力扶持，不知道国家把我们墩欠阿昌看作什么民族？！太阳不照弯拐路，月亮不照背阴山！"

虽然这个村落的自我发展意识很强，但是"龙上天，都要靠一棵弯腰树"，国家的政策在这个自然村，"就一块碗大的石头都没有扶持过"。村民多次向上一级反映，县级也打过多次报告，但都没有什么结果。由于人口较少民族扶持规划已经出台，没有列入规划区域就得不到任何扶持政策。"国家扶持人口较少民族的政策是好的，我们都知道了，但是我们是什么都得不到。我们是什么族我们也认不得了。"

这几年由于煤场已经关闭，村集体没有任何经济来源进行集体建设，各家各户基本上也就只能自顾自家的生产和生活，于是整个村落就陷入了一种没有任何建设的情况，与别的村子差距越拉越大。看着丙盖村、九保村的阿昌族村落在国家扶持下修路、建盖文化活动室，"人家搞得光溜溜的"，"我们这里成为了太阳照不到的地方，其他民族来这里，别的寨子来这里做客都会问，你们不是阿昌族吗？怎么没有什么基础设施建设？这里太阳背阴着呢！"村干部形容上级不来关注本村时说："多年不到苦山来，心要宽来气要凉；看到此山心要宽，来到此山心要安"，"草接疙瘩无人解，路起青苔无人走；如若哪个来照看，党的光辉照明灯。"村民们甚至有这样一种想法："几个寨子约起来，组织上访一下。"

梁河县曩宋阿昌族乡瑞泉村委会墩欠村民小组请求纳入"扶持人口较少民族发展规划"的报告中明确指出："墩欠自然村是一个典型的阿昌族半山区寨子，由于所在的瑞泉村委会人口较少民族的数量不多，未列入扶持人口较少民族发展规划中，因此尽管我村全村基本上是阿昌族寨子，也未列入扶持人口较少民族发展规划中，为未被列入人口较少民族进行上报。国家政策实施扶持人口较少民族发展中，至今仍未得到任何扶持，贫困现象依旧，新农村建设无法落实，交通运输无法解决。因此，请求各级政府专题上报，要求列入扶持人口较少民族发展规划中，给予扶持建设资金，搞好新农村建设，请求审批为盼！"

四 发展愿望

整体上来说，墩欠自然村的阿昌族是勤劳的，也愿意建设自己的家乡，现在就是缺乏一种帮助，"群众投工投劳是没有问题的，哪怕是集资一部分也可以"。村民小组代表、村干部、老年协会经常讨论未来发展之路，他们迫切希望能得到国家扶持发展，甚至作出了详细的发展规划，主要有以下几方面：

1. 村外公路。从煤场公路到村活动中心的土路建设成为弹石路，路面共长790米，宽4米，建设面积3160平方米，建设成本每平方米为35元，预计总投资11.06万元。铺设块石路，总长31米，宽4米，建设面积124平方米，建设成本为每平方米135元，预计总投资1.7万元。

2. 村内巷道。虽然过去曾经修建过沙石路，但是现在石板已经凸凹不平，最好能将进村主干道修成弹石路，村内的巷道慢慢来。一共建设14条小巷道，总长1000米，宽2米，建设面积2000平方米，建设成本为每平方米78元，预计总投资15.6万元。

3. 寨子中心大塘子水泥路建设，总长62米，宽7米，建设面积434平方米，建设成本为每平方米78元，预计总投资3.39万元。

4. 村落没有文化活动室，由于学校已经撤并，可以将办公活动场所、老年协会及"妇女之家"都设在这里，但是需要盖厨房、打围墙、打地皮，此外房子玻璃破碎，多处漏雨，需要维修。活动中心规划预计总投资20.12万元。主要建设项目包括砂浆下石脚、红砖打砌围墙，预计总投资2.58万元；主房石脚建设1.4万元；主房子砌墙2.1万元；粉刷0.7万元、房内打水泥地皮1.52万元、盖彩板瓦房5.5万元、篮球场地皮5.12万元、阿昌族标志建筑1.2万元。

5. 产业开发30万元。种茶200亩，每亩补助400元钱，预计投入8万元；速生丰产林西南桦100亩，每亩补助400元钱，预计投入4万元；经济林木白花油茶200亩，每亩补助400元钱，预计投入8万元；水果等50亩，每亩补助400元钱，预计投入2万元；畜牧养殖业6万元；科技培训2万元。

6. 其他发展工程。（1）人畜饮水。虽然过去就已经解决，但是水管已经老化，需要更换，水源地的水池也需要修砌。（2）安居工程。有五个居民点处于山体滑坡地带，需要搬迁，希望得到安居工程的扶持。（3）沟渠建设。在田地大面积集中的地方修建水渠。（4）治理滑坡泥石流。村子的

废弃的学校拟翻新为村落活动室

很多田位于滑坡泥石流地带，不能种。西南地理研究所曾在这里设了一个研究点，看如何治理滑坡泥石流，把滥山滥洼改造成梯田。(5) 建设公共厕所。"虽然大部分人家里面有厕所，但是外面的人来到我们村没有一个像样的公共厕所也不行。"

整乡推进的阿昌族民族乡
——云南省德宏州陇川县户撒乡调查报告

户撒阿昌族乡是全国三个阿昌族民族乡之一。在扶持人口较少民族发展中，户撒以乡为扶持发展单位，以消除阿昌族地区整体贫困为根本目标，实施了"整乡推进"。全乡11个村委会中的10个村委会都纳入扶持人口较少民族发展规划之中。通过水、电、路来改善基础设施建设，以种养殖业为中心推进产业培育，以教育和技术培训来提升群众素质，以最低生活保障制度和合作医疗制度为抓手构建基本保障体系，以资源整合、社区参与、连片开发为主要方式，依托扶持人口较少民族发展政策和新农村建设，大力推动户撒阿昌族民族乡的整体发展。

一　基本概况

户撒阿昌族乡位于陇川县西北部，介于北纬24°21′—24°33′，东经97°41′—97°59′，南北与盈江县接壤，西南与缅甸交界，国境线长4.35公里，距县城章凤53公里，到户撒阿昌族乡道路为弹石路。东邻城子镇、陇把镇，南邻缅甸，西邻盈江弄璋，北邻清平乡。全乡的总体面貌是两山一坝的狭长小盆地，坝区海拔在1380—1480米，年平均气温16.1℃，年降水量2053毫米，适合种植优质稻、草果等农作物。南北长26.5公里，东西宽9.5公里，全乡总面积为251.9平方公里。全乡下辖坪山村、保平村、腊撒村、芒炳村、明社村、项姐村、户早村、隆光村、朗光村、芒捧村、潘乐村11个村委会。

2009年有村民小组126个，农户4868户，有乡村人口22999人，其中男性11490人，女性11509人。全乡农业人口22999人，劳动力15650人，其中从事第一产业人数12921人。全乡以汉族、阿昌族为主，其中汉族7157人，阿昌族12939人，其他民族2903人。

全乡有耕地面积67771.2亩，其中：水田40900亩，旱地26871.2亩，

户撒坝子

人均耕地 2.95 亩；林地 277698 亩，其中经济林果地 3154.7 亩，人均经济林果地 0.14 亩，主要种植草果等经济林果；水面面积 1750 亩，其中养殖面积 73 亩；其他面积 2522 亩。2009 年农村经济总收入 6705 万元，其中：种植业收入 4369 万元，占总收入的 65%；畜牧业收入 1172 万元，占总收入的 17.47%；渔业收入 13 万元，占总收入的 0.19%；林业收入 21 万元，占总收入的 0.31%；第二、第三产业收入 539 万元，占总收入的 8.03%；工资性收入 591 万元，占总收入的 8.81%。农民人均纯收入 1915 元，农民收入以种植业等为主。全乡外出务工收入 191 万元，其中，常年外出务工人数 1093 人，在省内务工 236 人，到省外务工 789 人。

2009 年年底，全乡参加农村社会养老保险 5 人；参加农村合作医疗 15880 人，参合率 69%；享受低保 12036 人。全乡村民的医疗主要依靠村卫生所和乡卫生院，卫生所面积为 842.56 平方米，有乡村医生 16 人。全乡建有小学 13 所，校舍建筑面积 13463 平方米，拥有教师 153 人，在校学生 4640 人。目前整个乡镇农村义务教育在校学生 4640 人，其中小学生 3124 人，中学生 1516 人。全乡建有文化活动室 9 个、图书室 2 个、业余文娱宣传队 7 个，极大地丰富了村民的业余文化生活。

二 整乡推进

户撒阿昌族乡的朗光村、潘乐村、保平村、明社村、项姐村、曼捧村、户早村、隆光村、腊撒村、芒炳村10个阿昌族聚居村列入《云南扶持人口较少民族发展规划（2006—2010）》，由中央和省进行扶持。2005年开始，累计投入项目扶持资金11259.3万元，其中：国家投入8206.46万元，地方投入1975.69万元，其他投入1077.15万元。截至2009年，列入《规划》的10个村委会已全部得到扶持，并已经通过验收。整乡扶持人口较少民族发展的情况具体如下。

（一）基础设施建设

10个行政村村委会所在地均通公路，一般为沙石路或弹石路，可通行机动车辆。10个行政村均已经通电，其中所辖91个自然村已进行农网改造，农户通电率达100%。10个行政村村委会所在地通过光纤接入、直播卫星接收可以收看到包括中央一套、省一套在内的电视节目，可以收听到包括中央一套、省一套在内的广播节目。10个行政村村委会所在自然村能通过有线电话或移动电话信号与外界联系。10个行政村中已解决人畜饮水（91个自然村、15806人、3439头大牲畜），比例均在80%以上。从详细的扶持情况来看，全乡先后完成通村道路和村内道路建设182.84公里，梁板桥3座，文明道口建设5个，客运站建设1个；完成人饮工程59项，建设取水坝1座，水池21个，架设管线136.06公里；完成拦水坝6座，引水沟渠2.5公里，土地复垦450亩。例如，曼炳村民小组2005年开始扶持人口较少民族发展工作，石板路投入33万元（民宗局投入14万元，整村推进项目投入10万元，新农村建设9万元），路基本上都已经修完，仅剩下村寨内部的一些小岔道，全村道路基础设施建设提前了20年。

村间新修道路

（二）社会事业发展

10个行政村中除项姐村被乡中心卫生院覆盖外，其他9个村都建有卫生行政部门批准的卫生室，总建筑面积是104平方米，室内医疗设备和摆设药品达到基本要求并配有一名有行医资格的乡村医生。10个行政村均有开展科技文化活动的场所，并配有简单的科普书籍及文化体育活动器材，基本能够满足当地村民的公共集体活动的开展。实现基本普及九年义务教育、基本扫除青壮年文盲的"两基"目标，2008年8个行政村小学适龄儿童1734人，在校1725人，入学率99%；适龄少年857人，在校891人，初中毛入学率为103.9%；青壮年人数8907人，青壮年文盲16人，占0.18%。完成教学楼建设6幢3292.7平方米，学生宿舍1幢636平方米，厕所3个，学生食堂982平方米及篮球场1块、学校围墙260米、乒乓球台2个；完成中心卫生院住院楼建设1幢1158.66平方米，村卫生室11个886.37平方米，厕所2个；完成文化活动室建设5个562.9平方米；完成2个村委会有线电视光纤及相关配套设备建设。

（三）奠定扶持发展基础

10个行政村已消除茅草房、杈杈房，有危房户701户，占总户数3630的26.5%，完成安居房工程建设234户。10个行政村共有耕地52652亩，人均基本农田3亩；经济林地6807亩，户均经济林地1.8亩，有稳定解决温饱的基本农田和经济林地。10个行政村人均粮食占有量在475—481公斤，农民人均粮食占有量达到300公斤以上。10个行政村农民人均纯收入在1500—1897元；8个村未解决温饱人口796人，占4.6%，农民人均纯收入达到云南省农村低收入标准以上，未解决温饱人口占全村人口的5%以下。

（四）产业扶持

完成沼气建设2384口，封山育林5977亩、荒山造林4447亩、低产林改造1463亩；扶持开发阿昌刀工艺品25种；发放小额信贷资金1497.25万元；种植经济林果8676亩，经济作物9594亩，粮食作物6956亩，发展养猪5223头，水牛180头，家禽2000只；开展实用技术培训222期，培训30600人次。例如，保平村委会芒困村民小组通过扶持，在养殖大户杨永强的带动下，成立了养猪合作社，以发展仔猪生产为重点，现已成为户撒阿昌族乡小有名气的仔猪生产基地，其产值占该村经济总收入的40%左右。再如，保平村委会喇起村民小组提出了"稳定粮油生产，远抓经济林果，近抓畜禽养殖业和米线加工业"的产业发展思路。发展家庭式米线加工作坊18户，从业人员32人，按每户平均年加工4万斤计算，仅米线加工一项可增加农村产值 108 万元。

村中标语

三 扶持效益

扶持效益主要是以我们调查的一些田野点上的资料进行个案的评价，这样的评价比起一些数据来说，故事性的评价更加鲜活，从社区的角度更能够反映实际情况。

户撒阿昌族乡政府康副乡长访谈时介绍到，户撒阿昌族乡各村从 2005 年开始扶持人口较少民族发展工作，通过召开大会来了解群众的需求，然后开始实施项目。主要以基础设施建设和产业扶贫为内容。

明舍村委会支书认为近年来主要项目有道路硬化、修建沼气池、植树造林、学生助学补助等几个方面。他认为扶持人口较少民族发展给明舍村带来的变化是显著的，村容村貌焕然一新，村民的精神面貌改观明显。经济作物以草果种植为核心，现种有草果 1000 多亩。

明舍村委会芒岗村在通自来水之前，人畜饮水靠村内的四口水井，供应全村 73 户的人畜饮水有一定困难，尤其每年 5 月供水最为紧张。扶持人口较少民族发展规划实施后，政府拨款 8 万元，全村每户出资 500 元，最终建起芒岗村的自来水系统，自来水水源地离村子两公里，水质好，供应充足，自来水入户后还从未出现停水现象。

明舍村委会彭顺广对扶持项目进行了打分评价："路打9分，以前是自己修，现在政府投资，方便了自己，节省了劳力（下雨时，卖谷子要推车），但政府尚未验收，质量不太好，重在养护。水打8分，以前吃水要去挑水，现在不用了，灌溉用水受限。电打10分，带来了光明，进行电网改造，降低了电费。"

潘乐村芒旦村民小组的道路硬化成效显著，村内主巷道均已铺设为水泥路面。由于水源的原因不适合修建自来水系统，政府因此把用于自来水建设的资金转向补助村民挖井，每口水井政府补助1000元，村内30多户人家都有自己的饮用水井。

重点扶贫村

芒刚村民小组曹祖旺对村内巷道和环村道路评价说："有几条是我们自己筹钱修的，有几条是民宗局来修的，修的都还好，以前我们村都是泥路，下雨天串门子都不方便，现在基本上村里的主要巷道都已经修好了。"

芒炳村委会曼炳村民小组组长讲述道："过去道路狭窄，只能通1辆拖拉机。寨子内部基本上人都很难走，要过去总是需要垫几个石头才能进去。扶持发展的道路原来设计是3米宽，由于想到3米宽的话，两辆车子相错有些困难，所以就要求设计成3.3米，车辆就可以相互错开了。村民大家讨论了一下，就向乡上进行口头申请，于是也就达到了我们的申请要求。我们对于整个要求协调的过程相当满意。"在政府主导的扶持发展体系中，如果真正以社区需求为主导，基础设施的建设的确能够发挥好奠定发展基础的作用。

在产业扶持方面，主要开展了仔猪养殖和核桃种植，继续开展试点工作，扩大养殖户数和种植面积。种植业方面，主要是选定合适品种（尤其是核桃、柿子）一开始先进行试验示范，然后进行扩大生产。目前，适合种植和能够种植核桃的地方基本上都已经种上了核桃，一共种了7000多亩，管理成为关键，需要加大培训力度。管理得好的已经结果，对于提高收入有着很大的帮助。养殖业方面政策比较死，每个寨子只有做一个村委会，平均分配，不能发钱，必须要发实物。老百姓和乡政府研究，重点发展几户，形成重点发展，起到带动的作用，可以提高经济效益，技术方面也可以得到推广。

四　存在问题

（一）基础设施建设需进一步加大投入

村间岔道的建设还需要进一步加大投入，以芒刚村民小组为例，还需扶持资金10万—15万元用于修筑村间岔道。相比充足的饮用水，农业用水一直是明舍村委会芒岗村民的心病，芒岗村无农业灌溉沟渠，农业耕种都得靠下雨，为雷响田，户撒阿昌族乡的农田也多为雷响田。水库已经30多年了，年久失修，需要修补巩固。芒刚村民小组曹祖旺说道："我们这里田的面积很大，但是产量不高，要是能够来一个基本农田改造项目就好了，把田平整好、水渠水沟修好，就可以用大机械了。"

（二）缺乏项目管理资金及人才

县乡政府困难多，压力大，缺乏项目管理资金和人才，基层工作难做。除工作人员的经费及车旅费以外，在发动宣传、召开群众大会、进行基本培训、分类指导时都会产生费用，作为一个贫困的民族乡镇，没有任何收入来源，缺乏实施项目的工作经费，有时候只能由职能部门给一点配套的项目实施经费。当地在实施人口较少民族扶持的过程中，只有民宗助理、扶贫专干以及一个分管的副乡长负责，大家的工作量都很大。随着人口较少民族政策的出台和实施，民宗局作为各级政府中主要的实施部门，工作量大，经费少，人手严重不足，尤其是缺乏发展相关的人才。由于资金和人才缺乏的问题，一定程度上制约了项目的实施。

此外，群众素质参差不一，"好好的宣传不一定听进去，道听途说还深信不疑"；在申请项目的时候，有时候申报的项目不一定能够按照申报的情况实施，变更比较困难，而项目按照红头文件来验收，甚至有些可操作性不强的项目也只好按照申报来实施，影响了项目实施的效果。

(三) 社区主导的发展模式尚未建立

基层力量薄弱，增收致富办法不多。在实施项目过程中，引导群众参与建设的积极性、主动性还不够。群众自力更生主体意识还不够明显，投工投劳、筹资筹料、参与项目建设的主体作用还没有充分发挥出来。由于在基础设施建设过程中群众没有投入过什么钱，在管理上不珍惜，还有"你们的路烂了"或"你们的桥烂了"这样的说辞。基础设施管护跟不上，群众自我管护意识不到位。

(四) 产业扶持之路还很长

在产业扶持方面，由于过去缺乏发展新兴产业的机会，在现有的产业扶持框架下，经常是通过发放猪、牛等到各家各户，或者通过当地育苗，然后发放到各家各户。因为没有自己的经济投入，老百姓在发展过程中没有什么积极性，有时候不按季节栽种，在管理方面也跟不上，成活率低，效益不明显。例如明舍村委会，在发展中面临不少困难，首先气候怪异，常给农业造成巨大的损失，此外是还未找到比较理想的支柱产业，做过很多新产业尝试但都未取得成功，如十多年前养过蚕但效果不佳，最近几年转向茶叶种植，但不巧遇上茶叶市场低谷。

在养殖业方面，现在的主要模式是为了公平，进行平均分配，有意愿、有能力的也得到不多；不愿意、没有能力的也还是必须要，资金完全被分散，各家各户饲养的情况也不一，有的有点效益，有的饲养还得倒贴，然后卖卖杀杀，一笔资金就消失在无声无息之中。

户撒阿昌族乡最为有名的传统手工艺是户撒刀，削铁如泥，正如目前众多的旅游商品一样，各用各的方式进行包装，产品没有统一的标识。由于是管制刀具，受到公安局的限制，有时候邮电局也不给寄，没收一次，往往损失上10万元，已经发生了两次了。由于是传统手工艺加工，没有严格的工商注册等，各种户撒刀质量参差不一，管理混乱，刀号繁多，相互排斥，谁的刀好卖就受到侵权。

(五) 生态压力制约了发展

明舍村委会芒刚村的山林全部被划为公益林，每亩每年有5元钱的补助，"保护动物、保护树木做得非常好，大家都扎实（非常、特别）重视。村子里有两棵大树，即使有人出1万元都不会出售，这是保护寨子的树，大家谁都不会不重视。我们阿昌族的森林历来是保护得比较好的。"过去有的群众在山上种植了一些水果树，有的多达10多亩，有了一定的经济效益，

销售阿昌刀的商铺门面

但是2009年，村集体林全部14000亩被划为公益林，不准进行砍伐，生态环境得到了保护，但是由于不能在山上进行经济林果的种植与发展，一定程度上限制了发展。

五 政策建议

（一）基础设施的管护

在如火如荼建设基础设施的基础上，各个村落应根据本村的实际情况，制定相应的道路、水源和公共设施的管理、使用和养护制度，有利于本村寨的公益事业，更好地保护本寨的水电路等基础设施，保持环境卫生，有效利用现有村规民约，根据工作实际，保持道路清洁卫生，搞好维护、养护。如本着"谁受益，谁养护"的原则，制定几条关键的相关规约，明确相关人员和任务，保证基础设施的可持续使用。

（二）以宗教信仰为资源动力载体，促进社区公共设施建设

在小乘佛法倡导信徒行善积德的驱动下，户撒阿昌族乡村民捐资修建了很多基础设施和宗教设施（某种程度上宗教设施也是村民日常生活的基础设施）。例如，芒旦村内的老石板路就是由村民积公德修建起来的，质量很好，现在仍在使用。宗教社会学认为，宗教都有积极的社会功能。在户撒阿

昌族地区，小乘佛教信仰长期以来是一个无形的村庄建设组织者，村民因宗教信仰而产生了一分公益心，而这种公益心是梁河阿昌族所没有的。正是因为户撒阿昌族信仰南传上座部佛教，因此群众组织还是比较团结，投工投劳比较容易，乐善好施。户撒阿昌族因宗教而形成的公益心，如果政府加以合理引导，对于扶持人口较少民族发展工作的开展将会是一个积极的辅助力量。

（三）进一步加大扶持发展的科学性

现在各个村落已经发生了天翻地覆的变化，但是由于历史和地理位置等现实的原因，整个户撒阿昌族乡依然比较贫困，基础设施还比较落后。加之物价及各种材料价格的上涨，只有加大扶持的力度才能提高项目实施的质量，保障项目实施的效益。

基础设施的建设过去关注的是生活的村落内部的基础设施，此后需要辐射到生产的农田基础设施，也就是机耕路、沟渠或者中低产田的改造等。文化活动室的建设已经完成了 20 多个，但是对于一个有 137 个村民小组的乡镇来说，还是远远不够，需要进一步加大建设，在农户数量达到一定数量的村落建设好文化活动室，加大村委会办公地点的建设。文化活动室对于一个社区有着重要的影响，但目前一个文化活动室的建设基本上只有 15 万元的投入，只能完成基础建设，无法配备活动设备。一般情况下，还是要 20 多万元才能建设成为一个可以正常使用的文化活动室。

在项目申报方面，应该多给一点时间，从文件下达到项目规划申报上交只给一个星期，全乡 100 多个村子，每个村一个规划，有的项目规划也就缺乏科学性了。多与群众沟通，发现群众愿意发展的项目，申报群众急需的项目，就会提高项目实施的效果。

（四）提高产业扶持效益

对于种植业来说，可以集中管理，承包给基地，形成"公司 + 基地 + 农户"的模式，扶持中间的基地，引进公司，既确保销路，也有技术和管理跟上，如果经济收入提高了，就会真正地带动老百姓的发展。当然从老百姓的角度来说，更喜欢各家各户的发展，因为至少还能从眼前得到一些利益，但是现实中，因为缺乏技术和资金，管理跟不上，效益不明显。

针对养殖业进行滚动式发展，在有兴趣、有能力的农户中发展养殖，或者几户合并养殖，资金使用有一定的规模；加大养殖技术的培训，提高养殖效益，今年发展一户，明年发展一户，后年再发展一户，争取每年都有一定的发展，使整个资金滚动起来，经过的地方都会发生明显的变化。滚动管理的方式既可以在各个村落进行具体的讨论，也可以在乡上进行指导和加强管理。在实施和管理的方式上通过一事一议，加强账务管理。建立养殖、种植协会，发挥规模养殖种植的效益。

针对传统手工艺品阿昌刀，将阿昌刀作为工艺品，通过协会的形式，引入公司进行投资，加大开发和销售力度。通过市场经济的作用，达到产供销一条龙。

（五）提高县乡政府一级的工作效率

乡政府的作用是明显的，在乡里成立了项目实施领导小组，指导具体项目实施，严把项目实施的质量关。积极配合上级政府部门的项目实施，协同上级职能部门进行具体分工。在资金管理和使用上进行监督；召开群众大会，宣传国家政策方针，动员群众的思想工作，规划发展思路和方向。给予一定的工作经费，提高开展工作的积极性，加强人员配备，加大培养少数民族干部，提高扶持人口较少民族发展的工作能力。加强民族政策和理论的学习，加大对民族文化的保护与传承。

上海帮扶的德昂族村庄
——云南省德宏州瑞丽市户育乡雷贡村调查报告

扶持云南特有七个人口较少民族发展项目实施过程中，德昂族被确定为重点扶持对象，由上海市民宗委进行对口帮扶。上海市民宗委采取整村推进、逐个帮扶、逐个脱贫的方式对分布在德宏州17个乡镇31个行政村的1.32万德昂族同胞进行扶持。截至2009年12月月底，上海市共投入帮扶资金2864.764万元，省配套887万元，实施了63个德昂族自然村的整村推进，安排项目357个，重点帮扶德昂族农户发展特色茶叶、橡胶、澳洲坚果、八角等种植业，完善水、电、路等基础设施，修建安居房、学校和农村文化活动场所，并广泛动员社会力量举办科技培训，转移安置就业，取得了显著成效。瑞丽市户育乡户育村委会的雷贡自然村就是上海市帮扶的德昂族村庄之一。

上海帮扶认真务实，特点鲜明。上海官员每到一个帮扶点都要征求当地群众的意见，了解群众需求，尊重群众意见，因此村民对项目热情高，成效也较满意。项目实施的过程中要求严格，吃住方面从来不提任何要求，不增加行政单位的负担。如果资金不足，根据实际情况追加资金。项目完成后，验收项目时直接向农民或者村组干部咨询，不要民宗局的人汇报，非常实在，看安居房，能不能住，怎么住的；看猪在哪里，沼气在哪里，还亲自打开试试，当地被帮扶群众极为满意。雷贡村扶贫工作在硬件设施方面取得的成绩是一个成功案例，值得其他"七少"帮扶点借鉴和学习。

一 雷贡村基本情况

雷贡自然村隶属于云南省德宏州瑞丽市户育乡户育村委会，海拔1160米，年平均气温20℃，年降水量1454毫米，属于半山区。雷贡村距村委会3公里，距乡政府3公里，距市区17公里。有农户33户，村民126人，其中汉族26人，德昂族95人，德昂族占总人数的75.4%。雷贡村的德昂族是世居民族。20世纪五六十年代，党和国家为维护边疆稳定和发展，从保山、腾冲等地动员汉族举家迁往瑞丽边疆定居，且需"插花"居住在少数民族村子内，雷贡村的6户汉族就是那时候迁来的。

上海帮扶示范村

　　从资源和发展状况来看，雷贡村有耕地444.5[①]亩，人均耕地3.53亩，主要是旱地，有少量的水田（107.5亩），人均水田不足一亩。从2008年起，雷贡村通过出租和转租的方式流转出水田42.5亩给外地公司种植中草药——石斛，租赁时间从3年至30年不等。本村主要经济作物是甘蔗、西瓜和橡胶。2009年，全村甘蔗种植面积207亩，收获面积166亩；橡胶种植面积129亩，收获面积14亩。经济作物大多为新近发展的，收获面积明显偏低，整体收入不高。2007年以前，除汉族农户和少数几家德昂族村民以外，大多数村民不饲养生猪和牛羊。因此，2009年大牲畜存栏仅17头，均为项目扶持户；生猪出栏量66头，人均只有0.5头，详见下表。

---

① 文中出现的所有村级数据均来自户育村委会各年度"农村集体经济统计报表"。

2009年户育村各村民小组人口、民族与资源状况比较

(单位：户、人、元、亩、头)

小组	户数	人口	主要民族	人均纯收入	人均耕地面积	人均水田面积	大牲畜存栏	生猪出栏
全 村	700	2780	景颇族	3550	4.12	1.06	699	2160
雷 贡	33	126	德昂族	2699	3.53	0.85	17	66
汉族村	47	206	汉 族	3859	3.34	0.78	75	137
梁 河	30	130	汉 族	2948	4.69	0.69	34	146
广 艾	48	196	汉 族	5957	4.88	0.00	69	318
三 排	61	268	景颇族	3851	3.37	1.36	30	120
上 社	48	184	景颇族	4524	3.96	1.68	133	121
芒 弄	80	304	景颇族	3463	3.52	1.25	47	307
广 帕	67	263	景颇族	2985	3.23	1.20	27	122
尹 山	81	305	景颇族	4068	2.40	1.02	64	226
德 昂	60	232	德昂族	3419	3.00	1.15	63	120
芒 海	77	309	景颇族	2979	2.79	0.79	96	170
坎 东	68	257	景颇族	2342	2.44	1.14	44	121

该村2012年农村经济总收入209.60万元，其中：种植业收入71.40万元，畜牧业收入45.00万元（其中，年内出栏肉猪155头，肉牛0头，肉羊0头）；林业收入71.10万元，第二、第三产业收入2.40万元，工资性收入5.70万元。农民人均纯收入3797.00元，农民收入以种植业等为主。全村外出务工收入5.70万元，其中，常年外出务工21人，在省内务工14人，到省外务工7人。

二 扶贫方式和实施过程

瑞丽市的德昂族脱贫发展项目由上海市负责出资、实施监督和验收，瑞丽市民宗局具体实施。2007年，经过瑞丽市民宗局详细的入村调查，雷贡因为村干部能力强、村寨"零吸毒"而被列为上海市帮扶的项目点，与瑞丽市其他三个德昂族自然村同时被确定为第一批帮扶村寨。按照帮扶协议，瑞丽市民宗局首先对包括妇女组长在内的所有村干部进行培训，主要是讲解帮扶项目的程序和原则，培养村干部的感恩之心，希望他们回村以后进行广泛的宣传。然后，村社干部根据培训内容，回村开展宣传并进行需求调查。

河的对岸是缅甸德昂族村寨

雷贡村召开了三次村民代表大会和一次村民大会,由村民提出具体的项目内容,并在民宗局工作人员的协助下制定项目规划。

根据项目规划,针对村民小组居住分散、群众生产观念落后、基础设施薄弱的实际,2007年年底雷贡村开展了一系列项目,包括户用沼气池建设、卫生间改造、卫生圈建设、养殖业扶持和建设安居房。2008年则对村庄道路进行了硬化,并盖起了具有德昂族民族特色的文化活动室(村民称为"公房")。

活动室

详细的项目情况可以从下表中看出来。

雷贡村民小组扶贫项目一览表

名称	实施情况
沼气建设	每家一个，农户不用出钱，全部由上海市出资购买材料和请技工师傅，农户只需要出劳动力挖沼气坑
养猪项目	分为两批：一批由村民自行购买仔猪，然后按购买价补贴给农户；一批是统一购买。首先根据村民报名统计数量，再由民宗局和村干部一起购买仔猪送到村子里面，按一家3头的标准发放给村民。由于很多村民之前没有喂养过猪，在买猪之前还建设了卫生圈，并对村民进行了养殖培训
养牛项目	扶持了两批：第一批是村民自己买牛，一头牛按2000元的标准补贴给村民，养牛数量由村民把握，有5户农户各自购买了2—3头不等的牛；第二批是畜牧局统一购买，发放给3户农户，其中两家各5头，另一家6头，村民不再出资，但是16头牛的资金属于社区发展基金，一年以后受资助的农户需要归还本金，给其他农户用于发展生产，或者母牛生崽以后无偿送给其他愿意养牛的农户
庭院绿化	一家发4棵杨梅树栽种在房前屋后，既绿化庭院，又发展庭院经济
建卫生厕	一家建一个，每家发120块砖，超出部分自己出，民宗局请人统一建
安居房建设	村民报名，确定户数以后以每户一万元的标准进行补贴。雷贡村起初只有8户农户报名，补助建房指标批下来以后，又有2户农户希望建房。最后，村小组召开村民大会决定将8万元钱平均分给10户农户
道路硬化	全村将近5公里的巷道都进行了硬化。上海市出资购买材料、请施工队浇灌路面，村民一家出一个劳动力义务平整路基并挖宽路面，连续干了6个月，不去的村民以一天50元的标准补钱给村集体
文化活动室	德昂族传统上就有"公房"，是民族节日集会和村庄办理红白喜事的场所，但是雷贡村的"公房"陈旧老化了，村民提出修建新的"公房"。市民宗局结合村民需求，设计建盖了具有民族特色的文化活动室，并配备了可折叠的桌椅板凳。建盖时，村民出劳动力，项目出钱

三 成效及村民评价

经过三年的扶持，雷贡村的村容村貌、居住环境、通行条件和生产观念有了较大改善，群众对国家的认同感倍增。在调查中，几乎所有的被调查农户都一致称赞国家的政策好，上海市的帮扶人员有爱心、认真、务实，值得钦佩。

实施项目的瑞丽市民宗局人员认为，雷贡村实施项目以后发生了很大变化：一是村民团结了，自己民族和村庄内部团结了，懂得了相互合作和相互帮助。二是更愿意与其他民族交流了。一方面因为外界的关注，让他们不再害怕与外界交流；另一方面，国家的扶持也让他们更有自信、更敢于和外界交流。虽然德昂族和汉族同居一个村子，但是在项目实施以前，德昂族不与汉族过多来往。德昂族认为汉族爱钱、汉族认为德昂族太懒。项目实施以后，德昂族也希望能够像汉族一样攒钱盖房子。三是村民自我发展意识进一步增强，发展生产、建设村庄的积极性更高了。以前大多数村民尤其是德昂族村民对物质生活的要求不高，求富欲望不强；现在村民对改善自己的生活感兴趣了，并且愿意出力。四是国家观念增强了。以前村民基本上没有国家观念，乡、市干部下乡，连饭都没人管，有时就是交代了也没有人做，普通老百姓很多都不理会。现在到哪里都不用交代村民就把饭准备好了，有时还得交代不要准备，村民大多在说政府的好话、在说共产党的好话。

针对每一个项目，村民也有不同的评价，详见下表。

村民对项目的评价

名称	项目评价
沼气建设	总体还是很好用，大家都很满意。干活回来一点就着，不需要生柴火了。但是有些农户的沼气正在出现堵塞、漏气，也不知道找谁修，有些干脆就不用了
养猪项目	我们还是愿意养的，但是我们以前都不养猪，很多人家不会养，正好遇到那年发猪瘟，很多人家都没有养成，最后是卖小猪的人赚了钱
养牛项目	扶持养牛的那几家以前就养着牛，所以上面也考虑了养殖经验。但是两批的扶持方式不同，第一批的牛是自己买来的，爱哪一头就买哪头；第二批是上面发来的，给你哪头你就得要哪头，没得选择，还是有很大区别的。大家肯定都愿意自己买
庭院绿化	我们以前也在在房前屋后种树的习惯，不过没有种过杨梅树。大多数人家的都种活了，但是还没有结果，不知道会不会有收成
建卫生厕	以前不是每家都有厕所，有的有，没的没，有些地方很不卫生；现在家家都有了，村里也卫生了很多
安居房建设	村里面有能力、自己考虑要盖的都补贴了，虽然不多，但是买水泥的钱还是够呢。盖房子的时候就是1000元钱对于我们都重要，要是没有建房补助，我们现在还住着茅草房呢
道路硬化	以前村子里面都是泥路，下雨都出不了门，曾经发生过一个老人陷在泥塘里几个小伙子来拉的情况。现在我们到哪里都是水泥路，天晴下雨都一样，穿皮鞋都是干干净净的。如果单靠我们自己的能力不知道要多少年才能达到。所以，路是我们最喜欢的项目了
文化活动室	以前的"公房"烂了以后，我们办事情就只能在家里面，搞得乱七八糟。所以我们首先提出来的就是希望建"公房"。现在小组里面有了一个开会的地方，我们村里面的人办红白喜事也有了场所，就不用担心了

四 经验与启示

虽然雷贡村只是一个自然村，但是从项目的实施和群众的评价中，我们可以总结出上海市帮扶中一些值得借鉴的经验。正如瑞丽市民宗局的工作人员所说："和上海人合作一次，对我们的影响很明显，工作上受到很大的启

祝各族人民吉祥如意（德昂语）

发。"主要经验及启示有以下几点。

（一）规划自下而上，以村民需求为准则

从确定项目点到规划制定，瑞丽市民宗局用了将近半年的时间来进行村干部培训，评估村民需求，召开了多次村民代表大会和村民大会。可以说，雷贡村的项目规划从一开始就是村民讨论出来的，充分体现了农户的意愿。虽然有些需求受到项目资金的限制，但基本上是以村民的需求为准则。因此，在之后项目的实施过程中，村民能够熟知每一个项目，并积极参与到其中。

（二）村民不仅是受益人，更是项目的直接参与者和决策者

与其他人口较少民族扶持项目的实施方式不同，上海市帮扶的德昂族发展项目在实施的每一个过程中，村民都是直接的参与者和决策者，村民有权利决定村庄道路的长短和走向；有权利决定"公房"的位置和式样；还有权决定将8户的建房补助平均分给10户需要建房的农户，为的是村庄的团结和公平。在每一个需要村民投工投劳的公共设施建设中，住在雷贡村的各民族都积极、主动地参与，从不需要村组长做工作。比如，在硬化村庄道路的时候，雷贡村户均一个劳动力做了半年的义务劳动，但是调查过程中，没有一个农户抱怨，他们都认为那是在做自己的事情，出再多义务工都值得。

（三）帮扶不仅是给予，更注重项目受益人能力的提升

在云南省多年的扶贫工作实践中，大家总结出一句话"授人以鱼，不

如授人以渔"。但是，很多人在实际工作中，因为各种利益驱动，往往直接"授鱼"。雷贡村在产业扶持上就有了新的尝试。"他们要养猪、养牛，就必须先学会自己买猪、买牛"，瑞丽市民宗局的工作人员如是说。雷贡村的村民大多没有养过猪，当然就不会买猪。但是，项目提供他们学习买猪的机会，让他们去市场了解行情，与卖者讨价还价，增强自己对养猪、养牛的认识，以后即使没有了扶持款项，村民们也可以独立发展养殖业。同时，村民在项目中的责任心和认同感也会更强。我们从村民对两批养牛项目的评价中就可以明显地看出，"授鱼"和"授渔"是有本质差别的。此外，项目一开始对村干部的培训就表现了对能力提升的注重。

（四）社会价值的提升也是扶贫的目标之一

雷贡村的经济条件比较差，但是社会条件更差。在当地，其他民族的村民普遍认为德昂族比较懒，没有竞争意识，没有求富意愿，国家认同感也不强。缅甸好的时候跑去缅甸，中国好的时候，跑回中国，村里有好几户在中国和缅甸之间来回跑的德昂族家庭。因此，在帮扶的整个过程中，政策的宣传和社会资本的积累成为重要内容之一。每一次的培训和入户调查，瑞丽市民宗局的工作人员都在给村民宣传，让他们逐渐明白"别人给我一粒种子，不要丢在半路，也不要烧吃掉，而要把他变成粮食满仓"。"党和国家给我们一元钱，我们不要拿来买酒吃，而要把他变成千元、万元。""党和国家送我们一份关爱，我们要用它来温暖人间。"感恩的心越来越强，德昂族开始自立自强。他们在做项目的时候也会给村民灌输危机感和责任感，如"你们几个做不好了，上海就去帮助其他几个寨子了，你们就成了民族的罪人了。"其他几个没有做的寨子也来监督，说："你们要是不好好做，让上海的钱撤了，以后我们就来找你们要钱。"这种项目的不确定性让村民更加积极主动的去争取和配合。在爱心地细心地帮扶中，雷贡村的村庄和民族的社会价值不断得到提升。

（五）认真务实的工作作风是扶贫工作的重要保障

雷贡村扶贫工作的帮扶理念和方法好，得到德昂族群众的积极配合。该村水冲厕所入户、厕所与沼气池配套、沼气设备三件套、活动室的设计，无不体现了上海人细致与精致的特点，让被帮扶群众极为满意。这与上海人认真务实的工作作风分不开。当地参与帮扶的政府官员评价说："上海市帮扶工作领导和具体负责人每到一个帮扶点都会征求当地群众的意见，了解群众生活实际，工作效率高，推进建设的项目节约实用。上海人做事务实认真，在对口帮扶两年多的时间内，吃住方面从来不提任何要求，工作方面非常严格。"负责帮扶的上海工作人员通常会先了解村民意愿，明白人们想做什么，最需要做什么，能做什么，喜欢做什么，为什么这样，等等。例如，发展养猪，就由畜牧局来推进，提供技术和资金，只要让群众赚到钱就可以。项目完成验收时，直接向农民或者村组干部咨询。看安居房，能不能住，怎么住；看猪在哪里，沼气在哪里，还亲自打开试试，算账也特别精明。按照项目计划，实施过程中如果资金不足，根据实际情况追加资金。群众自筹不出来的钱允许用劳动力来替代，让老百姓投工投劳参与到项目实施的过程中。投工投劳的过程也是学习的过程，寨子里的年轻人在这个过程中跟着施工队学习技术，有的学会了机械操作，后来跟着施工队干，不仅赚到了钱，还学会了一门本领。雷贡村扶贫工作在硬件设施方面取得的成绩确实是一个成功案例，值得其他人口较少民族帮扶点借鉴和学习。

五 存在问题和建议

虽然雷贡村的村庄基础条件有了很大改善，但是村庄的经济发展仍显示出增长乏力的势头。从下图可以看出，雷贡村近五年的人均纯收入有增有减，曲折上升，且增长幅度较小。相比较而言，户育村全村的人均纯收入则是直线上升。此外，从图中进一步比较，我们可以看出，雷贡村与全村的差距越来越大，即使在帮扶的这几年，差距也仍有拉升。从这方面来看，雷贡村在经济增长方面的扶持还有待加强。这一方面与帮扶资金大多投入到基础设施建设中有关，另一方面也说明产业扶持项目还没有找准经济增长点。

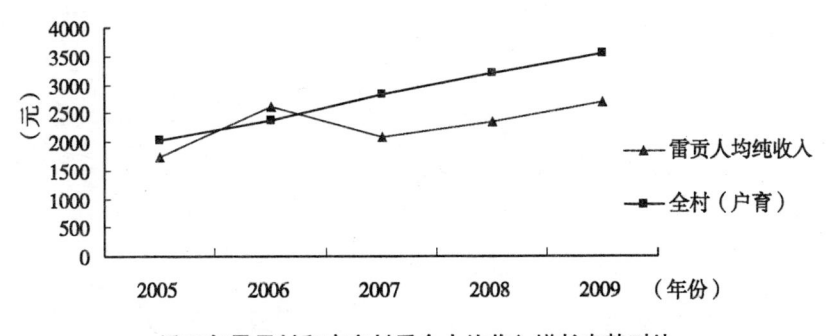

近五年雷贡村和户育村委会人均收入增长态势对比

此外，教育是当前德昂族的最大问题，德昂族存在着不愿读（读完没成就感、就业难）、读不进、读不起（主要是高中以后的学校）的情况，德昂族群众受教育程度总体偏低，学习科技含量高的技能存在困难，从一定程度上制约了产业发展。

在此，我们建议加大对雷贡村的扶持力度，重点帮扶雷贡村发展特色产业，找准雷贡村的经济增长点，帮助德昂族群众增加收入。同时充分考虑群众的经济、技术、能力等现实情况，通过教育共建、开展有针对性的实用技术培训等方式，提高村民科技素质，进而促进增收。我们相信：拥有良好基础条件和社会资本的雷贡村在之后的发展中将会有更大的潜力。

人口密集发展困难的德昂族村寨
——云南省德宏州潞西市三台山乡出冬瓜村调查报告

三台山乡是全国唯一的德昂族乡，其中德昂族有16个村民小组，858户共3794人，占乡村人口数的59.2%，占全国德昂族总人口的21%。出冬瓜村委会是三台山乡典型的德昂族村落。通过第一轮扶持人口较少民族发展规划的实施，出冬瓜村委会得到了各级政府给予的大力支持及政策倾斜，通过各种形式的扶持和帮助，村落基础设施得到了较大发展，社会保障体系逐步完善，低保、医疗保险等制度得到有效落实。但是由于出冬瓜村委会，尤其是出冬瓜自然村自然条件差、经济基础薄弱、人口受教育程度低、社会发展缓慢，贫困问题依然存在，特别是村落人口居住密集，人畜饮水面临困难大，发展空间严重受限。通过上海帮扶进行了异地搬迁工程，在一定程度上缓解了人口密集、发展面临严重困难的瓶颈，但是未来的发展之路还很长。

一 村庄概况

云南省德宏州潞西市三台山德昂族乡出冬瓜村民委员会，地处三台山东面，距乡政府所在地1公里，距州府、市府芒市23公里。东邻勐戛镇，南邻勐丹村，西邻帮外村，北邻风平镇。全村国土面积3.94平方公里，海拔1196米，年平均气温17.5℃，年降水量1650毫米。耕地7199亩，人均耕地4.78亩，其中水田1100亩，旱地6099.00亩，主要种植粮食甘蔗等农作物。有林地1405亩，其中经济林果地126.39亩，人均经济林果地0.39亩，主要种植香蕉、澳洲坚果、板栗、八角等经济林果。全村辖早内村、早外村、兴龙寨村、毕家寨村、卢姐萨村、出冬瓜村一、二、三、四组共9个村民小组，一共有农户441户，有乡村人口1869人，其中男性966人，女性892人。其中农业人口1858人，劳动力1180人，其中从事第一产业人数1041人。出冬瓜村以德昂族为主，占总人口的62.3%。

2012年，农村经济总收入1511.00万元，农民人均纯收入3095.00元。

其中：种植业收入723.00万元，畜牧业收入375.00万元（其中，年内出栏肉猪509头，肉牛146头，肉羊0头）；林业收入193.00万元，第二、第三产业收入26.36万元，工资性收入33.20万元。农民人均纯收入3095.00元，农民收入以种养殖业等为主。全村外出务工收入33.20万元，其中，常年外出务工人数83人，在省内务工78人，到省外务工5人。出冬瓜整个村属于贫困山区村，经济来源较少，产业较为单一，以种植业和养殖业为主。

出冬瓜村已实现通水、通电、通路、通电视、通电话。全村有295户通自来水，有101户饮用井水。有396户通电，拥有电视机农户261户；安装固定电话或拥有移动电话的农户数314户，其中拥有移动电话农户数298户。出冬瓜村到乡政府道路为弹石路；进村道路为弹石路面；村内主干道均为硬化的路面；距离最近的车站0.5公里，距离集贸市场0.5公里。

全村共拥有汽车16辆，农用运输8辆、拖拉机101辆，摩托车142辆。全村建有沼气池农户140户；装有太阳能农户22户；已完成"一池三改"（改厨、改厕、改厩）的农户140户。全村有5个自然村已通自来水；有6个自然村已通电；有6个自然村已通路；有6个自然村已通电视；有6个自然村已通电话。该村农户以砖木结构住房为主，其中有2户居住砖混结构住房；有242户居住砖木结构住房；有152户居住于土木结构住房。

经过近几年的扶持，该村的社会保障体系逐步完善，低保、医疗保险等制度得到有效落实，社会救助体系进一步得到完善，弱势群体生活得到进一步保障。市委组织部把出冬瓜村列为全市新农村建设示范村，该村根据村情制定了社会主义新农村五年发展规划。早外村民小组投入约60万元进行村容村貌整治，积极进行新农村建设的各项工作。

二　分寨过程

以前德昂族村民祖祖辈辈生活在缺水的山头，地理环境封闭，交通不便；山高水低，群众吃水靠人背马驮，严重缺水；群众居住分散，信息不灵；德昂族的寨子大，制约了基础设施的改善，发展空间不足；乡政府驻地远离交通要道，不能发挥中枢作用，难以带领全乡各族人民走上发展之路。为解决这些困难，三台山乡开始实施整体搬迁项目。搬迁是政府引导与村民自愿相结合，政府对搬迁户给予一定经济上的补贴。

从2003年起，乡党委、政府和学校以及各站所开始陆续搬迁到交通便利、人口较为集中的中心地段，带动群众从严重缺水、丧失基本生存条件的高山上搬迁下来。同意搬迁的家庭多为农田在山下的村民，方便生产劳作；

而未搬迁的村民大部分是因为田地在山上。卢姐萨是从出冬瓜1—4组抽出来异地搬迁的自然村，出冬瓜村四组2005年从出冬瓜一组中搬迁出来。组建的新寨位于山脚，交通便利。异地搬迁扶贫得到了上级的积极支持，不仅铺设了从老寨到新寨的五公里弹石路，还开通了水电，帮助推平了地基，建设了文化活动室和公共厕所，补助了建盖房屋的安居工程。通过整合"直过"区、革命老区的扶持资金以及新农办的新农村建设资金等形式，补贴农民安居建房标准逐渐从每户2000—3000元加大到人均5000元，帮助村民进行搬迁。此外，上海市每户支持种植3亩茶叶地，中间套种澳洲坚果，免费提供种子，还给了开沟费用，帮助村民发展生产。

德昂族妇女织布

三　扶持效果

通过几年的扶持，出冬瓜村的道路、水、电和居住环境等发生了很大变化，房屋得到了较大改善，村落和家庭卫生大为改观。村民对扶持到户政策很感激，"如果没有这个扶持政策，很难发展这么快"。

异地搬迁的卢姐萨村是上海对口帮扶效果较好的自然村，据出冬瓜村委会副主任介绍，帮扶效果好的原因：一是自然村规范、较为集中；二是自然村已经将路、水、电等基础设施整好了，且临近生产区；三是盖房子人均补

5000 元，大概每户能补 20000 元；四是产业发展，人均一亩茶园，且套种坚果。

上海帮扶村寨

三台山乡书记介绍，上海帮扶从 2006 年开始，三台山已经发生了翻天覆地的变化，但是还需要进一步加大扶持力度，提高人均纯收入水平。他认为：上海对口帮扶对三台山的发展起到了积极的作用，通过五年的建设和扶持，"的的确确有了明显的效果，但是整体上的改变，还需要一个过程，还需要进一步的巩固和提高，需要进一步的支持……最终发展还是要靠我们自己。""出冬瓜村包括道路、人畜饮水、电等方面的基础设施建设基本上已经进入一个补充、巩固和维修的阶段，下一步的重点在于产业发展，力争 3—5 年，产业结构调整到位。"

针对每一个项目，村民有着不同的评价，详见下表。

出冬瓜村扶贫项目实施情况及村民评价一览表

项目名称	实施情况	村民评价
搬迁	我们以前是一个大寨子，从 2003 年就开始搬迁，分成了 3 个寨子，都是自愿搬下去，新搬的寨子修好路、拉好水和电，修房子的时候补助钱	他们觉得生活方便就搬了，我觉得不方便就不搬了。田靠着新寨的人家大多都搬迁了

续表

项目名称	实施情况	村民评价
安居工程	想修或是新盖房子的都有补助，大多数人家是翻修房子，换老瓦片，换了以后上面来核实，给我家发了7000块钱	虽然自己也要再出一些，但是还是好呢，现在是一家盖了家家盖。以前大多数是草房，现在房子基本上都是瓦房，居住条件变好了
道路	2008年修好的，进村道路由原来的毛石路修成弹石路，村庄内修的是水泥路	比以前好多了，以前赶街要两天才能一个来回，而且路不好走。现在一天都可以赶街好几个来回。要是家家户户都修到门口就好了
水	将管道架设到每家每户，修了大蓄水池，还买了抽水泵。水源是在下面洼子里，要把水抽到上面的蓄水池里面才能放到各家各户	以前都是到山洼里面去背水，早晨四五点就得摸黑去，否则去晚了就没水喝，很辛苦。现在有了水管很方便，但是水费太贵了，1.3元/吨，听说还要涨到1.5元/吨，大家都觉得没办法承受
沼气	一家一个，乡里面找人来建池，建了好几批，每家每户都有，大多数人家没有出钱	有了沼气，生活更加方便。但是有些人家的好用，有些人家的不好用。没有安排专门的人来修理，坏了就没办法用了
活动室	全部是国家帮忙盖的，以前是个砖房，后来佛爷搬到了新砖房就剩出来了，国家来修理了一下，还铺了水泥地板	我们过节的时候都是在活动室过，平时还在那里排练节目
厕所	在活动室里面和转房旁边各修了一个公厕，我们出地皮，他们来统一修的	以前没有公共厕所，现在有了，村里卫生状况大为改善。但是厕所里没有水龙头冲水，也没人打扫，脏得很
种茶叶	上面拿来的茶叶苗，哪家报了名就给哪家，根据报名的面积给树苗。大多数人家都种了	茶叶还是很适合我们这里，成活率还是高的，基本上都种活了，还有了收入
种竹子	让我们自己种，说是种活一棵给10块钱，有些是我们自己挖的，有些是他们给的竹子，还说以后要来看看是否种活了。 我们村的人种的不多，那些拿工资的老师、乡干部还有部队的人都到我们山上去种竹子，说是活了的就归我们	不知道为什么要种竹子，而且还是拿工资的来种。我们自己种都累得不行，他们怕是更吃不消。大多数人家的竹子都没有活，路边的都被牛用牛角拔出来了
种膏桐	乡里面发树苗来的时候说这是用来炼油的，可以用在汽车上，三年挂果，挂果当年就有收入。到时候不用自己去卖，会有公司的人来收。规定一人种一亩	"膏桐不高，越长越矮"，都已经三年了也没有见长大，更不用说结果，我们想不是地也不是管理的问题，没有一家的长得好，不可能没一家人不好好管理吧。现在大多数人家都拔掉了种松树
种咖啡	只有一家人种了2亩地，他家是在乡农科站的，说是给他家做示范。有人来收种子不用自己去卖，说是一亩地的收入有1000左右	种的好但是结的不好，他们家的管理是到位了。可能是因为我们这里的土地和气候不合适
综合	总体来说政府还是很关心我们的	有做得好的，也有做得不好的

出冬瓜村的佛塔

四 存在问题

扶持人口较少民族发展项目在出冬瓜村已取得一定的成效，但是由于底子薄，虽然国家扶持比较多，但是因为"撒胡椒面"，除了基础设施以外其他都是平均分配，整体的示范带动效应不强，扶贫还未能产生整体推进效果。由于该地区自然条件差、经济基础薄弱、人口受教育程度低、社会发展缓慢，在基本保障吃、穿、住的基础上，出冬瓜村的贫困问题依然存在。

（一）自然条件差

出冬瓜村目前存在的主要困难是人畜饮水和道路建设问题。

水的问题是出冬瓜村面临的首要问题。虽然国家重点扶持水利设施，但前几年打下的基础现在都已经面临着问题。一是大型水利建设问题。出冬瓜水库目前已经是一个病水库，蓄水、灌溉能力都在下降。二是人畜饮水问题。人畜饮水自古以来都是居住最基础的条件，关乎人们的日常生活，尽管政府花大力气接通了水管，但高昂的用水成本让村民难以承受。

因为水源差，该村自产粮食不足，多数村民还在温饱线上挣扎。全村有保水田的人家只有30来户，其他基本上都是雷响田，因此有1/3的人家不种谷子，都是买米吃；而种谷子的人家有60%的人要买半年的米吃，还有

10来户人家从头到尾都要买米吃。

> 村民赵玉欠家只有水田7分，种糙米。她说出冬瓜基本种糙米，因为本村家庭拥有的水田面积小，供水不足，因而只能选择产量高、耗水少，但口感极差的糙米。尽管如此，本村米够吃的家庭也只有七八户。赵玉欠家2009年收稻谷18袋，维持了家人四个月的口粮，接下来的八个月都得买米吃。买米3元一公斤，该家庭去年买米共250公斤。为了节省买米开支，赵玉欠家以及本村很多家庭会选择买一种受潮发霉的廉价糙米，本地人称为"乌米"，课题组调查人员在赵玉欠家吃的就是"乌米"饭。午饭有两样水煮野菜、一碗干萝卜条、一盆陈蚕豆酸菜汤，为了招待来客，主人特意炒了一小碗鸡蛋。赵玉欠家做菜用油很少，她说本地人其实很喜欢油腻的食物，之所以做菜如此清淡乃是因经济条件所迫。赵玉欠家一年能吃上两三次猪肉，每年杀两三只鸡，本村多数家庭情况都如此。
>
> ——出冬瓜村访谈资料整理

村民霍奎保向我们描述了他心目中幸福生活的标准。他说："我们这里的人家米够吃得很少，必须得买米吃，因此就穷，人家米够吃的地方挣了一元钱就可以攒起来，而我们这里有一元钱首先得拿去买米。我家只要每年栽的谷子够全家人吃而不用花钱买米，然后每天只要能有5元收入就过上幸福生活了！"

此外，道路建设也存在着困难。从乡到村委会一级基本上是弹石路以上的路面，而村与村之间大部分是土路，晴通雨阻，直接影响了老百姓的生产生活。修建这些路程并不容易，以每公里20万元的修建标准来计，有的路段距离有十多公里，但整个自然村的人数只有100多人，整体投入与效果不成正比，存在一定的难度，村委会到自然村的道路建设还有很长的路要走。

（二）经济基础薄弱

出冬瓜村全村整体上田少、山地多，村民现金收入少，缺乏资金、技术和带头人，整体经济基础薄弱。

出冬瓜村没有支柱产业，甘蔗的发展投入比较大，劳动量大，收获与投入不成正比。例如，甘蔗每吨销售300元，有10吨甘蔗，一共可以卖3000元，但是投工投劳砍甘蔗10吨就需要6—8人砍一天，工钱是每人每天50元—60元，一共需要支出300多元。此外还有开沟、种植、打药等的投入。该村目前正在大力发展澳洲坚果、板栗等产业。如果种植咖啡套种坚果，咖

收工回家

啡每公斤3.5—3.6元，每亩可以生产1吨，也就是3000多元，澳洲坚果每亩种植22棵，每棵最起码可以收获10斤，每斤8元钱，一亩可以收入1760元，也就是说咖啡套种坚果，每亩可以收入5000—6000元，但是坚果种植需要5年左右才能有收成，"从长期看，这是一条很好的发展思路。"

上海对口帮扶主要的发展模式是农民自己走自己的路，（寻找）自我发展模式，然而三台山乡书记这样评价："这种模式在一定程度上说是不成功的。因为整个资源就是摆在这里，自然资源、交通条件、经济发展程度等，农民自我也曾经在这种条件下进行了多次尝试，但是整体上由于种种条件的限制，发展缓慢。只有走企业带动模式，引入一些企业，由企业带动农民发展，将农民的发展纳入企业发展中，享受到企业投资的利润。由企业进行投资并解决销售问题，政府做好服务工作，引导农户与企业合作，制定最低保护价，企业在发展的过程中，指导农民做好除草、打药、采茶及运输的工作。"

在产业扶持中，2009年的3万亩竹子的扶持就是失败的。立秋以后下达的种植任务，老百姓都说季节不对，种不活，但因为上级要求必须全部完成，因此乡政府只能在经费还没下来的情况下，发动所有的机关人员和村民一起种。结果竹子多数死了，成活率不到2%，浪费了资金和人力。种膏桐，宣传说当年栽种当年就可以挂果，动员群众热火朝天的干，结果当年栽下去，但是后来当年能长出叶子就已经不错了，三年后也没见长大，更不用说结果，老百姓害怕了，"一朝被蛇咬"，"抓到黄鳝都以为是蛇"，大多数人家便都拔掉了种松树。

——出冬瓜村访谈记录

扶持人口较少民族特别要注意的一点是拿准发展，一旦失败一次，很难再发动群众。发展特色产业一定要因地制宜，结合地方实际情况做规划和指导。

（三）人口受教育程度低

民族整体受教育程度低制约着产业的发展。出冬瓜村委会副主任说："从2000年开始有扶持，各部门也来实施一些项目，村民也愿意投工投劳，在思维上有些转变，但由于整体素质跟不上、文化低，效果不明显。教育是最大的问题。出冬瓜村到2008年一共只有三个人考上了高中。一般情况下，大多孩子上到初一就不上了，主要原因是上不起。"

由于经济和教育的落后，出冬瓜村多数人读到初中就不愿意再读，本地文盲比率高，课题组成员在出冬瓜村遇到的几个年轻人都不能完整写出自己的名字。受教育的程度也决定了村民的视野，本地村民打工都走不远，要么在村子附近，稍远点就在芒市，工种多为苦力活。在村干部中只有村会计是一个高中生，其余都是初中生和小学生。

"现在的人才培养出现了严重的断层。一方面是教育的问题，由于过去的一些优惠政策的失效（例如定向培养等政策），保障初中毕业以后，高中的教育就出现了严重断层，基本上能够进入高中的学生就比较少，能够上大学的更少。尽管有少数民族的照顾分，但是有时候就是再加上一百分也难以与其他民族的学生竞争。另一方面是干部的培养，现在的干部培养没有机会得到锻炼，跟不上社会经济发展的步伐。"干部队伍政策宣传不到位，"很多政策就封锁在村民小组里面，2005年以前，看重参加会议，传达、落实不够，村干部打瞌睡，中央一号文件都不知道，政策没有宣传就容易瞎猜测，大家的积极性就受到影响"。

——三台山乡党委书记线加强

村民们认为村子富不起来的原因之一是"文化层次低，整体素质不高，不懂科学，没有主动去外面看看、谋求生活的意愿。"甚至有村民认为是

"人的智力落后,接受教育困难,讲什么都讲不出来,说不到点子上……族内通婚严重,人都退化了"。

人的培养对于一个民族来说是至关重要的,只有人得到真正的发展才能促进最终的发展。"省政府加强对七个较少民族特别是德昂族的人才培育"中分析说,高等院校在招生工作中不顾及少数民族特别是较少民族的实际问题,不定向,录取分数线过高,导致德昂族等较少民族在与各民族处于同一平台的竞争中往往败下阵来,这样看似公平,实际上并不公正合理,不利于较少民族的发展进步。

(四) 社会发展缓慢

德昂族是在新中国成立后从原始社会末期直接过渡到社会主义社会的"直过区,"发展历程有限,人们的思维方式也较简单。德昂族信仰小乘佛教,居住分散,是一个随和的民族,基本没有打架斗殴的现象,"没有政治思想,什么是社会主义都不知道,什么是国家都认不得……过去是连地主都有不起。"由于文化程度低,信息不通,发展思路闭塞,"做什么亏了就不敢再做,不相信科学。例如有一年培育早育秧苗,多数人都不相信,要是失败了怎么办。形成一种恶性循环,越穷越怕,越怕越穷"。

在课题组调查访谈的过程中,很多村民对扶贫都轻描淡写,没有太深的感触,对未来的扶贫工作也没什么期待,这是否与本地德昂族人的性格有关?村民普遍没有计划,不舍得吃苦,没有想法解决生活的主动性。虽然这也是一种生活方式,但是连温饱和基本发展都不能维持,还是应该自力更生,奋起直追才是。此外,村民为了面子而不惜负债请客,为了面子宁可借出也不愿卖余粮,由此可见民族文化因素对经济发展的干预。但这种影响很难用简单的"积极、消极"两个词来评判,在外人看来不可理喻的东西,在特定环境里也许有它自身的价值和功能所在。

三台山德昂族的民族性具有强调团体、平等和公益心的特点,这样的民族性加上扶贫上层的正确指挥,将会非常有利于扶贫项目的开展。当地党委、政府应该积极宣传党和国家的政策及发展思路,引导各部门积极发挥作用,投入到人口较少民族的扶持中。

五 政策建议

针对出冬瓜村以及整个三台山的扶贫工作,我们认为目标应该再放低些,应多花工夫在最基本的温饱和降低饮用水成本等方面。虽然现在的扶持力度比较大,但成效并不显著。只有人得到真正的发展才能促进最终的发展,因此,教育也应该作为三台山扶贫的一个重点。

(1) 加大入户扶持力度,巩固扶持成效。现在只是打了一个基础,但还很不牢固,需要加大对后期的扶持。除了水、电、路等基础设施以外,农民还希望能帮扶基本农田改造(平田改土),采用无息或贴息贷款的形式进行扶持,以解决粮食的问题。解决生存问题是首先要考虑的,但如何使农民获得更多的现金收入,加强其自我发展的持续能力才是下一步扶贫工作要认真考虑的。

(2) 加大产业扶持力度。只有真正提高老百姓的收入,才能从根本上促进社会经济的整体发展。该村今后的发展思路和重点是:巩固粮食和甘蔗生产,扩大澳州坚果种植,加大林业生产和养殖业。产业结构的调整需要统一思想,整合资源、资金,捆绑起来进行整乡推进,"扭成一股绳","心往一处使",重点突破,提高扶持效益。政府安排的帮扶内容要征求基层意见,要因地制宜下达任务,出台相应的配套措施,提供稳定的政策和资金保障,多开现场会,切实有效的帮助和指导农民。

(3) 加大职业能力、技术的培训,使农民有一技之长。甘蔗、咖啡的种植关键问题是技能,应对帮扶对象进行实实在在的手帮手教学,多进行以农技提高为主的实际操作培训,提高农民的经济保障水平。产业开发需要辅导员,应多请一些农技专家,建立一种长效机制,跟进相应措施,按照季节及时投入资金,为农民找出路。

(4) 加强对教育的扶持力度。尤其是对高中以上的学生进行帮助,为德昂族培养高层次人才,形成人才梯队。三台山乡特别希望下一步针对德昂族的扶贫工作能把人才培养包括在内,"给钱就像给叫花子一样,花了就花了,民族人才的培养至关重要。"像出冬瓜村这样的贫困山区,人的思想观念和整体素质的提高必须通过教育来发展。因此,培养当地的人才和干部队伍对加快整个德昂族的脱贫具有重要的促进作用。建议出台专门针对少数民族发展的政策,采用定向培养、降分招录、特殊培养等方式加快德昂族人才和干部的培育,培养和集聚后续力量。此外,可以在人口较少民族开办幼儿班,免费让学龄前儿童接受教育。

经济是教育持续的基础。没有经济的保障,提高升学率、培养后续人才也是一句空话。对于经济和教育欠发达的少小民族,给予一定的教育政策倾斜是一种不错的选择,但还要防止利益被不公平地占用。

以乡村旅游推进发展的普米族村庄
——云南省怒江州兰坪县通甸镇罗古箐村调查报告

普米族生存于农区向牧区过渡的高寒山区，自然环境恶劣，自然生存环境、人文环境和经济发展都具有独特之处。罗古箐自然村的普米族以普米语作为母语，经济活动方面牧业比重大于农业，居住在离坝子较远的山区，居住分散，还存在独户现象。罗古箐位于罗古箐省级风景名胜区之内，是云南众山之祖老君山旅游资源的重要组成部分。依托罗古箐风景区，通过扶持人口较少民族发展项目的实施，罗古箐大力发展乡村旅游，促进整村推进。

一 村落概况

罗古箐自然村隶属于怒江州兰坪县通甸镇德胜村委会。德胜村委会一共有7个自然村，9个村民小组，主要有5个民族，其中普米族占70%，傈僳族占10%，白族占10%，其余为汉族和纳西族。罗古箐自然村的主要民族是普米族，有少部分的傈僳族。该村是德胜村委会扶持人口较少民族的重点村落，社会经济发展处于村委会的第一梯队。由于处在罗古箐风景区内，在扶持人口较少民族发展中，德胜村的很多项目都倾向这里，该村委会1/3的项目扶持资金都投给了罗古箐自然村。

罗古箐自然村距村委会3公里，距通甸镇22公里，到村公路全程修通，交通便利。全村国土面积9.8平方公里，海拔2400米，年平均气温12℃，年降水量950毫米，适宜种植玉米等农作物，是本村一大重要经济来源。全村有耕地954.3亩，其中人均耕地2.4亩。主要种植玉米、苦荞、小麦、芸豆等，用作口粮或饲料粮。部分农户每年有2—3个月粮食不够吃，村民以挖天麻、竹笋等来补贴，但是由于大家都挖，竞争很激烈。全村林地丰富，有林地13346.4亩，其中经济林果地70亩，人均经济林果地0.20亩，主要种植花椒等经济林果。林下经济多，产菌子，如羊肚菌、松茸菌、天麻等。本村另一重要经济来源是养殖业，主要养羊、牛和猪。

全村辖2个村民小组，2011年年底有农户105户，有乡村人口420人，其中男性216人，女性204人。农业人口有400人，劳动力264人，其中从事第一产业人数218人。全村2011年农村经济总收入124.70万元，其中：种植业收入30.58万元，畜牧业收入25.55万元，林业收入1.49万元，第二、第三产业收入60.55万元，工资性收入3万元；农民人均纯收入2546元。2011年年底，全村有105户通自来水，有105户通电，拥有电视机农户95户，拥有移动电话农户数95户。

导致罗古箐自然村整体贫困的主要原因是自然环境恶劣、人多地少、农业基础设施薄弱、村民受教育程度低。此外，部分家庭因有残疾人或有智力低下的家庭成员、家庭成员常年生病，成为本村的极端贫困户。

村落远景

二 乡村旅游发展基础

通甸镇位于世界自然遗产保护地——"三江并流风景区"的最南端，是进入"三江并流风景区"的门户。罗古箐风景区南连老君山风景区，北接大羊场，与丽江黎明景区仅隔24公里，是省级风景名胜区。景区具有丰富的动植物资源、完整的生态系统，是丹霞地貌与原始森林的完美结合。景区内的丹霞地貌造型千变万化，世间罕见，原始森林树木茂密，古木参天。每年的4月28日是普米族的情人节，这是一个多民族相聚的盛会，被称为

"东方情人节"。这一天普米族以及其他民族男女青年都相约到罗古箐情人坝唱情歌，跳普米族舞蹈，互诉衷肠，情定终身。罗古箐自然村周边的自然环境优美，这里有特别的丹霞地貌，大面积的高山杜鹃花海和高原五花草甸，有4548米高的九指山雪峰。优美的自然环境，绚丽多姿的普米族风情，特别是普米族善待自然、崇尚自然的"山岳生态文化"和一年一度的"东方情人节"，为该村的旅游项目建设提供了极为丰富的自然和人文资源条件。

情人谷

随着云南省政府"加强滇西北旅游资源开发"口号的提出，从1995年起，开始有地质、生物、植物等各方面的专家到罗古箐自然村调研与考察，拉开了罗古箐自然村旅游开发的序幕。从2005年开始，随着扶持人口较少民族发展政策下达，罗古箐自然村被列为重点扶持对象。依托国家的政策，再加上罗古箐拥有发展旅游的先天条件，因此成为上级部门打造的重点。为了打造其乡村旅游，德胜村委会扶持人口较少民族的1/3的资金和精力都在罗古箐自然村，使罗古箐自然村成为新农村建设示范村。目前全村开有五家农家乐。

丹霞地貌

三　扶持人口较少民族

兰坪县是一个工业、矿业大县，矿业开发时间早，支柱作用明显。但是，过度依赖矿业导致兰坪县长期以来忽视其他产业的发展，最终造成该县经济结构单一，若矿业发展受阻，整个县的经济就会受到致命的打击。兰坪县通甸镇就是一个典型案例。矿业曾经是通甸县的支柱产业，过去，矿业开采每年为该镇带来1000万元年收入。然而，2009年国家对矿业进行整顿后，体制发生了变化，通甸镇当地政府失去了矿产开采权，该镇从过去的矿产经济转变为农业经济，每年的乡镇财政收入从原来的1000万元骤降至不足20万元。通甸镇的例子说明兰坪县必须打破过去对矿产业的依赖，促进本县产业多元化发展。就是在这样的背景下，罗古箐被着力打造为本县一个旅游发展示范点。

罗古箐自然村在扶持前，人均纯收入仅为750元。开展扶持项目后，该村基础设施建设大大改善，劳动力转移已初见成效，产业得到发展，人均纯收入显著提高，截至2011年，该村人均纯收入2546元。

德胜村委会的自然村分布较为分散，因此自然村的通路一直是个难题。

但是，随着人口较少民族扶持政策的出台，自然村逐渐实现了通路，例如只有14户人家的水树坪自然村，该村村民认为，若没有人口较少民族扶持政策，该村要实现通路至少还需50年。罗古箐自然村的高山草甸风景极具旅游开发潜力，兰坪县一直致力于把罗古箐自然村打造为本县旅游业的一个招牌，但长期以来苦于罗古箐自然村地处偏远山区，道路建设成本极高，这个想法一直难以实现。人口较少民族扶持政策的出台解决了修路难这个制约罗古箐自然村旅游业发展的瓶颈问题。借助国家扶持政策，兰坪县投入巨资把通往罗古箐自然村的道路硬化为柏油路。

人口较少民族扶持政策给罗古箐自然村村带来了翻天覆地的变化：在扶持前，罗古箐自然村村内看不见水管，没有任何公共设施，民房矮，危房众多，没有农家乐。2006年实施人口较少民族扶持以后，第一，人畜饮水得到解决，该村告别了挑水喝的日子；第二，进行了农村电网改造，稳定了电压；第三，对村内道路进行了硬化；第四，建盖了新校舍和卫生室，修建了公厕和节能灶；第五，建房补贴让多数村民住进了舒适漂亮的瓦房；第六，广播电视覆盖率达到80%以上；第七，通过使用塑料薄膜技术推广，全村粮食产量提高，基本解决了吃饭问题；第八，养殖业扶持，每户人家扶持1000元用以买牛。此外，利用养殖业扶持资金，全村养了50多只本地山羊和50多只土鸡。本地山羊的销路很好，常有收购商进村收购，每只价格约300—400元。此外，村民的观念也有所改变，外出打工的人数增多，季节性打工比较普遍，18周岁以上外出打工的人数很多，女性外出打工也变得更加频繁。

村民对扶持人口较少民族发展政策给予了很高的评价，他们普遍认为扶持政策不仅提高了本村的基础建设，改变了村容村貌，而且还促进了村民观念的改变，增强了村民的致富积极性；"整村推进"、"退耕还林"等项目对保护森林起到了积极的促进作用；产业扶贫让贫困户实现了增收，在一定程度上改善了生活质量。但对于扶持政策，村民们也存在一些异议，第一，就产业扶贫而言，没有垫本的农户就无法享受产业扶贫，最需要扶贫的人却没有得到扶贫；第二，对于扶贫瓦、安居房等项目，村民也是褒贬不一。

四 发展面临的问题

罗古箐自然村发展面临的问题，一是乡村旅游开发层次低。罗古箐自然村普米大寨的旅游资源虽然具有鲜明的特色，但目前该村旅游产品的开发还处在初级水平，不能完全适应市场变化的需求；乡村旅游经营较为粗放，旅游开发收入少，难以形成规模经济的发展格局，不能整体带动地方的发展。再加上本地距丽江、大理等主流风景区不远，相比之下，品牌效应不明显，对中、远程旅游者缺乏吸引力。

二是扶贫工作还需要根据本地的条件和需求作出相应的调整。罗古箐自然村没有医疗室，村民看病得翻一座山到村委会所在地，非常不便。几个自然村成立一个村委会的做法适用于云南省从事农业经济的坝区，而对于滇西北山区特别是从事牧业的山区来说，所谓的自然村非常分散，村委会很难成为几个自然村的中心，因此，村委会的意义和功能大为减弱。正是因为这个原因，罗古箐自然村村民对于撤销本村小学，合并到村委会所在地办学的做法意见很大。就建筑而言，建木板房更适应本地的自然环境，但扶持项目让村民建水泥、砖混结构抗震房。此外，扶持项目给每户发放的扶贫瓦数量不足，有经济条件的家庭自己购买了所缺部分；经济条件差的家庭只好用木板补空缺，结果是"外面下大雨，里面下小雨"。

三是普通农户对政策的知晓程度较低，这反映出政府和村委会在政策公开、政策宣传方面的力度不够，解释不到位。

四是村委会及村小组在资源分配上存在不公平的现象，出现了真正需要扶持的人却得不到应有的扶持。部分村民反映村干部的工作不落到实处，扶贫瓦中也有很多猫腻，瓦是扶贫办的工厂生产的水泥瓦，全县的瓦都由此出；低保半年发现金，半年发米，米的质量不好，有酸味。

五是普米族整体受教育水平不高，在外工作和读书的人少，思维观念落后，不利于普米族的发展。由于受社会家庭环境的影响，普米族在思想上还没有对读书引起足够的重视；同时由于经济上的困难，大多数家庭的选择是放弃读书上的投入。

六是普米族聚集地自然环境恶劣，现金收入低，贫富差距大。在整个县域内，人口较少民族的发展差距大，人均纯收入低，尤其是乡镇边缘的三个村委会，距离远，居住分散，交通条件极其不便，去一次需要两天，如果遇到雨天就没有办法进出。当地人形容边三村是"天不同，地不同，精神状态也不同"。这些地处偏远，生活贫困的群体需要得到更多的帮助。

五　政策建议

一是加大乡村旅游开发力度。罗古箐自然村拥有优美的自然风光和丰富多彩的普米族民族文化，因此，本地旅游业应当大力挖掘普米族优秀文化，宣传普米族文化，政府加大旅游包装和宣传，扶持发展一批农家乐。

二是继续加大力度，巩固基础设施建设成果。罗古箐自然村所在的德胜村委会还有很多村子至今没通路，基础建设还有大量的工作需要做。

三是加强村务公开力度，加强对扶少政策的宣传，让工作环节更流畅。深入了解基层需求与发展条件，把工作做得更深入细致。低保和粮食直补直接到户，尽量减少中间手续。

四是针对不同情况，因地制宜地开展产业扶贫。放牧一直是普米族的重要经济来源，所以加强对养殖业的扶持是必需的。应该把养殖业作为重中之重，引入精细化养殖，着力改良养殖品种，为本地多培养几个兽医，让村民增加人均牲口占有量的同时又保护当地的生态环境。

五是加强教育扶持力度，提高普米族整体的综合素质。普米族地区自然村落距离远，撤并自然村学校需要三思而后行；提高高中的入学率，对普米族高中生提供一定的补助；针对人口较少民族的教育现状，在人口较少民族中实行定向招生；鼓励人口较少民族外出就业，出去一个带动一批。

城市近郊的普米族村庄
——云南省怒江州兰坪县金顶镇高坪村委会下高坪村调查报告

兰坪县金顶镇高坪村委会下高坪自然村是我们第二个普米族调查点。下高坪村位于兰坪县城北面约8公里处，兰坪至剑川的公路穿村而过。总体而言，村庄的自然条件和区位条件不错，交通便利，临近县城，信息通畅，加上前几年兰坪矿业的拉动，村庄经济基础好。下高坪自然村的普米族村民由于生活在白族地区，受到白族文化的影响比较大，白族语言普及，现在当地会说普米族语言的人已经不多。在扶持发展过程中，由于地域和扶持力度的差异，兰坪县各个被扶持的普米族村庄所取得的绩效各不相同，总体而言，下高坪村是扶持绩效较好的一个。下高坪自然村的基础设施建设已基本到位，下一步可以考虑建盖文化活动室、产业结构建设等。

一 村庄概况

高坪村委会隶属于怒江州兰坪县金顶镇，辖上甸村、岩脚村、下高坪村、练坪村、上高坪村、鸡头刺村、林子箐村、大坪村、高晋山村、树坪村、新村村、高坪村8个组自然村，14个村民小组，总人口数2394人，其中62.14%是普米族。14个村民小组中，8个组均有普米族分布，其中下高坪自然村是村委会所在地，距离兰坪县城所在地金顶镇仅8公里。

下高坪自然村国土面积3.7平方公里，海拔2500米，年平均气温9.8℃，适宜种植玉米、芸豆、大麦等农作物。全村有耕地总面积282亩，全部为旱地，没有水田。人均耕地1.8亩，主要种植玉米、芸豆、大麦等作物。拥有林地4818.5亩，其中经济林果地416.1亩，主要种植核桃、花椒、木瓜等经济林果。全村有农户35户，共170人，其中男性86人，女性84人。农业人口156人，劳动力119人，其中第一产业从业人数为70人。2012年，全村经济总收入65.8万元，其中：种植业收入18.8万元，畜牧业收入 15 万元，林业收入 5.4 万元，第二、第三产业收入 10 万元，工资性收入 16.6 万元；农民人均纯收入 1947 元。全村常年外出务工人数 30 人，基本在县城打工。

2012 年年底，全村有 32 户居住于土木结构房，有 35 户通自来水，有 35 户通电，拥有电视机农户数 35 户，拥有移动电话农户数 35 户。该村距离最近的车站 0 公里，距离最近的集贸市场 0 公里。2012 年年底，全村无人参加农村社会养老保险；170 人参加农村合作医疗。下高坪距离镇卫生院 8.5 公里，距离小学校 1.5 公里，距离中学 8.5 公里。目前义务教育在校学生中小学生 26 人，中学生 4 人。

二　城市近郊发展优势

下高坪村所处的金顶镇是兰坪县城所在地，下高坪位于县城北面约 8 公里处，剑兰公路（剑川县—兰坪县的二级公路）穿村而过，下高坪村因此交通方便、信息灵通。相比本县其他普米族村庄，高坪普米族居住在坝区边缘，牧业在经济活动中的比重降低，农业比重加大，同时由于地处城市近郊，本村的商业也具备一定的规模。此外，金顶镇的铅锌矿业极大地带动了该村的经济发展。得益于以上原因，在兰坪县的普米族村庄中，下高坪村的经济发展比较快，村庄经济基础好。

交通便利的下高坪

（一）依托地理位置优势，出售农副产品

下高坪村依托紧挨县城和市场，交通便利，应大力发展种植业和养殖业。本村近年来新建钢架蔬菜大棚33亩，为县城提供优质蔬菜，有力地推动了本村经济的发展。正如村民杨发育所说："在下高坪，可以种植豆子，这个收益还不错，豆子可以出售到每斤一至五六元不等，价格好的时候达到五六元，这已经很好了。还有一部分村民到山上找野生药材，或者捡菌子，或者采摘野果，然后出售到城里，一般也都能够卖个好价钱。"

（二）临近市场，便于发展养殖业

养殖业是普米族的传统优势产业。近年来，随着扶持人口较少民族发展规划的实施，下高坪村采取了形式多样的养殖业发展模式，如"借母还儿、滚动发展"，这些新模式有效推动了本村畜牧业发展。此外，近年来畜牧业的销售价格稳定，收购商经常到村中收购以猪为主的各种牲畜。随着周边农家乐的发展，羊的需求量不断增大，羊的价格稳步上升。畜牧业已成为当地群众增收的主要来源。

（三）土地资源丰富，有利于发展林业经济

下高坪村的经济林木资源丰富，有铁杉、杉木、青松、黄松等，且经济林距离村落比较近，便于管理；本村拥有很多可以种植药材的土地，有上万亩的草场。利用本村的资源优势，借助新出台的扶持人口较少民族政策，下高坪村近年来积极发展秦艽种植，共种植了356亩秦艽，这为调整产业结构，实行自我管理及滚动发展奠定了坚实的基础。

（四）依托交通优势，发展农家乐

利用邻近县城的优势，下高坪村有一定经济基础的农户近年来开办农家乐，建立生态园，实现了农产品的产供销一条龙服务。自扶持人口较少民族发展政策实施以来，本村开办农家乐和生态园的农户成为产业扶持的重点对象，他们不仅得到无息贷款，还接受了相关培训，因此，部分农家乐已经取得了良好的经济效益和社会效益。

当然，邻近城市带给下高坪村的并不完全是正面效应，一些负面效应也随之而来，空气污染就是其中之一。下高坪村由于紧挨兰坪县城，就无法避免兰坪县采矿业和冶炼业带来的大气污染。此外，邻近县城的另一个负面效应是民族文化，特别是语言的急速消失，对此，在昆明工作的下高坪人杨梅叶谈道："爷爷会说普米话，而自己已经不会说普米语了，反而是会说白族话。周边白族比较多，受到白族文化的影响比较大。普米族喜欢跳锅庄，传统文化保护和传承力度不够。"在风俗习惯方面，随着社会经济的发展，受到周边的汉族和白族的影响比较大，一些普米族的文化已经发生了变化。

三 扶持发展

2005年年底，兰坪县启动人口较少民族聚居村整村推进扶持项目，经过两年左右的时间，到2008年，金顶镇高坪村、通甸镇德胜村等六个行政村作为第一批落实《规划》验收达标村，通过省级"四通五有三达到"12项指标考核验收，并获得10万元奖励资金项目，用于村委阵地建设、生态土鸡养殖、安居房建设、村间道路硬化、人畜饮水等项目，并于同年9月通过验收。据村委会主任杨忠福介绍，高坪的扶持人口较少民族发展的工作主要集中在养殖业扶持（黄牛、牦牛）、药材种植、人畜饮水、水利工程、道路硬化等几个方面。

从我们的调研来看，该村基础设施建设已经到位。村内主要巷道都是水泥路面，有三个公厕和一个篮球场，在我们所到的调查点中，下高坪村是唯一有篮球场的。村内虽然还有木楞房，但已不住人，只用来关牲口。村民已住上砖瓦房，房屋多为白族传统风格，既舒适又漂亮。当地普米族民居与白族民居的唯一不同之处是普米族民居的主屋仍保留有普米火塘。

对于扶持前后村庄发生的变化，下高坪自然村杨玉坤村长深有感触，他说："2008年起，村子的变化较大，主要是新农村建设。修了路，村庄干净了，人畜好走了；通了电，2002年前后就开始农网改造；2007年前后通自来水了，但水源不够，还要自己投工投劳；也通有线电视了；实施了'刷白'工程、安居工程，有一些扶贫瓦和空心砖。后来给了扶贫猪（每家一头，以前母猪多，现在公猪多）、羊（每家三只，但很多都不适应，得病死了）和大棚蔬菜（对增收很有帮助）。通过人口较少民族的扶持，发生了很大的变化：一是通过安居工程的扶持，切实改善了老百姓的居住条件。二是通过新农村建设，对房屋进行了加固和装饰；路已经修好了，全村有了三辆车子，有的是小轿车，基本上都是自用，说明农村生活有了很大的提高。但是经济发展来说，既没有矿石开采，也没有木材砍伐。"

村民对扶持给村庄和自己带来的变化也历历在目。他们认为，经过扶持，村子近年来产生了较大变化，经济收入明显增加，村容村貌发生了变化，生产生活得到明显改善，主要有以下几个方面：第一是道路。原来的村内道路是土路，下雨时很难行走，现在道路问题解决了。第二是安居房。安居房项目在一定程度上改善了部分农户的居住条件，也提高了老百姓改善自我生产生活的积极性。第三是沼气池和太阳能。沼气池建设和太阳能下乡解决了农村能源问题。过去农村的能源主要靠砍伐树木，这对生态环境的破坏很大，尽管到现在为止，这种现状还没得到彻底改变，但是沼气池和太阳能确实为本地提供了一种新型能源。

高坪村委会书记、主任杨忠福也有同样的感受，他说："近五年来，下高坪成为了新农村建设示范村，建设了活动室，里面有一定的设备，例如电视机等；全部扶持了100多头牛，一开始大部分人家都分到了牛；还得到了扶贫瓦、改厕、盖圈，改进了水利设施，修建了篮球场，道路硬化到门口。在修路的过程中，村民投工投劳，在农村总体上还是比较支持公共设施建设的。修建的篮球场很起作用，可以打篮球，可以在上面跳锅庄舞。通过人口较少民族的发展，已经产生了明显的效果，尤其是与没有经过扶持的村庄相比较，例如树坪自然村（一个彝族居住的地区），海拔3800米，属于整个村委会最高的海拔，没有通路，也没有通电，种植业也不是很好。"

四 存在的问题

（一）矿业开采及随之而来的生态环境恶化问题

矿业是兰坪县的支柱产业，但是，当地普通群众极少能从中受益，他们能参与其中的仅仅是做矿工，但采矿是非常危险的工作，人身安全得不到保障。矿业不但没给当地群众带来太多福祉，反而开发矿业的代价是由普通大众来承担的，其中最严重的是环境污染问题。下高坪村后有一处采矿点，几年采矿下来，下高坪村到处灰尘弥漫，庄稼收成受到了很大影响。下高坪村周边的锌业公司白天不放烟，晚上进行排污放烟，百姓对此很无奈，他们说："这个公司对我们来说没有什么好处，招工不招我们，有害物排放却影响我们，不仅影响我们的身体健康，还影响我们的农业生产，过去苞谷产量相当好，现在受到了影响。"最近几年云南的持续干旱对下高坪村的农业生产犹如雪上加霜，由于干旱，村内的水源受到了影响，人畜饮水都出现了问题，何谈农业用水？

（二）养殖业扶持还面临一些问题

下高坪村后面有大面积的丰硕草场，本村发展养殖业的自然条件可谓非常优越，然而，本村的养殖业现状却并不理想。究其原因：一是资金不足；二是劳动力不足，而发展养殖业需要投入大量劳动力；三是牲口疾病预防工作跟不上；四是销售渠道不通。政府对本地的养殖业做过扶持，试图引入现代化养殖方式，但当地村民的饲养方式并没有因此得到改变，他们仍然采用传统的野外放养模式。这种模式存在不少弊端，例如难以对牲口群进行疾病控制，此外，由于下高坪临近县城，人员流动复杂，时有牲口被偷。

以下是下高坪村民对本村养殖业扶持绩效看法的谈话记录：

政府在产业扶持上主要有3—4家人养殖山羊，有8—9家人养殖牛群，猪每户给了1头。本地要发展养殖业，主要是牛，尤其是肉牛。本地的土牛一般每头只是2000—3000元，但是如果饲养高品质的肉牛，每头可以出售到1万多元。养牛养羊如果放养的话，数量少但还是需要投入一个人的劳力，所以不合算。联合养殖，轮流放养，数量多了就划算了。由于草场比较大，放养还是比较好管理的。以前都是轮流放养，1头牛1天，按照牛的数量进行轮流，数量多，好管理。

养猪的过程中主要有两个问题：一是喂养的饲料，如果粮食不多就饲养不了许多猪；另一个问题是猪瘟，也就是疾病预防的问题。预防疾病方面还是需要加强，否则本金都收不回来。在养殖牛群中，主要是实施野放，也存在一定的风险，近年来，已经被偷走了5—6头耕牛。

——下高坪村民小组集体访谈资料

（三）安居工程存在的问题

下高坪村的安居工程在实施过程中出现了几个问题：一是补助标准远远低于建房所需；二是存在分配不公的现象，家庭最贫困、最需要帮助的贫困户却没得到应有的帮助。如本村特困户和树良就被排除在帮扶对象以外，具体如以下个案描述：

和树良儿时因玩火而失去了双手，成为丧失劳动力的残疾人。两年前，和树良试图盖三间空心砖房，他用退耕还林的钱买了部分材料，请朋友到山上弄了一些木料，此外"七少"提供了1200片水泥瓦。但这些离建房所需还很远，和树良亦无力再购，建好房子框架之后就搁置下来，成为"烂尾建筑"。现在和树良住在父母去世后留给他的三间木楞房里，成为村中唯一住木楞房的人。如今他最大的心愿是把房子盖好，他说只有盖好房子才能娶个媳妇，这样才可能有个温暖的家，放羊回来才有口热饭吃，才有干净的衣服换。

和树良家通自来水已有四年，本村用水免费，每户每月只需交纳管理费3元。作为照顾对象，和树良不用交纳电费和闭路电视费（残联前年给他电视机一台）。但遇到村里搞集体建设要求村民投工投劳，和树良也得参加。

和树发是本村另一户无力建房的贫困户。我们去访谈时天下着雨，走到和树发家，首先就看到电线从其房檐过，离瓦非常近，存在不小的安全隐患。在交谈中得知，和树发没被列为安居工程的补助对象，他申请过，但没有结果。因此只能完全靠自己。和树发说："2010年建盖了新房，听说要补助，但是没有，楼板没有，扶贫瓦也没有，晓不得政策，说是没有指标。建盖房屋的木料过去就准备好了，一共花费了1万多元，如果再不建盖的话，木料都要腐烂了。在扩建公路过程中公路征用地补到1万多元，所以就接着借钱盖房屋，现在木工的工钱也比较贵，包吃包住包烟，每天需要60元钱。除了木工的费用以外，很多都是请亲戚来帮忙的。"

和树发的个案反映出村小组内存在着资源占有和分配不公的现象，扶贫最终变成"扶富"。据反映，低保也存在类似问题，"低保不公开，社长说了算"。

（四）项目的后续管理问题

对下高坪村的扶持存在"重建设、轻管理"，缺乏项目后续管理的问题，该村的道路、饮用水、电网改造等项目都存在类似的问题。下高坪村的村内道路虽然已经硬化，但道路存在不少质量问题，原因是在修路的过程中，实行投工投劳一家负责修一段路的做法，导致修建路面质量不一；在水利的管理上，本村自来水系统水源不稳定，有断水的情况；农网改造不彻底，存在安全隐患，电杆的分配也不合理。

综上所述，公共设施建好以后，管理、使用和保护是极为重要的环节。如果缺乏统一管理，各家自扫门前雪，那么整个项目的效果就难以体现。

无人管理的社区公共设施

（五）不重视教育

教育是一个民族实现社会经济发展的关键，但是由于就业压力及学生、家长的陈旧意识，下高坪村民普遍不重视教育，从初中开始，就不断有学生辍学，不少学生不能顺利完成九年制义务教育，继续接受教育的人则更少。

目前，全村只有4—5个高中生及4—5个大学生，村民的受教育层次低，思想陈旧，外出务工的人少。对此，在昆明工作的下高坪村人杨梅叶说："好多人认为读书也找不到工作，还不如读读初中就外出打工。父母的态度就是考不上就是不供，思想肯定是不好的。在兰坪县很多矿产产业中，有的是大学生，有的是初中生，但是有的大学生的收入还没有初中生高，所以大家的态度就是这样的。在锌业公司，本科生和初中生在一起工作，心理上就有落差，有的大学生还不如初中生。就一般的家庭而言，现在供一个大学生读书肯定是有问题的，普通家庭供不起一个大学生读书，经济是最大的问题。有的大学生贷款读书，毕业以后找不到工作，还得把贷款延长一些，现在满地都是大学生。来自农村的大学生很多人闯劲没有，加之贫困大学生贷款手术复杂、麻烦，还不一定能够贷到款，而且必须要在毕业两年内还完，所以很多人还是没有办法。所以就只好把所有的经济压力转嫁到家庭中来，这样导致整个家庭出现了一种因学致贫的现象。"

五　建议

（一）保护生态环境

在扶持发展的过程中，要注重生态环境的保护。以牺牲环境为代价实现经济增长的发展模式已被证明是不可取的，但目前人口较少民族地区的生态环境与经济开发的矛盾仍然相当尖锐。必须克服单纯追求经济增长，而忽视社会效益和生态效益的状况，减少矿山开发等人为破坏生态环境的行为。以可持续发展的系统观，指导产业结构提升和经济增长模式转变，建立生态效益、经济效益和社会效益共同发展的产业结构模式。

（二）大力扶持发展养殖、种植业

放牧是下高坪普米族传统上的重要经济来源，现在仍然是现金收入的重要途径，所以加强对养殖业的扶持是必需的。下高坪普米族有着悠久的牧业历史，而且村里有丰富的草场和山地资源，因此畜牧业在本村有很好的发展空间，政府应该大力协助发展本村的畜牧业。下高坪村的畜牧业可以考虑采取联合饲养方式，应3—5户组合到一起，联合劳动力，互相监督，共同发展。

(三) 加大扶贫力度，提高项目透明度

下高坪村的扶持应该关注和扶持最需要帮助的弱势群体，加大入户扶持项目力度，满足低收入群体的发展需求。在项目实施的前、中、后期都要加强宣传工作，使群众充分认识项目的来源和实施的情况；将扶贫项目的实施部门和扶持对象双方联合起来，共同加强项目的监测，明确项目监测的主体，明确项目监测的周期，公示监督结果，提高项目实施的透明度。

(四) 强化项目的后续管理

由上一级政府进行统筹协调，有序推进各类项目，确保工程质量。强化项目的后续管理，安排一定的资金用于项目实施以后的维护和管理；在项目实施以后，组建以扶持发展对象为主体的项目管理小组，让群众自己讨论制定有关管理制度，并付诸实施，对项目成果进行有效管理和维护，处理新出现的问题，有效提高扶贫项目的实施成效。鼓励人口较少民族保护和传承传统文化，将民族文化和社会发展有机地结合起来，积极发挥扶持发展项目的有效性。

(五) 提高教育扶持力度

提升高中入学率，在高中学习阶段就针对人口较少民族提供一定的补助；针对人口较少民族的教育现状，在人口较少民族中实行定向招生，在矮人中拔高人；对人口较少民族学生考入大学等高级学府的贫困学生给予免学费等扶持资助政策。针对接受高中或高等教育的人找不到工作或得不到重视的问题，应该加强实用性教育，学习一两门实用技术，并鼓励人口较少民族学生学成之后回家乡进行建设，带回新的观念和技术，带动一批人，影响一代人。对普米族学生考入大学等高级学府的贫困学生给予免学费等扶持资助政策，使普米族地区快出人才，出好人才。

以宗教和旅游促进发展的怒族村庄
—— 云南省怒江州福贡县匹河乡老姆登村调查报告

怒族主要生活在怒江峡谷深处，两面陡坡夹一条险江、头顶一线天组成了怒族生活环境的景观。当地人形容山坡度之陡是这样说的："猴子爬我们这里的坡都会掉眼泪！"特定的自然环境和人文环境，一方面成了生产生活的制约因素，脆弱的生态环境极易造成泥石流、山体滑坡等；另一方面形成了壮丽的峡谷地貌，有利于保留浓厚的民族文化特色。老姆登村最著名的是老姆登教堂，它既是大部分怒族信仰基督教的地域核心，同时也是老姆登村发展乡村旅游的重要旅游资源之一。因此，老姆登村以宗教和旅游为两个发展支点，在扶持人口较少民族发展中取得了一定的成效。

一 村庄概况

老姆登村委会位于福贡县匹河乡政府驻地的东北面，东以碧罗雪山山脊为界，与兰坪接壤；南邻本乡知子罗村，北与沙瓦村相连；西面以怒江东岸为界。国土面积45.21平方公里，海拔1850米，年平均气温13.80℃，年降水量1163毫米，适宜种植玉米等农作物。老姆登村距县城54公里，距乡人民政府驻地12公里，2009年年底通村柏油路项目改造完成后，由乡到村的道路已扩建为4.5米宽的柏油路，乡村公路贯穿全境。全村辖红卫村、红旗村、防干村、月亮田村、茶厂村、布来村6个自然村，12个村民小组，2012年年底共有农户288户，人口共计1104人，其中男性581人，女性523人。本村农业人口1002人，劳动力673人，其中从事第一产业人数540人。2012年年底，享受低保的有142户413人，参加农村社会养老保险470人，参加农村合作医疗1071人。老姆登村以怒族为主体民族，怒族人口共有221户893人，占总人口的83%。

全村有耕地总面积1000.5亩，其中水田334.9亩，旱地675.6亩，人均耕地0.83亩，主要种植玉米等作物；拥有林地55289.1亩。全村有效灌

村寨远景

溉面积为 85 亩，其中高稳产农田地面积仅为 65 亩，人均高稳产农田 0.06 亩。2012 年全村经济总收入 279.7 万元，其中种植业收入 89 万元，畜牧业收入 80.6 万元，林业收入 8 万元，第二、第三产业收入 59.9 万元，工资性收入 21 万元。农民人均纯收入 2500 元。全村农民的经济收入来源于种植业和养殖业，此外，特色经济以种植茶业为主。外出打工收入占有重要地位，全村常年外出务工人数 52 人，在省内务工者 24 人，到省外务工 53 人。

老姆登村产有玉米、核桃、茶叶、漆树、油桃等经济作物，其中茶叶是全村的特色产业，本村的茶叶种植采取公司＋农户模式，全村种植茶叶面积共 2280 亩，据统计，目前新鲜茶叶年产量约 18 万公斤左右。另外，本村种植核桃 1440 亩，其他林果 180 亩。村里成立了农研会，该农研会 1994 年 12 月被评为先进农研会。畜牧业以饲养家禽和牲畜为主，以家庭散养为主，大小牲畜存栏情况：猪 1256 头，羊 600 只，牛 320 头，禽 5500 只。扶持人口较少民族项目开展以来全村改厕 110 户，2012 年主产业全村销售总收入 65.60 万元。水产养殖方面，全村有 2 个鱼塘，养殖品种主要以鲤鱼为主。

2012 年年底，全村有 171 户通自来水，288 户通电，拥有电视机农户 268 户，安装固定电话或拥有移动电话的农户数 131 户，其中拥有移动电话农户数 119 户。全村村组道路硬化达 7500 米，尚有 3.5 公里还未能硬化，争取以后逐年完善；人饮工程方面，由于前几年规划设计落后，水管管道多处从牛栏、猪圈穿过，卫生得不到保证，到2009年，村委会在相关部门的支持下，通过专项资金下拨投入实施，已经基本解决了老姆登村的人畜饮水安全工程，水管总长度达4800米；住房通电率已达100%；通信方面，全村移动电话和有线电话的总拥有率已达90%，每家每户都安装有卫星电视接收机，100%的家庭都能看到信号清晰的电视节目。

老姆登村无住茅草房农户，2009年实施了抗震民居75户，90%以上的农户住上了砖混结构的楼房或平房。村民的居住较为集中，村民大多数为怒族，老姆登村的怒族自称"怒苏"；一部分人口为傈僳族，但是都会怒语，风俗习惯亦基本一致。

老姆登教堂1

二 发展旅游的基础

老姆登村地处"三江"并流区的神秘怒江大峡谷深处，是一个典型的怒族村。村寨分布于碧罗雪山海拔1500—2000米地带，自然风光优美，生态环境良好，旅游资源极其丰富。村旁有历史悠久的原碧江中学遗址和烈士林园。村中有怒江一大标志景点——老姆登教堂。老姆登怒族的民族文化和基督教的宗教文化在这里交织成一道绚丽的风景线。生活在老姆登村的怒族人民居住于用木头建造的房屋，被称为"千脚落地房"，独有的特色非常鲜明。这里家家户户都保留了怒族的传统风俗习惯,还有服饰和乐器,村里有一支业余文娱宣传队——怒族哦得得表演队。由于老姆登村海拔较高,雨量充沛,空气新鲜,四季分明,土地肥沃,所产的老姆登茶独具特色,驰名中外。老姆登茶外形毫峰显露,香气清雅馥郁,汤色清澈明亮,叶底嫩黄匀齐,滋味醇厚回甘,深受人们的喜爱。现在规模较大的是老姆登陆金茶,老姆登茶不仅成为了当地怒族老百姓重要的收入来源,也成了颇受欢迎的旅游产品。

老姆登教堂 2

得益于老姆登村的自然美景和人文景观,每年有许多中外游客慕名来到老姆登村。2007 年以来老姆登村通村公路变成了柏油路,公路变好了,来旅游的游客逐年增加了,村民们意识到"农家乐"能致富,纷纷开办"农家乐"。其中,郁伍林经营的"怒苏哩"农家乐办得最成功,郁伍林也毫不保留地把经营"农家乐"的经验传授给村民,在郁伍林的带动下,老姆登村"农家乐"现在已经发展到 7 户,每户年平均收入在 5 万元左右。目前,老姆登村"农家乐"每天至少有 10 桌客人,到了节假日更是爆满。5 年来,全村"农家乐"的营业额达到 300 万元以上,共接待游客 6 万余人次,成为福贡县怒族特色旅游文化村。

三 扶持项目开展情况

2006年以来，全县为老姆登村委会投入扶持人口较少民族发展项目资金853.2万元，其中包括县民委200万元的综合扶持发展资金、县发改委251.5万元的综合扶持发展资金、县扶贫办83.4万元的综合扶持资金及县交通局11万元的通村公路路面改建资金，此外，县水务局投入资金15万元，实施布来村、防干村、红旗村3个小组人畜饮水工程；县建设局投入资金146万元，用于200户村民的防震安居房改造；县科技局投入资金2.7万元，实施茶叶新品种开发和综合示范项目；县林业局投入资金27.6万元，建设天保工程3587亩；县畜牧局投入资金20万元，扶持54户养殖户；县卫生局投入资金5万元，建设村卫生室1所；县电网公司投入资金91万元，建设110千瓦农网改造。

县民委项目具体实施情况如下：2005年投入项目资金90万元，主要扶持发展山羊养殖户30户，厩舍改造30间，发放种羊450只，投入资金10万元；扶持发展生猪养殖户40户，厩舍改造40间，发投放生猪120只，投入项目资金17万元；扶持1500亩茶叶种植，共投入资金60万元；共举办科技培训6期，投入资金3万元。2008年投入资金60万元，防干自然村核桃种植220亩、扶持农户55户，投入资金10万元；扶持布来自然村种植212亩核桃、受益农户53户，投入资金10万元；防干自然村村间道路硬化2400平方米，投入资金14.5万元；布来自然村村间道路硬化2400平方米，投入资金14.5万元；防干自然村修建公厕2个，投入资金5万元；布来自然村修建公厕2个，投入资金5万元；防干自然村科技培训，投入资金0.5万元；布来自然村科技培训，投入资金0.5万元。2009年投入资金50万元，修建公厕2个，投入资金5万元；村间道路硬化3800平方米，投入资金25万元；新建村级文化活动室一所，投入资金20万元。

县发改委具体实施情况如下：基本农田改造468亩，投入资金30万元；水沟建设4000米，投入资金50万元；人畜饮水建设15000米，投入资金58万元；文化室建设，投入资金13万元；学校建设，投入资金27万元；沼气池建设，投入资金31万元；畜牧建设，投入资金20万元；广电接收设施建设，投入资金9万元；通村公路建设项目，投入资金13.5万元。

县扶贫办具体实施情况如下：月亮田自然村整村推进项目，投入资金15万元；兴边富民整村推进项目，投入资金50万元；月亮田自然村46户消除茅草房建设工程，投入资金18.4万元。

通过扶持，匹河乡老姆登村下属的部分自然村尽管离"四通五有三到达"还有一定的差距，但从全村总体看，确实取得了较大的成绩：全村通公路；全村6个自然村全部通电，户通电率为100%；6个自然村均通电视和广播，可以接收和收听中央台、省台的广播电视节目；6个自然村中，村委会驻地通电信程控电话，6个自然村通移动电话和电信部门的座机无线电话；全村有一所卫生室，建筑面积43平方米；全村6个自然村都完成了人畜饮水工程建设，91%的人口解决了人畜饮水困难；全村已基本消灭茅草房，茅草房或危房户比重下降到16%；全村有1个140平方米的村民文化活动室。

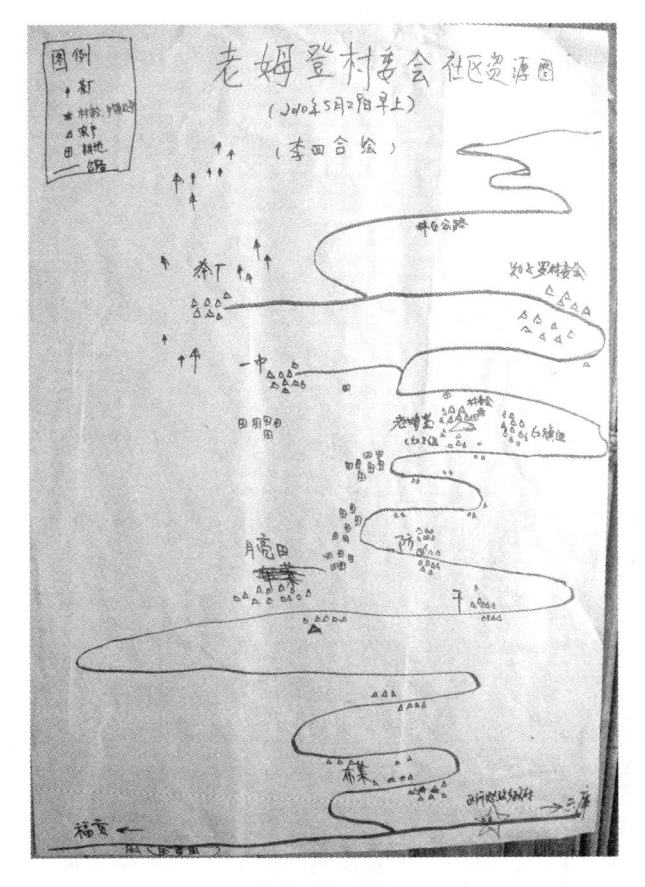

老姆登社区图

从2005年起，相关部门加大了对老姆登村的扶贫力度，如怒族学会副会长曲陆所言："国家对怒族的扶贫从给盐、锄头开始。"通过扶贫，老姆登村在以下几方面发生了非常显著的变化：

（1）产业扶贫。2004—2005年开始，发放良种补贴，大力推广茶叶种植，扩大党参种植面积，扶贫了为数众多的猪、羊、鸡，数量不少，同时还进行了改厩，村民收入有所提高。

（2）安居工程。改善了住房条件，拆除茅草房和杈杈房，改造成以空心砖为主的抗震房。同时还对老姆登小学进行了改造，对此，村民感触很深，他们说："2006年开始对校舍、住房、厨房、厕所进行改造，从石棉瓦房改成了石板房（2007年），也建设了活动场所。以前老百姓对教育很不支持，校舍也偏远，现在认识提高了，校舍条件是最好、最安全的地方。"

（3）人畜饮水。2008年修了两条"三面光"的水沟，改善了人畜饮水。如村民所言："过去是去山洼里背吃、挑吃，现在是已经直接接到家里了，用水丰富了。"

（4）道路建设。2009年，修建了老姆登村内道路（水泥路）和老姆登到村委会的公路（柏油路）。路修好后，"下雨天路好走多了，坐车、开车都明显舒服了"。

（5）本地村民的思想观念和生产方式发生了改变。村民改变了过去刀耕火种、广种薄收的方式，学会运用化肥农药，大多数人开始选择种植经济效益好的作物。

（6）实行了新型农村合作医疗，部分医疗费用得以减免。

（7）更多村民享受到农村生活低保，现在有30%的人享受到了农村低保。

（8）安装了户用沼气。"用它做饭、烧水方便，比较实惠，还节省了肥料"。

（9）扶持发展农家乐。村中现有农家乐7家。

四 存在问题

尽管怒族地区的扶持取得了很大成就，但前面的路还很长。首先，由于地理环境的制约，怒族地区交通不便，与外界的交流沟通少，生产工具都要从外面运进来，有的扶贫项目，如修进村机动车道路对于大部分怒族村子而言是很难实现的。

其次，在实施扶持项目的过程中出现了一些人为失误。据村民反映，有些项目（如抗震房）不扶持还好，扶持反而加重了被扶群众的负担。一是部分政府官员不按规律办事，有些做法不合实际。比如建房补贴规定村民必领在规定的时间内建盖新房才能领到补贴,过期无效。村民都渴望领到补贴,但又没有足够的经济能力盖房,因此,为了领到补贴,有的村民不得不负债盖房。二是资金到位速度慢,项目实施过程不透明,项目方与施工方之间有可能存在联手腐败。如村民李卫山说:"政府扶贫了一半的石棉瓦、空心砖和水泥,很感谢,但用这些材料盖起的房子经历过地震后能不能抗震还是个问题。为了盖房,自己还赊了四五千元的砖,造成我还得做人家的小工去还钱。"从客观来说,空心砖的抗震能力确实很差,或许这是地方政府无更多财力的无奈之举。既然地方政府财力有限,扶贫工作就应该做到小而精,不能只关注项目的数量而不注重质量。

再次,有些项目扶持不符合社区日后的发展需要。例如消除茅草房和杈杈房,补助石棉瓦和空心砖,这个项目有效降低了火灾风险,但与此同时,茅草房和杈杈房的消失也让本村失去了原有的民居特色,这并不利于旅游业的发展。有些开办农家乐的村民为了突出原有的民居特色,在石棉瓦上压上木条或是铺上茅草,但是木板和茅草是吸水的,而石棉瓦不吸水,因此,这种做法极易造成房子严重漏水。

农家乐

此外,有些扶贫项目无意间给群众增添了负担。如改厩,村民评价说:"倒是卫生了,但是给项目时刚好是农忙季节,增加了很多负担。"为此,我们认为今后的扶持项目应该进一步强调人性化。

最后，底层在执行扶贫工作时透明度低，村委会宣传不到位，而上级政府监督力度不够，导致百姓极少能参与到项目实施中，工程监督不够，出现重复建设现象。村民指出，外来施工队不负责任，偷工减料，由外面工程队负责的项目已经出现许多质量问题。如村里的供水系统，设计存在一定问题，导致部分人家用水供应不足。国家在给农民发低保和大米的过程中，地方各级政府存在挪用现象。因此，今后扶持政策和优惠政策的下达，应该尽可能减少中间环节，直接发放到村民手中。

对于今后的扶持，老姆登村民有如下希望：

（1）农田水利设施的硬化和改善。老姆登的农田水利设施比较薄弱，制约了本村农业的发展。目前全村水利渠道大部分已完成硬化维修，但问题是水源不足，不能满足农田灌溉需求，急需重新分道引流，兴修水利设施。

（2）老姆登村景色优美，生态平衡，可发展生态旅游业，现有农家乐7户，还有发展空间，但农户缺乏资金，难以实施，还需依靠各级政府立项支持。

（3）老姆登茶已打出品牌，但知名度仍不够，此外，本地茶厂加工技术含量低，资金缺乏，规模不大，政府应该在茶叶生产和促销方面多给予扶持。茶叶是老姆登村民的重要经济来源，很多村民为了发展茶叶而放弃种水稻，因而不得不买粮食。然而，由于不允许茶农自己加工，茶农只能出售鲜茶给收购商，可是，收购商把收购价压得很低，同时还会拖欠茶叶款，让茶农遭受了巨大的经济损失。因此，本地的茶农呼吁政府加强对收购商的监管，保障茶农权益。

（4）农户极力要求加大对本村改厕项目的扶持，全村288户中只有110户有卫生厕，因此，农户希望在今后逐步立项解决，改善全村卫生条件。

（5）由于种粮食收入不高，因此村民希望把本村列入退耕还林项目，给予相关补助，与此同时，加大产业扶持力度，多扶持村民种植茶苗、核桃苗等。

五　建议

针对老姆登村扶持人口较少民族发展的现状，经过对老姆登村发展优势的思考，我们提出以下帮扶建议：

一是坚持因地制宜的思想，扶持项目应该加大对老姆登村旅游业发展的支持力度，延伸乡村旅游业的产业链，增加农民收入。

二是重视传统文化的保护，加大民族文化和村落保护力度。通过恢复生

老姆登陆金茶厂

态和传承民族文化,促进旅游业的发展。

三是注重发挥宗教的积极作用,把宗教力量积极引入对村民的宣传和教育工作中。基督教传入怒江地区以后,怒族深受基督教影响,群众信教比例较高,据悉,整个匹河乡有40多个教堂,老姆登村委会就有4个,老姆登教堂的传道员兰宝说:"教会是我们本地新农村建设一个不可缺少的力量。教会一直以来都在协助政府,做法律宣传、公路保护宣传和扫盲工作,组织村民开展公益活动,如修路、修水渠等。"因此,在今后针对老姆登村和怒族的扶持工作中,我们认为很有必要进一步考虑如何有效发挥宗教的正能量。

四是要大力培养怒族人才。民族的振兴靠人才,人才的培养靠教育。若要加速怒族整体的脱贫致富,就要在教育上下工夫,以委培、定向等方式努力培养怒族干部和各种人才,提高怒族整体素质。

五是产业扶持要抓住重点,加大宣传,开展深加工和精加工。要着眼于壮大村级经济势力,要继续推进农业产业结构调整和种植结构调整,大力发展特色农业、绿色农业和生态农业。

六是要提高政府的服务意识,做好和加强对农民的技能培训。开展失地农民培训、农村劳动力转移培训和新型农民科技培训,以提高农村劳动者素质,促进就业。

七是要加大政府的管理力度,避免重复建设,避免外来施工队偷工减料,搞豆腐渣工程坑害群众;要加强管理,协调茶叶收购价格,保障农民权益;加大监督力度,加强扶贫资金的监管,杜绝底层政府部门贪污、挪用扶贫款项的行为。

受到交通制约的怒族村庄
——云南省怒江州福贡县匹河乡架究村调查报告

匹河怒族乡架究村委会是我们的第二个怒族调查点。架究村位于怒江西侧高黎贡山脚，村子就在江边，连通泸水、福贡和贡山的公路就在村子对面怒江东岸，进入村落仅有一座简易的吊桥供人马通行，重型车辆无法通过，大部分自然村至今仍未通路，仅有羊肠小道通达。因为交通不便，居住分散，运输成本高昂，该村项目建设成本远比其他同类地区高，基础设施建设十分落后。

由于怒江峡谷通常越往下到江边坡度越陡峭，因此村落没有足够的耕地。很多家庭的土地都在陡峭的高黎贡山山腰，距村子很远，尤其种经济林木的土地海拔更高，通常从村子出发按当地人的脚力需要5个小时左右才能到达，很多人家一年只上去两次。由于交通不便，地理环境恶劣，基础设施落后，贫困程度深，人口受教育程度低，架究村经济社会发展受到严重制约，扶贫攻坚任务依然艰巨。

一 村庄概况

架究村委会位于福贡县匹河乡政府驻地西北方1公里处，南邻本乡托坪村委会，北接本乡棉谷村委会，东面与怒江为界，西与高黎贡山为界，距离乡镇1.4公里，距县城44公里。村委会的海拔1908米，年平均气温24.30℃，年降水量1163.00毫米。全村辖架究村、来同村、茶比罗村、吾亚扒村、鲁花仁村、鲁门村、明交村7个自然村，8个村民小组，有农户177户，乡村人口652人，其中男性326人，女性326人；农业人口652人，劳动力378人，其中从事第一产业人数275人。怒族人口占总人口的100%。国土面积40.03平方公里，有耕地721亩，人均耕地1.24亩，基本上是旱地；有林地49878.62亩，适宜种植玉米等农作物，属特困山区。

2012年，全村经济总收入186.6万元（包括国家粮食综合直补和农村

村落远景

低保），其中：种植业收入 70.00 万元，畜牧业收入 62.70 万元（年内出栏肉猪 560 头，肉牛 83 头，肉羊 775 头）；林业收入 6.30 万元，第二、第三产业收入 0.00 万元，工资性收入 5.20 万元。农民人均纯收入 2037 元，农民收入主要以种植、畜牧业为主。粮食总产量 226648 公斤，人均有粮 328 公斤。全村外出务工收入 26.00 万元，其中，常年外出务工人数 57 人，在省内务工 40 人，到省外务工 17 人。

2012 年年底，全村有 174 户通自来水，有 177 户通电，拥有电视机农户 160 户，拥有移动电话的农户数 165 户。进村道路为土路；距离最近的车站（码头）14 公里，距离最近的集贸市场 14 公里。截至 2012 年年底，有 28 户农户居住砖木结构住房；有 7 户居住于土木结构住房。截至 2012 年年底，全村参加农村社会养老保险 352 人；参加农村合作医疗 652 人，村民的医疗主要依靠村卫生所。小学生就读到匹河完小，中学生就读到福贡民中。目前全村义务教育在校学生中，小学生 51 人，中学生 39 人。

二 交通制约

架究村的交通问题主要包括两个方面。一方面是进村的交通十分不便，尽管是离乡政府最近的一个村，但是由于一江之隔，使架究村成为交通最不

架究江边狭窄的田地

方便的村庄之一。在匹河乡，江东（怒江的东部）总体上交通条件要好一些，尤其是老姆登村和知子罗村；而江西（怒江的西部）则需要修建桥梁才能过江，因此被称为是怒江中的怒江。现在只有一座简易的吊桥通往架究村委会，只能让人马通过，重型车辆无法通行，这给村委会的基础设施建设造成了很大的困难，导致全村建设成本较高。进村物资都需要进行两三次甚至四五次搬运，运费支出比较高。怒江的阻隔成为了架究村交通不便的最大制约因素。

> 明交自然村紧靠怒江，由于机动车辆无法进入明交自然村，只能靠人背马驮，因此建筑材料运输成本较高。一片空心砖从江东岸公路边运入村子就要运费8毛，而一包水泥要3元。即使有政府的大力补助，昂贵的交通运输还是让明交村建房成本变得很高。因此村中茅草房还较多，村民腊邓说有几户人家的新房在建的过程中由于资金不足而不得不搁置下来，他家就是其中之一。腊邓家的"烂尾楼"到目前已花费9000多元（其中6000元为贷款），房子已停工两个月，什么时候能再次开工，他自己也不知道。
>
> ——架究村委会明交自然村访谈资料

桥的问题是一个大问题，架究村民急切盼望能修一座桥，"因为桥一

通往村寨的唯一通道

通，路也就通了，愿望基本就能实现。"只有修建桥梁才能过江，也才能彻底改变怒江以西地区的交通状况，架究村委会就是一直在等待着桥梁的修通，然后才开始修建自然村之间的道路。

架究村贫困户和大波说："2003年挖通了公路的路基，但是一直没有架桥，所以早就应该修的路还是没有修好。红卫桥已经比较危险了，今年还铺设了一下层板，不然更加危险。过去准许砍树的时候，每七八年就重新铺设一次，现在不准砍树，许多木板都已经腐烂了。不重视，也没有人讲，在州上、县上没有村子里工作的人，所以就比较落后。"

交通不便的另一方面体现为自然村分布分散。除了明交自然村以外，其他的自然村都在山上，最远的来同自然村与缅甸接壤，距离乡政府16公里，交通更是不便。信息闭塞，80%以上的村民都是文盲、半文盲，人口素质差，科学技术普及率极低。这些自然村距离村委会、乡镇所在地路程都不近，而且通达能力比较差，基本都是人背马驮，各种建设项目运输成本极高。通行问题已经成为架究村发展的关键制约因素，同时也是福贡县、怒江州发展的最大瓶颈。这一切都源于自然条件的恶劣及资金的不足。

来同自然村是架究村委会最远的自然村。由于山高路远，建设成本高，将建筑材料运送过江并搬运上山需要大量的人力物力，在江边

500元的建设项目，到山上甚至会达到2万元。在江边每一块空心砖只需要2元钱，但是在山上就需要8—9元；1包水泥运到山上，运费就达到60—70元。来同自然村医疗点的建设一共花费了5万元，但是在江边只需要5000元。抗震房补助钢筋、空心砖和水泥，有的是二次搬迁，有的需要三次搬迁，人背马驮运输成本极高。富裕农户张一社认为："如果一直修通（路）到来同，日子就好过了。别的村委会到处都是水泥路，上个厕所都有水泥路，喂猪、喂鸡都非常方便，我们这里下雨就到处都是泥巴，马也驮不了。"

——架究村委会来同自然村访谈资料

由于交通不便，长期投入不足，架究全村各项基础设施十分落后，扶贫攻坚任务艰巨。

三 发展扶持

2006—2010年，福贡县共投入架究村委会扶持人口较少民族发展项目资金546.385万元。县民委投入资金185万元，2008年投入资金85万元，种植核桃250亩，黄连900亩，草果300亩；新建球场1块420平方米，公共卫生厕所6个；建设人畜饮水工程1件4000米，进行科技培训两期。2009年投入资金100万元，继续加大实施扶持人口较少民族发展项目，项目覆盖区域扩大。县发改委投入资金186万元，实施了基本农田200亩，水沟7.5公里；文化室1间；卫生室1间；通村公路1条。县扶贫办投入资金38万元，实施了鲁门自然、架究自然村整村推进项目，每村投入资金15万元；20户消除茅草房建设工程，投入资金8万元。县水务局投入资金13.29万元，实施小河边、芭蕉村、架究等3个自然村人畜饮水工程。县林业局投入资金3.095万元，建设天保工程402亩。县建设局投入资金33万元，建设33户农村防震安居房改造。县电网公司投入资金88万元，建设110千瓦农网改造。

通过以上项目的实施，架究村扶持人口较少民族发展的各项目验收指标达标情况为：（1）通公路情况：村委会所在地通公路；（2）通电情况：全村七个自然村全部通电，户通电率为100%；（3）通广播电视情况：七个自然村都通电视，通广播，可以接收中央台、省台广播节目；（4）通电话情况：七个自然村中，村委会驻地通电信程控电话，七个自然村通移动电话和电信部门的座机无线电话；（5）卫生室建设情况：全村有一所卫生室，建筑面积72.5平方米;(6)人畜饮水建设情况:全村六个自然村都完成了人畜饮水工程建设;解决人畜饮水困难比例为83%;(7)安居房建设情况:全村已基本消灭茅草房,茅草房或危房户比重占15%;(8)文化室建设情况:全村有1个文化活动室。全村人均有农田1.1亩;2009年年底全村人均占有粮为328公斤;适龄儿童入学率100%,青壮年文盲率为0.2%。① 从村委会一级来看,架究村扶持人口较少民族发展工作已经取得了很大的成就,但是从自然村一级来看,还有一定比重的自然村离"四通五有三达到"有很大的差距。从这个意义上来说,也就是仅仅只有明交自然村享受到了扶持人口较少民族发展的扶持成果,其他自然村还尚未享受到扶持发展带来的福音。

架究村明交自然村教堂礼拜长腊邓从村民的视角详细介绍了扶持人口较少民族发展项目,村民体会比较深刻的主要项目有:(1)自来水,明交自来水工程由福贡县民委承办,要求村民投工投劳。自来水系到目前为止供水充沛,本村选出自来水管理员一名,村里每年付给他500斤玉米(由各户平摊)作为报酬。(2)道路硬化,对村内总计900米长的巷道进行硬化。大多数村民都抱怨外来施工队偷工减料,所修道路质量差。(3)厕所,村中多数人家有私人厕所,有的是几户人家合用,另外村里还有一个公共厕所。(4)养殖扶持,政府为本村多数家庭修建了猪圈,但还从未发放过仔猪或其他牲口。(5)医疗卫生,明交村所属的架究村委会配有一名24岁的女医生,但村委会现在还没有固定的医务室。(6)低保,怒族地区低保覆盖面很广,明交村有80%的人享受低保。腊邓家五口人除了两岁的孙子,其他四口人,包括22岁的儿子均有低保。低保金每人每月60元,腊邓家一个月240元的低保对于他们来说是个可观的数目。(7)安居补助,腊邓家2009年11月份开始建新房,政府提供空心砖1200片、石棉瓦100张、水泥80包、钢筋49根、铁门3道、铁窗2扇。对于政府的安居补助,腊邓感慨万分,他说:"国家政策扎实确实好,什么材料都给我们了,遇到这样的时代我们真是值得了!"但是有的村民反映:"架究是一个贫困村,什么扶持都到了,但是老百姓实际上没有得到。水利建设有水池,水泥家家户户都基本到户了,但是上面来的部分材料去向不明。人马驿道村民投工投劳修了13公里,但是连茶水费都没有,按照劳动力分配是每人9.5元。国家的政策是好的,但是主要是办事员的问题,我们自己觉得办事员不好,有腐败的

---

① 《怒江州福贡县匹河乡架究村实施〈云南省扶持人口较少民族发展规划(2006—2010)〉初验报告(达标村)》(福政发〔2010〕25号)。

现象。听说有项目,但是不知道在哪个环节上出了问题,经常听到外边的人说,你们架究有什么什么项目,但是实际上我们没有得到他们所说的项目。"

四 存在问题

架究村所在区域自然条件恶劣,灾害众多,发展生产与生态环境保护之间存在一定的矛盾。客观上,交通不便成为了村落发展的根本制约因素;从主观上来说,村干部在项目实施中个人主义比较重,项目实施和管理存在较大的问题,监督机制也不够完善。从长远发展来看,受教育程度低成为村落可持续发展的重要障碍。

(一) 自然环境恶劣,灾害频发

由于地势陡峭,地形破碎,平缓地少,农民人均拥有水田不到 0.1 亩;全县村通公路率仅为 43%;加上气候特殊(每年有两个雨季,3—5 月为第一个雨季,9—11 月为第二个雨季),山体滑坡、泥石流等自然灾害频繁,2009 年福贡县因灾返贫 1600 人。全县以农业生产为主,耕作水平低,生产技术粗糙,靠天吃饭,依赖自然的程度很大。农业和手工业、种养(植)殖业科技含量低,群众经济来源主要依靠固定的耕地收入和简单粗放的家庭种植业、养殖业来维持。由于福贡县"直过"民族经济社会发育程度低,发展起步晚,仍存在生存环境恶劣、发展难度大、发展进程极不平衡等困难。因缺乏支柱产业,税源散小,财源匮乏,当地财政收支矛盾突出,通村公路所有的村落覆盖不过来,基础设施建设滞后,严重影响了全县的正常工作和经济社会发展。当地群众最迫切的需求便是通路,把项目切实落实到位。架究村交通不便,地理环境条件恶劣,基础设施落后,贫困程度深,人口受教育程度低,扶贫攻坚任务依然艰巨。

(二) 生态保护与发展存在一定的矛盾

长期以来,架究村自然而然地形成了一种"靠山吃山"的生产生活习惯,家家户户靠一把柴刀过日子。但是架究村所处的怒江流域,山高坡陡,树林生长非常不易,生长期比较长。砍山吃山逐步带来了严重的后果,水源消失,水土流失严重。后来,在国家政策的指导下,实行封山育林、退耕还林,生态养护。经过几年的封山育林、养山护山,生态环境得到了有效改观,但生态保护与发展仍存在一定的矛盾。

(三) 没有建立监督机制,项目后续管理薄弱

有的项目如安居工程和产业扶贫项目由村级组织实施,由于缺乏监督机

制，个别村寨项目后续管理措施不到位，一些项目没有落实到位，群众未得到实惠；项目来源及经费未公开，很多村民不清楚项目的具体情况。有的村民反映："村里开展了产业扶贫——种黄连，今年每亩补300元，但基本不按标准来补。也有扶持草果苗的，但基本上被浪费。村委会对项目基本不公开，群众得不到实惠。"上级领导来视察扶贫效果，由于交通问题，都没有到实地察看，仅听村主任汇报。

曾经的村干部说："每年都有扶贫项目，但是不一定到群众手里。草果种植项目就是想给谁就给谁，主要是给他（村主任）亲戚种植，乡里的项目家家户户都有一点。在种植草果中，畜牧区和民兵林都被他种植了草果，被他占有了。黄连地都在江边，没有一棵种得起，每亩300元，报了3亩，然后分成。有的人种植，但是没有给人家补助；有的一点儿都没有种植，反而是拿到了补助款。在申请抗震房过程中，（他）得到抗震房的材料，但是现在材料都没有了，房子也没有建盖起来。"

在村干部这个层面上，上级有什么项目一般都是不公开的，既不公开项目从哪里来，也不说明项目的具体情况，基本上就是村干部做主，想给谁就给谁，想怎么做就怎么做。在扶持发展项目中，没有按照上级要求，甚至有的富裕户也有抗震房，得到了一些建筑材料，但是没有建盖房子，全部材料不知道去哪里了。在坡改梯的时候，一类地补助300元，二类地补助200元，三类地补助150元，但是最后就全部都只有100元了。水管有7公里，有茶水费，但是做完了，水管埋好了，就说茶水费没有了。虚报种植经济林地面积：国家政策规定种植经济作物黄连，可以每亩补助一定的经济地，但实际上一亩都没种。

（四）受教育程度低，文盲率高

由于地域偏远，居住分散，经济发展滞后，怒族子女就读难，受教育程度普遍偏低，架究村中专生以上的人极少。福贡全县高中、中专以上文化程度的人口仅占总人口的3.5%，初中以上文化程度的占总人口的9.86%，平均受教育年限为4.7年，比全省平均受教育年限6.3年低1.6年，比全州平均受教育年限5.59年低0.89年。全县各类科技人员仅有1337人，科学技术知识普及率不高。农村边远民族特困地区青壮年扫除文盲工作虽已通过省人民政府验收，但都是傈僳族文扫盲。

2012年，拆并所有的村小，实行中心完小的办学。学校教育来说，集中办学肯定有好处，可以整合教育资源，提高教学质量，也有利于师资整合，规范管理。但是也有不利的因素，边疆山区不能与内地相比，山高坡陡，路程遥远，成年人都需要步行10多个小时的路程，对小孩来说更是一种困难，尤其是在路上遇到什么突发事件，让家长很担心。

架究村一家五口人

五 政策建议

（一）改善怒族地区的交通条件，加大基础设施建设投入力度

通村公路非常重要，通大路大富，通小路小富，不通路不富，必须改善怒族群众反映强烈的交通问题，进一步加强道路桥梁、水利水电、广播电视、文化教育、医疗卫生、农田农地、农户安居等方面的基础建设力度，充分改善怒族经济社会发展基础设施薄弱的局面，夯实怒族地区自我发展的基础。同样的项目资金在福贡的实施难度更大，在核定项目资金标准时应给予如实提高。

（二）进一步完善监督管理机制

扶贫开发应由政策性扶贫向制度化扶贫转变，把扶贫资金与扶贫任务、责任、权利连在一起，把政策落实到位，保证扶贫资金按时足额拨付到位，确保项目真正落实到户。强化制度建设，完善监督机制，使扶贫开发逐步走上法制化轨道。对于贫困村而言，村干部是直接与群众接触的，更能反映党的形象，如果干得好，就能团结带领更多的群众；相反，会使群众对党产生离心倾向。这是在基层工作的乡、村干部需要急切注意的。同时，加强扶持人口较少民族发展项目的监督机制，将国家政策真正落到实处，让贫困农户真正得到国家政策的惠顾，好事办好，实事办实。

（三）进一步加大教育投入

国家应该制定出台针对怒族等少数民族的优惠教育政策，支持和帮助怒族培养人才。应对怒族聚居地区的中小学校危房改造、校舍建设以及教师住房条件改善给予倾斜支持和优先安排；根据就读小学、初中、高中、大学不同阶段帮助怒族同胞家庭困难户按相应的补助标准给予发放助学金，解决怒族子女就读难的问题；对就读高中或高中以上学校的怒族贫困学生，设立救助基金给予补助，确保他们能完成学业；争取制定针对怒族高考招生的优惠政策，使其每年都有一定数量的学生能进入大学接受高等教育，加快较少民族高级人才的培养步伐。

（四）提高培训帮扶力度

一是对怒族群众进行定期的职业技能培训，帮助他们学习农业实用技术，提高农业生产技术水平，同时，要多开展科技、教育、文化等下乡活动，促进怒族群众提高自身文化素质，加快发展生产，努力脱贫致富；二是探索建立"人才支援行动计划"的长效机制，从农业科技、教育、卫生等领域向民族贫困地区派遣志愿者，给边远民族地区以技术和智力上的支持，帮助民族特困地区走可持续发展的道路。

（五）因地制宜帮助民族贫困地区发展支柱产业

因地制宜，积极帮助民族贫困地区发展支柱产业。选择比较适合边远民族贫困地区发展的项目，在政策、资金、人才、技术等方面给予大力支持，帮助民族贫困地区发展支柱产业，千方百计增加群众收入，增强民族贫困地区的发展后劲和可持续发展的能力。明交村地处江边，气候湿热，适合种植蔬菜和发展养猪；而上面的村子处于山腰地带，凉爽的气候适宜养羊，种植核桃、黄连。因此，下一步扶持人口较少民族发展，应充分依托山地资源优势，大力扶持发展黑山羊、养殖母猪、饲养肉鸡等养殖业。同时，扩大黄连、草果、核桃、漆树等特色经济作物的发展。在扶持发展过程中提供一定的牲口和经济作物幼苗，并配合提供培训和技术指导。培育市场建设能力，提高村民市场讨价还价能力，提供一些市场信息。

发展面临诸多困难的独龙族村庄
——云南省怒江州贡山县丙中洛乡小茶腊村调查报告

独龙族自古生活在崇山峻岭之中，生存环境恶劣，自然灾害频繁，交通闭塞，社会发展较为缓慢，生产力水平低下。小茶腊村是独龙江以外重要的独龙族村落代表，当调查研究人员无法进入独龙江进行调查的时候，小茶腊村成了独龙族的窗口。全村经济收入来源单一，现金收入非常有限，有的农户甚至温饱都难以保证，接受教育程度低，村庄的发展面临重重困难。面对恶劣的生存环境，尽管实施了一系列扶持人口较少民族发展的项目，改善了村子部分的生产生活条件，但要改变村民的贫困现状，前面的路还很长。

一 村庄概况

小茶腊村位于白雪皑皑的碧罗雪山和巍峨神圣的太子雪山之间，站在小茶腊村内高地，可以看到两座雪山。小茶腊自然村隶属于丙中洛乡双拉村委会，海拔1900米，年平均气温14℃，年降水量1700毫米，仅仅适宜种植玉米和洋芋等农作物。村落位于丙中洛乡南边，距离双拉村委会2公里，距离丙中洛乡政府所在地13公里。"茶腊"为怒语，其意思为"汲雨水"。全村辖1个村民小组，有农户40户，有乡村人口142人，其中男性61人，女性81人。农业人口有141人，劳动力有88人，其中从事第一产业人数85人。全村独龙族129人，占总人口的91.4%；傈僳族10人，占总人口的7.2%；怒族2人，占总人口的1.4%。

2011年，全村经济总收入26.09万元，其中：种植业收入8.20万元，畜牧业收入0.31万元，林业收入3.21万元，第二、第三产业收入2.73万元，工资性收入2.12万元。农民人均纯收入1564元，农民收入主要以种植业为主。全村常常外出务工人数3人，在省内务工2人，到省外务工1人。全村有耕地总面积221亩，全部为旱地，没有水田，人均耕地1.56亩，主要种植玉米等作物。粮食总产量48011公斤，人均占有粮食215公斤。

2011年年底，全村已实现通水、通电话，不通公路。有35户通自来水，有5户还存在饮水困难或水质未达标（占农户总数的12.5%）；拥有电视机农户27户（占农户总数的67.50%）；安装固定电话或拥有移动电话的农户数29户，其中拥有移动电话农户数21户。全村有40户居住于土木结构住房，人畜混居的农户40户，占农户总数的100%。

2011年年底，全村参加农村合作医疗117人，村民的医疗主要依靠村卫生所，距离村委会卫生所2公里，距离镇卫生院13公里。享受低保126人，五保户6人，住房困难户5户。村落到乡镇不通公路，进村道路为土路，村内主干道均为未硬化的路面。距离最近的车站2公里，距离最近的集贸市场13公里。小茶腊村的小学生到双拉小学就读，中学生到丙中洛中学就读。目前义务教育在校学生中，小学生8人，中学生9人。

木老师认真做小茶腊社区图　　　　　　　　小茶腊社区图

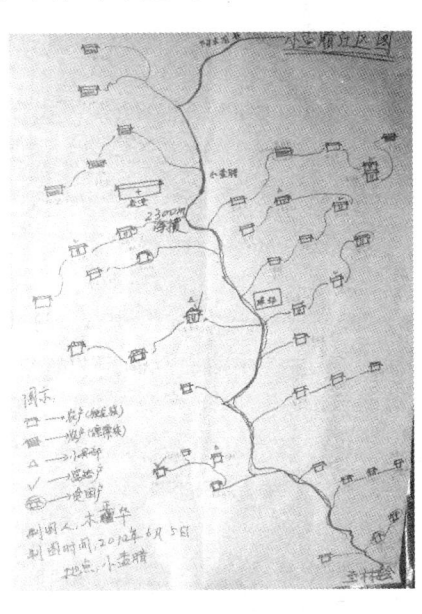

二　扶持绩效

2006年开始实施扶持人口较少民族政策以来，全村在基础设施建设、社会事业发展、产业发展等方面实施了一些扶贫项目，对村民发放了低保，村庄生活用电、用水等方面得到了显著的改善。

（一）电网改造

小茶腊村过去是水利电，用小水泵发电机，村民说："虽然不需要缴纳费用，但是电压不够，屋子里是灰暗的，有时候是什么东西都看不清；电压不稳定，电灯忽明忽暗，电视机被烧坏是经常的事。"2009年开始实施电网改造，村里开始架电线杆，同年9月通了电。架电线杆时，大家投工投劳，群众抬线、拉杆、挖洞，不参加的每人罚50元。国家电网的电，电压正常，电压稳定性比较好，村民对此表示很满意，"电网改造之后，供电保障了，电压稳定了，再也没有出现烧坏电视的情况"。通电以后，"村里变化大了，可以用电饭煲煮饭（以前用柴烧锅煮），能看电视了，打算买台洗衣机"。不过也有群众为节省电费，"虽然买得起电饭煲，闲时还用薪柴来煮饭，赶时间才用电饭煲"。小学校退休教师木老师评价说："就目前来说通电是成功的。"

（二）发放低保

全村享受低保的有126人，低保是他们稳定的收入。独龙族每人每月有60元，一般3个月发放一次，主要用于购买米、油、盐、酒和鸡蛋等生活用品；傈僳族每年每人给600元，还有50斤的大米一袋。村民"基本上都有低保。生活能力没有了，上山也不会找，又不外出打工，等着领取低保，用这些钱买米吃，买烟抽，买酒喝"。对肖光耀一家来说"除低保收入稳定以外，别的几乎什么都没有，种茶也没有什么收入，种植农作物产量也不高"。在生产生活极其困难的背景下，低保成了全村人的一种希望。低保的钱尽管很少，但对缺少现金收入的家庭的作用却十分重大，全村大部分家庭都将低保作为支撑生活的一种手段。

（三）安居工程

2002年，国家扶持了一批铁皮房，全村人都有。同时还发放了钉子，不够的需要自己购买添补。2008年，扶贫了一批铁皮瓦，翻新铁皮房。政府将瓦放到双拉村委会，分好以后，由村民自己去背回家里。"有的是马驮上来，大部分是人背上来"，李秀花一家"背了三四天，每天要来回两次，脊背都磨破了"。村妇女主任木学英说："换了铁皮瓦后，下雨下雪不漏水了，对这个最满意。"过去的木片房、茅草房每隔几年都要更换一次，对村民的生产生活影响比较大，现在安居工程提供铁皮，基本上消灭了茅草房和危房，为村民提供了不漏水的房屋。

（四）生活用水

2005年，村里修过水池，村民评价说："修了以后用水方便了，没修之前，得到1公里以外的井去背水，来回要1个小时。不过今年发生断水已经有两三次，主要是水管堵了，下雪天冷的时候也会被冰冻堵塞，一般是村民小组组长自己去修。"

（五）道路维修

2006年对上山的小路进行了维修，路况有所改善，"过去是马都上不来，现在马可以上来了"。但是村民也评价说："对目前的路最不满意，应该修成柏油路或水泥路。村子在实施项目之前没有了解过村社干部和群众的需求。"

（六）发展社会事业

2010年春节前修好了篮球场，村民评价说："一般是重大节日到球场上玩，作用不是很大，主要是因为没有球。有球的时候，大家晚上就打篮球，增加了娱乐项目。"但是篮球场的确为村民的公共活动提供了一个新的场所，尤其是为孩子们提供了娱乐场所。村村通广播电视基本覆盖，在一定程度上丰富了农村群众业余文化生活。

（七）产业扶贫

扶持人口较少民族发展资金投入产业扶贫，种植业方面主要有草果、核桃、花椒、茶叶、秦艽及重楼等中药材，养殖业投放资金发展牛、羊、猪等，开始有了特色增收产业，种养殖业有了一定的基础。据村妇女主任介绍："扶贫了牛和羊，每3家一头。当时小茶腊总共有8头牛，1家给了羊，分牛羊时村委会主任说了算，有的现在已经丢了。"

独龙族纹面女

三 发展面临的困难

(一) 自然地理环境恶劣

小茶腊村是从独龙江乡的巴坡村搬迁出来的,与巴坡村相比,现在还是有一定的差距。村民木爱青认为独龙江的独龙族比小茶腊好过得多,"在独龙江尽管交通不便,但是自己吃的东西多,各种菜也很多,生活比这边好。退耕还林补助的大米就够吃了,国家还有其他补助。还可以做生意,因为人多,生意还比较好"。

小茶腊村海拔比较高,气候冷凉,自然灾害多。由于地理环境的限制,发展种植业受到一系列的制约,一般都只能种植玉米和洋芋,种植其他的农作物较为困难,粮食作物产量低,有一些家庭到了五六月份就没有粮食吃了,村民说:"种植基本上就是苦劳动力,基本上没有什么出路"。小茶腊村的主要农作物是苞谷和洋芋,我们调查期间,在退休小学老师木正华家里吃住,每天吃饭,除了偶尔见到的几片老腊肉,主食就是洋芋、苞谷和米饭,菜除了偶尔有野菜,其余就是洋芋,洋芋既是村民的菜,也是主食。

小茶腊村阴霾的气候

村里人一般4—6月干农活,8—10月收苞谷、背粪、砍柴,男的去找山药材,村里外出打工的人不多。村民斯春兰家"全家一共三四亩地,种苞谷和洋芋；两头猪，还饲养着鸡，但鸡几乎被老鹰叼光了；牛是两家人联合饲养着1头，有1只羊，4年前一开始给了10只，但是一年两只两只的死了，现在只剩下一只，主要是气候不好，羊都养不活了"。肖光耀家想养猪、养鸡，但粮食和饲料都不够，"问题是粮食产量也不高，没有什么喂养的饲料"。由于生产粮食尚不能满足人的口粮，养殖业的发展也面临缺乏饲料的困难。

全村饮水困难，水池只有一个，自来水没有直接入户。水源上面是开放的水沟，下雨、下雪时就会被泥土堵塞，没有水流下来。或者由于天冷，水管被冻住，"下雪时就没水喝"。人畜饮水工程修建以后，后续的管理跟不上，既没有专人管理，也没有管理和修补的经费。丙中洛乡双拉村基本情况介绍中写小茶腊村"丧失生存条件的人141人"，因此可见小茶腊村的自然地理条件的艰苦性。

小茶腊陡峭的山地

（二）交通不便，信息闭塞

小茶腊村不通公路，交通不便。尽管村子距双拉村委会仅2公里，但是山上所需的一切物品都需要人工背上来。从双拉村委会到小茶腊村的山路当地人走也需要1个小时，我们徒手都用了1.5个小时，一般的城市人甚至需要4个小时才能爬到山顶。如果遇到下着雨，山陡路滑，徒步都极其艰难，更何况还要背负重物。曾经修了一段80厘米宽的土路，接近公路的地方也有一小段是水泥路，但塌方了。路修建以后，由于下雨山体滑坡，泥石流掩埋了那条小路，因此现在仅仅能看到小路的部分痕迹。俗话说"上山容易下山难",从小茶腊村回来,我们下山一共用了两个小时,看到村民冒雨背大米和酒的情景,我们感慨:这里的交通条件实在是太恶劣了!这里的医疗主要依靠村卫生所和乡镇卫生院,如果村民得了什么急重症,要走这段路程可以想见是多么艰难。

(三)村民现金收入极少,发展面临受限

村民的现金收入极少,低保是他们稳定的收入来源。此外,部分村民也外出打工,打工每天可以收入 15—25 元,但并不是每天都有工打,打工 2—3 个月总共也就能赚到 500 元左右,打工主要干挖矿、打挡墙等苦力活。挖药材也是本地村民的一个经济来源,药材主要有蒌、黄金果,黄金果每星期可以挖到 70—80 斤,每斤 4.5 元,一年中有 6 个月可以挖。但是由于挖药材的地方山高路远,途中需要步行很长时间,因此每年也就仅能挖 2—3 次。每次去挖黄金果都要走 2—3 天,挖药材的村民自己背着米、油、菜、洋芋上山,晚上在山上搭一个塑料帐篷,2—4 个人合起来烤火。挖药材经常要走到独龙江地区,有时候甚至到达缅甸境内。全村 30 多人上山挖草药,每次从出发到返回需要 10—15 天。"但是现在人多,福贡县的人也来。"因此,药材也不是那么容易挖到了。李秀花一家"主要收入是到山里挖山药材和外出务工"。他们对政府支持的外出务工质疑,"感觉有点像骗子"。

(四)文化程度低,继续教育成为问题

生产生活的困难让村民无心重视教育,村里接受高中以上教育并参加工作的人极少。因家贫辍学的木兰花说:"全村读完初中的有 4 个人,其中 2 个人考上了高中,但是没有去读。"木兰花念高中每学年需要学费 400 元,书费 300 元,住宿费 90 元,保险费 36 元,资料费 50 多元,此外还有每个月 80 元的生活费(原来需要一次付清一个学期的生活费,后来有了补助就不需要了)。"爸爸说学费也交不起,读书也没有什么用,高中毕业也没有工作,家庭还很困难,所以就别读书了。自己本来还是想读书的,但是为家里考虑,低保仅仅能够维持生活费用,爸爸有时候还喝酒……"由于家庭没有经济收入,木兰花担心继续读书会拖累父母,于是读到高二上学期便休学回家,准备去米线店打工。对小茶腊村的村民来说,谋生艰难,宗教信仰成了困苦生活中的一种安慰和寄托。

四 政策建议

从与村民的访谈中,我们能感觉到村里的人对生活的要求很简单,也比较容易满足。他们对扶持人口较少民族发展的项目没有太深的感受,"感觉这么苦，生活还是老样子"。从他们的话语中可见他们的无奈。但是，村民们还是提出了一些质朴的希望：一是希望改善交通，修一条能通车的公路；二是希望通过扶持改善住房；三是希望将全村人列入退耕还林补贴名单；四是希望政府扶持养猪、养鸡；五是希望继续加大对贫困家庭的扶持。小茶腊独龙族人虽然很勤劳，但是囿于自然环境，大家的收入有限，尤其是现金收入过低，挣钱的来源也比较单一，有的连温饱都难以保证。下一步的扶持人口较少民族发展应该切切实实急群众所急，办群众所需，在保证他们基本生活的前提下，进一步增加现金收入。为此，我们提出以下几点建议：

一是将全村人纳入最低生活保障体系，并适当提高补助标准，能够满足村民基本日常生活费用支出。

二是加大社会事业建设力度。实施农网改造工程，进行人畜饮水项目改造和入户卫生道项目建设。完善篮球场等公共活动场所的设施，为村民创造学习和娱乐的条件。以前开展的扶持发展项目对自然灾害的抵御能力差，因此，下一步的工作不仅要加大扶持工作力度，开展更多的扶持发展项目，还要增强项目抵御自然灾害的能力。

三是加大基础设施建设。按照国家对独龙族的整族帮扶计划，修建一条连通江边公路和小茶腊村的道路，对于小茶腊村的 40 户独龙族家庭来说，这条道路的意义不仅仅是一条路，而是一条生命线。

四是增加现金收入。村民之所以对政府主导的外出务工存在疑虑，是因为部分人曾经在外出务工中被骗，受到了伤害。此后，政府应当对此加强管理，避免再次出现类似事件，恢复村民的信任，重新引导本地村民外出务工，以增加现金收入。加大产业扶持的思路是好的，但选择产业要考虑本地的实际情况，因地制宜，方能提高本地村民的现金收入。

五是民族贫困地区的农民人均纯收入低，而现在高中及其以上学校收费偏高，广大农村学生家庭无力承受，政府应当出台相关政策，适当减免，让独龙族学生在接受完义务教育以后，有机会进一步接受高等教育，同时给予一定的特殊政策，在接受完高等教育以后能够就业。

进入快速发展的布朗族村庄
——云南省西双版纳州勐海县打洛镇曼山村委会曼芽村调查报告

布朗族是西双版纳的人口较少民族之一，生活在西双版纳这片物产丰富、雨量充沛的热带雨林地区。布朗族居住的曼芽村气候条件好，交通便利，经济活动主要以种植橡胶、香蕉及水稻为主。西双版纳是我国重要的橡胶基地，橡胶的推广和大面积种植让布朗族尝到了经济增收的甜头。然而，在经济增收的同时，一个负面效果也凸显出来：布朗族为了扩大橡胶种植面积而大量破坏热带森林，因此，我们观察到在各个寨子附近已很难看到高大的树木，除了零零星星的几棵榕树和菩提树，其余都是被称为"绿色沙漠"的橡胶林。

就地理位置、人文环境、绿化、交通、经济收入等综合指标而言，曼芽村都是曼山村委会最好的村民小组，尤其是2006年实施扶持人口较少民族发展项目以来，该村以橡胶种植为主导产业，基础设施得到全面改善，社会事业蓬勃发展，主导特色产业稳步前进，提前实现了"四通五有三达到"的总体目标，村庄正在经历着快速发展阶段。

一 村落概况

勐海县打洛镇曼山村委会，地处打洛镇以东，距镇政府所在地8公里，距勐海县城64公里，交通方便。全村下辖曼山上寨村、曼岗纳村、曼山下寨村、沙拉村、曼卡村、曼卡爱尼村、勐宽村、曼芽村、曼丙新寨村、曼丙中寨村和曼丙老寨村11个村民小组。曼山村现有农户721户，有乡村人口3049人。

曼芽村民小组距离村委会4公里，距离打洛镇4公里，全村国土面积7.08平方公里，海拔670米，年平均气温19.20℃，年降水量1230毫米，适宜种植水稻等农作物。全村有耕地520亩，其中水田有370亩，旱地有

村落近景

150 亩，人均耕地 1.06 亩，主要种植水稻等作物。有林地 9804 亩，其中经济林果地 67 亩，主要种植香蕉等经济林果。

全村共有农户 120 户，人口共计 552 人，其中男性 269 人，女性 283 人。农业人口有 552 人，劳动力 297 人，全部从事第一产业。2012 年全村经济总收入 1054 万元，其中：种植业收入 23.85 万元，畜牧业收入 73.29 万元；林业收入 670.29 万元，第二、第三产业收入 18.97 万元，工资性收入 13.20 万元。农民人均纯收入 9726.41 元，农民收入主要以林业经济橡胶为主。全村外出务工收入 13.20 万元，其中，常年外出务工人数 7 人，均在省内务工。

2012 年年底，全村有 118 户通自来水，有 118 户通电，有 118 户通有线电视，拥有电视机农户 118 户，安装固定电话或拥有移动电话的农户数 118 户。进村道路为弹石路面；距离最近的车站 0.5 公里，距离最近的集贸市场 4 公里。2012 年年底，有 94 户居住砖木结构住房，人畜混居的农户 94 户。

2012 年年底，全村参加农村合作医疗 538 人，没有人参加农村社会养老保险，村民就医主要到距离村子 4 公里的镇卫生院。曼芽村小学生到曼山小学就读，中学生到打洛镇中学就读。目前接受义务教育的小学生 17 人，中学生 15 人。

二 发展历程与基础

现在的曼芽村是40多年前从10多公里以外的老寨搬迁下来的,搬迁工作从1969持续到1970年。新寨子位于平坝,而且紧挨乡镇和农场,因此交通便利,信息畅通。曼芽村旁边的农场为本村发展橡胶种植业提供了技术、信息和市场。在农场的示范与经济效益驱动下,附近的农户萌生了发展橡胶种植的想法,曼芽村橡胶种植业的缘起不仅得益于农场的影响,同时,村庄领导也发挥了非常重要的带头作用。曼山村委会老书记岩三丙为曼芽本村人,他年轻时外出当兵的经历开阔了他的眼界,1982年退役回乡后,岩三丙发动村民发展橡胶种植业。起初,由于橡胶种植与布朗族传统的刀耕火种的种植模式差距很大,所以岩三丙开山种胶的举动遭到了部分村民的怀疑。岩三丙后来获得了成功,让村民们羡慕的同时,也让村民们对农业发展有了新的认识。受岩三丙鼓舞,村民们纷纷投入橡胶种植,经过几十载的发展,遂成今日之规模。

近几年来,曼芽村进一步扩大橡胶和香蕉的种植规模,让曾经闲置的土地得到有效利用。2009年,全村种植橡胶800亩,年产胶水1200吨。本村蕉农与各地商户联手,签订种蕉协议,发展香蕉种植业。本村种植香蕉450亩,年产1350吨;种植西瓜500亩,年产13500吨。目前,曼芽村已经打造出自己的西瓜品牌和香蕉品牌。2012年农民人均纯收入达到9726.41元,远远高于全县的平均水平。实现了100%的电话、有线电视和自来水入户率。

20世纪80年代初,曼芽村仍处于自然经济状态,村民们只会种旱稻、玉米,不仅没有其他经济来源,而且粮食也不能自足,群众在温饱线上挣扎。岩三丙发动大家种植橡胶之后,全村先后种植了3000多亩橡胶,成为全镇种植橡胶最多、最富裕的布朗族村寨。橡胶年收入达4万余元的岩瓦洛感慨地说:"是岩三丙带领大家走上了发展橡胶的勤劳致富之路,不然我们还在穷日子里苦熬呢!"

据村里的佛爷岩出介绍:"曼芽村好,困难不多,有钱人家多,主要是专门种植橡胶树,过去农民要种地,现在都不种了,都租给别人了。大家都还想种植橡胶树,但是现在也没有种植的地点了。"村里大部分农户每天晚上1—2点开始割胶,8—9点前要割完,然后开始收胶水,到11—12点结束。区位优势对于一个地区经济的发展非常重要。而区位优势至少包括两部分:一为地理环境,二为社会经济环境。曼芽村位于亚热带地区,雨水充沛，日光充足，土壤肥沃，气候湿润，非常适宜各种亚热带经济作物的生长。曼芽布朗族背靠绵绵布朗山，广阔的土地、炎热的气候、肥沃的土壤、充沛的降水为他们提供了种植万亩胶树的良好地理环境。社会经济环境方面，当前，我国经济高速发展，对橡胶的需求量非常大。曼芽村具有适合橡胶生产的良好自然环境，又恰逢我国经济高速发展、大量需求橡胶的时代机遇，本村农户坐拥一片胶林，加之有善管理，岂不富哉?!

曼芽村橡胶林

三 扶持人口较少民族的发展及评价

2006 年，省民委、州民宗局、县民宗局开始对打洛镇曼山村委会曼芽村实施扶持人口较少民族发展整村推进，并列为民族团结示范村。省民委投入 35 万元，加上整合其他部门投入的 40 万元，共 75 万元，对该村进行基础设施建设、乡村文明建设以及产业发展建设。2009 年，省民委、州民宗局、县民宗局又将该村列为人口较少民族示范村和布朗族民居特色村，投入 50 万元为曼芽村修建了大门和社房，同时还改造了部分民居、修建了挡土墙、硬化了道路。若干个扶持项目的实施，使曼芽村成为了集民族团结、人口较少民族发展和布朗族传统民居特色为一体的示范村。

曼芽村以示范村建设为契机，多方争取资金，整合项目，成效明显。

曼芽公房表演舞台

2006—2009年，共投入建设项目资金151万元，其中省民委投入85万元，其他部门投入60万元，群众投工投劳6万元，实施完成了一系列项目：2006年，在省民委投入35万元的基础上，整合资金40万元，并由群众投工投劳，为家家户户建设了三配套的沼气池、猪圈、卫生间，扶持群众科学养猪600头，彻底改变了布朗族群众放养生猪和解手满山跑的习惯，既改善了环境卫生，方便了群众，又让群众用上了安全卫生的新能源。2009年，省民委再次投入50万元，县民宗局整合其他部门资金20万元，加上群众投工投劳折合的6万元，为该村建盖了100平方米集村社房、文化室、"青年之家"、"民兵之家"、"妇女之家"为一体的文化室和用于群众开会学习的200平方米大棚；修建了524平方米的标准篮球场和50平方米的舞台，让文艺体育运动进入村寨；完成入村水泥道路400平方米，有效解决了"晴天一脸灰，雨天一脚泥"的出行难问题；实施村寨周边绿化道建设，种植了花草树木，美化、绿化村寨；建村寨大门、蓄水池、垃圾池、公厕；改变村民的陋习，有力地促进了乡风文明；种植1300多株坚果、灯台树、臭菜、油梨等，有效发展庭院经济。

曼芽村保留着传统的布朗族干栏式特色民居，2009年被省、州民委列为布朗族特色民居村寨后，县民宗局积极协调县旅游局投资15万元，为该村制定了乡村旅游规划；为了保持特色民居，在县民宗局和县建设局的帮助指导下，2009年以来建新房的家庭都回避现代建筑款式，而把新房建为传统的干栏式建筑，只不过用现代建筑材料取代了传统建筑材料。现在的曼芽村已经有十几户群众住进了用现代建筑材料建盖的干栏式民居，其余没有建盖新居的群众也纷纷表示，即使建盖干栏式建筑成本更高，但也要坚持把日后的新居建为布朗族传统民居的风格。

谈到扶持前后村庄发生的变化，村民有着自己不同的评价。布朗族山歌传承人哥起认为："变化最大的是2000年以后，在生活方面有了很大的改善，寨子搬下来时就通电了，但是吃水还是靠大家去村口那个井里挑。2004年县水利局来把全村的水都拉通了。以前种田都要交税，前几年就取消了，现在还发钱，路也修通了，还是水泥路。文化上变化最大：生活习惯改变了一些，以前我们男的都是穿布朗族裤子，女的都穿裙子，但是现在很多男的都穿西服和牛仔裤，女的年轻的几乎不穿民族裙子，只有过节的时候才穿，年纪大一些的倒还在穿。另外是唱歌。虽然曼芽现在还是喜欢唱布朗歌，但是年轻的也跟着潮流走，唱外面的歌。年轻的都这样，但是要他们唱布朗歌，也要有好处、有活动，才能带动起来。现在村里面倒是什么都不缺了，就是水不够吃，要是将水管再拉进70—80米的话就没有问题了（水源的出水口那里的水管）。"

贫困户玉坎甩评价道："寨子这几年变化大，修了寨门，在大路边上，有气派，很好看；寨子里路也铺了，下雨走都很方便；家里有沼气，还能用，省了电。这些都是国家给拨款修建的。以前水不够吃，现在政府也在帮我们解决。"

当问起村里近几年变化，作为外地人有何感想之时，村中小卖部的四川老板这样说："他们是少数民族，现在国家政策特别好，我们刚来这里的时候，外面还没有修寨门，村里路也没有铺，都是泥巴路，到处有猪粪。那时村里有钱人也比较多，但观念和我们四川人不一样，不大讲卫生。后来国家扶贫，帮他们建厕所、建猪圈、铺路。现在搞的比我们老家好几倍啊。"老板微笑着感慨道："现在的少数民族好啊。"

村民对部分扶持项目的评价

项目	内容	打分	评价
种茶树	2005年政府发下来的，每家每户都有，自己去领	70分	"种下去还要挑水浇，有的还请亲戚来帮忙种，当时比较值钱，大家种植的热情也比较高。现在不值钱了，一家都不去搞了，嫌麻烦。在我们这里不值钱，在布朗山就值钱，他们更重视一些，我们这里很多人家都不采摘。"

续表

项目	内容	打分	评价
沼气	大多数人家都有了,基本上没有要自己出钱	80分	"减少了负担,不用砍烧柴了,省了电。但是保质期到了,他们的服务就不到家了。"
社房	2008年建好的	90分	"社房建设起来以后,让我们有个快乐的、活动的地方,但是现在灯也不亮,叫了也不来修,已经很长时间没有进去了。"
水	2004年水利局来人修的	100	"家家户户都有了自来水,劳动回来不用挑水了。就是水还不够吃。"
路	我们的水泥路是2009年才修好的	60	"修水泥路本来是好事,但是资金和管理不到位,应该是国家出大头,老百姓出小头。"
综合			"希望一年比一年好,生活一天比一天好。"

四 存在的问题

(一) 政策宣传不足,村民对扶持发展缺乏认知

村里的贫困户对具体的扶持工作缺少了解,他说:"现在国家政策好了,这几年,我们村里得到了不少扶贫项目,把我们村子里的路修好了,水也改善了。"但是当笔者问到具体是些什么项目,由哪些部门投资的,具体是怎么实施的时候,户主一脸茫然,思考半天还是摇着头告诉笔者:"这些项目具体是怎么搞的,我不懂,村里每次都是开会,都是领导讲讲,不懂的大家都很少问,知道是上面的就行了。""每次开会村长告诉大家要修路,或者要修水池,就叫大家出力,有时候也让大家凑些钱,都不多,也就是几百块。对大家好,大家也就凑了。"另一个村民也证实道:"我们倒是听说国家拨了很多钱给我们扶贫,开会也这样说,但是具体这些钱花在哪些方面我们也不懂也不知道,也不想去问。"在与很多农户的交流中,农户都对政府的扶贫项目和扶贫政策一无所知或知之甚少。我们认为,老百姓对于扶贫政策、扶贫项目缺乏认知,是地方政府、基层官员在落实扶贫政策时出现了漏洞。

(二) 后续服务支持少,造成前期工程的浪费

村民在讲到沼气时评价道:"前几年政府帮我们修建沼气,确实好用,可是一年以后,很多沼气就用不成了,现在村里沼气能用的也就是三两家

了。现在那些沼气池都废掉不用，埋掉又可惜，沼气管和沼气灶都还在，就是不通气。"另有村民也表达了同样的意思："我们觉得沼气挺好用也实惠，但是沼气坏了也没有人来修，当时修沼气时也没有人教我们怎样修。要是有人来修，我们给钱也愿意，但是就是没有人来修，沼气就这样没法用。"曼芽村沼气扶贫项目的修建方便了家家户户，可是三两年后，几乎全部被搁浅。用之不能，毁之浪费，搁置无用，而且还有潜在的危险。因此，后期的维护工作当同首期修建工作一样重要。不然，就会造成前期工程的浪费。

（三）针对单个家庭的建设项目少，弱势群体更加边缘化

在调查一户贫困户家庭时，笔者得知户主家没有沐浴室，没有修建猪圈，经询问得知：他们家地方特别小，没有地方修建猪圈；当年国家补助建设沐浴室的时候，每家每户都是平等补助，有钱的人家就建起来了，没钱的人家，只靠国家帮扶的一点钱也建不起来，"自己缺钱修不起，就错过了机会，一直拖到现在也没有修建"。村里的另一个小伙子在接受访谈时也说："听说修卫生间和猪圈国家也有补贴，但是并没有完全落实。"笔者问："为什么没有完全落实呢？"他回答："当时国家帮助修时有些人家资金不够就没有修，后来就再没有人来修，现在村里有六七十家都没有卫生间和卫生圈。"

当前扶贫的主要关注点是公共社区环境建设，针对单个家庭的建设项目少。尽管曼芽村是一个较早富起来的村子，但村中依然存在一定数量的贫困户。总体而言，导致贫困户贫困的原因主要是投入橡胶种植的时间晚、种橡胶土地不理想、橡胶树少、橡胶产量少以及一些不可预测因素。"我们希望国家对我们布朗族的扶贫项目能让老百姓清楚地知道，能给我们老百姓带来确实的利益；我们也知道脱贫要靠自己，但还是希望国家能帮助一点，尤其是我们这样的贫困人家。"

我们在调查中感受到，越是没有资源和能力的贫困户，就越难享受政策带来的福利，最终导致弱势群体越弱势、边缘群体越被边缘化。

（四）不重视教育，知识贫乏导致观念陈旧

村中很多孩子到小卖部买零食，小卖部的四川老板描述："一个四五岁的小娃娃在我这里一天至少都要买五六块钱吃的。现在家长有钱，给小孩子的零用钱也多了，这些小娃娃一天不爱吃饭，就爱吃零食……村里不像我们老家，对娃娃管得很松，才十几岁读完初中就不读了，就回家耍起。家里有钱都不念书，不知道怎么想的。"曼芽村的老百姓生活比较富裕，收入非常可观，儿童上学都有公车接送，但是富起来的村民并不重视教育。

问到对孩子教育的看法，村民岩瓦洛说："小孩要读书就给读，小孩不

想读嘛就算了，能读上去有工作更好，不用辛苦地割胶，尽管割胶很赚钱；但是要是他们不想读嘛回来还能帮忙家里割胶，收入也还不错。"村中很多村民有类似的想法，受这种想法左右，村中多数年轻人读完初中便不再继续读书，读到高中的极少，考上大学的更是凤毛麟角。村里一个年轻姑娘聊到学校教育，她也认为读书和知识很重要，"但是就是不想读，寨子里的年轻人不怎么喜欢读书，觉得割胶虽然辛苦但能赚钱，现在很多人读出来也没工作"。由此可见，村民思想的提升并没有和经济的发展成正比，在多数村民心中，有吃有喝就是生活富裕。

（五）理财观念差，经济发展并没提高村民的经济意识

村里小卖部的老板在评价村庄经济时说："村里胶树多，老百姓有钱，生意还是比较好做。"当笔者问起村里生意为何比较好做时，老板这样讲："布朗族挣得钱多，就是不会存钱，在我们看来，他们不会理财，有钱就花，当天挣的当天就会用掉一大半，有时候全部用完。""我这里最好卖的就是烟酒了，布朗族喜欢喝酒，我每天都可以卖出30多瓶自烤酒。"

村里新开了一家烧烤铺，是本地布朗族人开的。老板娘说："我家以前也比较困难，橡胶树少，村支书看到我家这样就建议我家开烧烤摊。烧烤摊开起来后，生意还不错，年轻人都喜欢来打台球。每天早上人们割胶回来也来这儿吃早餐，现在的年轻人都很舍得花钱，一天割胶最少能赚一两百，他们就互相请吃喝。就算他们不在寨子里吃喝，也会去打洛镇吃喝和去KTV唱歌，那样花费更大，所以年轻人从来不在乎在寨子里一次花上一两百块。"小卖部老板也说："这些小伙子差不多每天晚上都去打洛喝酒。有时候我们都睡觉了，他们才回来。摩托声经常把我们吵醒。"

烧烤铺的两台麻将机每天中午过后人就满了，村里的女人们早上收完胶卖了钱就约着来这里打麻将。"她们经常十元十块地打。""布朗族嘛不管老小都喜欢有钱就花，几乎攒不起来什么钱，我觉得布朗族这种花钱的习惯不好，但是我们布朗族都这样。"笔者看到有十来个女人兴奋地搓着麻将，还看到里面台球桌边围满五六个兴致勃勃打桌球的小伙子。据烧烤铺老板描述，两台麻将机和一张桌球每天就可以带给老板200—300元的收入，加上早上卖米线、凉粉，晚上卖烧烤的钱，一天收入就可有400元左右。一个只有100余户，500多人的村寨，一个小烧烤铺一天就可以获得如此收入，这意味着什么？

村里的年轻姑娘在讲到本民族时说："我们布朗族花钱太厉害，祖祖辈辈都喜欢大吃大喝，不管赚多少钱都能花完。年轻人喜欢吃喝玩，老年人喜欢搞迷信，从来攒不起来钱。"村小组长说："我们布朗族迷信活动多，送

礼多，请客每次一般是50—200元不等。老人死后都要做赕佛，每次得需要1万—2万元。"谈到曼芽村信佛的事情，小卖部的四川老板说："村子里的人都信佛爷，每年要赕佛，要搞好几次迷信，每次都要花费一些钱财。这个村子人本来就不会理财，喜欢当天挣当天就花，再这样整整迷信，哪还能存得起钱啊。他们的观念就是和我们汉族人不一样。"对此他很不解："这样的花钱，每年国家还给那么多，还要扶贫。国家应该要让他们学会理财才是重要的。今天帮他们修路，明天给他们建沼气、修猪圈，没有给他们做思想工作重要。他们的观念不改，国家只是老给钱起不了大作用。"

五 发展政策建议

（一）做好政策宣传工作，提高民众对扶贫的认知程度

基层干部应该在项目实施前为老百姓做好扶贫政策以及项目实施的一系列宣传政策。百姓对于国家扶贫政策和扶贫项目的有效认知不仅有利于提高他们对国家的认同、对扶贫工作的支持，也有利于百姓监督扶贫工作，并做出信息反馈，从而达到提高百姓整体素质、促进民族团结、稳固边疆的目的。

（二）做好后续支持服务，把项目成果巩固好

扶贫是一项持久战，一项扶贫项目要达到预期效果，需要长时间为扶贫对象做后续服务。鉴于此，笔者认为在扶贫中，基层政府和扶贫部门应该把一个项目做长久，这样做的重要性远远超过扩建新项目。

（三）因地制宜，根据实际情况实施重点帮扶

弱势群体的脱贫离不开国家的好政策和帮扶，布朗族群众对国家的认同感很强，他们认为国家的政策是非常好的，但基层领导在执行国家政策时出了问题，导致真正困难的群体却没得到及时的帮扶。因此，作为调研者，我们认为，国家扶贫到户的时候，基层领导不应该一刀切，应该根据各家各户的实际情况实施具体的帮扶措施。把有限的扶贫资源更多分配给真正需要帮扶的贫困户，这样才能更好地实现扶贫效果。

（四）加强人文教育，更新观念，提高民族素质

扶贫工作不仅要做好村寨的公共设施建设，优化村寨居民生活环境，更重要的是做好村民的人文教育工作。扶贫最终扶的是"人"。人的工作做好了，人的思想开通了，人的素质提高了，即使不扶持也会自发图强。

附录：访谈布朗族民族文化传承人岩瓦洛

时间：2010年6月28日

讲述者介绍：岩瓦洛，布朗族民族文化传承人，40多岁。自小喜欢唱歌，后经母亲有意栽培，成为远近闻名的民族歌手。近年来，国家对民族传统文化保护极为重视，岩瓦洛的才能得以更好地施展，被评为布朗族民族文化传承人，并申请资金在寨子里建盖了民族文化传习所，培养年轻的民族传统文化接班人。

岩瓦洛认为国家对布朗族的政策很好，尤其是近几年的扶贫项目深得人心。以下是我同他的对话：

"国家的扶贫项目在寨子里主要有哪些？"

"水泥路、水管、活动室、沼气、茶叶补助。"

"您觉得最受益的是哪个项目？"

"水管到家，通自来水。"

"为什么呢？"

"不用挑水，洗什么都方便。"

"那您觉得其他项目做得好不好？"

"修水泥路本来是好事，但是资金和管理不到位，应该是国家出大头，老百姓出小头。沼气也是建了就没有人再来过问，也没人教维修方法。"

"那您认为国家对布朗族的发展还应该做些什么？"

"国家很关心我们布朗族，我们也很感激，但是如果国家能把这些扶贫项目确实落到实处，做好后期工作，今年干旱，我们的吃水就有困难，希望国家可以投入多一些的资金帮助我们解决吃水问题，那就非常感谢了。"

"您觉得现在和20年前的老寨生活相比，生活好不好？"

"好多了，新寨交通方便，种橡胶能赚钱，老寨嘛就是树多，新寨要是绿化再好些就更好在了。"

"寨子里大多数人日子都好过了，可是还是有些人家很贫穷，您认为是什么造成他们贫困的？"

"关键是他们懒，人家都种橡胶他们不种，自己不勤快嘛别人也帮不了，要想富裕，要吃苦肯干，国家给你再多要是不干嘛也会吃完的，所以还是得靠自己。"

"您家有几口人，家里收入主要靠什么？"

"有六个人，家里有100多亩5000多棵橡胶树，割胶一天能收入800元以上，请了3个小工帮忙，一个小工50元。"

"您家的经济收入完全靠橡胶吗？还是种得有其他的经济作物？"

"什么赚钱就种什么，现在我家的田用来种香蕉，山上种橡胶，还喂的有猪，国家有补贴。"

"家里有没有孩子上学？"

"老大老二初中毕业就不读了，老三在景洪读大专。"

"是您们父母不给读嘛还是他们不想读？您觉得读书好还是不好？"

"我们布朗族嘛是很开通的，小孩要读书就给读，小孩不想读嘛就算了，能读上去有工作更好，不用辛苦地割胶，尽管割胶很赚钱，但是要是他们不想读嘛回来还能帮忙家里割胶，收入也还不错。"

"您是民族文化传承人，您希不希望自己的小孩能继承您的事业，您觉得民族文化应不应该传承下去？"

"我当然希望啦，好在我老二老三都喜欢唱布朗族歌，我也经常教他们，我们布朗族嘛最喜欢唱歌，什么都会唱，而且是即兴唱，如果布朗族的弹唱不传承下去嘛，布朗族不会唱歌了就不是布朗族了，我们的传统不能丢。"

"您认为布朗族要发展主要是靠国家还是自己？"

"当然是要靠自己啦，不过我们也希望国家能给我们更多的帮助，我们也努力，国家也帮助才会发展得更好。"

非物质文化传承人岩瓦洛

信息闭塞的布朗族村庄
——云南省西双版纳州勐海县布朗山乡吉良村调查报告

布朗山的布朗族占全国布朗族的30%，占西双版纳布朗族的2/3。布朗山乡吉良村位于布朗山山腰，高居山上，气候冷凉，交通不便，信息闭塞，村民思想观念落后。吉良布朗族世代以农业生产、特别是茶叶种植为主，经济发展滞后。由于气候冷凉，该地农业发展受到诸多制约。由于信息闭塞和市场的不确定因素，产业发展面临诸多困难。长期以来，由于自然、历史等因素的制约，这个边远山区的布朗族村寨，劳动者整体素质偏低，基础设施落后，产业结构单一，农民增收困难，群众脱贫致富缓慢，这些因素直接影响着吉良村的经济和社会发展。

一 村庄概况

勐海县布朗山乡吉良村委会地处布朗山乡西北边，距布朗山乡政府所在地45公里，到乡道路为土路，交通不方便。东邻曼囡村委会和打洛镇，西邻曼果村委会，北邻曼囡村委会。村委会下辖吉良、戈吉良、曼迈、拉杆、过贺、帕亮、曼掌、回环、曼龙九个自然村。

吉良自然村距离村委会0.5公里，距离镇45公里，国土面积19.17平方公里，海拔1266米，年平均气温18℃，年降水量1374毫米，适宜种植水稻等农作物。全村有耕地1603亩，其中水田361亩，旱地1242亩，人均耕地15.82亩，主要种植水稻等作物。全村有效灌溉面积为317亩，其中有高稳产农田地面积100亩，人均高稳产农田地面积0.4亩。有林地25772亩，其中经济林果地509亩，人均经济林果地1.99亩，主要种植茶叶、甘蔗等经济林果。

全村辖1个村民小组，有农户58户，有乡村人口260人，其中男性150人，女性110人。农业人口260人，劳动力128人，其中从事第一产业人数127人。2012年全村经济总收入125万元，其中：种植业收入103万元，畜

村寨近景

牧业收入42万元，林业收入3万元，第二、第三产业收入4万元。农民人均纯收入3098元，农民收入以种植业等为主。全村无人常年外出务工，没有外出务工收入。

2012年年底，全村有58户通自来水，有58户通电，有58户通有线电视，拥有电视机农户56户，安装固定电话或拥有移动电话的农户数58户。进村道路为土路；距离最近的车站0.5公里，距离最近的集贸市场25公里。截至2012年年底，该村有58户居住于砖木结构住房，均为人畜混居。

2012年年底，全村无人参加农村社会养老保险，参加农村合作医疗260人，村民的医疗主要依靠1.5公里以外的村卫生所以及50公里以外的镇卫生院。村寨小学生就读到吉良村委会小学，中学生就读到布朗山乡九义学校。目前义务教育在校学生中小学生35人，中学生5人。

二 扶持发展项目及评价

2007年，吉良村开始实施扶持人口较少民族发展项目；2009年又被省民委、州民宗局列为扶持人口较少民族发展示范村。2007—2009年，吉良共投入建设项目资金362.6万元，其中省民委投入93万元，实施项目有：2007年，省民委安排无偿补助资金33万元，其他部门安排补助资金67万

扶持发展示范村

元，群众自筹或以劳抵资10.9万元，共计110.9万元，建设项目主要有：一是道路交通方面，完成投资11.7万元，完成村内硬化道路长500米宽3米，美化了村寨居住环境，改善了村民生产生活条件。二是种养业方面，完成投资26.7万元，建盖猪圈700平方米，购买猪崽150头，发展种植叶100亩，开办科技培训，参训人员达100人次。达到调整产业结构，增加农民收入，促进农民增收致富的目标。三是卫生建设方面，完成投资8.3万元，修建卫生间3个共200平方米，架设人畜饮水管道，解决全村饮用水安全，提高了村民生活质量，改善了村容村貌。四是文化体育方面，完成投资64.2万元，建设了数字电视光缆，布朗族群众看上了数字电视，满足了群众日益增长的精神文化和资讯信息需求。

2008年，县民宗局安排省民委2008年奖补资金10万元，与县扶贫办整合资金40万元，共计50万元，建盖了189平方米的文化活动室，文化室的建成丰富了群众的文化生活。

2009年，省民委对全村实施人口较少民族示范村建设，投入资金50万元，整合其他部门资金140万元，群众自筹或以劳抵资13万元，共计投入203万元。建设的项目主要有：科技培训方面，开展科技培训两期，参训人员达到120人次，使参训人员至少掌握了两种以上实用技术。文化体育方面，完成投入32万元，建盖舞台、社房、大门等为一体的活动场所2250平方米，丰富了群众生活。道路交通方面，完成投入170万元，一是完成村内硬化道路长2000平方米，美化了村寨居住环境，改善了村民生产生活条件；二是与县交通局整合资金，解决了吉良村至曼掌村7公里的生产生活道路建设。

医疗卫生培训

村民小组访谈：对扶持发展项目的评价

项目	过去 分值	过去 理由	现在 分值	现在 理由	将来 理想的满分
生产条件	30分	耕种方式是牛耕种，没有什么科技	70分	拖拉机耕种，杂交水稻，使用农药，有病虫害防治。种植了香果，但是没有人收购，最后又砍了种植茶叶。茶叶价格不稳定，有人收购可能是高价，没有人收购就是垃圾	统一管理，产业化经营，有加工环节，销售环节通畅
住房	30分	茅草房，没有什么家具，坐的地方都没有，更别谈什么电器	50分	家具齐全，电器有了，比以前好多了。住房规划不科学、不合理，有的家占地面积大，有的家就很小	有垃圾处理、污水处理，有干净卫生的公共厕所，道路有绿化
道路	30分	过去是土路，下雨路滑，泥泞，天晴灰尘漫天飞扬	80分	有了公路，有了村间道路。但是有的路通，有的路不通。没有花种，绿化没有跟上。道路狭窄，交通事故多	道路拓宽，修通断头路
水	80分	以前用水很方便，到处都有水。生活生产用水很便利	60分	水源小了，树砍了，种菜地的水都没有啦	保护水源，禁止砍伐树林，建设一个大的储水池
电	60分	过去没有电网改造，经常停电。过去使用锅盖接收电视信号，没有手机信号	100分	统一电网，统一电价，很少停电。现在还有了闭路电视，手机信号也很好	

续表

项目	过去 分值	过去 理由	现在 分值	现在 理由	将来 理想的满分
思想	10分	以前只懂得精耕细作，小经营、小生意。保守，认为读书无用，不相信科技	50分	还是认为要读书，外出方便，外出还是要有一些文化。开始喜欢科技生产，开始使用化肥农药。对读书认识不够，认为读一点就够了，再读下去就是浪费。主要抓家庭经济收入，劳动力缺乏就会影响孩子读书。教育方式也不合理，全凭娃娃自己自觉，父母基本不管。小学生不吃早点也是一个很大的问题，缺乏营养，肚子饿，血糖低，无心读书，嗜睡	重视教育，重视人才，相信科学，科技运用得当

在吉良调查期间，布朗山布朗族民族乡的岩三副乡长对布朗山扶持人口较少民族发展项目的成效作出了如下评价："从村内基础设施来看，进行了道路硬化，建盖了卫生间、洗澡间，建盖了猪圈，从根本上有效预防了流行病。建盖了活动室，搭建了舞台，无论是在传统节日，还是国家的法定节日、三八妇女节、五四青年节，进行寨与寨之间的各种比赛活动，促进了文化交流，提高了村民的文明程度，甚至比经济更发达的坝子里活动还更活跃。老年人、年轻人、妇女各搞各的，分批活动。同时，在扶持过程中，完成一个项目，搞好一个工程，大家就搞一个活动，在一起吃一顿饭。这样，不仅有效地促进村民对项目工程的认同感，政府工作人员与村民也有了有效的沟通。（村民）文化素质有了很大的提高，文盲率下降，现在基本上一张报纸是看得光了（能够看完），但是学习培训，接受科技能力还是比较薄弱，一般的讲解还是没有多少作用。科技培训非得要自己亲眼看见，手把手地教才有效果。"

从扶贫的效益来说，2007年开始，在打洛、布朗山种植了茶叶，经过3—5年的发展，如今每亩收入100—200元，有的地方已经提高了收入，有的将要提高收入。从统计上来说收入是有所增长的，但是扣除物价的上涨，也就没有太明显的提高。从增收项目来看，老百姓喜欢短期项目，对有发展前途的长期项目不是很感兴趣。但是短期项目增收幅度小，长期项目增收幅度大。偏爱短期项目，所以短期项目占用了长期项目的资源，例如土地。以后应该加大长期项目的扶持力度，增强抗灾能力。从整体评价来看，各个部门也在不断地进行扶持，扶持项目包括交通、水利设施、村内的基础设施等。但相对而言，在农田水利、农业发展方面的扶持还比较薄弱。

按照村民访谈的信息，吉良村的扶持项目包括以下方面：寨门、路、水、电、社房（公房）、舞台、村干部办公房、垃圾池、公厕、猪圈、给猪崽（每家1—2头）以及扶持种植业（主要是香蕉、橡胶和茶叶）。村民对扶持的项目进行了排序，排在第一位的是建盖猪圈，第二位的是村寨大门，第三位是路，第四位是安居房，第五位是建盖了3处公共厕所。谈起扶持成效，村民们都说，相比较而言，"生活明显变化了"：吃的，"过去几天才得吃肉，现在是天天可以吃肉"；穿的，"过去逢年过节才有新衣穿，现在穿得比以前时尚"；用的，"手机、摩托车（自己家里就有3辆），生产生活都方便"；住房条件，"以前是茅草屋，现在是瓦房，有的还是水泥房"；道路设施，"以前是土路，现在水泥路"；思想观念，认为"做生意好"，有的人认为"读书还是有用的"。大家的结论是："现在是越来越好啦！"对于产业扶持，岩村长说："给了扶贫猪，品种也可以，大家都养得胖，全部都得吃，一头也没有死。但是给的是白猪，我们喜欢黑猪，因为黑猪好卖。我们寨子附近的傣尼族从风俗上来说喜欢黑猪，他们过年都要杀猪，来我们这边购买。"

漂亮的寨门

村中富裕农户岩恩尖反映："过去是木板房，养猪数量有限，而且养不好，为了发展，国家扶持建盖猪圈，这样就可以发展养猪业，可以出售，也可以自己宰杀。大门最好，看起来好看，人家过路的人评价高，全村都觉得有面子，看着舒服，大家还是比较满意这个设计。"

老村长岩大爷也说："村子就是这四五年大变样了，四五年前，国家没有给我们村扶持，村里都是泥巴路，也没有寨门，没有厕所，解手大家都到山上跑，猪也是放养，路上到处都是牛粪、猪粪。每家都没有洗澡的地方，洗澡村里人就到水沟边。后来，国家领导人来了，我们村子就变化了。现在时代变了，我当村长的时候，我们农民种地都得给国家交钱，现在不要了，国家还给我们一些补助款，帮我们铺路，修寨门。"

外来种植村间绿化树的叶先生说道："在实际的工作中，老百姓投工投劳非常积极，在没有设计的区域上都铺上了石头。修路好了以后，在经济发展上也有帮助，致富先修路嘛，进出方便了，路好了外面的老板进来收购茶叶的人也多了。在水泥路上晒茶叶也很好，晒出来的茶叶质量都要好一些，在牛屎马粪旁边晒出来的茶叶谁会要。思想意识上转变太多，文化素质提高了，生活习惯改变了，讲卫生了，家庭干净多了。以前非常糟糕。"

村民岩布坎跟我们反映："村里的路修好了，这也是国家出的钱，我们只是出力，四年前都是泥巴路，那时还没有猪圈，路上到处都是猪粪、牛粪，一下雨就不好走。现在国家来我们村里宣传，要大家修厕所、猪圈，国家给补助，这是好事。然后，我们村里就修了一些厕所和猪圈。现在猪都养在猪圈里，路上就不再有猪粪了。路现在也铺了水泥，天晴下雨都好走。村里变漂亮了，大家讲卫生了，不再乱丢垃圾。现在大家比以前好些了，都开始要面子了，乱扔垃圾怕别人说你。"

吉良村的茶园

三 存在问题

种茶是布朗山的布朗族人古老的传统。吉良村的岩党乡老人说："我小时候，我们这儿就是种茶的，我听我爷爷讲，他们小时候就已经有茶叶了，我想差不多也有两三百年吧。现在河坝里都种橡胶树，我们这里山高，气候不好，橡胶树种不活，只有种茶叶、木薯、西瓜、甘蔗。但主要是茶叶，家家户户都有。但比不上橡胶树啊，还是有橡胶树生活好些。"吉良村高居山上，农业种植严重受制于气候、水分、地形等自然条件制约。纵然可以种植一些经济作物，但和坝区种橡胶树相比，差距自然不言而喻。

（一）投入资金不足，辐射作用低

目前存在的主要困难和问题是：交通不便，人畜饮水、道路建设、通信设备等基础设施条件差，资金投入不足。据布朗山岩三副乡长介绍，扶持一开始是以布朗族占25%—30%的自然村为主，后来布朗族占20%—25%的自然村也纳入扶持对象中。标准一般是根据布朗族所占的比例，还有户数的多少。2009年，三个村作为扶持人口较少民族的示范村，两个作为四个特困民族的示范村，每个村补助50万元。2010年标准提高，特色村是70万元，"但是实际上20万元对于一个村落来说根本没有办法做什么，例如在西定一条横跨在村落中间的大沟上架一座桥，就不止需要20万元，往往很多时候就是这样的。50户200人的村寨如果要好好打整至少需要150万元，老百姓自己投入50万元，国家也因此需要投入100万元"。这样的资金量才能在各个方面做好工作，能达到示范的作用，文化上也会有促进。

（二）社会资本存量不足，制约社区发展

社区内部的社会资本存量严重不足，主要表现在：

第一，劳动者素质普遍较低，农民的生产生活水平和文化知识水平较低，不能很好地学习和掌握新的农业科技知识，产业结构单一。吉良村土地宽，村民收入靠土地，但是土地没有充分利用起来。例如外来种植村间绿化树的人叶先生就认为："（他们）只会种植茶叶、木薯、甘蔗，没有尝试种植水果。勐海的水果很好卖，橘子3—5年结果，4000棵每年就是3万—5万元；杨梅7—8年可以结果，每棵杨梅树平均产量为80公斤，每公斤6元钱，每棵树收入500元，不到10亩可以种植200棵杨梅树，这个收入可就不得了，但是他们（村民）宁愿给土地长荒草。"

第二，资源利用水平受限。勐海2/3是山区，山区人口基本上与坝区持平，但是耕地面积在减少，资源保护的补助不够，发展种植林业补助不足，国家的政策还未覆盖。例如在布朗山上的布龙保护区，过去是老百姓的轮换地，3—5年轮换一次，砍伐有林地，种植旱稻，现在成为了自然保护区，即使是自己的林地也不准砍伐，砍伐需要办证。

第三，商品意识淡漠，村里的小卖铺都是外地人来开的，一位外来经商的人形容本地人时这样说道："布朗族男人好客，但是懒，找不着事情做，这样挖两下子没有搞得吃，那样挖两下子搞不得吃，就没有兴趣了，没有耐性。"一些传统民族文化的负面影响降低了社区扶持人口较少民族发展的绩效。

第四，卫生还需改善。虽然有合作医疗，村里有卫生室，但是没有医生，村民看病、医疗不方便，需要到勐海。

（三）缺乏综合协调，人畜饮水问题尚未解决

吉良村民认为目前最大的困难是缺水。因为水源小，喝水不够用，要去挑水。村长说："国家帮助搞了几次，但是一次都不得行。"2007年，从僾尼族（哈尼族的一个支系）那边拉过来，一共7公里路程，花费了12万元，但是一两个月就被破坏了，"经过人家村寨，经过人家田地里，要补偿他们；然后他们种田的水也不够用，影响了他们种田，就被破坏掉，水管被拉丢了。我们自己也做了好几次，水源小，水抽不上来。现在是几家几户，五六家联合起来拉过来的，现在这种还是不行，水小，也不干净，僾尼族也不给接，要一两万元才给接。现在天干就没有水。国家政策是好了，但是也没有办法。"

在我们调查期间，很多村寨都有这样的问题：一个村寨必须要到别的村寨或者别的民族地区去引水，一般情况下，大家看到国家政策对某个民族好，就会产生不平衡的心理，由此我们就不难分析僾尼族破坏吉良布朗族水管的缘由。如果设计一种制度，规定只要僾尼族村庄能保障布朗族村庄的供水畅通，僾尼族村庄就能得到政策优惠，那就可以确保僾尼族主动帮助布朗族管理水管，而不是破坏。

（四）信息闭塞，村寨人员外出流动少

吉良村高居山上，被重山包围，旁边一公里开外是僾尼族和拉祜村寨，虽相距不远，但来往不多，彼此间也几乎互不通婚。就吉良村而言，虽有水泥路蜿蜒直通坝区，但村寨人员外出流动很少，基本没有常年外出打工的人员。家访中，笔者听到一位村民这样说："我们村里的小伙子几乎不外出打工，即使去打工也是在本地，不到远方去。去远处打工，村里有人会笑话，说你是二混子。"村民的一番话证明，吉良村是个消息封闭、观念保守的村寨。在吉良村，我们没有看到社房、篮球场，也就是说大家还没有公共的娱乐场所。较之经济比较富裕的曼芽村，这里显得十分"安静"。

吉良村的布朗族由于受气候和交通等自然因素的影响，他们的经济收入少，吉良村的布朗族懂得节约，也懂得满足于自己的生活现状。在访谈中，我们多次问到，如果让他们去勐海或曼芽村住，他们想不想去，几乎所有的访谈人都回答说不想去，因为他们觉得布朗山更好在，去勐海和曼芽村都要花很多钱。吉良村民之所以有这样的想法，也许是经济状况决定人的生活取向。吉良村的"贫"根本原因是信息的闭塞和思想的落后，吉良村至今没有一个大学生，高中生只有一个，初中生也不过两三个。青年是发展的新希望，吉良村的发展需要"人"走出去，需要流动。

吉良村的布朗族对国家的扶贫项目比较满意，对国家有很深的感情，但还是希望国家的扶贫项目能真正落到实处。通过此次调查，我们看到，布朗族迈向小康社会的步伐越走越快，物质生活水平越来越高，可是他们的知识依然很缺乏，如果我们的扶贫只是一味地去扶"物质的贫"，而不去扶"知识的贫"，那么这种扶贫永远都不可能取得圆满结果。

（五）"读书无用论"盛行，学校教育面临诸多问题

在吉良村，读书的问题是一个大问题，家庭对孩子的教育支持不够，部分原因是家庭经济收入有限，教育成本高，但更关键的原因是"读书无用论"在作祟。学校教学设施不齐全，小学毕业生缺乏很多基本的素养，义务教育结束以后，学生很少能进一步接受教育，最终导致该村村民平均受教育年限低下，青壮年文盲率较高。对此，岩副乡长说："虽然学费、杂费都已经免除，但是家里还是需要一定的投入。加上是少数民族，经济跟不上，学习的分数也跟不上，去坝子里读书还学会了上网、喝酒，读书没有读成，劳动也不愿干了，也不会干了，变得懒惰。村里人认为读完小学，识个字，会写自己的名字，会记个账就可以了，然后放放牛，搞点茶树，买个拖拉机干干活。此外，还有一个是榜样的问题，如果有人考上大学，找到工作，那么大家就有一个榜样在那里，家长的支持和学生的动力就大，问题是今年一本只考上两个人，而且都还是在外面读的书。老师在山区工作也不安心，业务不加强，生活条件差，山区老师的工资应该是要翻一倍，教师队伍才能稳定，才能专心工作，专研教学。山区老师也是父母亲，也会对子女的教育、生活考虑，尤其还有特殊的群体——合同老师，工资更低，生活更加没有保障。"

高中毕业生岩丙香就反映："现在读书小学还比较正常，七岁读书，没有学前班。小学的时候有45个学生，教室里都坐不下，最后只剩自己一个还在读书。主要是学生自己的原因，大部分都爱玩，一个看着一个，走（辍学）一个人就带动一批人。而实际上家庭贫困，交不起学费的学生很少。在勐海一中读书，花费还是比较大，吃每个月300元，生活用品，学习用品，还有每

个月的手机费用50元，每个月基本上需要500多元。现在是九年义务教育，但是大部分吉良的学生小学毕业就不读书了，初中生全村都才有一个，这是因为初中在布朗山中学，路程比较远，学习生活费用比较高，学习氛围差。主要还是个人的原因，想着是读书没有用。"

此外，宗教信仰的影响也是一部分原因，吉良村岩村长就说："过去大家都不爱读书，以前就是到六年级，现在还是国家扶持读书，到布朗山、勐海县读书。布朗族信仰小乘佛教，要当两年的小和尚；劳动也很不干，主要就是念经、念书，这是我们的风俗习惯。"村庄中的富裕户岩恩尖就明确表态："就扶贫而言，（村里人）不支持读书，现在读书浪费钱，还不如回来当和尚。希望国家扶持读书。"

（六）曲解国家扶贫政策，低保款被均分

我们在访问村里最困难的一户人家时，得知两位生活贫困、儿子赡养不周的老人并没有得到低保惠顾，低保款被全村人分掉了。翻译说："我们村里贫困的人比较多，大家开会商量认为国家的钱应该每个人都有份，村里人就分掉了。"低保款是给生活极其困难的人，怎么能均分呢？再说，每村的低保款并不多，村里几百人，如何均分？面对我们的不解，翻译解释说："村长开会的时候，要每户抽签，抽到的就先得，没有抽到的就明年再得，就是这样分的。"国家给老人的低保款被大家均分了，那这两位老人的生活怎么办？"村里人认为这钱是国家给村里的，就应该大家分；老人的粮食不够吃，平时有困难，叫一声，大家都会来帮忙；可是低保款一旦单独给了老人这一家，大家就会认为这家老人有国家帮助，村里人就不会再经常帮忙了。这家老人也就不再敢要低保款了。"

翻译的话从表面来看似乎有一定的道理，但稍作一想，便不符合常理。国家扶贫与村民自发帮助本是两码事，各不相干。而本村村民竟然认为：贫困户得到了低保款，贫困户的困难大家就不愿意再帮助。这两种本可并行之事却被看作冲突之举。扶贫款本该给予生活极其困难的人，而本村不但没有给，反而"均分"，表面看是为这户老人长远生活考虑，是为了维护村里人的团结，但是这种做法不仅变相地剥夺了贫困户享受国家扶持的权利和利益，而且严重违反了国家政策。之所以会有这样的事情发生，最终原因在于村民对于国家扶贫政策缺乏准确的认知。

（七）社会事业投入不足，真正贫困的群体未得到关注

"因病致贫"在贫困农户中所占的比例很大。我们访问的贫困户岩布坎一家近几年平均年收入一般都在10000元左右，"去年收入最多，其中茶叶大约有10000元，木薯3000元，甘蔗4000元"，也就是说去年的年收入大

概就是17000块钱。可是，岩布坎说："除掉农业成本，两个娃娃读书，还别人的债，一年下来就没有钱了。"岩布坎命运多舛，在娶现任妻子之前，已有两个妻子因病去世，其中一个妻子在1982年生病去世，第二个妻子几年前也因大病过世。为了给妻子治病，他欠下别人几万元的债，直至今日仍没还清。因此，家庭日子过得十分紧张。岩布坎的家庭收入在吉良村并不算低，可是他目前仍然无法摘掉贫困的帽子。其贫困的原因并不是因为思想保守，也并非懒惰，而是因为不幸的遭遇。像这样的家庭不仅在少数民族村寨存在，在全国农村也很普遍。很多家庭本来很幸福，然而因为突如其来的疾病、灾害等原因打破家里原有的宁静生活。天灾人祸时有发生，常常不可避免，但是，国家和政府是否就没有对策呢？

岩布坎家旧房子快要倒了，但家里没钱盖新房。"去年国家就给我补助了2000元钱，帮助我修建房子。但是2000元也起不了大作用啊。我手上没有钱，就这2000元也只是用来小修小补，房子依然还是危房。要想建新房子还是靠自己努力，靠国家靠政府永远也建不起来房子。"岩布坎所言确是事实。以现在物价而言，盖一座新房至少需要三四万元，2000元确实是杯水车薪。但是笔者认为：虽然政府不能提供岩布坎建房所需费用，但基层政府可以和地方银行联手支持贫困户，同时发动村寨全体村民以"多对一"的形式帮扶，即若干户为一组帮助一户人家。

岩文书家是村中最困难的家庭，夫妇俩年事已高，已无力下地耕种，因此家中的生活就得小儿子一人扛起。"家里本有10多亩地，但因几个儿子纷纷去了其他村寨做上门女婿，地就没有人种了，只留下一个小儿子在家。小儿子见几个哥哥都已离开了穷家，自己也无心在家种地，只是种了3亩茶叶，偶尔去摘摘茶换点油盐，粮是每年都不够吃，都得靠邻居朋友相送才能维持过日，一年到头都吃不到一顿肉，日子过得十分清苦。"此家贫困原因有二：一是劳力缺乏，导致大量生产资料荒废；二是人心惶惶，心不在农。小儿子见其哥哥们都已离家，便无心在家踏实务农，因而导致家庭愈加贫困。像这样的家庭，光靠政府拨款是不行的。如果政府做好了这类家庭的思想工作，使小儿子能安心务农，自发图强，则生活定会慢慢好起来，至少不会"靠邻居朋友相送才能维持过日"。

四　政策建议

（一）加大资金投入力度

当前人口较少民族发展困难，他们发展所面临的挑战和压力依然很大，投入的资金应相应增加。

（二）加大社会资本存量，树立自我发展的机制

吉良村的村民普遍认为"过好日子主要是靠自己肯干，但国家的政策也很重要"。不同年龄段的布朗族对国家的政策都很关心，因此，国家有必要建立全方位有效扶持的机制，及时提供各种发展的支持，尤其是强化社区内部的社会资本，强化内部动力，辅以外部的扶持发展，最终实现人口较少民族的自我发展。

（三）综合协调，扩大受益群体

由上一级的政府进行综合协调，从制度上进行设计，从整个贫困区域上总体协调，在生产生活整体上实施扶持发展项目，以便使每一个相关利益群体都是项目实施的受益者，使扶贫政策惠及广泛的民众，确保多民族杂居地区民族团结边疆稳定。

（四）拓宽信息渠道，加强对外交流

扶持发展工作不仅仅是政府单方面的责任，村寨集体中的每一个成员也应该有这份爱心。在做好扶持发展的硬件建设的同时，还要做好扶贫的宣传工作，加强村民对项目实施的了解和认同感。加大教育投入力度，提高人口素质，巩固"普六"和"普九"，打牢劳动者的教育基础；加强与外界的接触联系，增加学习考察机会，增长见识；广泛开展科技进村入户工程和科普惠农兴村计划，提高人口素质；培育市场经济的观念，提高商品意识，增强发展意识，跟进"软件"建设水平。

（五）让宗教发挥正能量

宗教是少数民族文化的一个重要组成部分，布朗族村寨的发展不能脱离宗教。宗教力量若得以正确引导，将会对少数民族产生很积极的影响。政府在针对少数民族的扶持工作中，应该积极引导宗教发挥正能量，例如让法律进佛寺，借助佛寺向少数民族群众进行政策宣传。

（六）发展产业扶持

布朗山的传统产业是茶叶种植，茶叶是本地村民一大经济来源，但是近两年来普洱茶市场不景气，给茶农造成严重影响，许多老百姓希望政府出台价格保护和农业保险等方面的政策，帮助农民抵御市场风险。除了发展茶叶种植，吉良村还可以依托布朗族文化，发展农家乐，建立布朗族文化生态旅游村，从而带动整个村庄的经济发展。

异地搬迁的基诺族村庄

——云南省景洪市基诺山乡巴飘村异地搬迁扶贫调查

巴飘村是景洪市管辖的一个基诺族村寨。2002年，巴飘老寨发生山体滑坡，整个村落受到严重影响，此后在政府的组织下，全村进行异地搬迁，陆续搬迁到现在的巴飘新寨。新建的巴飘新寨很好地保留了基诺族传统民居的特色，让巴飘村成为基诺族建筑保持较好的村落之一。巴飘新寨具有临近乡政府、交通便利、信息通畅等优势，再加上近年来扶持人口较少民族发展规划的实施，巴飘新寨得到了进一步的发展，经济社会发展初现成效，村民团结，新建了村落活动中心，下一步还拟发展旅游业。巴飘村成为了基诺山基诺族乡一个发展亮点。

一 村庄概况

巴飘村隶属于西双版纳景洪市基诺山基诺族乡新司土村委会，属于山区。距离村委会0公里，距离镇1公里，国土面积2.75平方公里，海拔900米，年平均气温18℃，年降水量1400毫米，适宜种植粮食等农作物。全村辖1个村民小组，有农户64户，有乡村人口266人，其中农业人口262人，劳动力185人，其中从事第一产业人数185人。2011年全村经济总收入206.43万元，其中：种植业收入120.18万元，畜牧业收入27.72万元（其中，年内出栏肉猪243头，肉牛0头，肉羊0头）；林业收入86.93万元。农民人均纯收入3383.97元。农民收入主要以种植业、养殖业为主。

全村有耕地892亩（其中：田211亩，地681亩），其中人均耕地2.12亩；有林地3771亩，其中经济林果地2921亩，人均经济林果地11.64亩，主要种植橡胶、茶叶等经济林果；其他面积8亩。该村目前正在发展茶叶特色产业，计划大力发展种植业、养殖业产业。

到2011年年底，全村参加农村社会养老保险170人；参加农村合作医疗266人，村民的医疗主要依靠乡（镇）卫生院，距离村委会卫生所0公里，距离镇卫生院 1 公里。该村小学生就读到景洪市基诺民族小学，中学生就读到景洪市第三中学。该村距离小学校 1 公里，距离中学 13 公里。目前该村义务教育在校学生中，小学生 18 人，中学生 7 人。

截至 2011 年年底，全村有 64 户通自来水，有 0 户饮用井水，有 64 户通电，有 64 户通有线电视，拥有电视机农户 64 户，安装固定电话或拥有移动电话的农户数 64 户，其中拥有移动电话农户数 64 户。进村道路为柏油、水泥路面；距离最近的车站 1 公里，距离最近的集贸市场 1 公里。该村到 2011 年年底，有 0 户居住于砖木结构住房；有 0 户居住于土木结构住房。巴飘村上述成绩都是 2003 年异地搬迁以后实现的。

搬迁纪念碑

二 异地搬迁的过程

巴飘村的异地搬迁扶贫工作分为三个阶段：一是灾情调查和选址。巴飘小组原在距离现址 5 公里以外的巴飘老寨（因搬迁后巴飘村没有更改村名，沿用以前的名字，因此称原址为巴飘老寨，现址为巴飘新寨）。2002 年 8 月 1 日发生山洪灾害，巴飘老寨地基出现滑坡和断裂，部分民房出现拉裂和倾斜现象，其中 19 户受灾较为严重。灾情发生以后，村干部立即上报，各级政府都纷纷来现场查看灾情，各个电视台也都进行了报道。当时香港红十字会的人员看到电视报道后，专程来村庄了解灾情，并支持村民进行灾后重建。获悉灾情后，副省长李汉柏、州委书记尹欣等领导也亲赴村庄视察灾情。在对灾情进行认真分析和研究后，李汉柏一行作出了巴飘村全村搬迁的决定。随后，基诺山乡成立了搬迁领导小组，具体负责落实搬迁的各项事宜。在选择搬迁地址上，各级政府倾向于选择位于基勐公路1.5公里右侧的开阔地块；而大部分村民则希望搬迁至距离老寨1公里左右的"思茅茶厂"（2007年村里将这块地租给思茅人办茶厂，所以现在村民称此处为"思茅茶厂"），村民认为那里"有水、通路，风景还好"，而且距离土地很近，便于劳作。但是考虑到平整地基和交通方便，节省灾后重建成本，村民的想法没有得到落实，最后还是选择了公路边的地块。这块距离老寨4.5公里的新址从此改变了村民的生产生活方式。

二是新寨建设和搬迁。选址之后，政府负责出资将新址原来坑洼不平的地基推平，并在农户搬迁来之前将水、电、路修通，即实现"三通一平"。地基平整后，统一规划出每一户农户的地基范围，村民按照抽签方式决定自己房屋的位置。因此，每家的地基面积是固定的，分为13米×12米和13米×14米两种，主要的区别是公路边比较平整的每户地基长度只有12米，而山坡上的地基长度是14米。此外，政府按每户3万元的标准给农户提供盖房材料和木材解料费（传统干阑式房屋的主要材料是木材，村民从自留山或者是集体林里将树木砍下来，但是需要请木匠将原木开解为建房用的椽木，付给木匠的钱称为"解料费"），由村民自己组织人员修建房屋，不足部分由村民自筹。但是根据规划，房屋必须统一建成传统的干阑式建筑。在项目经费上，省、州、市拨出配套资金80余万元，香港红十字会捐赠57.5万元，其他经费由村民自筹。据时任会计的刀村长估计，在搬迁的时候有80%的农户表示愿意搬迁，但是仍有20%的农户不愿意搬迁。不愿意搬迁的农户主要是担心搬迁后距离土地太远，生产劳动不方便；村庄地基太窄，大家在一起住着不习惯。还有一部分农户则因为搬迁建房费用太高，家庭支付不了，且有些农户最近几年才盖了房子，舍不得拆了再重建。但是经过村干部和乡镇干部的多次劝说，巴飘村52户村民还是在计划的时间内依照受灾程度的不同分三次先后搬迁到了现在的巴飘新寨。

三是新寨建设和发展。2003年全村搬迁至新寨以后，村民家家户户都住上了干阑式新房，但是为了支付搬迁带来的费用，60%的农户卖了自己经营多年的橡胶树，并将多年积攒的家底消耗一空，有的甚至是负债累累。村民形象地说："来到这里只有地基，一分土地都没有，连家门口的橡胶树都是别人的。"村庄除了基本的生活保障设施以外，其他的都还没有完善，村民的家庭经济更是亟待发展。

自2003年起，巴飘村通过自筹或政府出资的方式进行了各方面的村庄完善建设和发展家庭经济的努力。在村庄建设上，2005年由村集体出钱、村民投义务工的方式修建了500—600米的水渠，虽然达不到三面光的程度，但是有效地解决了村内水田的灌溉问题。2008年，村集体出钱购买材料、村民自己出工出力，为全村56户村民统一建盖了洗澡堂和厕所配套一体的卫生间，使村民的家庭卫生得到很大改善。2009年，村集体再次出资，以一家20吨水泥、2方石粉、2方公分石的标准购买材料，将所有农户的泥土地板铺成了水泥地板，并对之前硬化过地板的农户进行相应的现金补贴。2009年经过驻村新农村建设指导员的努力，景洪市安检局出资购买石头、水泥、沙子和球架，请来搅拌机，全村老少投工投劳齐上阵，在村庄中央修建了一个标准的篮球场，使村民重新有了驰骋球场的地方。

巴飘篮球场

2009年年底，巴飘村被西双版纳州、景洪市民宗局列为人口较少民族示范村。同时，因为村子房屋建筑具有浓郁的基诺族民居风格，巴飘村被列为民族团结重点示范村和基诺族民居特色村，并按人口较少民族示范村、民族团结重点示范村、基诺族民居特色村的"三村"要求进行建设。为了更好地进行"三村"建设，景洪市政府、基诺山乡又将该村列为社会主义新农村建设示范村。巴飘村的"三村"建设发展到"四村"建设，政府拨付的建设资金大幅增长。2010年巴飘村的人畜安全饮水工程被列为"一事一议"项目,村民投工投劳、县水利局出资出料为村里建设了3个过滤池和2个蓄水池,在经过三次沉淀过滤后,巴飘村的村民吃上了安全纯净、卫生的自来水。同年,市民宗局利用"人口较少民族的扶持"项目,出资60万元对村内所有的巷道进行了水泥硬化,村民们脚不沾泥就可以走遍全村。同时,村里整合各方资金35万元,历时4个多月,在村寨中央建起了巴飘村集社房、文化室,"青年之家"、"妇女之家"、"民兵之家"为一体、面积达370平方米的具有浓郁基诺族建筑风格的二层文化室。同时,400米长的排污沟渠和2个各30立方米的垃圾池也在多方支持下修建起来。如今,巴飘村变成了巷道干净、房屋整洁有序、庭院花香四溢的美丽村庄。

在家庭经济的发展上,各级政府重点针对产业的培育进行扶持。巴飘村主要的现金收入来源是橡胶、茶叶和砂仁。砂仁是20世纪80年代中期发展起来的中药,在巴飘村搬迁之前的20多年里起了很大作用,但是进入21世纪以后,砂仁逐渐老化,虽然进行了更新改种,但是效果微弱,从之前的每户收入2万—3万元,跌至每户1000—2000元。茶叶是基诺族人世代种植的产业,2000年经市扶贫办引进茶厂——基诺民族茶厂,该厂不仅承包了一片土地种植茶树,还收购村民的新鲜茶叶进行加工。巴飘村的茶叶面积成倍增长,后来发展到户均10亩,成为巴飘村的支柱产业。但是由于近年来茶叶价格跌幅较大,如今,巴飘村民只利用闲暇时间采茶,主要的劳动时间都集中在橡胶种植和管理上。橡胶是巴飘村现有种植面积最大的作物。巴飘村从1986年开始种植橡胶,搬迁之前橡胶面积就已经发展到1000多亩。搬迁的时候村民们为了获得盖房以及购买生产工具的现金,近60%的农户将橡胶树卖给了附近的国营农场,面积降到500多亩。搬迁后,巴飘村村民大力发展橡胶,政府曾3次以低价或赠送的形式给巴飘村民提供橡胶树苗,几乎将能够种植橡胶的自留山、轮换地都种上了橡胶。截至2009年年底,橡胶面积达到2254亩。虽然因为海拔较高的原因,巴飘村的橡胶产量不高,但是橡胶价格的上涨,使得橡胶收入成为村民最大的收入来源之一。

三 搬迁效果及评价

异地搬迁扶贫的宗旨就是"搬得来、住得下、能发展",从这一宗旨看,巴飘村的搬迁工作无疑是成功的,村民搬来了,住下了,还住得很好,发展得也很好。村民人均收入从搬迁前2003年的1600元左右,增长到2011年的3383.97元。在其他方面村民也认为搬迁以后村庄发生了很大变化,主要表现在以下几个方面:

扶持人口较少民族发展项目公示牌

村民对搬迁前后生活方面的比较

	搬迁前	搬迁后
人畜饮水	方便,但是下雨天会断水,且一断就是几天	方便,下雨天也会断水,但是因为距离水源近,当天晚上就会来水
距村委会	走路或坐车12—14公里的路程,有一段土路,一段柏油路	以前是3公里,从2010年开始搬到本村文化室来办公,就在家门口
距乡政府	不方便,到乡镇上有6公里的土路	方便,只有1.5公里的柏油路
下地干活	走路去,20分钟可以走到	骑车(摩托车或拖拉机)去,20—40分钟到,走路去的话要2—3个小时
食物	自己种自己吃,只有过节的时候才出来买点肉吃吃	天天上街买菜吃
住房	以前各种房子都有,有钱的盖楼房,没钱的就搭一点草房,更多的是用石棉瓦盖起来的砖房,很少有现在的传统瓦房	大家被要求统一盖成瓦房,大小也都差不多,就是有钱也没有地方盖。外面看着没差别,但里面装修差别大
看病	不方便,只有用老草药,有一个30年前参加过培训的医生,不敢看病,只帮忙打针和接生。如果生大病就得走6公里路到乡卫生院	方便,平时看病在基诺山乡卫生院,生孩子时大家都到景洪市医院
串门子	不方便,住的分散,只能去附近的邻居家	方便,想去哪家就去哪家
养殖	方便,场地宽,想养多少就养多少	不方便,地方窄,养不成,年年有鸡瘟

续表

	搬迁前	搬迁后
卫生习惯	差一些。反正出门都是泥土，也就不计较那么多了	现在卫生习惯好多了，家里干净，外面也打扫的干净。每天晚上都洗澡，人也干净，病也少了
文化娱乐	自己编民族舞，只有在过年过节的时候一起编歌舞	现在每年都有几次的文艺表演，还有外面的人来村里面教我们跳
总体生活	满意。赚的不多，花的也不多，风景也好	满意。但是赚钱少了，花钱还更多，要是钱再多赚一点点就更好了

从上表村民对搬迁前后的切身感受和评价中，我们可以看出，巴飘村民的生活条件越来越好，村民也越来越适应和感受到了方便的交通带来的好处。此外，由于巴飘村是整体搬迁，村民之间从原本的熟人社会变为居住更为紧密的密集村庄，交流更为便捷、相互依存加剧，村民关系得到改善，村庄的社会资本得到扩大和加强。村民普遍感觉"以前在老寨的时候'你的就是你的，我的就是我的'，但是搬下来以后'你的可以是我的，我的可以是你的'，人与人更加亲密，就像一家人一样的"，"人也更团结了，心更齐了"。总体上说，村民对搬迁后的生活比较满意，搬迁工作达到了预期目标。

四 存在的问题

巴飘村的异地扶贫开发虽然取得了明显成效，但也还存在一些不足。

首先，是搬迁选址规划中没有考虑农村生产、生活的特殊性和村庄的持续发展问题。农村的生产、生活都离不开养殖、种植业。养殖业主要是在家庭里或者家庭附近的空间发展，种植业不仅是家庭收入的来源，在很多时候它也是家庭生活自我供给的基本保证。因此，在规划农户社区的时候就不仅要考虑居住主体——农民的住房问题，还要考虑与其生活息息相关的家庭种植、养殖问题。这正如巴飘村民所说的"我们除了地基什么都没有"，"地基也是机关部队地基，只住人，不管其他"。在这里，他们没有一分菜地，没有一个固定堆柴点，不能养鸡，不能养狗。他们只好去老寨搭点房子，把柴堆放在那里，需要的时候再去取来。种菜没有地方，就只好在老寨的山坡上种一点，去干活的时候再收回来，大多数时候，他们就在附近的乡镇集市买菜，成为买菜吃的农村人。巴飘村民说："这些生活上的不便都是可以慢慢适应的，但是最没法解决的是以后分家没地基。"分家既有传统文化的影响，也有现实的需要。从传统文化习俗来说，基诺族子女成年成家以后都是分家单过，老人则跟随一个孩子生活，即分家是基诺族自古以来的传统。从现实需求来讲，2003年巴飘村搬迁时的农户数为52户，2009年发展到56户，2011年增加到64户，8年间增加了12户。2009年巴飘的户均人口是4.6人，而全省的乡村户均人口数是4人。巴飘村有38户的人口数量多于5人。对于5人以上的家庭，一栋不足200平方米的老房子是不够的，更何况，随着经济的发展和生活水平的提高，分家建盖新房子是必然的选择。分家就意味着分房、盖房，新增地基就成为一个不可避免的问题，而巴飘村在地基规划的时候虽然考虑到了以后户数的增加情况，但是明显没有那么多的地基来满足户数的自然增长。"村庄旁边都是别人的胶树和田地，我们自己只有一块水田在附近。现在盖新房的地基已经很难找，五年、十年以后就更成问题了，如果现在不解决，十年后我们那块水田肯定保不了，到时候村民就是犯法，也要侵占基本农田了。"

其次，村民的生活成本太高，受市场价格变化的影响较大。由于距离土地比较远，巴飘村的生产、生活成本远远高于普通的村庄。"一出门就要骑摩托车、开拖拉机，机器一发动，就要油钱。"2009年年底全村共拥有汽车2辆，拖拉机40辆，摩托车74辆，户均摩托车1.3辆。在这里，拖拉机和摩托车不是代步工具，而是没有办法的选择。距离最近的土地都有4.5公里，步行需要花费1个多小时的时间。如果没有这些代步工具，每天往返在路途上就需要2个多小时的时间。因此，巴飘村50岁以下的男女都会骑车、开车，为的就是下地干活的时候能节省点时间，"哪一家没有摩托、拖拉机都不行"。与此同时，村民的生产、生活成本也随之增加，以一辆摩托车每两天加一次油、一次10元钱，平均一年300个劳动日计算，巴飘村平均每户仅用于生产的摩托车油钱就需要1950元，况且随着油价的上涨，这种生活成本会越来越高。日常生活上，由于村庄附近没有土地种菜，村民很大一部分蔬菜都要从市场上购买，也增加了村民的日常现金开支。正如一位村民所说："我们现在过的是高消费的市民生活。"

最后，产业单一、脆弱。巴飘的主要收入是茶叶和橡胶，这两种产业的价格受市场的影响较大，不是单个村民或村庄就可以控制的，茶叶就是最好的见证。2007年前后，茶叶价格大幅上升，价格最好的时候每斤鲜叶的价格达到50元一公斤，而如今茶叶鲜叶的价格是5元一公斤，最好品种的茶叶也就是14元一公斤。橡胶种植的状况也令人担忧，随着橡胶种植面积的扩大，巴飘的产业越来越趋于单一化，而橡胶的价格则会直接受到全球经济的影响，显得更为脆弱。正如一个老干部担心的："这些年他们到处都种橡胶树，能种不能种都要种，还把自留地全部种完了。橡胶这两年的价格还可以，但是谁都不能保障价格会一直很好，橡胶在种和管理的时候都需要花费很多的精力和成本，还得病。到时候，橡胶的价格一下降，付出去的钱收不回来，村民剩下的就只有吃的粮食了。"

五 政策建议

针对巴飘村存在的这些现实问题，我们提出以下建议：

一是针对村庄持续发展的地基问题提出解决办法。地基紧张是巴飘村即将面临的最严峻的问题，村民不可能回到老寨盖房子，那里的地基还是一样的松软；也不能去侵占仅有的基本农田。因此只能在扩村或改变原址的房屋类型上想办法。"扩村"是以政府补偿和村民集资形式进行征地，将村庄周围的一部分土地征集作为巴飘村的备用宅基地。如果单以农户自行购买宅基地，他们会因为价格的原因而违法选择将房子建在自己的水田上面。"改变原址房屋类型"则是将现有的传统木质干阑式瓦房改建为新式干阑式水泥浇灌房，以增加房屋的居住面积，但这也破坏了村庄的传统建筑风格。很多村民都希望以这种方式来新建房屋，而导致大家有这种想法的源泉是新建的文化室，村民希望和文化室一样，将自己的房子建成舒适、宽敞、明亮的水泥杆栏式建筑，而不是现在漏雨的瓦房。

二是兴修水利，改善田间道路质量。巴飘村有4块水田，其中3块在老寨附近，一块在新寨边上。但是由于新寨边上的水田沟渠破损，不能有效灌溉，种一季水稻以后就闲置了。如果将沟渠修好，农田四季得到充足的水灌溉，就可以在其他几个季节种植果蔬，既可以减少农户在蔬菜食品上的开支，还可以获得一定的收入。而田间道路的改善，则可以减少农用车和摩托车的油料消耗，降低巴飘村民的生产、生活成本。

三是引导发展多种种植，多样化发展生产。橡胶的发展是村民自主选择的必然结果，但是橡胶产业的脆弱性也是客观存在的。因此，应有意识地发展多种种植，寻找适合巴飘村发展的产业，正如之前的中药种植一样，发现和开发巴飘村的特色产业和橡胶种植的替代产业是实现村庄经济稳定持续发展的必由之路。

四是尝试开展民俗旅游，抓住现有优势资源，增加收入。巴飘村是基诺山乡的"窗口村"，保留完整的传统房屋和干净有序的村庄面貌是吸引游客的首要景观；淳朴的民风和原汁原味的基诺族饮食能将吸引游客留下来，亲身体验基诺族的生活、民俗和文化。

和谐发展的基诺族村庄
——云南省西双版纳州景洪市基诺山乡巴朵村调查报告

巴朵村距离乡镇府仅1公里，是基诺族的一个扶持人口较少民族发展的示范村。巴朵村建寨已经40多年了，由于紧靠乡政府，交通便利，信息灵通，政策贯彻和实施到位，村民发展意识和市场观念比较强，在发展产业中科学管理意识强，村干部和村民关系和谐，社区凝聚力较强，扶持发展效益明显。一方面，随着经济社会的发展，巴朵村已经呈现出非常强烈的"汉化"的一面；另一方面，基诺族传统的太阳鼓歌舞非物质文化保护与传承非常好，村庄文体活动开展得有声有色，既满足了村民的精神文化需求，又成为了村落发展的重要动力。

一　村庄概况

巴朵村隶属于云南省西双版纳景洪市基诺山基诺族乡新司土村委会，位于基诺山基诺族民族乡的东北边，距乡政府1公里。全村国土面积3.46平方公里，海拔900米，年平均气温18℃，年降水量1400毫米，适宜种植稻谷、玉米等农作物。有耕地650亩，其中人均耕地2亩；有林地4846亩，其中经济林果地3992亩，人均经济林果地12.28亩，主要种植橡胶、茶叶等经济林果。全村74户农户，有乡村人口331人，其中男性155人，女性176人，农业人口331人，劳动力206人，其中从事第一产业人数206人。2011年年底，全村参加农村社会养老保险212人；参加农村合作医疗331人。

2011年年底，全村已实现水、电、路、电视、电话五通，全村有74户通自来水，有74户通电，有74户通有线电视，拥有电视机农户74户，安装固定电话或拥有移动电话的农户数74户，其中拥有移动电话农户数74户。巴朵村到乡镇道路为柏油路，进村道路为水泥路，村内主干道均为硬化的路面；距离最近的车站1公里，距离最近的集贸市场1公里。2011年年底，有 53 户居住于砖木结构住房，一部分农户已经建盖了水泥平顶房，有的已经是小别墅。

村寨远景

2011 年年底，全村农村经济总收入 237.57 万元，农民人均纯收入 3473.11 元。其中：种植业收入 92.13 万元，畜牧业收入 5.56 万元，林业收入 138.68 万元。农民人均纯收入 3473.11 元，巴朵村的主要产业为种植业，收入以茶叶、橡胶等为主。2011 年主产业全村销售总收入 197.30 万元，正在发展的橡胶、茶叶特色产业已经初具规模。小学生就读到景洪市基诺民族小学，中学生就读到景洪市第三中学。巴朵村距离小学校 1 公里，距离中学 15 公里。义务教育在校学生中，小学生 10 人，中学生 15 人。党小组 1 个，党员总数 13 人，党员中男党员 12 人，女党员 1 人。

二 和谐发展的村庄

从我们在巴朵村实地调查的情况来看，该村靠近乡政府，交通便利，村内都是水泥路，村容村貌整洁；手机信号塔就在村寨后面，通信设备完善，信息灵通；全村有 80 辆摩托车、50 辆唐老鸭（小型机耕拖拉机）、40 辆拖拉机、9 辆小汽车（面包车 2 辆），有电脑 2 台，开通网络 2 家，人民生活水平较高；村民整体素质比较好，村干部和村民关系和谐，村民团结，社区凝聚力比较强，文体活动开展得有声有色，每天晚饭后，都有群众在村落公房广场上进行各种娱乐活动。

巴朵村寨

回顾历史，巴朵村民小组周建凯组长介绍，从1992年开始就已经没有了茅草房。1993年开通了闭路电视，是最早开通的村落之一；同年，政府鼓励村民发展茶叶，给愿意种茶的农户免费发放茶苗，后来在2002年的时候又免费补发了一批。1998年开始搞道路硬化，向上级要点钱之后，由村民投工投劳进行建设。而村寨最显著的变化是从近几年得到人口较少民族扶持项目开始，基础设施建设增多，产业发展得到扶持。2004年，扶持建盖猪圈及种植大棚蔬菜。2007年，扶持种植了桃子、李子、油桃和香樟树，2009年扶持种植沉香树，2010年扶持种植金臣膏桐，而橡胶树一般都是农户自愿购买青苗种植，政府派技术人员来为村民进行橡胶树种养及割胶等相关知识的技术指导和培训。养殖业方面，从2007年至今都是基诺山小耳朵猪的试点村（村里有10个科技示范户，一个人分片区带几户农户养猪，教授养殖技术、看病并解答困难），实施猪沼一体建设，此外还扶持了养鸽子。2008年开始实施整村推进，修通了村内道路2公里，实施人畜饮水工程1.9公里，修建了水池，建盖了综合楼（社房、公房），修建了篮球场；2009年道路硬化加固1010米；2010年又扶持发展养殖业，对养殖户进行补贴。

通过扶持人口较少民族发展，巴朵村的基础设施、人居环境得到改善，经济社会事业得到发展，人民群众生产生活水平明显提高，民族关系更加团结和谐，社区凝聚力增强，党和国家的善政工程深入人心，少数民族群众真切地感受到了党的关怀和温暖，坚定了跟着共产党走的信念。周建凯组长说道："村民小组建盖了综合楼（社房、公房），开会啊、跳舞啊，再也不怕下雨了，也不需要在太阳下开会了。在综合楼里老年协会、青年之家、妇女之家都有，文艺晚会的舞台也有了。"

富裕户李益山评价道："现在国家对我们民族政策这么好，路也给修好，水给拉回家，沼气也给投资，要养猪国家就出钱帮忙修猪圈，有困难就给补助；村里公路都通了，路方便，干活开着拖拉机很方便；我们这里种经济作物也可以长，只要人勤快，好好干活，日子就会慢慢好起来。"

巴朵村是一个依山梁缓坡而建的村寨，因此交通极为不便，最让村民车扫高兴的事是村寨里全部铺了水泥路，还修建了球场、社房。车扫说："以前没有好路，拖拉机、摩托车都上不去，粮食、化肥都得要人背，农忙的时候要请工，一年下来，要换不少工，还要出一些工钱，而且做活很慢。现在家家户户都有拖拉机、摩托车，我们去地里就很方便了，干活的时候，在路上耽误的时间就少了。"

由于没有橡胶树，茶叶也很少，车扫一家的主要收入是饲养"小耳朵"猪（冬瓜猪），"2010年，政府为了发展农村养殖业，帮助农民致富，就给一些养殖户适当的补助，我当时也得到了2000块的猪圈修补款"。车扫说："今年我养了8只冬瓜猪，如果按每公斤15块的价格算，估摸能卖到6000多块钱。"当他说完话后，一脸的喜悦仍还挂在脸庞。

65岁的特困户特玖，其妻子已经年过七旬，两位老人没有儿子，唯一的女儿早已出嫁。虽嫁在本村，但婆家也极其困难，因而无法给予老人舒适的晚年生活，两位老人不得不下地干活，以获得微薄的收入保家糊口。特玖家庭收入主要是茶叶，大概6亩，去年年收入2000元左右。另种有7分水田，收点稻谷还不够一年的伙食。村里的会计说："他们年纪大了，不能起早上山去割橡胶，水田也种不了，只有每天去摘点茶叶到街上的茶厂卖掉换点生活费。平时，邻居、亲戚也都会拿些饭菜、肉、粮食照顾他们。"老爷爷是村里享有低保补助人员之一，另外由于年过六旬，每个月还有55元的养老补助。其妻子是村里唯一一个五保户，每个月可以领到80元的补助，而且看病时可以享受75%的优惠。"现在党好，政策好，对我们老百姓好。旧社会，我们就没有人管了。"老爷爷激动地说。老爷爷今年还养了3头小耳朵猪，他说："看寨子里其他人养，我也就多少养点，希望卖点钱。"当问起村寨近十年的变化时,特玖老爷爷更是激动不已,他说:"我们搬下来40多年了,也就是最近10年变化最大,这几年我们寨子老百姓不掏钱,又铺路,又修水池,寨子越来越好看了,往年没有这么多好事。现在修了个篮球场,年轻人有玩的地方,寨子里的姑娘、女人们还可以经常去跳舞,多好啊。要不是国家支持,我们寨里人是想不到的,也修不起来啊。"

三 和谐发展的内在因素

(一)交通方便,信息灵通,政策贯彻和实施到位

从扶持人口较少民族的效益来看,巴朵最显著的成效是村民思想观念发生了很大的转变。一是科学管理加强,"三农"政策受到重视,老百姓已经感受到了政府的关怀,对共产党充满感激。二是市场观念增强,在过去的几年中,茶叶价格好了,也有人给茶叶施肥了,增加了收入。在这一过程中,村民学习科学管理,学会施肥,跟着市场来发展经济。市场经济意识增强了,对物价的上涨下跌开始敏感。三是人的发展意识增强。外出打工、学习以后,人的视野更宽,发展意识更强;加上紧靠乡政府,信息相对灵通,对政策比较了解,政策的贯彻和实施到位,促进了村庄的和谐发展。

(二)以当地的具体情况和要求作为项目实施的目标

在实施人畜饮水工程的时候,由于人口增加,原先25万元建设的水管站达不到老百姓的要求,根据村子的具体情况和要求,又加大了投入力度,新建了两个水池作为备用,保证整个村落的用水正常供应;在修建的过程中使用了钢筋和盖板,使用钢筋是为了加固整个水池的稳定性,使用盖板是为了保证饮用水的安全,防止有人故意将不干净甚至有毒的东西投入水中。村民们认为,水池是最实惠的项目,"过滤以后干净,也不用挑水了"。在实施项目的时候,由于各地的具体情况不一,以当地的具体情况和要求作为项目实施的目标导向,在整个实施的过程中,不仅村民积极拥护,实施结果也会得到老百姓的认可。

(三)社区凝聚力较强,扶持发展效益明显

巴朵村小组自留地到村庄有4—5公里的距离,人背马驮劳作困难,因此,修建田间道路是村民最喜欢的项目。2007年,村小组找钱挖通了从箐沟到水库的4条土路,村小组长周建凯说:"每100米需要花费800—900元钱,都是使用挖机挖通到达耕地里的机耕路。"目前,仍需再挖通两条机耕路,"如果通路,哪怕是土路都是好的,可以使用拖拉机"。一般情况下,社区凝聚力比较强的村落,每年都会实施一些集体项目,无论有无资金,无

论资金大小，这样不仅有利于村落社区的认同感，下达的项目实施起来也比较容易，这样的村落从扶持的效益来看是比较明显的，从发展的视角来看，也比较有前途。

村里妇女有集体劳动的传统。自十多年前，每年 7 月初，村里的妇女小组长就召开妇女会议，讨论怎么组织大家一起集体劳动。全村妇女无论年龄和婚否都可以自愿报名成为集体劳动的一员，家庭劳动力稍多的妇女多会报名参加，既可以照顾家庭，也可以与姐妹们一起干活。集体劳动的目的一是农忙时节妇女之间相互帮忙，可以提高劳动效率，减轻家庭负担；二是妇女们通过在一起劳动促进交流、加深感情，缓解平时生活中存在的过节，减少误会；三是积累一定的资金，为妇女开展集体活动提供经济保障。每年在确定组织集体劳动之后，全体妇女会集体讨论一个劳动的方式和酬劳标准。每年的方式都不一样。今年，大家认为经济不是很活络，因此最后确定为：无论人员多少，到一家劳动一天 40 元钱，所有酬劳归妇女小组所有，用于每年的妇女节开支以及外出旅游开支。十多年来，巴朵小组的妇女以这种方式筹集的资金游遍了西双版纳的所有旅游景点，还到昆明、石林、丽江、香格里拉等地旅游过。

（四）民族节庆和文化活动蓬勃开展

由于近年来经济的发展以及巴朵村民传统观念的改变，使得巴朵村呈现出非常强烈的"汉化"的一面，如今传统的基诺族建筑在巴朵村几乎荡然无存，然而由于非物质文化传承的需要，巴朵村的太阳鼓歌舞至今仍然较好地保留着。何桂英是省级非物质文化传承人（大鼓传承人），被称为"基诺族的金嗓子"，不仅受邀外出参加演出，还在村中免费收徒教授基诺族的民歌，给年轻人讲解古歌的歌词和含义，发扬和传承基诺族民族文化。在巴朵村民小组调查期间，村民们每个星期都有三个晚上在"公房"的广场上跳舞，由何桂英带领着大家跳。村民小组组长的母亲已经 50 多岁了，身体有点肥胖，但是每次跳舞都积极参加，而且无论是民族舞还是现代舞都基本能跟上节奏，很明显，她跳舞并非一朝一夕了。正是"公房"这样的活动场所在社会发展中发挥了很大的作用。

在节庆和民族传统节日期间，村里会组织开展文化活动。每年 2 月 6 日的特懋克节，大家敲起大鼓，跳着木鼓舞去拜年；春节时组织文艺汇演；三八妇女节前夕组织妇女外出旅游，过节这天白天游园，晚上搞文艺晚会；五四青年节时组织团员做义务劳动（扫公厕、扫巷道），年轻人用团员自己赚的钱组织篮球赛和文艺活动；7 月 1 日建党节党员和积极分子开会学习，新入党员宣誓，晚上全村委会的所有党员一起举办文艺晚会，每个支部出

基诺族大鼓舞

2—3个节目；农历八月十五中秋节吃团圆饭，放花炮，走亲戚。节日或农闲的时候，妇女们会组织起来在篮球场跳舞。公共文化设施的建设和蓬勃开展的民族节庆文化活动较好地满足了村民的精神文化需求。在集体活动中，培养了村落的团队精神，这种团队精神既是社区和谐的基础，也是社区发展的动力。

四 主要的困难和未来的期望

巴朵村目前存在的主要困难和问题：（1）本村自来水管长度6公里，由于安装年代比较长，水管严重锈化，需要新建长6公里的自来水管道，加修80立方米的一个蓄水池来解决本村饮水保障问题。（2）农田水利设施不完善，经常缺水。现在用的水库是20多年前村子里面修的，现在已经堵住了，成了死水，水沟也经常被堵。现在村里所有的旱地都已经种了橡胶树和茶树，要找发展路子只有从田里面下手，有了水，除了种水稻，冬天还可以种两季蔬菜，增加收入。现在急需扶持资金，将水沟和水库一起修好，保障农田水利供应。（3）缺乏橡胶、茶叶的科学管理技术，抵抗病虫害及干旱、洪水、冰雹等自然灾害的能力弱。（4）民族文化保护与传承比较成功，但是目前尚未从中获得有效的经济效益，民族文化的保护与传承的经费面临一定的困难。

　　巴朵村今后的发展思路和重点是：一是继续完善基础设施建设，整改人畜饮水工程，改换水管，保障饮水供应，提高饮水质量；二是做好农田水利综合整治，落实农田改造，保障农田用水，帮助农民增加收入；三是加强对现有橡胶和茶园的科学管理，提高科技含量，加强科技培训力度，提高橡胶和茶叶单产；四是依托便利的交通条件和村内完善的基础设施，以民族文化为核心吸引力，鼓励一部分农户发展基诺族农家乐，既能够展示基诺族的民族文化，又能够从中获得经济收益。可以在村落里看到整洁的环境、富有特色的民居、传统的民族服饰，还可以听到原汁原味的已被列为省级非物质文化遗产的大鼓传承人何桂英的舞姿和洪亮的歌声。

参 考 文 献

（一）著作

[1] ［印］阿玛蒂亚·森：《以自由看待发展》，任赜、于真译，中国人民大学出版社 2002 年版。

[2] ［美］保罗·萨缪尔森、威廉·诺德豪斯：《经济学》，萧琛等译，华夏出版社 1999 年版。

[3] P. Bourdieu. The forms of capital ［A］. Handbook of Theory and Research for the Sociology of Education ［C］. John. Richardson, ed. New York: Greenwood Press, 1986.

[4] ［美］布坎南：《民主财政论》，穆怀朋译，商务印书馆 1999 年版。

[5] 陈瑞莲：《区域公共管理理论与实践》，社会科学出版社 2008 年版。

[6] 程漱兰等：《世界银行发展报告 20 年回顾》，中国经济出版社 1999 年版。

[7] 《当代云南》编辑部：《当地云南大事纪要》（增订本）（1949—2006），当代中国出版社 2007 年版。

[8] ［美］Eric Reader：《公共部门绩效管理》，张泰峰译，郑州大学出版社 2004 年版。

[9] 樊纲：《市场机制与经济效率》，三联书店、上海人民出版社 1992 年版。

[10] 方振郊：《绩效管理》，中国人民大学出版社 2003 年版。

[11] ［美］弗朗西斯·福山：《信任——社会美德与创造经济繁荣》，彭志华译，海南出版社 2001 年版。

[12] ［美］格里高利·曼昆：《经济学原理》（上册），梁小民译，三联书店 1999 年版。

[13] 国务院扶贫开发领导小组办公室：《中国农村扶贫开发概要》，中国财政经济出版社 2003 年版。

[14] 胡宁生：《中国政府形象战略》，中共中央党校出版社 1998 年版。

[15] 江泽民：《全面建设小康社会，开创中国特色社会主义事业新局面》，

人民出版社 2002 年版。
[16] 康晓光：《中国贫困与反贫困理论》，广西人民出版社 1995 年版。
[17] 厉以宁：《环境经济学》，中国计划出版社 1995 年版。
[18] 联合国开发计划署（UNDP）：《2003 年人类发展报告——千年发展目标：消除人类贫困的全球公约》，中国财政经济出版社 2003 年版。
[19] 联合国开发计划署（UNDP）：《2005 年人类发展报告摘要》，http://hdr.undp.org。
[20] ［美］罗伯特·D.普特南：《使民主运转起来》，王列、赖海榕译，江西人民出版社 2001 年版。
[21] ［美］曼瑟尔·奥尔森：《集体行动的逻辑》，陈郁等译，上海人民出版社 1995 年版。
[22] 孟建民：《中国企业绩效评价》，中国财政经济出版社 2002 年版。
[23] NanLin, *Soeial Capital: A Theory of Soeial Strueture and Action*, Cambridge: Cambridge University Press, 2001. p. 19.
[24] ［澳］欧文·E.休斯：《公共管理导论》，张成福等译，中国人民大学出版社 2007 年版。
[25] 秦大河：《中国西部环境演变评估》，中国科学出版社 2002 年版。
[26] 世界银行：《1980 年发展报告》，中国财政经济出版社 1980 年版。
[27] 世界银行：《1990 年世界发展报告：贫困问题》，中国财政经济出版社 1990 年版。
[28] 世界银行：《2000/2001 年世界发展报告：与贫困作斗争》，中国财政经济出版社 2001 年版。
[29] 世界银行：《2006 世界发展报告：公平与发展》，2006 年，www.worldbank.org.cn。
[30] 世界银行：《从贫困地区到贫困人群：中国扶贫议程的演进》，2009 年，http://www.worldbank.org.cn。
[31] ［美］孙克姆·霍姆斯：《公共支出管理手册》，王卫星译，经济管理出版社 2002 年版。
[32] 谭崇台：《发展经济学》，山西经济出版社 2001 年版。
[33] 王晓莉：《中国少数民族建筑》，五洲传播出版社 2007 年版。
[34] ［美］西奥多·舒尔茨：《穷人经济学——诺贝尔经济学获奖者演说文集》，罗汉译，上海人民出版社 1998 年版。
[35] 云南省编辑组：《云南少数民族社会历史调查资料汇编》（五），云南人民出版社 1989 年版。

[36]［美］詹姆斯·科尔曼：《社会理论的基础》，邓方译，社会科学文献出版社1999年版。

[37] 詹姆斯·C. 斯科特：《农民的道义经济学：东南亚的反叛与生存》，程立显、刘建等译，译林出版社2001年版。

[38] 张一驰：《人力资源管理》，北京大学出版社1999年版。

[39] 张馨：《公共财政学论纲》，经济科学出版社1999年版。

[40] 张哲敏：《民族伦理研究》，云南民族出版社1990年版。

[41]《中国21世纪议程——中国21世纪人口、环境与发展白皮书》，中国环境科学出版社1994年版。

[42]《中国人口较少民族发展研究丛书》编委会：《中国人口较少民族经济和社会发展报告》，民族出版社2007年版。

(二) 论文

[1] A. Portes. Sensenbrenner Julia. *Embeddedness and immigration：notes on the social determinants of economic action* [J]. American Journal of Sociology, 1993, 98.

[2] 阿庐：《彝族公房》，载《风景名胜》1999年第6期。

[3] Buchanan, J. M. "An Economic Theory of Clubs", *Economicas* Vol. 32 (February 1965), pp. 1–14.

[4] 蔡红燕、熊云：《政策扶持背景下我国人口较少民族地区发展现状及对策研究——以云南省保山市人口较少民族地区经济社会发展为例》，载《商丘职业技术学院学报》2011年第4期。

[5] 蔡红燕：《论人口较少民族地区政策扶持实效中出现的新问题——以云南省保山市布朗族、阿昌族与德昂族为例》，载《保山学院学报》2012年第1期。

[6] 陈立明：《珞巴族传统居住习俗及其变化》，载《西藏民族学院学报》（哲学社会科学版）2003年第3期。

[7] P. Dongier etc 等：《什么是社区主导型发展方式》，简小鹰、刘林译，载《中国社区主导发展简报》2007年第1期。

[8] 费孝通：《民族生存与发展——第六届社会学人类学高级研讨班上的讲演》，载《民族社会学研究通讯》2001年第26期。

[9] 费孝通：《民族生存与发展——在中国第六届社会学人类学高级研讨班开幕式上的即兴讲演》，载《西北民族研究》2002年第1期。

[10] 冯鸿雁：《财政支出绩效评价体系构建及其应用研究》，博士学位论文，天津大学，2004年。

[11] 高锦蓉：《试述公房制——普那路亚婚制的遗迹》，载《中南民族学院学报》1995 年第 2 期。
[12] 韩彦东：《人口较少民族贫困原因及扶贫开发对策研究》，载《贵州民族研究》2005 年第 6 期。
[13] 韩忠太：《西双版纳布朗族两种脱贫模式研究》，载《云南民族大学学报》（哲学社会科学版）2006 年第 3 期。
[14] 和爱军：《基诺山乡经济社会科学发展问题探究》，载《中共云南省委党校学报》2009 年第 5 期。
[15] 和少英、黄彩文：《增强主体意识是民族地区社会主义新农村建设的关键——以临沧市双江县布朗族为例》，载《中南民族大学学报》（人文社会科学版）2006 年第 6 期。
[16] 何群：《现代化与小民族生存问题探讨》，载《云南社会科学》2006 年第 1 期。
[17] Hearn, D., C. Halbrendt, C. M. Gempesaw II and Shuw-Eng Wbb. 1990, *An Analysis of Transport Improvements in China's Corn Sector: A Hybrid Spatial Equilibrium Approach*, Journal of Transportation Research Forum 31 (1).
[18] ［美］洪朝辉：《论中国城市社会权利的贫困》，载《江苏社会科学》2003 年第 2 期。
[19] 胡小平：《基诺人家》，载《中国西部》2005 年第 5 期。
[20] 焦丹：《现代文化发展中的德昂族传统文化传承与保护》，载《经济研究导刊》2010 年第 6 期。
[21] 康耀坤：《论我国民族地区的村民自治与基层民主建设》，载《西北民族大学学报》（哲学社会科学版）2008 年第 3 期。
[22] 李福军：《从怒江勒墨人"公房"看其婚恋习俗》，载《楚雄师范学院学报》2009 年第 10 期。
[23] 李岚：《影响我国人口较少民族经济发展的原因分析》，载《黑龙江民族丛刊》2004 年第 1 期。
[24] 李岚：《人口较少民族经济发展与西方区域经济理论》，载《西北第二民族学院学报》（哲学社会科学版）2004 年第 1 期。
[25] 李岚：《当代中国人口较少民族经济发展中的制度创新》，载《西南民族大学学报》（人文社会科学版）2004 年第 2 期。
[26] 李岚：《政府在人口较少民族经济发展中的作用》，载《西北民族大学学报》（哲学社会科学版）2004 年第 2 期。
[27] 李岚：《人口较少民族经济发展中制度的功能》，载《大连民族学院学

报》2004 年第 2 期。

[28] 李岚：《人口较少民族经济发展中的制度变迁》，载《中南民族大学学报》（人文社会科学版）2004 年第 3 期。

[29] 李宏：《德昂族地区农村发展状况研究——以三台山德昂族乡为例》，载《云南农业大学学报》（社会科学版）2009 年第 4 期。

[30] 李若青：《人口较少民族发展政策及其经济因素》，载《经济问题探索》2008 年第 11 期。

[31] 李晓斌、杨晓兰：《扶持人口较少民族政策实践的效果及存在的问题——以云南德昂族为例》，载《中南民族大学学报》（人文社会科学版）2010 年第 6 期。

[32] 李晓斌、周真刚：《云南人口较少民族社会发展的结构性差异与文化变迁》，载《中央民族大学学报》（哲学社会科学版）2010 年第 5 期。

[33] 李晓斌、杨晓兰：《人口较少民族的经济发展与民族关系调适——以德昂族为例》，载《贵州民族研究》2010 年第 5 期。

[34] 李学华：《政府在人口较少民族经济发展中的作用初探》，载《科技情报开发与经济》2006 年第 14 期。

[35] 李学坤、张榆琴：《云南省人口较少民族聚居区经济发展的问题及对策分析——以布郎族乡为例》，载《当代经济》2009 年第 16 期。

[36] 廖元昌：《德昂族生存困境与构建和谐社会》，载《云南行政学院学报》2005 年第 5 期。

[37] 廖元昌：《和谐社会视角下德昂族阿昌族的发展问题》，载《中共云南省委党校学报》2008 年第 6 期。

[38] 廖元昌：《构建和谐社会视角下的人口较少民族全面发展问题——以云南省德宏州阿昌族德昂族为例》，载《楚雄师范学院学报》2009 年第 1 期。

[39] 刘璐琳、舒驰：《人口较少民族经济向现代经济转变的路径分析》，载《黑龙江民族丛刊》2007 年第 6 期。

[40] 刘小龙、韩萍：《云南人口较少民族聚居地区的科学发展问题研究——以云南布朗山布朗族乡和基诺山基诺族乡为例》，载《经济研究参考》2009 年第 52 期。

[41] 刘文光：《布朗族全面建设小康社会面临的问题及对策》，载《贵州民族研究》2008 年第 3 期。

[42] 刘文光：《我国人口较少民族反贫困面临的问题及对策——以云南边境地区人口较少民族为例》，载《黑龙江民族丛刊》2012 年第 1 期。

[43] 陆汉文:《社区主导型发展与合作型反贫困——世界银行在华CDD试点项目的调查与思考》,载《江汉论坛》2008年第9期。

[44] 马克·霍哲,张梦中译:《公共部门业绩评估与改善》,载《中国行政管理》2000年第3期。

[45] 马秀萍:《人口较少民族与特色经济发展》,载《黑龙江民族丛刊》2009年第4期。

[46] 麻三山、余玲:《浅析新时期我国人口较少民族的扶贫开发对策》,载《昆明理工大学学报》(社会科学版)2005年第4期。

[47] 牟瑞新:《现代企业绩效管理浅析》,载《现代营销》(学苑版)2011年第9期。

[48] 纳麒:《略论中国社会主义建设的三种"社会发展模式"》,载《云南社会科学》理论专辑,2003年版。

[49] 潘红祥:《统筹发展:扶持人口较少民族工作的核心理念——云南省贡山独龙族怒族自治县扶持人口较少民族发展调查》,载《中南民族大学学报》(人文社会科学版)2010年第4期。

[50] 起建凌、李永勤、李永前、张毅:《人口较少民族地区发展优势分析——以云南省阿昌族地区为例》,载《云南农业大学学报》(社会科学版)2009年第2期。

[51] 青觉、严庆:《论中国人口较少民族的发展——基于科学发展观的思考》,载《中央民族大学学报》(哲学社会科学版)2009年第5期。

[52] 青连斌:《贫困的成因与反贫困的战略》,载《学习时报》2006年6月19日第6版。

[53] 桑玉成:《论和谐社会的政治基础》,《复旦学报》2005年第4期。

[54] 宋建峰:《怒族多元文化互动与性别承载》,载《云南民族大学学报》(哲学社会科学版)2011年第1期。

[55]《西安晚报》:《推进公平正义重在制度正义》,中国新闻网,http://www.chinanews.com/gn/news,2010年3月15日。

[56] 王铁志:《人口较少民族研究意义》,载《黑龙江民族丛刊》2005年第5期。

[57] 王铁志:《人口较少民族的现代化——以德昂族经济和社会发展为例》,载《黑龙江民族丛刊》2005年第6期。

[58] 王铁志:《人口较少民族发展的结构性差异——以德昂族经济和社会发展为例》,载《黑龙江民族丛刊》2006年第1期。

[59] 王允武、王杰:《人口较少民族权益及其法律保障研究》,载《西南民

族大学学报》（人文社会科学版）2011年第2期。
- [60] 王国华、李克强：《农村公共产品供给与农民收入问题研究》，载《财政研究》2003年第1期。
- [61] 温家宝：《提高认识　统一思想》，载《决策探索》2004年第4期。
- [62] 吴海鹰、马夫：《我国人口较少民族的贫困与扶贫开发》，载《云南社会科学》2005年第1期。
- [63] 吴碧英：《消除贫困要注重"人的发展"》，载《经济纵横》2000年第8期。
- [64] 徐乾坤、李永勤、马翡玉：《浅析加快怒江州贡山县独龙江乡独龙族经济的发展》，载《云南农业大学学报》（社会科学版）2009年第2期。
- [65] 谢屹：《云南贡山独龙族怒族自治县贫困问题研究》，载《云南民族大学学报》（哲学社会科学版）2007年第4期。
- [66] 杨家宁：《发展权视角下的农民贫困》，载《理论与现代化》2006年第1期。
- [67] 杨东萱：《论反贫困视角下少数民族贫困人口的自立与受援》，载《昆明学院学报》2010年第4期。
- [68] 杨东萱：《边境民族地区扶贫与和谐社会建设探微——以云南省德宏傣族景颇族自治州为例》，载《四川教育学院学报》2010年第6期。
- [69] 杨东萱：《边境少数民族地区外援式发展探微——以云南德宏州德昂族为例》，载《现代商业》2011年第5期。
- [70] 杨云红：《独龙族经济社会发展问题初探》，载《中共云南省委党校学报》2011年第6期。
- [71] 喻国华：《我国人口较少民族民营经济发展初探》，载《黑龙江民族丛刊》2006年第2期。
- [72] 于春洋、于春江：《人口较少民族政治发展问题探微》，载《广西社会主义学院学报》2008年第4期。
- [73] 于春洋、苏洪波：《政治学视野下中国人口较少民族经济发展问题》，载《大连海事大学学报》（社会科学版）2009年第1期。
- [74] 增林：《全国扶持人口较少民族发展工作会在京举行》，载《中国民族》2005年第9期。
- [75] 张殿军、金利锋：《我国人口较少民族的法律保护》，载《西北民族大学学报》（哲学社会科学版）2008年第2期。
- [76] 张立辉：《中国人口较少民族的发展与全面小康社会建设》，载《西南民族大学学报》（人文社会科学版）2004年第10期。

[77] 张阳、李永勤、黄亚勤：《云南省兰坪县河西乡普米族贫困问题研究》，载《云南农业大学学报》2009年第2期。

[78] 赵艳芹：《西方公共产品理论述评》，载《商业时代》2008年第28期。

[79] 赵馥珉、李明辉、李永勤：《普米族经济社会发展对策与问题探讨——以兰坪县河西乡普米族聚居区为例》，载《全国商情》（经济理论研究）2009年第7期。

[80] 字军、张琦：《云南省金融支持人口较少民族发展调查与思考》，载《时代金融》2011年第7期。

[81] 周云水、魏乐平：《文化齿轮：中心与边缘之间——以怒江流域的两个人口较少民族为例》，载《贵州师范大学学报》（社会科学版）2008年第6期。

[82] 朱玉福：《扶持人口较少民族的意义》，载《广西民族研究》2007年第1期。

[83] 朱玉福、伍淑花：《中国扶持人口较少民族发展的政策及其实践研究》，载《贵州民族研究》2011年第3期。

[84] 朱玉福：《中国扶持人口较少民族政策实践程度评价及思考》，载《广西民族研究》2011年第4期。

[85] 朱玉福、宋才发：《人口较少民族的法人类学探讨》，载《广西民族研究》2009年第2期。

[86] 朱玉福、伍淑花：《人口较少民族政治参与探讨》，载《黑龙江民族丛刊》2010年第2期。

[87] 朱玉福：《人口较少民族建设全面小康社会研究》，载《青海民族学院学报》2009年第1期。

[88] 朱玉福、伍淑花：《人口较少民族传统文化保护探讨》，载《黑龙江民族丛刊》2011年第3期。

[89] 朱玉福：《人口较少民族特色经济研究》，载《广西民族研究》2008年第2期。

[90] 左岫仙、谷文双：《论人口较少民族的社会稳定》，载《黑龙江民族丛刊》2010年第1期。

后　　记

  轻轻地落下最后的一笔，作为一个年轻的科研工作者，这是一次学术成年礼的洗礼。获得一项国家社科基金立项是一种由衷喜悦；田野调查中与各个人口较少民族的交往是一种感动；写作报告的过程是一种艰辛的酸楚。这个报告的呈现，凝聚着众多人的汗水。回眸过去的时光，我们的调查常常陷入尴尬的僵局，我总是情不自禁地联想起阐释人类学大师格尔兹夫妻初到巴厘岛时的情景：巴厘人远远地看着他们、议论着他们，碰面时又一阵风似的逃离他们。但是，我们总算顺利地完成了这项课题的田野调查，清晰的种种场景还萦绕在脑海里。

  还记得在项目开题过程中，有的专家直言不讳，认为这个项目能够立项完全是题目的作用，是运气好的结果，其他的一切努力都得不到认同，那一刻暗下决心，一定要把课题完成好。

  还记得在调查过程中，痛并快乐着，感动时常伴随着调查。对贫困有了辛酸的理解，有着无奈的感受。这些都是零零星星的，却又是真真切切的。在德宏州梁河县参加阿昌族的泼水节，全身被泼得湿透，几乎没有一个干的地方，这是一种民族文化的深刻感受。

  还记得行走在德宏州瑞丽市户育乡的田埂边，调查人员的脚疑似被蛇咬了，脚后跟有两对明显的咬痕，一边两个孔，比较恐怖，到乡级卫生所看医生，他们也难以判断，只好涂抹一点药水，后来肿了起来，通过简单处理，一段时间后有了好转，本以为没什么事了。但是回到昆明以后，腿部又出现了红肿，并且出现了一片红斑，还好最后也没有出什么大的问题。

  还记得在怒江州贡山县丙中洛乡双拉村委会，在雨中从怒江江边爬到小茶腊村民小组住地，汗水和雨水混在一起，呼吸困难，跟不上村主任她们，只能发出"技不如人"的感慨。上山太痛苦了，体力不支，直喘粗气，原本以为下山会好一些，但是在蒙蒙细雨中下山，背着登山包，穿着冲锋衣，脚踏登山鞋，雨伞是干脆就不打了，这样的装备在大自然的"照顾"下毫无意义，一路上不是你的屁股"盖了章"，就是我的屁股"盖了章"，此时才真正体会到了"上山容易下山难"。上山花了两个小时，下山却花了三个小时。问及村主任她们的下山时间，她们说是一个小时，更加佩服她们脚踏一双皮鞋还能那么快就下山。

还记得在西双版纳州勐海县布朗山布朗族民族乡吉良村委会吉良村民小组，我们是在前组长家里居住的，民宗局在协调的时候，还不知道前组长已经不再担任组长了。在几天的田野调查结束以后，我们之间已经建立了深厚的感情，他一定要以个人的名义邀请我们吃一顿。那天晚上，他邀约来了三个弟弟，一一介绍我们认识，然后开始喝酒，一开始是将我们作为贵客，我们成为他们敬酒的对象，后来大家都喝得差不多，几个兄弟之间开始用布朗语交流和喝酒，我们都悄悄地离开了酒席，他们弟兄之间的言语我们是听不懂的，但是我们可以感受到他们之间的那份情义。

还记得在西双版纳州景洪市基诺山基诺族民族乡巴朵村民小组，由于白天大多数村民都要外出劳动，只有晚上才有时间接受我们的访谈，但是村寨里狗又特别多，所以晚上去调查时就请村小组的会计——一个热情、英俊和极具幽默感的基诺族小伙子给我们带路。调查组成员一起出发，选择了富裕、贫困或特殊家庭等调查对象后就留下一个人进行访谈，其余的成员则继续找不同的家庭进行访谈。当调查组所有的成员都找到访谈对象以后，我们就让带路的小伙子回去，我们自己回去的时候可以请访谈者送一下。于是，我在一户贫困户家里访谈了一个半小时，当访谈结束我从大门出来时，小伙子在大门侧面叫了一声"罗老师"，原来他一直在大门口等着我，那一刻我的眼眶湿润了。

最初的设计是每一个人口较少民族选择一个社区作为调查研究的田野点，但是在实际的调查过程中发现了云南人口较少民族的特殊性，一个民族至少应该选择两个田野调查点，一个是聚居区，一个是散居区，在一定程度上才能代表一个民族的真实现状。

田野调查是民族学学科的基本方法，正如英国人类学家塞利格曼所说："田野调查工作之于人类学就如殉道者的血之于教堂一样。"一帮有着田野调查理论和实践经验的年轻人在一起进行田野调查，总是有着种种思想火花的碰撞，讨论的主题涉及方方面面，所带来的影响不仅限于这个课题的完成，对以后的研究也大有裨益。田野更重要的是一种视角，从社区的视角来审视其种种言语与行为，如果没有深入下去，很多假想都是空洞的，只有真正的同吃同住，深入人口较少民族的贫困地区，才能真正了解、体会到其贫困，真正的有一些符合贫困社区的发展思路。在扎实的田野调查基础上，并没有作出扎实的研究报告，面对近50万字的调查资料，这里所挖掘出来的仅仅只是其中一部分，大量的资料尚未真正地使用到，也正是因为丰富的材料难以割舍，课题的完成一拖再拖。

汪宁生先生对本项目给予了高度的评价，认为这一调查任务非一般人能够胜任，第一，要有民族情感；第二，要有扎实的民族学理论与调查的功底；第三，要有能长期不断地深入调查的时间和精力。如果没有毅力，很多人难以完成这个项目。这是一个青年项目，也只有肯下田野、能下田野的年轻人才能完成，这是一个在欢笑和泪水中完成的项目。

在这么一个初出茅庐研究者的调查研究成果背后，需要感谢的人很多，于此，真诚感谢！感谢指导课题实施的各位专家，他们不仅参加了课题的开题论证，而且在课题的实施过程中不断地给予指导和帮忙。首先，感谢我的博士生导师云南民族大学副校长和少英教授，他不仅引导着我走上了学术的道路，而且在课题研究过程中给予了极大的帮助，宽容地让博士论文的调查和写作让位于课题的完成。就课题的调查研究而言，和老师建议从人口较少民族提升自我发展能力、传承民族文化和融入现代化的角度来研究贫困和扶贫的绩效，需要特别注意主体意识的自我发展。

感谢云南省扶贫办原纪检组杨斌组长，他高度评价了这个课题的重要意义，绩效一直是扶贫开发中的一个核心问题，涵盖了规划制定与实施、资源动员与推进、扶贫信息公开与公众参与、扶贫效果评价与共享等各个方面。研究扶贫绩效，不仅仅是为了提高扶贫的效率，而且也是考量贫困主体实现可持续发展的重要指标。他热情地鼓励课题组，以云南特有七个人口较少民族为研究对象，调查研究扶贫绩效，不仅可以积累大量的扶贫绩效研究资料，而且可以提供一种开展扶贫绩效研究的思路，为全省甚至全国的扶持特殊群体提出有借鉴意义的政策建议。

感谢云南大学民族研究院院长何明教授，他提醒课题组从民族识别的角度来看，贫困不一定与民族本身有着太多的联系，应该从地理环境、自然环境、社会发育程度等来看待贫困问题，因此也应该以地域而非族别来加以扶贫。

感谢云南省民委经济建设处陈新华副处长，作为云南扶持人口较少民族的直接管理者，他鼓励课题组扶贫绩效的调查与研究对完善人口较少民族的扶持政策具有重要作用，是一个需要长期调查研究的课题。在课题调查研究过程中，他不仅对课题涉及的田野调查点给出了建设性的意见，还积极协调和指导课题的调研工作。

感谢云南省社会科学院农村发展研究所的同人们，研究所里不仅为我提供了调查和研究的平台，部分同事参加了课题的调查和研究，而且所有的同事都成为我唠叨的对象,在调查与写作过程中,不断的分享与交流成为完成课题的重要组成部分。特别要感谢所长郑宝华研究员,不仅给予了我充分的时间进行课题的调查和写作,而且是完成整个课题重要的舵手,指引我课题研究的方向。作为进入研究领域的"师傅",他不仅是我调查研究的指导者,很多时候还是未完成工作的救火者,难以用"感谢"两个简单的字眼来表达我的感激之情。

感谢课题组的各位成员,如果没有这些被州(市)、县有关负责人戏称为"年轻的专家们",很难想象这个课题能够得以完成。他们是杨文辉博士、颜晓飞先生、王献霞女士、金杰博士、柯贤和先生、蒋碧琼女士、张霞女士等。虽然每一个课题参与者有着各自的教学、研究或学习任务,但都为课题研究提出了建设性的意见,有些成员还参与了艰苦的田野调查。无论是何种形式的支持,课题的完成都离不开这些"兄弟姐妹"。

感谢州(市)、县协助田野调查的民委系统的各位领导。在调查过程中,他们不仅为我们提供了大量的二手资料,积极为我们的调查提供力所能及的便利,协调课题组在各地区的调查,还在百忙之中召集有关人员展开研讨会,为课题提供了相关的资料和信息。各州(市)的民委或民宗委的相关负责人不仅提供了人口较少民族的资料,还不厌其烦地接受我们的电话调查和了解。

最后,特别感谢那些可爱可亲的人口较少民族的乡亲们,他们不仅热情地接受了我们的访谈,没完没了地回答我们各种问题的"刁难",提供了极其宝贵的第一手资料,而且作为提供调查研究的协助者,为我们提供了诸多的便利。没有他们,我们没有办法完成本课题的调查研究。完成一个课题调查研究,走过一些人口较少民族地区,认识一群朴实友好的人口较少民族老乡,每每想起他们的音容笑貌,我的内心感到特别温暖。

作者
2013 年 8 月 27 日